Ullstein

ÜBER DAS BUCH:

»Für mich gab es nur einen Grund, diese Aufzeichnungen zu veröffentlichen: Ich wollte jenen, die immer noch an der Existenz der Ufos zweifeln, beweisen, daß es sie gibt und daß es sich um Außerirdische handelt.«
(J. J. Benítez)
J. J. Benítez, der berühmte Ufo-Spezialist Spaniens, bietet hier eines der fundiertesten und wahrheitsgetreuesten Bücher über das rätselhafte Phänomen. Es ist, so seine These, immer noch üblich, daß die Regierungen in der ganzen Welt Dokumente über Begegnungen der dritten Art geheimhalten. Der Öffentlichkeit werden bewußt wesentliche Informationen vorenthalten: aus Sorge, andernfalls Massenhysterien hervorzurufen? Die spanische Regierung brach dieses Schweigen durch einen hochrangigen Angehörigen des Militärs. Der Autor konnte so brisante Dokumente vorlegen, die jeden Zweifel an der Existenz außerirdischer Intelligenzen restlos beseitigen.

DER AUTOR:

J. J. Benítez ist nicht nur Spaniens, sondern auch Südamerikas bekanntester Ufologe. Seine Bücher erreichen Millionenauflage. Als Ullstein-Taschenbuch ist von ihm erschienen *Ufos: SOS an die Menschheit*.

J. J. Benítez

100 000 Kilometer zu den Ufos

Aus dem Spanischen von
Anja Schmidt-von Rhein

Ullstein

Ullstein Buchverlage GmbH & Co KG,
Berlin
Taschenbuchnummer: 35741

Titel der Originalausgabe:
100 000 Kilometros tras los OVNIS
Aus dem Spanischen von
Anja Schmidt-von Rhein

Deutsche Erstausgabe
Mit zahlreichen Abbildungen
Juli 1998

Umschlagentwurf:
Hansbernd Lindemann
unter Verwendung einer
Abbildung von Bavaria

Printed in Germany 1998
Gesamtherstellung:
Ebner Ulm
ISBN 3 548 35741 5

Die Deutsche Bibliothek –
CIP-Einheitsaufnahme

Benítez, Juan Josè:
100 000 Kilometer zu den Ufos /
J. J. Benítez. Aus dem Span. von
Anja Schmidt-von Rhein. –
Dt. Erstausg. – Berlin : Ullstein, 1998.
(Ullstein-Buch ; Nr. 35741)
Einheitssacht. : 100 000 kilometros
tras los OVNIS <dt.>
ISBN 3-548-35741-5

Inhalt

All denen gewidmet, die mir bei der Suche nach der Wahrheit geholfen haben und mir immer noch helfen, der Menschheit jene andere Realität nahezubringen. Die höchste, transzendentale Realität.

ANMERKUNG DES AUTORS

Ein einziges Ziel stand mir vor Augen bei den Vorarbeiten zu dieser Publikation: Denen, die immer noch zweifeln, zu beweisen, daß die Ufos existieren und daß es außerirdische Raumschiffe sind.

J. J. BENÍTEZ

O große Väter
nachdem ihr sie gesät habt, die auserlesenen Früchte,
auf einem ausgedörrten und unfruchtbaren Planeten,
habt Ihr uns zurückgelassen, gleich Blumen ohne Tau . . .

Hüter einer Erde von deren Anbeginn,
zu Euch gelange dieser Gesang der Sehnsucht und des Schmerzes . . .

Die Ähren sind schwer,
die Bäume sind gewachsen und reich beladen mit Früchten . . .

Unsere Pflicht ist erfüllt.

Die Söhne unserer Söhne,
geboren in der Furche einer fremden Erde,
werden Euer Versprechen vergessen –
wer kann es vorhersagen . . .

Wir aber, Frucht der himmlischen Weisheit,
haben das Antlitz der Väter nicht aus unserem Gedächtnis verbannt.

An jedem Tag und in jeder Nacht, die dieser Planet uns zugesteht,
suchen wir erwartungsvoll die Wolken ab,
und hoffen, Euch auf dem Feuerwagen zurückkehren zu sehen,
um die zu holen, die Ihr zurückgelassen habt.

(ÜBERLIEFERTER GESANG DER KETSCHUA)

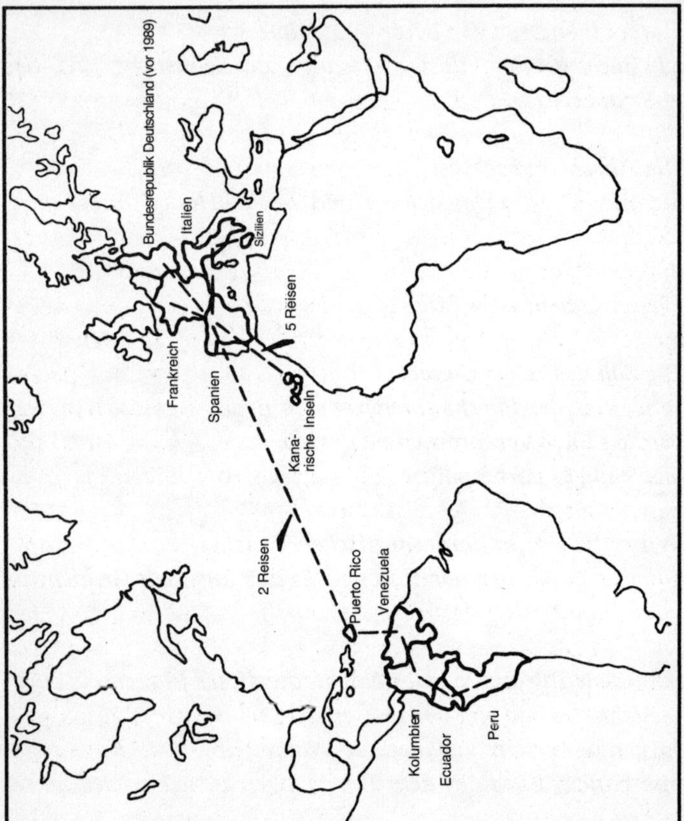
Bundesrepublik Deutschland (vor 1989)
Italien
Sizilien
Frankreich
Spanien
5 Reisen
Kana-
rische Inseln
2 Reisen
Puerto Rico
Venezuela
Kolumbien
Ecuador
Peru

1. Kapitel

»Es sind außerirdische Raumschiffe.« – »Ich habe ein Ufo gesehen.« – »Das Luftfahrtministerium hat mehr als 20 Fälle untersucht.« – »Ich glaube, sie sind friedlich.« – Interview mit Generalmajor Carlos Castro Cavero.

»Selbstverständlich gibt es sie. Und mehr noch. Ich glaube, daß es sich um außerirdische Raumschiffe handelt.«

Ich hatte wohl Glück. *Und* ich war nervös. *Und* ausgesprochen zufrieden. Gewissenhaft überprüfte ich mein Tonbandgerät. Ich wollte nicht, daß auch nur ein einziges Wort des Generalmajors verlorenginge. Schließlich war dies das ausführlichste Interview zum Thema Ufos, das ein General des spanischen Luftfahrtministeriums je einem Journalisten gewährt hat.

An diesem sonnigen und dennoch kalten Januarmorgen des Jahres 1976 hatte mich Carlos Castro Cavero in seinem Haus in Madrid empfangen. Auch er hielt die Angelegenheit für wichtig genug, um seine Ferien auf der Iberischen Halbinsel kurz zu unterbrechen.

»Ich bin schon seit geraumer Zeit davon überzeugt«, fuhr er fort. »Seit Jahren weiß ich, daß diese Ufos Apparate bzw. Maschinen außerirdischer Herkunft sind.«

Der Fragenkomplex, den ich so sorgfältig für dieses Interview einstudiert hatte, brach angesichts der offenen und ehrlichen Stellungnahme des damaligen Chefs des kanarischen Luftraums in sich zusammen. Daher verließ ich mich ganz auf meinen Instinkt und ließ mich von der nicht abreißenden Konversation dahintreiben.

»Was genau bezeichnen Sie denn nun als ›außerirdische Raumschiffe‹?«

»Wenn ›Etwas‹ weder als Flugzeug, als Sonde noch als meteorologische oder natürliche Erscheinung identifiziert werden kann und dennoch mehrere bestimmte Faktoren in sich vereint, bezeichnen wir es als Ufo bzw. als ›nicht identifiziertes Flugobjekt‹. Aber gut, für mich persönlich sind Ufos nichts anderes als Raumschiffe, die aus dem Weltraum kommen, von einem Ort außerhalb unseres Planeten.«

»Könnten Sie einige dieser ›bestimmten Faktoren‹ nennen?«

»Zu welcher Schlußfolgerung würden Sie gelangen, wenn ein nichtidentifiziertes Flugobjekt beim Aufstieg Geschwindigkeiten entwickelt, die für unsere Maschinen unerreichbar sind? Was sollen wir uns vorstellen, wenn zu diesen unglaublichen Geschwindigkeiten noch taktische Drehbewegungen und Manöver hinzukommen, die auszuführen unsere gegenwärtigen Luftfahrtsysteme nicht in der Lage sind?«

Als ich mich anschickte, General Castro Cavero die folgende Frage zu stellen, konnte ich noch nicht einmal ahnen, wie seine Antwort ausfallen würde. Eine Antwort, die seinen ersten Behauptungen über Ufos absolute Glaubwürdigkeit verlieh.

»Und Sie, General, haben Sie sie irgendwann einmal gesehen?«

Don Carlos lächelte flüchtig. Einen Augenblick lang glaubte ich, der General wolle vielleicht der Antwort ausweichen. Das war aber nicht der Fall.

»Ja, ich habe sie gesehen.«

»Über den Kanarischen Inseln?«

»Nein. Das war auf einem Bauernhof, den ich in der Provinz von Zaragoza besitze. Genauer gesagt, in Sádaba.

Dort sah ich ein leuchtendes Objekt unbeweglich am Himmel. Da es sich in einer schwer abzuschätzenden Entfernung befand, konnte ich seine Ausmaße nicht genau bestimmen. Aber wie gesagt, es leuchtete außerordentlich stark. Und es blieb dort unbeweglich stehen. Ich rief meine Familie und die Arbeiter des Bauernhofs herbei. Alle betrachteten es. Ich erinnere mich daran, daß ganz Sádaba es sah.«

»Für wie lange?«

»Über eine Stunde lang. Das Unglaubliche dabei ist, daß sich das Objekt während dieser Stunde nicht bewegte. Genau das – seine völlige Unbeweglichkeit – war es, was mich am meisten fasziniert hat.

Der Himmel«, fuhr der Generalmajor seine Erzählung fort, »war wolkenlos. Klar. Strahlend. Es war elf Uhr morgens an einem Junitag vor fünf oder sechs Jahren . . .«

Ich fragte noch einmal nach der Höhe, in der sich das Ufo schätzungsweise befunden hatte, und Don Carlos meinte:

»Das war sehr schwer zu schätzen. Ich habe Ihnen bereits gesagt, daß ich die tatsächlichen Ausmaße des Objekts nicht kannte. Aber ich glaube, daß es nicht tiefer als 25 000 Fuß* sank.

Aber plötzlich geschah etwas.

Dieses seltsame und leuchtende Objekt, das wir seit geraumer Zeit beobachteten, bewegte sich mit rasender Geschwindigkeit Richtung Süden. Dann hielt es erneut an. Über Egea de los Caballeros, einem der nahe gelegenen Dörfer, blieb es unbeweglich stehen. ›Wie kann das sein?‹ fragte ich mich zum wiederholten Male. Das Objekt hatte die Distanz zwischen Sádaba und Egea – etwa zwanzig Kilometer Luftlinie – in ein paar Sekunden zurückgelegt.«

* Ein Fuß entspricht 30,48 Zentimetern.

Während ich ihn betrachtete, bekam ich den Eindruck, daß die Bilder jenes Ufo sich tief in das Herz dieses Veteranen der Lüfte eingegraben hatten.

»Jener Apparat«, fuhr Carlos Castro Cavero dann fort, »hatte wieder angehalten. Er verblieb für kurze Zeit in diesem Zustand. Danach verschwand er mit einer atemberaubenden Aufstiegsgeschwindigkeit.

Das Phänomen wurde in großen Teilen Aragóns beobachtet. Ich erinnere mich, daß die Luftabteilung der Pyrenäen einschritt und die entsprechenden Informationen zusammentrug. In jener Zeit wurden einige meteorologische Forschungsprojekte von französischer Seite durchgeführt, einschließlich der Vorbereitung einer Sonde . . .«

Der General zögerte eine Sekunde. Ich wartete wie hypnotisiert auf die folgenden Sätze. Aber der Cockpit-Veteran war ein Mann logischen Denkens und daran gewöhnt, die sieben Himmel zu beobachten wie ein Kapitän die Meere. Er wußte nach wenigen Minuten, daß es sich bei jenem ›Etwas‹, das er und Tausende von Zeugen über Sádaba und Egea sahen, nicht um eine meteorologische Sonde handeln konnte. Das drückte er auch in aller Deutlichkeit aus:

»Selbstverständlich glaube ich nicht, daß das, was ich sah, irgend etwas mit einer solchen Sonde zu tun haben konnte. Warum? Ganz einfach: Weil sich Sonden dieser Art nicht mit einer derartigen Geschwindigkeit fortbewegen. Auch entwickeln sie nicht eine derartig außergewöhnliche Aufstiegsgeschwindigkeit wie jenes Ufo. Außerdem verharren sie selbstverständlich nicht stundenlang statisch an einer Stelle.«

»Haben Sie damals die Möglichkeit in Betracht gezogen, daß die Ufos außerirdische Raumschiffe sein könnten?«

»Ja, schon seit geraumer Zeit. Konkret gesagt seit den ersten Beobachtungen, die über den Vereinigten Staaten und Alaska registriert wurden. Ich bin mir sicher, daß dort absolut seriöse Nachforschungen angestellt wurden. Diese Objekte wurden sogar von Düsenflugzeugen verfolgt. Das Ergebnis jedoch war gleich Null.

Kurz und gut, die Untersuchung dieses Phänomens ist bei weitem noch nicht abgeschlossen. Sowohl in Ländern wie z. B. den USA oder der Sowjetunion, die bezüglich dieser Dinge schon sehr weit fortgeschritten sind, als auch in den übrigen Ländern. Ich glaube ehrlich gesagt nicht, daß jemand etwas Eindeutiges und Verläßliches zu diesem Thema aussagen kann.«

»Haben Sie eine spezielle Vermutung?«

»Ich glaube an Ufos. Das habe ich Ihnen bereits gesagt. Uns Personen des öffentlichen Lebens kostet es aber tatsächlich genausoviel Überwindung, etwas anzuerkennen, das tatsächlich existiert, wie die Kirche sich schwertut, etwas als ein Wunder zu deklarieren.«

Wieder einmal hatte mich der spanische General – der bald zum Generalleutnant aufsteigen sollte – überrascht. Wie man es von Menschen aus der Gegend Aragon kennt, sagte er kurz und klar, was er dachte.

»Trotzdem«, unterbrach ich ihn, »gibt es Befürchtungen und Ängste seitens der Regierungen, die Existenz von Ufos anzuerkennen und die Bürger darüber zu informieren. Warum?«

»Ich glaube nicht, daß sie Angst haben. Gewisse Befürchtungen vielleicht. Befürchtungen bezüglich eines nicht faßbaren Gegenstandes, bei dem man sich auf das Gebiet der Spekulation wagen müßte. In erster Linie müßten wir wissen, welche Art von Energie sie benutzen. Welche Fortbewegungsmittel . . .

Wenn wir bedenken, daß sie von anderen Welten kommen, von anderen Sternen, müssen wir auch ihre Antriebsgeschwindigkeit ergründen. Denn es besteht nicht der geringste Zweifel daran, daß diese Maschinen sich grundlegend von unseren Satelliten, Weltraumsonden, Abfangjägern usw. unterscheiden. So brauchen wir beispielsweise mehr als sechs Monate, um zum Mars zu gelangen . . .«

»Also ist es doch nicht Angst, was die Regierungen der ganzen Welt augenblicklich davon abhält, sich zu diesem Thema zu äußern und es ans Licht der Öffentlichkeit zu bringen?«

»Wahrscheinlich verhält es sich so, daß sie keine eindeutige und seriöse Erklärung abgeben können.«

»Sie hingegen scheinen jedoch zu wissen, um was es geht.«

»Sehen Sie, als Angehöriger des Militärs habe ich dieselben Ansichten, die das Ministerium nach außen hin vertritt. Als Privatmensch hingegen, als Carlos Castro Cavero, glaube ich selbstverständlich, daß es sich bei den Ufos um Raumschiffe oder außerirdische Maschinen handelt.«

»Glauben Sie demnach, daß wir regelmäßig besucht werden?«

»Mit Sicherheit. Ich wüßte nicht, warum wir uns darüber wundern sollten. Wir machen dasselbe bei den anderen Planeten und Sternen, die uns umgeben.«

»Aber warum besuchen sie uns Ihrer Meinung nach? Warum gerade die Erde?«

»Ich glaube, weil unsere Welt ein stark bevölkerter Planet ist. Mit sehr vielen Merkmalen und Besonderheiten, die jene unbekannten Forscher von außen anlocken. So könnte ich mir beispielsweise vorstellen, daß sie zweifelsohne von den starken Lichtquellen unserer großen Metropolen angezogen werden. Oder durch den starken

Verkehr, oder von den menschlichen Ballungsräumen, etc.

Es ist nicht weiter verwunderlich, daß all dies eine Anziehungskraft auf die Außerirdischen ausübt und genug Anstöße zum Forschen liefert.«

Der General sprach in völligem Ernst. Überzeugt. Man könnte fast sagen, mit dem Herzen auf der Zunge.

»Viele fragen sich, warum sie nicht herunterkommen; warum sie sich nicht verstärkt in der Öffentlichkeit zeigen.«

»Vielleicht aus Scham. Keinesfalls aus Angst. Vielleicht aber besteht das Problem darin, daß sie noch keine Form gefunden haben, den Kontakt herzustellen. Denn diese Wesen besitzen ein Kommunikationssystem. Das steht außer Zweifel. Es ist auch unbestreitbar, daß sie untereinander per Telepathie kommunizieren. Wir haben uns eben noch nicht darüber verständigt, welche Wellenlänge wir und welche sie benutzen.«

»Zahlreiche Menschen fragen sich – zweifelsohne aufgrund des Mangels an Informationen –, warum die Ufos nur von Bauern oder Fischern gesehen werden. Mit anderen Worten, von Personen mit einem niedrigen Bildungsniveau.«

»Offensichtlich wissen diese Menschen nicht, daß es Fachleute gibt – etwa so hoch qualifiziert wie zivile oder militärische Piloten –, die sie ebenfalls beobachtet und verfolgt haben. Sie haben es geschafft, sie in unmittelbarer Nähe ihrer Flugzeuge zu beobachten. Als sie versucht haben, näher an sie heranzukommen, haben sich die Ufos mit phantastischen Geschwindigkeiten entfernt, die auch heute noch für den Menschen unerreichbar sind. Sie werden verstehen, daß diese Piloten jeglichen Typ Flugzeug, Hubschrauber usw. voneinander unterscheiden können.«

»Gut. Stellen wir uns vor, daß an irgendeinem beliebigen Punkt Spaniens ein Ufo-Vorfall gemeldet wird. Welche Schritte leitet das Ministerium ein?«

»Zuerst wird ein Gutachter und Berichterstatter ernannt. Diese Aufgabe wird auf jeden Fall jemandem anvertraut, der eine leitende Position im Flugwesen innehat und sich mit allen Vorfällen auskennt, die sich auf diesem Gebiet ereignen können. Der Gutachter tritt mit den Zeugen in Verbindung und befragt sie direkt. So kann er sich sowohl von dem Bildungsniveau der jeweiligen Person ein Bild machen als auch von den Einzelheiten der Beobachtung. Also von Ort, Zeitpunkt und Flugbahn des gesichteten Objekts bzw. der Objekte, von Form, Position, Lichtintensität, möglichen Leucht- oder Abgasspuren usw. usw.

In der Folge wird er einen Bericht über die Wetterbedingungen an dem Ort erstellen, an dem die Beobachtung stattgefunden hat, und befragt ebenfalls die Luftkontrollpunkte bzw. -stationen, um herauszufinden, ob sich zu jenem Zeitpunkt irgendein Flugzeug über dem Gebiet befand.

Sobald der Bericht fertiggestellt ist, gibt ihn der Berichterstatter an den örtlichen Leiter oder den Chef der Luftfahrtzone weiter. Dieser sendet ihn an das Luftfahrtministerium, wo der Fall analysiert und mit den bereits registrierten verglichen wird.«

»Wie viele Fälle von ›Ufos‹ hat das Luftfahrtministerium hierzulande untersucht?«

»Ich schätze, daß es mehr als zwanzig sind. So viele wurden zumindest von kompetenten Fachleuten untersucht und erwiesen sich als unerklärbar.

Denn es muß auch gesagt werden, daß viele vermeintliche Beobachtungen von Ufos nichts mit außerirdischen Raumschiffen zu tun haben. Als diese Fälle nachträglich untersucht wurden, haben wir festgestellt, daß es sich um absolut erklärbare und natürliche Phänomene handelte. Insbesondere in den Fällen, in denen diese Ufo-Sichtungen nachts stattfinden, ist die Wahrscheinlichkeit groß, daß viele der Zeugen Sonden zur Wetterbeobachtung für Ufos halten, oder die Lohe der Triebwerksmotoren, oder das unterbrochene Flackern der Positionslichter von Flugzeugen. In Spanien beispielsweise kommen diese mutmaßlichen Sichtungen von Ufos sehr häufig vor.«

»Gibt es einen Informationsaustausch zwischen der spanischen Regierung und anderen Ländern?«

»Aber natürlich. Zwischen den Nationen findet ein Austausch von Meldungen und Ereignissen statt. Die ganze Welt ist an diesem Thema interessiert, und das schon seit Jahren.«

»Im Verlauf meiner Nachforschungen über Ufos bin ich auf Personen getroffen, die es für möglich hielten, daß diese Objekte ›geheime Waffen‹ fremder Mächte sein könnten. Was halten Sie von dieser Annahme?«

»Das ist völlig unmöglich. Wenn es sich tatsächlich um Dinge handelte, die auf unserem Planeten fabriziert wurden, wüßte man das schon seit vielen Jahren. Es gibt heutzutage kein militärisches Geheimnis, das über einen so langen Zeitraum unentdeckt geblieben wäre wie diese Maschinen, die wir als Ufos bezeichnen.«

Die Argumente des kommandierenden Generals der kanarischen Luftzone blieben nach wie vor überzeugend. Wir setzten das Interview fort:

»Kehren wir noch einmal zurück zu diesen zwanzig Ufo-Vorfällen, die das Luftfahrtministerium in aller Gründlichkeit untersucht hat und für die keine logische bzw. rationale Erklärung zu existieren scheint. Haben Sie davon Kenntnis, ob es zu irgendeinem Kommunikationsversuch zwischen unseren Piloten und denen der Ufos gekommen ist?«

»Das kann ich nicht mit Sicherheit sagen. Vielleicht wurden Nachrichten oder Signale in den Äther ausgestoßen. Was jedoch in der Tat registriert wurde, sind Versuche, sich anzunähern.

Einer dieser Vorfälle ereignete sich über den Kanarischen Inseln. Die Piloten eines spanischen Linienflugs waren Zeugen und beobachteten die Anwesenheit eines dieser Schiffe. Das Ufo wurde gleichzeitig von den Radarschirmen erfaßt und von einem Militärpiloten gesehen, der sich auf dem Boden aufhielt. Die Radaraufnahme zeigte uns dann ein erstaunliches Bild: Das Ufo entfernte sich mit einer schier unglaublichen Geschwindigkeit. Diese ist für jede Art von Triebwerk unerreichbar, über das der Mensch momentan verfügt.

Wie Sie sehen, steht in diesem Fall die fachliche Kompetenz der Zeugen außer Zweifel . . .«

»Ebenso wie Sie, Don Carlos, hatte ich die Gelegenheit, selbst mit anderen hochstehenden Persönlichkeiten der Landesregierung zu sprechen. Alle kennen sich mit dem Thema Ufo aus. Alle verstehen die Reichweite und die Wichtigkeit dieses Themas. Daher frage ich mich, ob nicht der Zeitpunkt gekommen sein sollte, in aller Offenheit und zu allen zu sprechen. Was meinen Sie dazu?«

»Nein, ich glaube nicht, daß dieser Zeitpunkt bereits gekommen ist. Momentan arbeiten die Nationen gemeinsam an der Untersuchung dieses Phänomens. Wie ich Ihnen bereits sagte, findet ein Informationsaustausch statt. Aber der Welt wird man diese Nachricht wohl erst dann offenbaren können, wenn der Länderverbund wesentlich präzisere und endgültigere Fakten hat.«

»Was denken Sie: Wird es eine wichtige Nachricht sein?«

»Natürlich. Denn es besteht kein Zweifel, daß diese außerirdischen Besucher in friedlicher Absicht kommen.«

»Absolut friedlich?«

»Absolut. Wenn dem nicht so wäre, hätte man das bereits an anderen Anzeichen gemerkt. Mit ihrem außergewöhnlichen Entwicklungsstand in der Luftfahrt wäre ein Angriff auf unseren Planeten für sie ein Kinderspiel. Sie hätten es in jedem x-beliebigen Moment und ohne Risiko tun können. Doch soweit ich weiß, haben sie in den mehr als dreißig Jahren, in denen man sie verstärkt beobachtet hat, niemals angegriffen.«

»Auf welchem technischen Stand würden Sie die irdische Luftfahrt im Vergleich zu jenen Raumschiffen einordnen?«

»Nun, ich meine, daß es sich um völlig verschiedene Dinge handelt. Das ist wie bei unseren Satelliten und unseren Düsentriebwerken. Beide unterscheiden sich voneinander. Sie beruhen auf unterschiedlichen Konzepten und entstanden unter unterschiedlichen Bedingungen. Man kann sie nicht miteinander vergleichen. Die Ufos beispielsweise befinden sich ›außerhalb der Schwerkraft‹. Wir sozusagen ›innerhalb‹ . . .«

»Sie glauben, daß die Besatzung oder die Piloten der Ufos es geschafft haben, die Schwerkraft zu überwinden?«

»Das zeigen viele der von ihnen ausgeführten Manöver.«

»Gibt es irgendeine Vermutung bezüglich der Systeme, die sie benutzen, um eine solche Überwindung der Schwerkraft zu erreichen?«

»Soweit ich weiß, nicht.«

»Stellen wir uns doch einmal vor, daß der Zeitpunkt bereits gekommen wäre, an dem die Anwesenheit dieser außerirdischen Wesen auf unserem Planeten öffentlich bekanntgegeben wird. Nehmen wir weiterhin an, Sie, Don Carlos, wären die Person, die damit beauftragt wurde, unser Land zu informieren. Wie würden Sie vorgehen?«

Der General lächelte mit aller Verschmitztheit, die er in seinen vielen Berufsjahren erworben hatte, und meinte:

»Indem ich eine derartige Verantwortung ablehnen würde.«

»Sagen Sie mir: Wie denken die anderen Generäle und hohen Befehlshaber über das Ufo-Thema?«

»Nun, das ist wie in allen Bereichen, seien diese privater oder beruflicher Natur. Die einen glauben daran, die anderen nicht.«

»Aber es gibt immer mehr dieser Beobachtungen. Immer mehr Zeugen und Leute, die sich dafür interessieren . . .«

»Selbstverständlich. Weil immer häufiger Beobachtungen von Experten gemacht werden. Piloten, Radartechniker usw. verwechseln nicht so einfach eine Sonde oder einen Meteoriten mit einem jener außerirdischen Raumschiffe.«

Die Zeit des Interviews war um. Trotzdem war ich ausgesprochen zufrieden. General Carlos Castro Cavero hatte mit mir in aller Offenheit gesprochen. Ohne lächerliche Befürchtungen. Ohne Heimlichkeiten. Mutig. Wie es einem General gebührt . . .

Eben wegen der großen Tragweite dieser entschiedenen und aufrichtigen Äußerung eines altgedienten Militärs und Piloten wollte ich seine Worte meinen neuen Untersuchungen und Abenteuern zum Thema Ufos voranstellen.

Für all jene, die behaupten, daß Ufos lediglich die Erfindung von Personen mit geringer Bildung seien, stelle ich diese Äußerungen eines der höchsten und angesehensten Befehlshaber des spanischen Heeres voran. Ich bin sicher, daß der Zeitpunkt kommen wird, an dem diesem Interview die Meinungen von anderen wichtigen Persönlichkeiten der Regierung unseres Landes hinzugefügt werden können, mit denen ich die große Ehre hatte zu sprechen.*

Aber damit wären wir bereits mittendrin in meinen neuesten Untersuchungen über die faszinierende Welt der Ufos.

* Wie weit war ich in jenen Tagen (1977–78) davon entfernt, auch nur zu vermuten, daß mir einige Monate später ein anderer hoher General der spanischen Luftwaffe die ersten anerkannten Beweise für das Vorhandensein von Ufos – insgesamt 12 – in die Hand geben würde. Diese habe ich vollständig in meinem Buch *OVNIS: Documentos oficiales del gobierno español* (Ufos: Offizielle Dokumente der spanischen Regierung) aufgenommen, das auf spanisch vom Verlag Plaza & Janés herausgegeben wurde.

2. Kapitel

Orduña: Die Geschichte von zwei fehlgeschlagenen ›Sichtungen‹. – Ein Schiff über Llodio. – Ängstlicher Zweifel. – ›Ufo-Welle‹ über der Region, in der ich lebe. – Es gibt immer mehr Gruppen, die in ›Kontakt‹ mit den Außerirdischen stehen.

Ich würde lügen. Ich glaube, ich wäre nicht aufrichtig, wenn ich nicht zugäbe, daß sich nach jenem 7. September 1974 etwas in meinem Leben geändert hat.

Denn es ist nicht einfach, die Sichtung von zwei Ufos zu vergessen. Es fällt nicht leicht, jenes so absolut klare Licht aus dem Gedächtnis zu streichen, das sich in weniger als 250 Metern über der Stelle befand, an der ich mit sieben weiteren Zeugen stand. Es ist nicht leicht, jene sechs oder sieben Minuten hinter sich zu lassen, in denen ich selbst zum ersten Mal die Manöver dieser Schiffe betrachten konnte. Nein, wirklich nicht . . .

Und ich würde ebenfalls lügen, wenn ich nicht betonen würde, daß sich mein Interesse für Ufos nach jener ersten Beobachtung in den *Arenales de Chilca* auf meiner ersten Reise nach Peru*, schlagartig von einem rein beruflichen, als Reporter, zu einem persönlichen gewandelt hat.

Die Mitglieder des umstrittenen IPRI (Peruanisches In-

* In meinem letzten Buch – *Ufos: SOS an die Menschheit* (ebenfalls bei Ullstein erschienen) – wird von meinen Erlebnissen mit den Mitgliedern des peruanischen IPRI berichtet und von der Beobachtung zweier Ufos. Diese Begegnung war zuvor vereinbart worden und hatte auf in *Arenales de Chilca* (den Sandgruben bei Chilca) südlich von Lima stattgefunden.

stitut für Interplanetarische Beziehungen), mit denen ich mich im Verlauf mehrerer Wochen unterhalten hatte, führten mir damals ein völlig unbekanntes, ein geradezu phantastisches Universum vor Augen. Alle ihre Erklärungen und Berichte über Außerirdische fanden sich unzweifelhaft bestätigt, als ich selbst – nachdem sie es mir fünf Tage vorher angekündigt hatten – mit eigenen Augen solche Ufos erblickte, in jener peruanischen Nacht des erwähnten 7. Septembers 1974.

Später, bei der Rückkehr nach Spanien, hörten die Überraschungen nicht auf. Denn wer hätte voraussagen können, daß Tausende von Menschen an meine Zeitung schreiben würden, weil sie sich für neue Einzelheiten interessierten, für eine ausführlichere Information über die Beschaffenheit dieser ›Technik‹ der vermeintlichen Kommunikation mit den Wesen aus dem All? Wer hätte ein derartiges Interesse für die Existenz von Ufos und ihrer Besatzung vermutet?

Es gab in der Tat viele Aspekte, die ich damals nicht veröffentlichen konnte. Es war nicht der richtige Zeitpunkt.

Es gab Umstände und Einzelheiten, die nicht einmal meine engsten Vertrauten kannten. Nur wenige beispielsweise wußten von meinen Erfahrungen bzw. Versuchen, selbst einen ›Kontakt‹ oder eine ›Kommunikation‹ mit den Piloten der Ufos herzustellen. Ich kannte die Methode, die die Mitglieder des IPRI benutzten, und ich analysierte und erprobte sie wieder und wieder, bis sie – so glaube ich – zu funktionieren begann.

Nach meiner Rückkehr nach Bilbao setzte ich die Versuche selbstverständlich fort. Ich muß zugeben, daß mich das eine oder andere Mal Zweifel, Ermüdung und ein Gefühl der Lächerlichkeit überwältigten. Ich konnte einfach nicht verstehen, wie die Mitglieder des IPRI mittels jener angeblichen ›Telepathie‹ Antworten und ›Botschaften‹ von den Außerirdischen empfangen konnten. Ich begriff es nicht. »Inwieweit«, fragte ich mich, »bin ich nicht doch Opfer meines Unterbewußtseins?«

Aus meiner Feder entsprangen tatsächlich Mitteilungen. »Aber könnten es nicht meine eigenen Gedanken und Wünsche sein?« fragte ich mich jedes Mal, wenn ich einen jener Versuche beendete.

Es gab also nur einen Weg, um Gewißheit zu erlangen. Nicht umsonst besaß ich die Hartnäckigkeit und die Nüchternheit eines Journalisten.

Man mußte sich dieser Sache wirklich persönlich annehmen. Mit anderen Worten: Wenn das System der ›telepathischen Kommunikation‹ mit den Wesen aus dem All wirklich authentisch war, müßte ja der Tag kommen, an dem man SIE sehen würde. Und wenn schon nicht sie selbst, dann zumindest ihre Raumschiffe. Eine Erfahrung also wie das, was seinerzeit in Peru geschehen ist.

Es wurden schwierige Wochen und Monate für mich – voller Ratlosigkeit, Hohn, Kritik. Und voller Einsamkeit, Schweigen, Bitternis und Kämpfe.

Die Mitglieder der IPRI hatten mich darüber informiert, daß die Außerirdischen eine ganz konkrete Mission auf der Erde hätten. Und daß all diese ›Kontakte‹ einzig und allein dieser Mission dienten. Sie hatten mir erklärt, daß unsere heutige Zivilisation mit großer Wahrscheinlichkeit ihrer Selbstzerstörung entgegengehe. Und daß eine Reihe von Ufos, die unseren Planeten überqueren, dazu auserwählt seien, bei dieser Operation menschliche Wesen auszuwählen, damit die »heiligen Wurzeln dieser Spezies, die heute die Erde bevölkert, nicht vollständig aus dem Kosmos verschwinde«.

Natürlich – und das kann der Leser vielleicht verstehen – habe ich blind an die Gegenwart der Ufos über uns geglaubt, und zwar schon seit einiger Zeit. Es waren nicht Beweise, die mir fehlten . . .

Selbst meine Erkenntnisse und Reportagen waren inzwischen weit fortgeschritten. Denn ich verfügte mittlerweile über unbestreitbare Aussagen von Zeugen, die – ganz aus der Nähe! – die Besatzungen dieser außerirdischen Raumschiffe gesehen hatten. Doch dies jetzt, diese Rettungsaktion, war wirklich zuviel. Hier fehlte nun wirklich fast jeder Beweis, und ich begann zu zweifeln: »Das kann doch alles nicht sein – eine solch gigantische Aktion!« dachte ich mehr als einmal.

›Irgend etwas‹ jedoch an der Welt der Ufos zog mich weiterhin an. Wie ich schon gesagt habe, setzte ich meinen Weg trotz meiner Einstellung fort. Einen ›Weg‹, der mich Tränen kostete und auf welchem ich meine besten Freunde zurücklassen mußte . . .

Und dann kam der November 1974.

Während einer meiner vermeintlichen ›Kontakte‹ konnte ich endlich eine Verabredung treffen. Ich erinnere mich an meine Zweifel. Ich erinnere mich an die Gefühle, die ich kaum im Zaum halten konnte . . .

»Wenn alles so stimmt, wie es die Mitglieder des IPRI behaupten, besteht nicht der geringste Zweifel, daß die Ufos erscheinen werden . . .

Aber wie konnte es dazu kommen?«, antwortete ich mir selbst. »Du bist Reporter. Du bist daran gewöhnt, dich jeden Tag mit Phantasiegebilden und Betrügereien auseinanderzusetzen . . .«

In den Tagen, die der erwähnten vermeintlichen ›Kommunikation‹ folgten, kämpfte ich immer und immer wieder mit quälenden Zweifeln. Aber trotz allem war ich entschlossen, dieses beklemmende Gefühl hinter mir zu lassen. Ich war entschlossen und begierig, nach Orduña zu fahren. Denn an diesem Ort der Vizcaya – so hatte es

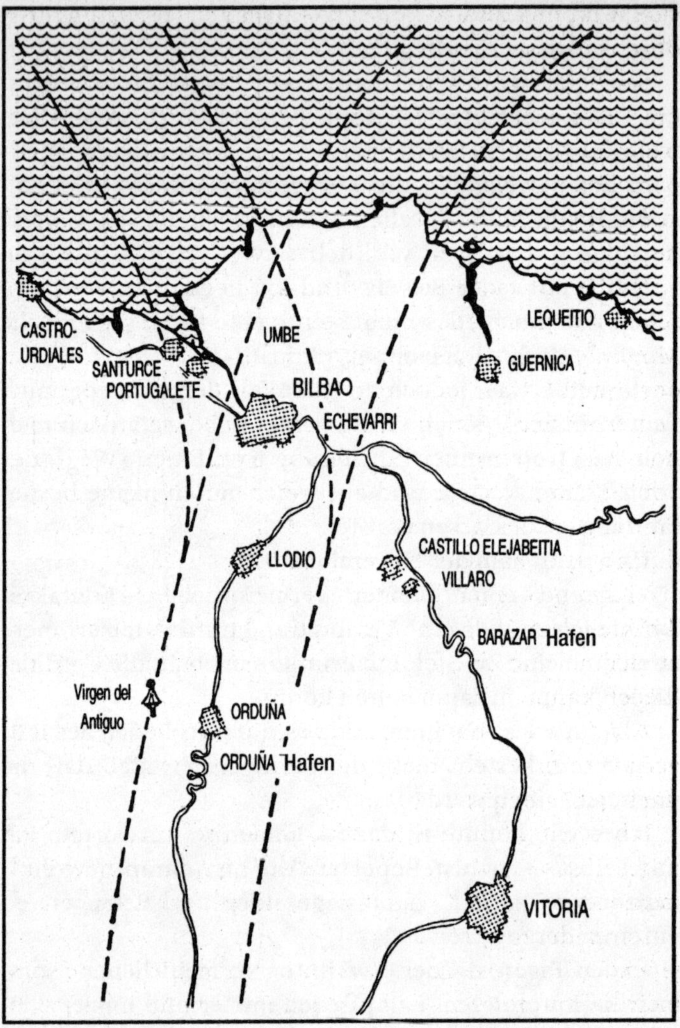

Zwei der ›Streifen‹ bzw. ›Kanäle‹, in denen in den letzten Monaten zahlreiche Ufos gesichtet wurden.

sich während des Kontaktes angekündigt – würde die Beobachtung stattfinden.

Die Verabredung war auf Dienstag, den 12. November, um sechs Uhr abends festgelegt worden. Alles war genauestens geplant. Wir sollten in die ländliche und wunderschöne Gegend in der Umgebung der Stadt Orduña kommen, in der sich die Statue der *Virgen de la Antigua* erhebt.

Nachdem ich dieses Ergebnis bei der ›psychografischen Kommunikation‹ erhalten hatte, zog ich sofort die Möglichkeit in Erwägung, ob mein Unterbewußtsein den Namen Orduña und den der Madonnenstatue aus den hintersten Nervenzellen meines Gehirns hervorgeholt haben könnte. Ich hatte mehrfach die Landstraße von Bilbao nach Burgos befahren, die steil von dem gefährlichen Hafen in die Höhe führt, der ebenfalls Orduña heißt. Hat man einmal den Felsen über dem Hafen erreicht, gibt es auf der rechten Seite der Straße eine Abzweigung, auf der man inzwischen mit Leichtigkeit zu der erwähnten Statue mitten in der Sierra Salvada gelangen kann.

Aber ich war noch nie an dieser Abzweigung abgebogen. Und man muß noch einige Kilometer zurücklegen, um in jenes Gebiet zu gelangen.

Ich versuchte, Ruhe zu bewahren, und verbrachte die Tage, die mich von jenem Dienstag trennten, indem ich meine Arbeit als Journalist völlig normal fortsetzte.

Ich erinnere mich nicht, ob es am Abend davor oder an jenem Dienstagmorgen selbst war, als ich mich entschloß, meinem Freund und damaligen Arbeitskollegen Alberto Torregrosa die Nachricht von der Sichtung mitzuteilen. Es macht mir nichts aus zuzugeben, daß ich es mit gewissen Befürchtungen tat. Fast mit Scham. Alberto wußte von meinen früheren Nachforschungen. Er war von meinen Freunden einer derjenigen, die meine Gedanken am besten verstehen und nachvollziehen konnten.

Ich glaube, er stimmte meinem Vorhaben mit genau soviel Überraschung wie Hoffnung zu. Ich versuchte, ihm so gut es ging zu erklären, daß all dies vielleicht nur ein Produkt meiner Phantasie oder meines Unterbewußtseins sei oder auch des irrational heftigen Verlangens, das mich das Thema Ufo verfolgen und untersuchen ließ. Vielleicht handelte es sich im Grunde genommen um den kindlichen Wunsch, mich vor dem Freund zu rechtfertigen . . .

An jenem Tag, so erinnere ich mich, lief alles anders als geplant. Nachdem wir bei mir zu Hause gegessen hatten, fuhren wir mit Albertos Wagen nach Orduña los. Wir hatten uns verspätet. Die fünfzig Kilometer, die Bilbao vom Hafen trennten, legten wir in weniger als 45 Minuten zurück. Nervös und mit den Augen den blauen Novemberhimmel bis in den letzten Winkel sehnsüchtig abtastend fuhren wir um fünf vor sechs abends von der Nationalstraße ab und bogen in jene Straße ein – eigentlich mehr ein Pfad als eine Straße –, die damals bis zu der Statue führte. Ich sage Pfad, denn als solchen mußte man ihn bezeichnen, da er sich mitten in Ausbesserungsarbeiten befand. Albertos Mini geriet wieder und wieder ins Schleudern, und die Minuten verstrichen. In einer der Kurven jenes ›Pfades‹ entschieden wir uns, das Auto zurückzulassen und den Weg zu Fuß fortzusetzen.

Auf meiner Uhr war es schon Viertel nach sechs. Doch es blieb noch ein gutes Stück Weg bis zu der in der ›Kommunikation‹ beschriebenen Stelle. Ich muß zugeben, daß nicht viel gefehlt hätte, und wir wären in wildes Rennen ausgebrochen. Aber ein Restgefühl für Lächerlichkeit hielt uns davon ab.

Wir gingen weiter bis zu einer Stelle, von der aus man

sehr gut die Statue der Jungfrau sehen konnte und über einen ebenso guten Rundblick über die Gegend verfügte.

»Falls sie erscheinen, wird es keinen Unterschied machen, wenn wir hier bleiben«, entschieden wir.

Wir hatten zwar nicht die genaue Stelle erreicht, standen aber letztendlich auch nicht schlecht. Außerdem arbeitete noch eine Gruppe von Handwerkern an der Restaurierung der Madonnenstatue von Orduña.

Wir hielten es daher nicht für günstig, uns dieser zu nähern.

Es begann dunkel zu werden. Nachdem wir den Himmel nach allen Richtungen abgesucht hatten, entschlossen sich Alberto und ich, in das Dickicht hineinzugehen, das eine der riesigen Ebenen von Orduña bedeckt und in dem es nur halbwilde Pferde gibt.

Dort verbrachten wir eine lange Stunde, wobei wir kaum ein Wort wechselten. Wir lauschten sozusagen unseren eigenen Gedanken und dem fernen Hämmern der Handwerker. Aber am Himmel war kein auch noch so schwaches Licht und nicht die geringste Spur von Ufos zu sehen . . .

Ungefähr um halb acht – es war schon dunkel – beobachteten wir, wie Fahrzeuge vorbeifuhren, in denen die Arbeiter von der Statue zurückkehrten. Von da an verdichtete sich die Einsamkeit spürbar. Und die Kälte wurde noch stechender.

Alberto und ich hielten die Fotoapparate bereit. Jedes ungewöhnliche Licht, jegliches Ufo wäre selbstverständlich sofort auf Film festgehalten worden.

Aber die Begeisterung ließ mit jedem Moment nach.

Nichts und niemand zeigte sich drüben. Die Bedenken und Zweifel, die sich bis dahin aufgestaut hatten, schienen überhand zu nehmen.

»Hier hast du den besten Beweis« – sagte ich mir wieder und wieder – »daß alles nichts als schlichte und bloße Einbildung ist.«

Aber plötzlich entdeckten wir im Osten, direkt vor unseren Augen, einen Lichtpunkt.

»Sieh, sieh dort!« schrie Alberto.

Eilig hob ich das Fernglas an die Augen, zitternd und mit rasch schlagendem Herzen. Aber ich sah nichts Besonderes ...

Dort war ein Lichtpunkt, gewiß. Aber was konnte das sein?

»Warte«, rief ich meinem Kameraden zu. »Das könnte der Mond sein ...«

Alberto antwortete nicht. Er fixierte den Punkt weiterhin und sagte schließlich:

»Ja, du hast wahrscheinlich recht ...«

Bedauerlicherweise erwies sich unsere Vermutung nach einigen Minuten als wahr. Der Mond hatte uns einen üblen Streich gespielt. Der Schreck hatte tief gesessen ...

Der letzte Rest Begeisterung war verschwunden. Nachdem wir mehr als eineinhalb Stunden gewartet hatten, entschieden Alberto und ich, zum Auto zurückzukehren und nach Bilbao zu fahren. Das ›Abenteuer‹ hatte mehr als zweieinhalb Stunden gedauert.

Als ich in der Dunkelheit neben meinem Freund Alberto Torregrosa herlief, wußte ich nicht zu sagen, welches Gefühl mich mehr entmutigte: Das des Scheiterns oder das der Wut über die fehlgeschlagene Sichtung.

Es fing an zu tröpfeln. Sowohl Alberto als auch ich beschleunigten unsere Schritte, getrieben vom Wunsch, zum Auto zu gelangen und bei der ersten Bar haltzumachen, um uns zu wärmen und über das Geschehene nachzudenken. Aber unsere Pechsträhne hielt an.

Der feine, aber andauernde Regen hatte den Pfad in eine absolut unwegsame Auffahrt verwandelt. Trotz unserer Anstrengungen schaffte es Albertos Wagen nicht, die steile Anhöhe hinaufzufahren. Wir mußten ihn am Straßenrand parken, uns mit Geduld wappnen und den Weg schlechtgelaunt zu Fuß fortsetzen.

Es war nicht leicht, nach Bilbao zurückzukehren. Am nächsten Tag brauchten wir einen Abschleppwagen, um den Mini aus dem Schlamm zu ziehen.

Wir ließen Tage verstreichen und machten kaum einen Versuch, über das zu sprechen, was an jenem grauenvollen Abend des 12. November vorgefallen war.

Für mich war die Enttäuschung herb. Im Grunde meines Herzens war ich überzeugt gewesen, daß ›etwas‹ geschehen würde. Ich kannte den Präzedenzfall der *Arenales de Chilca,* in Peru. Diesmal aber war es anders gewesen. Als Journalist weiß ich sehr gut, daß nur Tatsachen zählen, wenn es um die Bewertung und Beurteilung eines Phänomens geht . . .

So kam es, daß mein ohnehin schwaches Vertrauen in die Glaubwürdigkeit dieser Kontakte fast völlig dahinschwand. Ich wiederholte die Versuche nicht. Zumindest nicht für einige Zeit.

Am Ende jenes Novembermonats 1974 erfuhr ich über einen guten Freund im Medienbereich – José Luis Bengoa Zubizarreta – von einem Vorfall, der mich verblüffte:

»UFO IN DER NÄHE VON ORDUÑA GESICHTET . . .«

Sobald es mir möglich war, begann ich mit umfangreichen Nachforschungen. Dies sollte eines mehr in meiner langen Reihe von Interviews mit Zeugen werden, die die nichtidentifizierten Flugobjekte vorbeifliegen sahen.

Hier sind die Ergebnisse dieser Untersuchung, die in der regionalen Tageszeitung *La Gaceta del Norte,* in der ich arbeite, am 1. Dezember desselben Jahres veröffentlicht wurden.

Die ›Sichtung‹ – nach Aussage der Zeugen, mit denen

ich ausführlich reden konnte – fand am 14. November statt. Das heißt, zwei Tage nach unserer gescheiterten ›Verabredung‹ in Orduña. Aber halten wir uns ausschließlich an die Tatsachen.

Schauplatz dieser aufsehenerregenden Sichtung war die Ortschaft Llodio und ihre Umgebung. Das Phänomen wurde von drei Blickwinkeln aus beobachtet: Vom Wohnblock *Francisco Franco*, von der Produktionshalle der Fabrik VILLOSA und dem Berg Larraño Pequeño.

Nehmen wir uns Zeugen vor, die ich an jedem dieser Orte aufgespürt habe.

Eine der ersten Stellen, an denen das Ufo ›entdeckt‹ wurde, war der Wohnblock *Francisco Franco*. Fast die ganze Nachbarschaft konnte die extrem helle Scheibe ungefähr drei Minuten lang beobachten.

Einer der Zeugen war Arsenio Antón, der hauptberufliche ›Zuschneider‹ der genannten Glasfabrik, der sich zu jenem Zeitpunkt in seiner Wohnung, der Nummer 7 des genannten Wohnblocks, aufhielt. Er faßte die Zeugenaussagen der Nachbarn, die ebenso wie er überwältigt von der Erscheinung jenes seltsamen Flugobjekts am Himmel waren, folgendermaßen zusammen:

»Ich hatte gerade den Fernseher ausgeschaltet. Deshalb wird es wohl gegen halb zwölf oder Viertel vor zwölf nachts gewesen sein. Ich erinnere mich, daß ich mich rasieren gehen wollte, als ich plötzlich Stimmen hörte. Der Nachbar von oben sagte mir Bescheid. Ich lehnte mich aus dem Fenster und sah es. Es war dort. Unbeweglich stand es genau über den Lagerhallen der Fabrik VILLOSA, in der ich arbeite.«

»Wie sah es aus?«

»Es sah aus wie ein umgedrehter Teller. Seine Leuchtkraft war so stark, daß man es nicht direkt ansehen konnte . . .

Jenes Licht war gelblich weiß. Das ganze Objekt glänzte.«

»In welcher Höhe könnte es sich befunden haben?«

»Es befand sich wohl niedriger als die Flugzeuge, die wir normalerweise hier sehen, also vielleicht 500 Meter über der Erde, nicht höher. Es war seltsam!« rief der Zeuge aus. »›Es‹ bewegte sich nicht . . .«

»Könnten Sie mir sagen, wie groß es war?«

»Von der Stelle aus, an der ich stand – ungefähr 800 bis tausend Meter entfernt –, sah das Objekt so groß aus wie ein Auto. Aber jenes Licht war auch nicht normal. Noch nie in meinem Leben habe ich eine ähnliche Leuchtkraft gesehen.«

»Was passierte dann?«

»Es blieb unbeweglich circa drei Minuten dort. Wir alle sahen es. Plötzlich flog es atemberaubend schnell zum Berg Larraño Pequeño. Es ist mir unerklärlich, wie es eine solche Geschwindigkeit erreichen konnte! Dort blieb es dann wieder unbeweglich.«

»Wieviel Zeit wird es gebraucht haben, um die Strecke zwischen der Fabrik und dem Berg zurückzulegen?«

»So gut wie gar keine . . . Es war eine Sache von Zehntelsekunden.«

(Nach meinen Berechnungen ist diese Strecke ungefähr zwei Kilometer lang.)

»Was für ein Gefühl hatten Sie, als Sie das Ufo entdeckten?«

»Ich hatte noch nie zuvor etwas Vergleichbares gesehen. Ich kann Ihnen schwören, daß es mich sehr befremdete. Natürlich war es nichts auch nur im geringsten Bekanntes . . .«

Kurz nachdem das Ufo aus dem Gebiet des Bergs Larraño Pequeño anscheinend in Richtung der Ortschaft Oquendo (im Gebiet von Álava) verschwunden war, liefen

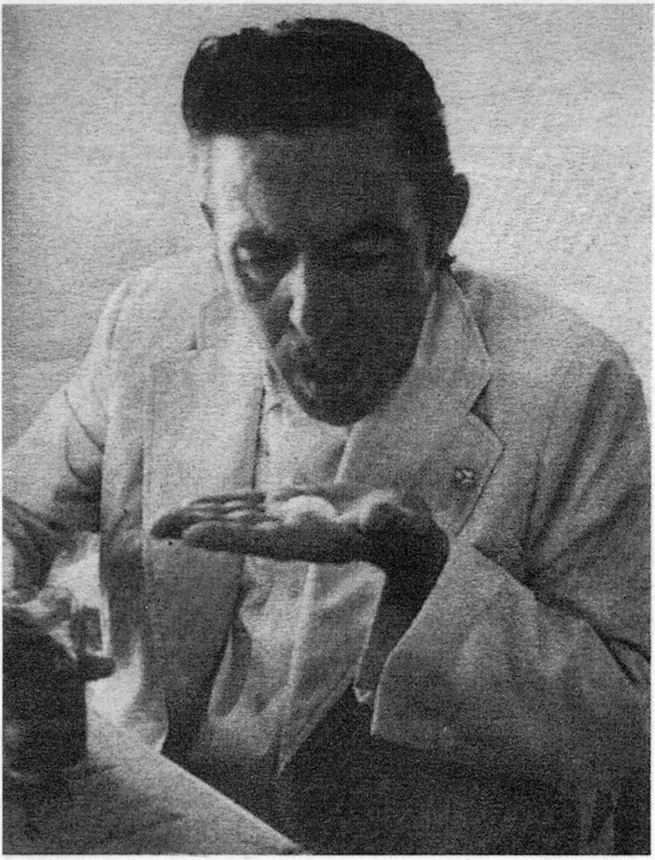

Das Natron, eine der drei großen Lieben des ›Drahtigen‹. Dieser Bewohner von Aznalcollar hatte ein kleines außerirdisches Schiff in nur zwanzig Schritt Entfernung gesehen.
(Foto: J. J. Benítez)

Dutzende von Nachbarn des Wohnblocks *Francisco Franco* auf die Straße, versammelten sich in Gruppen und kommentierten aufgeregt den ungewöhnlichen und verblüffenden Vorfall.

Aber die Überraschung vieler Nachbarn wurde noch größer, als sie am nächsten Morgen feststellten, daß auch ihre Arbeitskollegen und andere Mitbürger der Stadt die Bewegungen des leuchtenden Ufos mitverfolgt hatten.

Da Arsenio Antón mich darauf hingewiesen hatte, daß das Ufo unbeweglich direkt über der Glasfabrik von Llodio gestanden hatte, fuhr ich unverzüglich dorthin. Die Beobachtung hatte zwar schon nach Einbruch der Dunkelheit stattgefunden, aber in diesem Industriezweig arbeitet man rund um die Uhr. Daher war es sehr wahrscheinlich, daß ebenfalls einige der Arbeiter von der Nachtschicht die Scheibe beobachtet hatten.

Ich hatte mich nicht geirrt. Denn fast die gesamte Belegschaft der Nachtschicht, die zu diesem Zeitpunkt auf der fünften Etage des Fabrikgebäudes arbeitete, rannte schnell zum Fenster und schaute hinaus, nachdem ein ungewöhnlich strahlendes Licht bemerkt worden war.

Dort verharrte das Ufo nur wenige Meter entfernt in völliger Stille. Es strahlte ein Licht aus, das die 25 Arbeiter, die das sogenannte ›Team B‹ bildeten, erstaunte. Das ›Spektakel‹ dauerte mehrere Minuten . . .

Aber wie ich bereits erwähnt habe, wurde das Ufo auch von einem dritten Punkt aus gesehen: vom nordwestlichen Abhang des erwähnten Berges Larraño Pequeño. Genauer gesagt vom *Diseminado* genannten Viertel von Larraño aus, das aus einigen Landhäusern besteht, in denen die Arbeiter von VILLOSA leben.

Dort stand der zwanzigjährige Juan María Luengo dem Ufo gegenüber, als er das Haus seiner Freundin verließ. Hier sein Bericht:

»Ich sah es gegen halb zwölf nachts. Mir schien, daß es über der Glasfabrik stand oder vielleicht auch weiter entfernt, über dem Berg Larraño Grande. Das konnte ich nicht genau erkennen. Als ich es zuerst sah, dachte ich, es sei ein Stern. Aber je näher es sich auf mein Haus zubewegte, desto aufmerksamer betrachtete ich es und gelangte zu der Schlußfolgerung, daß es wohl kein Stern sei.«

»Warum?«

»Es bewegte sich in sehr niedriger Höhe und war riesig. Es hatte eine runde Form, und außerdem konnte ich es nicht direkt anschauen. Das Leuchten blendete mich. Als ob es Licht oder ›Blitze‹ von seinen Rändern abstrahle. Der Mittelpunkt des Objekts sah manchmal aus, als ob er sich ausschalte . . .«

»Konntest du die tatsächliche Größe erkennen?«

»Nein. Ich könnte nur eine ungefähre Zahl angeben. Vielleicht 40 Meter im Durchmesser . . .

Nach einigen Minuten entzog einer der Häuserblocks es meiner Sicht, und ich ging ins Haus, ohne genau verstanden zu haben, um was es sich handelte. Als man mir am nächsten Morgen sagte, daß es ein Ufo gewesen sei, hätte ich mir die Haare raufen können, weil ich nicht längere Zeit dageblieben war, um es zu beobachten.«

Zusammenfassend kann ich anhand der Zeugenaussagen, die ich in Llodio bekommen hatte, sagen, daß das Ufo zwischen sechs und acht Minuten über dem Gebiet geblieben ist.

Zuerst zeigte es sich senkrecht über den Hallen der Glasfabrik VILLOSA und bewegte sich danach mit rasender Geschwindigkeit zu dem Berg namens Larraño Pequeño, der wenig mehr als zwei Kilometer Luftlinie entfernt ist. Nach fast drei oder vier Minuten wurde beobachtet, wie es sich in Richtung Oquendo entfernte.

Aber mir blieb noch eine letzte und äußerst wichtige Zeugenaussage.

Oben auf dem Berg Larraño Pequeño steht ein einfaches Gehöft. Auf ihm lebt das alte und respektable Ehepaar Arza, Eltern einiger geachteter Metzger Llodios.

Wenn das Ufo, so wie es viele der Zeugen behaupteten, mehrere Minuten über dem Gipfel des besagten Berges geblieben war, war es sehr wahrscheinlich, daß irgend jemand es gesehen hatte.

Als ich oben auf dem Berg ankam und das Gehöft in Augenschein nahm, folgerte ich, daß sie es dort eventuell länger und deutlicher gesehen haben könnten.

Nach einer längeren Unterhaltung mit Frau Azra, die in ihrem Leben noch nie das Wort ›Ufo‹ gehört zu haben schien, kam ich zu der Schlußfolgerung, daß dieses Ehepaar das Ufo nicht gesehen hatte, das den Himmel von Llodio in der Nacht des 14. November überquerte. Eine Kleinigkeit erregte dennoch meine Aufmerksamkeit. Nach der ausführlichen Unterhaltung, bei der auch der Fotograf meiner Zeitung anwesend war und ein Bild von Frau Arza machte, faßte sie mehr Vertrauen und gestand mir etwas, das ich für äußerst wichtig hielt. Seit Tagen hatte das Ehepaar ›etwas‹ Ungewöhnliches in dieser Gegend gesehen.

Ich war sprachlos.

»Also haben Sie früher dieses ›Flugzeug‹ in der Form einer umgedrehten Untertasse gesehen . . .«

»Wir haben es hier seit zwei Wochen herumfliegen sehen. Es kam bis zu diesen nahe gelegenen Bergen und kehrte dann um.«

»Machte dieses ›Flugzeug‹ Geräusche?«

»Nein, eben nicht. Das ist seltsam, nicht wahr?«

Ich pflichtete ihr mit einem Kopfnicken bei.

»Aber das seltsamste ist«, fuhr die Alte fort, »daß die

Hunde jedes Mal, wenn dieses ›Ding‹ hier erschien, bellten und sich wie verrückt gebärdeten . . . besonders in einigen der Nächte.«

Dieses überaus wertvolle Zeugnis von Frau Arza wurde durch einen weiteren Bericht von einer Gruppe Jugendlicher des besagten Dorfes Llodio ergänzt. Am 1. dieses Novembermonats beobachteten die Jungen am Himmel über dem Ort zwei stark leuchtende Objekte, die ähnliche Merkmale aufwiesen wie die von zahlreichen Bewohnern Llodios beschriebenen.

Einer der Jungen der Gruppe war Guillermo Solaun, Sohn von Carlos Solaun, dem Besitzer des Tabakladens in der Nähe des Kreuzweges jenes Ortes. Er versicherte, die Ufos gesehen zu haben. Hier seine Version:

»Wir waren gerade aus dem Kino gekommen. Es war wohl halb sieben oder sieben Uhr abends. Zuerst sah sie mein Freund ›Josu‹ Pereiro. Es war am Tag, und sie strahlten nicht viel Licht ab. Ihre Umrisse waren wie die von ›Tellern‹ . . .«

Nach der Ansicht der Gruppe Jugendlicher schienen die zwei Ufos sich über dem Gebiet von Villosa oder dem des genannten Bergs Larraño Grande befunden zu haben.

Obwohl ich schon zahlreiche Untersuchungen über das Thema Ufo in Spanien und im Ausland gemacht hatte, gab mir der Fall von Llodio ungewollt zu denken . . .

Die recht belebte Ortschaft befindet sich fünfzehn oder zwanzig Kilometer Luftlinie von Orduña entfernt, in Álava. Diese Beobachtung hatte zwei Tage nach unserer ›Verabredung‹ in der Nähe der Statue der *Virgen de la Antigua* stattgefunden.

»Es ist möglich, daß alles nur ein Produkt des Zufalls ist, aber . . .«, versuchte ich mich selbst zu überzeugen.

Andererseits hatte man, soweit ich weiß, nie zuvor in der Geschichte dieser Gegend so viele Fälle von Ufo-Sichtungen verzeichnet, und noch dazu so nah beieinander. Letzten Endes auch niemals in einem so überschaubaren und eingegrenzten Gebiet. Meinen Unterlagen zufolge fand die erste Sichtung Anfang November statt. Die nächste war am 14., und um die gleiche Zeit herum hatte ein Ufo das Gehöft auf dem Berg Larraño Pequeño überflogen. Was sollte ich daraus schließen? Aber einige Zeit danach – ich glaube mich zu erinnern, daß es im Dezember war – wurde dieser Kette von seltsamen Zufällen ein neuer und aufsehenerregender Fall hinzugefügt. Eine Gruppe aus Pamplona, die ich einige Male interviewt hatte, war an jenem 14. November in der Nähe von Vitoria und hoffte ebenfalls auf eine mögliche Ufo-Sichtung. Diese Gruppe aus Navarra, deren Mitglieder die unterschiedlichsten Berufe ausüben, hatten während einer ›Kommunikation‹ den 14. November genannt bekommen. Sie eilten in das Areal des Flugplatzes der Hauptstadt von Álava, aber auch sie konnten nichts bemerken. Dann kehrten sie enttäuscht nach Hause zurück. Was sie erst Tage danach erfuhren, war, daß jene glänzende Scheibe in dieser Nacht des 14. November in Llodio gesehen worden war, kaum mehr als zwanzig Kilometer Luftlinie von dem Ort entfernt, an dem sie gewartet hatten. »Das sind zu viele Zufälle«, dachte ich verblüfft. »Viel zu viele . . .«

Damals hatte ich noch nicht begriffen, daß es keinen Zufall gibt. Ich war noch nicht zu der Feststellung gelangt, daß es gerade die ›Zusammenhänge und nicht die ›Zufälle‹ sind, die unser Schicksal lenken. Ich konnte nicht einmal ahnen, daß ER alles bis zu den leichtesten Bewegungen des Meeres oder der Blätter im voraus weiß, ER, der mit IHNEN über die universale Ordnung wacht.

So kam es, daß zwar in meinem Bewußtsein alles nach ein paar Tagen in Vergessenheit geraten war, nicht jedoch in meinem Herzen.

Wie ich schon angedeutet habe, als ich vom Fall in Pamplona sprach, entstanden damals gerade in Spanien zahlreiche Gruppen, welche die Versuche des IPRI nachahmen wollten. Hunderte von Menschen haben sich aus allen Gegenden des Landes an meine Zeitung gewandt, um die Adresse des erwähnten Institutes oder endlich mehr darüber zu erfahren als das, was ich in meinen ersten Reportagen über die Außerirdischen geschrieben hatte. So sah ich mich von der Existenz solcher Gruppen in Navarra, Vizcaya, Zaragoza, Madrid, Barcelona, den Kanarischen Inseln, den Balearen usw. überrascht, die wie Pilze aus dem Boden schossen.

Das Thema interessierte mich weiterhin. Daran bestand nicht der geringste Zweifel. Ich forschte jedes Mal weiter, wenn sich die Gelegenheit bot. Aber ich begriff – ich wiederhole mich zum tausendsten Mal – die Sache mit den ›Kommunikationen‹ nicht. Deshalb wollte ich mich keiner Gruppe anschließen. Deshalb wollte ich mich zurückziehen.

Einer Sache war ich mir sicher, nämlich der Existenz der Ufos, der Anwesenheit von Außerirdischen über unseren Feldern, in unseren Meeren und an unseren Himmeln. Deshalb setzte ich meine Nachforschungen und meine Streifzüge auf ihren Spuren fort. Deshalb ließ ich keine Gelegenheit aus, über meine seltenen, aber beständigen Nachforschungen zu jenen zu sprechen, die ehrlich danach verlangten. Zu meinem Erstaunen nahm die Anzahl der Gespräche, der Briefe, der Treffen, der Fernsehsendungen, der Interviews in Presse und Radio ständig zu. Ich war damals einer der letzten, der die wahre Reichweite jener systematischen und massenhaften Sensibilisierung der öffentlichen Meinung erkannte. Nie wurde so viel von Ufos und den Wesen aus dem All gesprochen wie damals. Und es war bestimmt keine Mode . . .

Der Mensch fühlt sich immer vom Rätselhaften – vielleicht sollte man eher sagen, vom Abenteuer – angezogen. Da die Ufos für mich längst kein Zeitvertreib mehr waren, nahm ich eines Tages – ich weiß nicht genau, wann – jene Versuche des ›psychographischen Schreibens‹ wieder auf.

Sie gelangen wesentlich sporadischer und waren auch vertraulicher. Noch war die Wunde der jüngsten Enttäuschung nicht verheilt, und ich handelte mit aller Vorsicht, deren ich fähig war. Die Geschichte sollte sich wiederholen.

Während eines neuen ›Kontaktes‹ kündigte sich mir das unmittelbare Bevorstehen einer zweiten Beobachtung an, ebenfalls in Orduña.

Aber diesmal wollte ich alleine hingehen. Ich wollte alle Konsequenzen eines möglichen Scheiterns selbst tragen. Im Grunde genommen war es nichts anderes als die Angst, mich lächerlich zu machen. Unsicherheit. Mangel an Vertrauen in meine Experimente.

Ich erinnere mich nicht einmal mehr an das zweite Datum. Nur noch an die Uhrzeit, sieben Uhr abends. Es war wenige Wochen nach dem unvergeßlichen 12. November.

Seit meinem letzten Besuch in jener Gegend waren die Bauarbeiten an der Straße zur Madonnenstatue von Orduña beträchtlich vorangeschritten. Deswegen wunderte ich mich, nur einen Steinwurf von mir entfernt Lastwagen und Maschinen zu sehen, als ich vor dem Metalltor bremste, das wenige Meter nach der Hauptstraße aufgestellt worden war. Und ich hörte Stimmen. »Es werden die Arbeiter sein, die an der Straße bauen«, dachte ich. Ich machte die Lichter des Wagens aus und dachte kurz nach. Es war fast sieben Uhr. Was sollte ich tun? Wenn ich in den Weg hineinfuhr, mußte ich an den Arbeitern vorbei. Was konnte ich ihnen erzählen? Daß ich nach Orduña gekommen war, um ein Ufo zu sehen? Beinahe ungewollt entfuhr mir ein Lachen. Ich saß wirklich in der Klemme . . .

Nach ein paar Minuten entschied ich mich hineinzugehen. Ich ließ den Wagen auf dem kleinen Vorplatz vor besagtem Metalltor stehen, versteckte mein Fernglas unter dem Jackett und ging entschlossenen Schritts den Weg entlang.

Ich hatte kaum zwanzig Schritte getan, als sich die Lichter eines Fahrzeugs näherten. Es war ein Taxi, das offensichtlich täglich hier hinauffuhr, um die Arbeiter abzuholen. Als es sich mit mir auf einer Höhe befand, hielt es an. Ohne auszusteigen, fragte mich jemand, wohin ich wollte. Ich weiß nicht mehr genau, was ich ihm antwortete. Vermutlich hatte ich irgendeine Ausrede parat. Eigentlich mußte aber jede Erklärung um jene Uhrzeit und bei der Kälte unsinnig wirken.

»Es ist besser, wenn Sie umkehren. Wir schließen das Metalltor«, antwortete schließlich der Mann, der aus dem Inneren des Taxis heraus sprach.

Natürlich tat ich, was er sagte. Aber ich tat es langsam. Ich wollte den Arbeitern Zeit lassen, damit sie das Tor schließen und den Ort Richtung Orduña verlassen konnten. Aus dem Inneren meines Autos heraus konnte ich sehen, wie sie sich in Richtung Hafen entfernten. Ich schaltete von neuem die Lichter aus und wartete. Eigentlich wußte ich nicht worauf. Aber ich wollte die Umgebung beobachten und jene Dunkelheit spüren, die mich umgab.

Endlich, und nicht ohne gewisse Nervosität, lief ich zum Schutzgitter, kletterte hinauf und sprang auf die andere Seite. Einige Sekunden lang verharrte ich auf der Stelle, auf der ich gelandet war. Ich wollte sichergehen, daß sich niemand mehr an diesem Ort befand. Ich hörte lediglich unten in der Ebene einige Viehglocken, die die Bauern normalerweise halbwilden Hengsten und Stuten um den Hals binden.

Schließlich ging ich los, in die dichte Dunkelheit hinein.

Der Himmel schien mir dunkler und klarer als je zuvor. Ich konnte so viele Sterne sehen und bewundern, daß – so dachte ich – dies allein schon die Mühe wert gewesen war, hier heraufzukommen . . .

Aber letztendlich waren es nicht die Sterne, die mich dazu antrieben, weiterhin durch jene Einsamkeit zu wandern.

Ich hatte eine gute Taschenlampe bei mir, wollte sie aber so lange nicht benutzen, bis ich weit genug in die große Ebene vorgedrungen war. Ich wußte von den strengen Kontrollen, die die Guardia Civil im ganzen Baskenland häufig durchführte, eine logische Konsequenz der Aktivitäten der ETA. Wenn ich das Pech hätte, mit einer jener Kontrollen zusammenzustoßen, könnte ich in Schwierigkeiten geraten. Es ist jedoch erstaunlich, daß niemals auch nur einer, der zu jenen Sichtungen ging, die geringste Unannehmlichkeit mit der Gendarmerie hatte.

Nachdem ich ein gutes Stück gegangen war, entschied ich mich, in einer der versteckten Wegbiegungen zu warten, »was auch immer geschehen möge«. Selten hatte ich die Einsamkeit so unmittelbar gespürt. Doch ich fühlte mich unerklärlicherweise glücklich. Es war, als ob ›etwas‹ oder ›jemand‹ Unsichtbares mich mit dem Frieden umgeben hätte, den man in unserer zerrütteten Gesellschaft so sehr sucht. So ließ ich die Minuten verstreichen, im feuchten Gras sitzend, die Augen fest auf den Sternenhimmel gerichtet. Voller Spannung auf den kleinsten sich bewegenden und leuchtenden Punkt wartend. Gespannt wartend auf jene Ufos, die – einmal mehr – nicht erschienen . . .

Als die Nacht schon fortgeschritten war, kehrte ich zum Wagen zurück – merkwürdigerweise, trotz jenes neuerlichen ›Scheiterns‹, mit Frieden im Herzen. Bis heute hat niemand von meinem ›Abenteuer‹ in der einsamen Ebene von Orduña erfahren.

Aber ich hatte mich geirrt. Die Ufos hatten die Gegend nicht ›verlassen‹.

In der Zeit, in der ich meine zweite Reise nach Peru vorbereitete, erfuhr ich von einer sensationellen ›Landung‹ in Navarra. Eine ›Landung‹ mitten auf dem Schießplatz des Flugstützpunktes von Zaragoza in der Nähe von Arguedas und Tudela.

3. Kapitel

Zweite Reise nach Südamerika – Arecibo: ›Botschaft‹ an die Sterne – 22 500 Jahre der ›Reise‹ – Noch einmal beim IPRI – Ankündigung einer ›Beobachtung‹ – Drei Ufos über einem Strand Perus

Doch der Vorfall der *Bardenas Reales*, der von so vielen Zeugen beobachtet worden war, mußte warten. Es war besser so. Es hat mir nie gefallen, die Hauptpersonen einer Beobachtung von Ufos unmittelbar nach dem Ereignis zu befragen. Und noch viel weniger, wenn die Zeugen Militärs waren, wie in diesem Fall.

Die Untersuchung mußte warten, weil wir in jenen ersten Januartagen 1975 ein neues Abenteuer in Südamerika begannen. Zum zweiten Mal auf den Spuren der Ufos . . .

Die Reaktion der Leser meiner Zeitung auf die erste Serie von Reportagen über dieses Thema war so aufsehenerregend und überschäumend gewesen, daß es notwendig wurde, nach Peru zurückzukehren, um weiterhin über die faszinierende Welt der Außerirdischen zu berichten. Alles im Zusammenhang mit Ufos weckte und weckt immer noch so starkes Interesse, daß die Auflage der Zeitung sich bei einer dieser Serien um 20 000 Exemplare erhöhte. Nie zuvor in der 75jährigen Geschichte dieser Zeitung war etwas Derartiges vorgekommen.

Auch diesmal war unser Auftrag spannend. Es handelte sich um nicht mehr und nicht weniger, als erneut Kontakt zu den Mitgliedern des IPRI aufzunehmen und zu versuchen, die Wesen aus dem All oder ihre Schiffe zu fotografieren.

Und wie wenig wußten wir davon, was wir auf dieser Reise zum Teil ausrichten würden!

Ich sage ›wir‹, weil mich auf diesem zweiten Marathon nach den nichtidentifizierten Flugobjekten Fernando Múgica begleitete, ein Freund und Arbeitskollege. In meinen Augen einer der wagemutigsten Bildreporter, die ich kenne.

Eines anstrengenden Morgens – wir hatten innerhalb von Stunden vom eiskalten Madrider Winter zum subtropischen Sommer gewechselt – fanden wir uns plötzlich auf dem Flughafen von San Juan in Puerto Rico wieder, unserer ersten Etappe auf jener unvergeßlichen Reise.

Einer der Hauptbeweggründe für unsere Zwischenlandung auf der schönen Karibikinsel stand ebenfalls in Zusammenhang mit dem *Leben im Kosmos*, mit dem uralten Bedürfnis des Menschen, bei seinen Eroberungen und Erkenntnissen immer höher hinaus zu wollen. Kurz, mit dem Bedürfnis, zu den Sternen Kontakt aufzunehmen . . .

In der Tat – und vielleicht, weil es so geschrieben stand – sollten Fernando und ich die ersten Journalisten des alten Kontinents sein, die von der größten und wichtigsten ›Botschaft‹ erfuhren, welche die Menschheit an andere Wesen des Alls geschickt hat.

Im Innern der ungeheuren ›Suppenschüssel‹, die das Radioteleskop von Arecibo siebzehn Kilometer südwestlich von diesem puertoricanischen Ort darstellt, hatte gerade ein junger nordamerikanischer Astrophysiker – Herr Harold D. Craft – die wundervollste und herrlichste Aktion in die Wege geleitet, von der der Mensch träumen kann: die Übertragung einer 169 Sekunden langen Botschaft an einen Planetenhaufen, der unter dem Namen M-13 bekannt ist. Diese ›Botschaft‹ reist in diesem Augenblick mit Lichtgeschwindigkeit durch die Sternennacht …

»Ja, aber natürlich. Selbstverständlich gibt es LEBEN im Universum.«

Ich habe mir damals tatsächlich gewünscht, die Zeit anhalten zu können. Um nachzudenken. Darüber mit allen fünf Sinnen nachzudenken, warum Harold Craft, Leiter der Aktivitäten des größten Radioteleskops der Welt, diese Sätze mit solcher Sicherheit gesprochen hatte. Er, ein Elektroingenieur und Astrophysiker, der Entdecker einiger dieser ›unruhigen‹ Sterne, die man Pulsare nennt. Er, der sich schließlich seit mehr als zehn Jahren intensiv mit Mathematik und Astronomie befaßt, hatte nicht eine Sekunde lang gezögert.

»Ja, es gibt LEBEN im All«, wiederholte er mit Nachdruck, während er dabei amüsiert mein erstauntes Gesicht betrachtete.

Dann zog er zwischen den Papieren, die seinen Arbeitstisch im Radioteleskop bedeckten, eine Metallscheibe mit einer rätselhaften Zeichnung hervor. Craft schwieg und beobachtete wieder meine Reaktionen. Ich verlor mich für einige Zeit in einem Ozean von Vermutungen.

Der Leiter des Radioteleskops lächelte und begann, uns etwas zu enthüllen, das tatsächlich den fesselndsten und gewaltigsten ›Ruf‹ darstellte, den die Menschheit zu den Sternen geschickt hat.

»Wir haben M-13 seit einiger Zeit im Auge. Daher gab es keinen Zweifel, als ein Ziel ausgesucht werden sollte.« Harold Craft fuhr fort: »M-13 ist die prächtigste der uns bekannten Ansammlungen von Sonnen in unserer Galaxie.«

Ungewollt suchte ich in meinem Gehirn nach dem unverwechselbaren Bild besagter Ballung bzw. Ansammlung von Himmelskörpern, die ich so häufig bewundert und beschrieben hatte.

»... Die Aufgabe des Radioteleskops besteht im wesentlichen darin, unermüdlich nach Signalen aus dem Universum zu suchen. Ein unaufhörliches ›Forschen‹ nach intelligentem LEBEN. Deshalb planten wir bereits bei der Konstruktion des Observatoriums 1963, daß eine wichtige Botschaft von unserem Planeten in Richtung der Sterne geschickt werden sollte.«

Der Tag kam im Winter 1974. Die 150 Wissenschaftler, die in den Eingeweiden dieses großen Giganten aus Aluminium die Welt vergessen hatten, bewahrten an jenem Tag ein ehererbietiges Schweigen. Die Antenne des Radioteleskops war auf dieses Fenster des Lichts und des Lebens gerichtet, das M-13 unserer absoluten Überzeugung nach darstellt. Damals begannen sie, ein Bündel von Radiowellen ins All zu senden. Während dieser 169 Sekunden machte niemand das geringste Geräusch. Niemand wandte den Blick von jenem Farbbildschirm des riesigen Computers ab. Es waren wirklich die Botschaft, der ›Schrei‹, der Ruf, die Frage, die Hoffnung, das Herz der gesamten Menschheit, welche in Form von Radiowellen in den Sternenhimmel reisten ...

»Was Sie hier sehen, ist die Botschaft, die in diesem Augenblick zu den Sternen von M-13 ›reist‹. Sie wurde so verfaßt, daß sich die Wellen, aus denen sie besteht – in binärem Code – zu einer Zeichnung formen können, die ich Ihnen jetzt erläutern werde«*. Die ›Botschaft‹ an die Sterne wurde tatsächlich von allen Wissenschaftlern, die im Radioteleskop arbeiteten, entworfen. In dem Augenblick allerdings, als es darum ging, was tatsächlich anderen möglicherweise existierenden außerirdischen Zivili-

* Die Abbildung der ›Nachricht‹ ist in diesem Buch zu sehen.

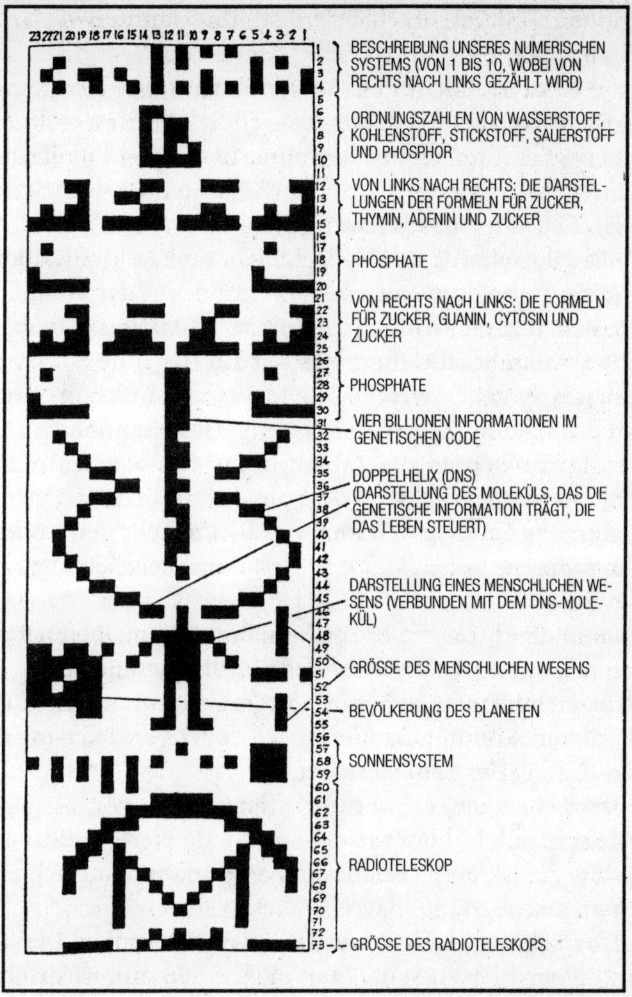

Auf der linken Seite die ›Botschaft‹, die gerade zu den Sternen von ›M-13‹ reist. Sie wird 22500 Jahre brauchen, um an ihr Ziel zu gelangen. Neben der ›Botschaft‹ die Erläuterung derselben.

sationen ›mitgeteilt‹ werden sollte, wandten sich die Wissenschaftler von Arecibo an jeden der Techniker und Angestellten. Jeder einzelne von ihnen fügte sein ›Sandkorn‹ hinzu. Jeder überlegte sich etwas, das er für so wichtig hielt, um es den Bewohnern von M-13 »mitzuteilen«.

Hier habe ich das großartige Resultat.

»Die Botschaft« – so erklärte der Direktor des Radioteleskops – »beginnt mit einer ›Lektion‹, in der wir jenen möglichen Zivilisationen in unserer Galaxie das numerische System beschreiben, das wir auf der Erde benutzen. Besagtes System – welches Sie rechts und links im oberen Teil der Abbildung sehen können – ist bekannt als ›binäres‹. Darin werden die Zahlen in Zweierpotenzen dargestellt, besser also als in dem uns vertrauten dezimalen System. Es handelt sich im Grunde um eines der einfachsten numerischen Systeme und ist daher sehr leicht zu kodieren.«

Ich betrachtete die 10 Zeichen, die sich am oberen Rand der Zeichnung befandern. Jede Zahl war mit etwas gekennzeichnet, das man am besten als ›Nummernetikett‹ definieren könnte. Das heißt, ein einziges Zeichen, das den Anfang der Zahl markiert.

Der Leiter kam meiner nächsten Frage zuvor: »Es wäre wahrscheinlich kompliziert und langwierig, die ›Botschaft‹ zu erklären. Erlauben Sie mir daher, daß ich eine schematische Skizze davon anfertige.«

Uns schien nach dieser zusammenfassenden Darstellung eines klar zu sein. Man mußte den außerirdischen Zivilisationen die grundlegenden Phänomene des LEBENS auf unserem Planeten mitteilen. Seinen Aufbau. Seine Bevölkerung. Die Merkmale der Lebewesen, die ihn bevölkern, usw.

Daher war die zweite zentrale ›Lektion‹ der ›Botschaft‹, die sich unmittelbar unter den Nummern befand, der Berschreibung von fünf Zeichen zugedacht, und zwar – von rechts nach links – der 1, 6, 7, 8 und 15.

Diese Nummernfolge, ansonsten nicht verständlich, stellt die Ordnungszahlen der chemischen Elemente Wasserstoff, Kohlenstoff, Stickstoff, Sauerstoff und Phosphor dar.

Ich war verblüfft.

». . . In den folgenden Zeichnungen haben wir die komplexe Welt der Moleküle und der Strukturen dargelegt, die die Bausteine des Lebens sind (Desoxyribonukleinsäure usw.). Eine dieser Zeichnungen beispielsweise erläutert, daß das menschliche Wesen, der Bewohner dieses Planeten, aus vier Billionen solcher Strukturen zusammengesetzt ist. Sie erläutert die Chemie der Desoxyribonukleinsäure (DNS), dem Molekül, das die genetische Information enthält, welche die Gestalt, die Lebensfunktionen und das Verhalten allen Lebens auf der Erde bestimmt. Diese Struktur ist gewunden wie eine doppelte ›Helix‹, so wie es die Zeichnung in den Zeilen 32 bis 46 der Botschaft darstellt.

Die doppelte ›Helix‹«, fuhr Craft fort, »ist mit einer annähernden Skizze eines menschlichen Wesens verbunden und stellt so den Zusammenhang zwischen dem Molekül DNS, dem Format der ›Helix‹ und dem intelligenten Lebewesen her. Rechts des Menschen ist eine Linie zu sehen, die sich vom Kopf bis zu den Füßen erstreckt und der die Zahl 14 beigefügt wurde. Sie erklärt, daß der Bewohner dieses ›Erde‹ genannten Planeten 14 Längeneinheiten mißt. (Da die einzig mögliche Längeneinheit die der Übertragungswelle ist, was 12,6 cm entspricht, heißt das, daß das menschliche Wesen 176,4 cm groß ist).

Aber gehen wir weiter. Auf der linken Seite des Menschen steht eine weitere Zahl, die sich 3500 Millionen annähert, und damit ist die menschliche Bevölkerung auf unserem Planeten ausgedrückt. Unter dem menschlichen Wesen können Sie eine weitere schematische Skizze sehen. Sie entspricht unserem Sonnensystem.

Die Sonne befindet sich auf der rechten Seite, und links von ihr sind die neun Planeten mit einem Hinweis auf ihre ungefähre Größe. Der dritte Planet – die Erde – wurde ein wenig in Richtung des Menschen gerückt, um anzuzeigen, daß dieser auf ihm lebt.«

Es war nicht leicht, den Erklärungen des Leiters zu folgen, der wie der Rest der Welt sehr stolz auf sein Radioteleskop war. Die nordamerikanische Universität von Cornell, die dafür zuständig ist, reiht das Radioteleskop unter ihre besonderen Schätze ein. Craft machte eine kurze Pause. Er ließ den Rauch seiner gerade angezündeten Pfeife zu den großen Fenstern hinausziehen und fuhr fort:

»Unter dem Sonnensystem, wieder zentriert unter dem dritten Planeten, wurde auch das Bild des Radioteleskops wiedergegeben. Den Begriff des ›Teleskops‹ beschreibt die Botschaft als eine Apparatur, die Strahlen auf einen Punkt richtet. Die mathematische Funktion, die die Umlenkung der Bahnkurve beschreibt, ist schematisch dargestellt. Es handelt sich natürlich um eine Parabel.

Beachten Sie, daß das Radioteleskop nicht nach unten zeigt, sondern ›nach oben‹, und somit auf das Zeichen für den Planeten Erde gerichtet ist.

Abschließend werden, ebenfalls im unteren Bereich der Botschaft, die Maße des Radioteleskops angezeigt. In diesem Fall handelt es sich zugleich um die Maße des größten Teleskops der Welt sowie desjenigen, das diese Botschaft aussendet. Die Größe entspricht von einem Ende zum anderen 2430 Wellenlängen bzw. 306,18 Meter.«

Ich mußte wiederholt auf die Zeichnung blicken, um zu verstehen, um gleichzeitig ihre Schlichtheit und ihre Großartigkeit zu begreifen. Dort, in jenen 1679 aufeinanderfolgenden Zeichen, war die wichtigste Botschaft ›aufgesetzt‹ worden, die der Mensch jemals in den Weltraum geschickt hat.

Nach unseren astronomischen Berechnungen wird der ›Ruf‹ des Planeten Erde 22 500 Jahre brauchen, um sich jenen Millionen Sonnen zu nähern, aus denen sich M-13 zusammensetzt. 22 500 Jahre, in denen er mit Lichtgeschwindigkeit, also mit 300 000 Kilometern pro Sekunde reist!

»Falls das Signal aufgefangen und entschlüsselt wird«, erklärte der Leiter, »muß unser Planet weitere 22 500 Jahre warten, um eine Antwort zu erhalten . . .«

»Das bedeutet, daß wir um das Jahr 45 000 herum eventuell mit ›Nachrichten‹ von M-13 rechnen können . . .«

»Unter der Voraussetzung, daß die ›Botschaft‹ verstanden wird und die Antwort unverzüglich erfolgt«, betonte er.

Während der Pressesprecher des Observatoriums, Rey Medina, einen Jeep zur Verfügung stellte, um die riesigen Anlagen zu durchqueren, erklärte er uns:

»Die Botschaft wurde mit einer Geschwindigkeit von 10 Zeichen pro Sekunde übertragen. Insgesamt brauchte man drei Minuten.

Danach erledigt das Wunder der Geschwindigkeit den Rest. Eine Minute nach gelungener Übertragung befindet sich die ›Sendung‹ des Planeten Erde bereits so weit von der Sonne entfernt wie die Umlaufbahn des Mars. Nach 35 Minuten wird der ›Ruf‹ des Menschen schon am Jupiter vorbeireisen, dessen Umlaufbahn sich mehr als 700 Millionen Kilometer von der Sonne entfernt befindet.

Nach 71 Minuten wird sie Saturn hinter sich lassen, und fünf Stunden und 20 Minuten nach der Übertragung wird die Botschaft in die Nähe von Pluto gelangen, dem am weitesten entfernten bekannten Planeten im Sonnensystem.«

Wir fragten Rey Medina: »Also kann diese Botschaft von jedem beliebigen Radioteleskop in der Galaxie aufgefangen werden?«

»Sicher, wenn es die gleiche Leistungsfähigkeit wie dieses hier hat, jederzeit.«

Wir brauchten mehrere Stunden für die Besichtigung jener ›Suppenschüssel‹, wie Fernando und ich den ungeheuren Reflektor mit seinen 1000 Fuß Durchmesser ›getauft‹ hatten.

Das größte und empfindlichste ›Ohr‹ der Welt setzte sich aus circa 39 000 Aluminiumplatten zusammen – jede davon 40 mal 80 Zoll groß. Man mußte eine Vertiefung bzw. eine natürliche Absenkung in den Bergen suchen, um dort den besagten Reflektor zu ›verankern‹. Unter dieser ›Suppenschüssel‹ gleichen Dutzende von Stahlkabeln die möglichen Auswirkungen einer Ausdehnung in den Tausenden von Platten aus. Diese maximale Ausdehnung – eine Folge von Temperaturveränderungen – darf höchstens ein Achtel Zoll betragen. Wenn dieser Wert überschritten wird, so hat dies negative Auswirkungen. Die Signale werden schlecht empfangen, und die allgemeine Funktionsfähigkeit ist beeinträchtigt.

Eine Reihe von Fragen beschäftigte mich seit einiger Zeit sehr. Warum hatten die Vereinigten Staaten keine Mühe gescheut, um ein solches Radioteleskop zu errichten? Warum hatten sie keinen Augenblick gezögert, dieses Wunderwerk der Technik mit ›elektronischen Gehirnen‹ auszustatten, deren Aufgabe es ist, Sterne und

Planeten zu ›suchen‹? Warum so viele Milliarden Dollar; warum so viele Wissenschaftler . . .?

Lediglich, um ›Botschaften‹ an ferne Sterne zu senden? Lediglich, um zu versuchen, andere ›Stimmen‹ von intelligenten Wesen aufzufangen, die Tausende oder Millionen von Lichtjahren von unserer Welt entfernt sind?

Bevor ich das Radioteleskop von Arecibo verließ, wollte ich die Antworten auf einige dieser Fragen finden. Harold Craft hörte mit großer Aufmerksamkeit zu . . .

»Nun«, warf ich ein, »wenn Sie niemals die Reaktionen auf diese ›Botschaft‹ erfahren werden . . . wenn selbst die Kindeskinder unserer Kindeskinder das Resultat ebensowenig erfahren werden . . .«

»Weswegen dann die Nachricht?« kam mir der Leiter zuvor. Er schien sich der Schnelligkeit der ›Gedanken‹ seiner Computer angepaßt zu haben.

Craft legte das Kinn in seine langen und gepflegten Hände und lächelte wie jemand, der ein Kind vor sich stehen hat.

»Weil der Augenblick gekommen ist, unsere Stimme in das Universum zu entsenden. Und weil wir der Welt und uns selbst zeigen müssen, daß wir imstande sind, uns mit anderen Wesen zu verständigen.«

Ich versuchte, dieser Behauptung auf den Grund zu gehen. Aber es gelang mir nicht. Ich wußte nicht, wie ich diese fünf bunten Segler verstehen sollte, die von der Decke in Harold Crafts Büro hingen, noch die Taschenrechner, an die mein Tonbandgerät stieß, noch die Formeln auf jener grünen Tafel, die mich so an die grauen Nachmittage in der Schule erinnerten. Ich begriff diese Verständigungsversuche mit Wesen nicht, die Millionen Kilometer von der Erde entfernt sind, zumal doch bekannt war, daß andere außerirdische Zivilisationen bereits hier waren und über unsere Welt flogen.

»Herr Craft, Sie scheinen sich der Existenz von LEBEN im All sehr sicher zu sein. Ich dachte, Radioastronom zu sein, sei gleichbedeutend damit, die Vorstellungskraft durch die Nüchternheit der Wissenschaft zu ersetzen . . .«

»Man sollte niemals vorschnell urteilen, mein Freund. Nicht einmal über die Radioastronomen. Ich glaube fest an die Existenz von Leben im All. Das habe ich bereits gesagt. Deshalb sind wir hier.«

»Aber sagen Sie mir, nach so vielen Jahren, in denen Sie das Universum erforscht haben: Welches ist für Sie das größte Geheimnis, das es birgt?«

»Das Universum ist in sich selbst ein großes Rätsel. Aber um konkret zu werden: Wir haben immer noch nicht erklären können, warum die ›Pulsare‹ derartige Signale bzw. Pulsfrequenzen aussenden.«

»Ich frage mich, was der größte Triumph dieses phänomenalen Radioteleskops sein könnte . . .«

»Vielleicht der, eines Tages das Signal, den ›Gruß‹ einer anderen außerirdischen Zivilisation zu empfangen.«

»Und glauben Sie, daß dieser Tag kommen wird?«

»Es ist möglich, wenn auch nicht wahrscheinlich. Wir können das Unermeßliche, das Unendliche des Kosmos nicht erfassen. Es ist so schwierig, eine dieser bewohnten Welten zu finden! Wohin sollen wir unseren Blick wenden? Auf welcher Frequenz sollen wir unsere Emissionen senden? Wie sollen wir wissen, welche sie benutzen?«

»Aber trotzdem kann sich jenes LEBEN in der Nähe befinden . . .«

»Alles hängt davon ab, was wir als ›in der Nähe‹ bezeichnen. Es ist beispielsweise weder auf dem Mars noch auf der Venus sehr wahrscheinlich. Vielleicht könnte es auf dem Jupiter eine Chance dafür geben . . .«

»Sie haben eine Botschaft zu M-13 geschickt, in 22 500

Lichtjahren Entfernung. Betrachten Sie diesen Sternenhaufen als den nahest gelegenen Ort, auf dem LEBEN möglich ist?«

»Nein, unzweifelbar muß es andere Gegenden in unserer Galaxie geben, in denen Leben existiert. Selbstredend näher gelegene Orte als M-13.«

»Wenn man seine Arbeit dem Universum widmet, wenn Sterne oder Galaxien zum eigenen ›täglich Brot‹ gehören, wie betrachtet man dann die Probleme hier unten?«

»Als unbedeutend. Wir sind nichts – NICHTS –, verglichen mit dem Kosmos. Ach, wenn wir das doch begreifen könnten! Wie würde sich die Welt ändern, wenn wir uns über die Vergänglichkeit der menschlichen Rasse klar würden.

Wir schaffen unsere eigenen Probleme, und wir, die Menschen, müssen sie auch lösen. Da draußen, im Weltraum, interessiert niemanden, was mit der menschlichen Spezies passiert.«

»Es gibt dennoch viele Menschen, die versichern, daß uns andere außerirdische Zivilisationen besuchen und sogar über uns wachen . . .«

»Ich halte einen ›Besuch‹ nicht für die sinnvollste Begründung dafür, daß diese Wesen mit uns in Kontakt treten. Die Entfernungen sind riesig . . .«

»Also glauben Sie nicht an Ufos?«

»Ich habe noch keine gesehen.«

Trotz dieser Worte kostete es mich Mühe, zu glauben, daß es das ›Nationale Zentrum für Astronomie und die Ionosphäre‹, wie sich die Anlage um das aufsehenerregende Radioteleskop von Arecibo auch nennt, nicht aus ›irgendwelchen‹ anderen Gründen gibt.

Was wissen die Regierenden und die Wissenschaftler der Vereinigten Staaten denn wirklich über die Wesen, die im Universum leben und die uns besuchen?

Einen Augenblick lang wollte ich Herrn Craft beinahe von den mehreren Tausend von Zeugen erzählen, die die Anwesenheit von Ufos über dem Planeten bewiesen haben. Aber ich bewahrte Schweigen. Vielleicht wußte es der junge Astrophysiker bereits. Gelegentlich kommt es vor, daß Inhaber eines öffentlichen Amtes nicht über das reden ›können‹, was wirklich geschieht . . . Aber es war wundervoll gewesen. Die Mühe, das empfindlichste ›Ohr‹ des Planeten kennenzulernen, hatte sich gelohnt. Wir waren sehr zufrieden, weiterverbreiten zu können, was zweifelsohne die wichtigste ›Botschaft‹ der Menschheit an den Kosmos ist.

Tage später landeten Fernando und ich in dem strahlend hellen Land der Inkas. In ganz Peru genoß man in jenem Januar 1975 einen prächtigen Sommer.

Dort warteten neue Erlebnisse auf uns. Und eine weitere Überraschung.

Die Gruppe des IPRI hatte sich gespalten. Was vor vier Monaten eine haltbare und unvergleichliche Gemeinschaft gewesen war, zeigte sich mir nun als drei klar voneinander getrennte Bestrebungen. Zunächst einmal war da die Gruppe von Sixto Paz Wells, die am meisten geprägt von vergeistigten und mystischen Tendenzen war.

Sein Bruder Carlos Paz stand an der Spitze der zweiten Gruppierung, die in bezug auf die Kommunikation und die Erfahrungen mit Ufos und deren Besatzungsmitgliedern ›wissenschaftlicher‹ war.

Schließlich konnte ich im Verlauf unseres Aufenthalts in Lima feststellen, daß sich auch eine dritte Fraktion herausgebildet hatte, die eine Art Mischung aus den beiden vorangegangenen darstellte.

Ich führte zahlreiche und ausführliche Gespräche mit den Mitgliedern des Peruanischen Institutes für Interplanetarische Beziehungen (IPRI). Sie erzählten mir von ihren

Problemen, von ihren Schwierigkeiten mit einigen Teilen der peruanischen Gesellschaft, die unter keinen Umständen wollten (genauso wie es in Spanien vorgekommen ist), daß die Angelegenheit der Ufos und Außerirdischen zum Mann auf der Straße durchdringt. Letztendlich interessierten sie sich nicht für eine Erweiterung des Gedankenhorizonts. Aber es bleibt noch Zeit genug, sich über diesen seltsamen und fast altmodischen Widerstand der Gesellschaft und seitens bestimmter Teile der Kirche Gedanken zu machen.

Schon lange bevor ich in Lima aus dem Flugzeug gestiegen war – vielleicht schon lange bevor ich Spanien verlassen hatte –, lag mir ein Wunsch, ein quälender Gedanke am Herzen. Ich mußte all denen, die ich zu meinen Freunden zählte, zumindest den engsten davon, beweisen, daß das, was ich an jenem 7. September 1974 am Himmel gesehen hatte, wirklich rätselhaft war. Daß es sich meiner Meinung nach um Ufos handelte . . .

Ich hatte nicht lockergelassen, bis ich meine Zeitung – insbesondere meinen Chefredakteur – von der Notwendigkeit überzeugen konnte, in Begleitung einer weiteren Person nach Peru zurückkehren zu dürfen. In Begleitung einer Person, die eventuell – so wie ich es getan hatte – an einer weiteren Beobachtung teilnehmen konnte. Ich hätte die Angelegenheit nicht einmal angesprochen, wenn all das nur Ausgeburt meiner Phantasie oder meine eigenen Hirngespinste gewesen wären . . .

Daher konzentrierten sich alle meine Gedanken seit der Ankunft in Peru, d. h. seit ich begonnen hatte, den Kontakt zu verschiedenen Mitgliedern des IPRI aufzunehmen, darauf, endlich bei einer neuen Beobachtung – einem weiteren ›wirklichen Beweis‹ – dabeizusein, selbstverständlich gemeinsam mit Fernando Múgica. Ich muß vorausschicken, daß es keine Probleme gab. Die

Gruppe von Sixto Paz Wells hatte eine jener Sichtungen für Samstag, den 5. dieses Monats, also Januar 1975, vorausgesagt. Acht Tage zuvor hatte mir Sixto selbst von dem Hotel in Lima aus, in dem wir unsere ›Operationszentrale‹ eingerichtet hatten, telefonisch diesen Termin bestätigt. Er war für nachts verabredet worden, an einem anderen Ort als Chilca, wo ich jene ersten Schiffe gesehen hatte.

»Die Sichtung wird im Norden von Lima stattfinden«, gab er mir als einzige Erklärung.

Als ich dies Fernando mitteilte, antwortete er nicht. Ein untrügliches Anzeichen dafür, daß ihn die Angelegenheit interessierte und beschäftigte.

Die restlichen Tage verstrichen mit harter journalistischer Arbeit, genauso wie es bei meiner ersten Reise in das heißgeliebte Peru gewesen war. Ich hatte selbstverständlich meinen guten Freund Dr. Javier Darquea nicht vergessen, den ›Entdecker‹ der phantastischen steinernen ›Bibliothek‹ in der Stadt Ica, den ich in meinem Buch *Existió otra humanidad* vorgestellt und abgebildet habe. Einen großen Teil dieser Tage verbrachte ich zusammen mit dem Forscher von Ica und vertiefte mich in jene 11 000 mit Gravuren bedeckten Steine, die Zeugnis einer Zivilisation oder einer Rasse waren, die unsere Welt in längst vergangenen Zeiten bewohnt hatte.

Doch diesmal war es ein anderes Warten als im September 1974. Auf meiner ersten Reise war alles anders gewesen. Ich hatte damals nicht den geringsten Beweis dafür, daß die Behauptungen des IPRI wahr waren. Daher ging ich voller Skepsis zu der Beobachtung in den *Arenales de Chilca*.

Diesmal war es anders. Diesmal, wie gesagt, wußte ich bereits, daß in all jenem ein guter Teil Wahrheit steckte. Und jede Faser meines Körpers war voller Unruhe, Qual und Ungeduld angesichts des langsamen Verstreichens der Stunden.

Während jenes Wartens versuchte ich mich auch über die wichtigsten Ereignisse und Nachrichten zu informieren, in denen das IPRI die Hauptrolle gespielt hatte.

Es ist bemerkenswert. Obwohl es ganz klare Differenzen gab, wenn es darum ging, die Ufo-Erfahrungen auszuwerten – in allem, was die sogenannte ›RAMA-Mission‹ betraf, attackierten sie einander, soweit ich feststellen konnte, kein einziges Mal.

Als ich von jener Spaltung erfuhr, hatte ich mir gesagt: »Dies ist die beste Gelegenheit, jeglichen Fehler oder Betrug zu entdecken . . .«

Aber dem war nicht so. Wie ich bereits sagte, überraschte mich bei jeder Gelegenheit eines von neuem, wenn ich die verschiedenen Mitglieder des IPRI interviewte. Jedesmal, wenn ich sie bat, die Handlungen der anderen Gruppierungen zu beurteilen, mußte ich staunen. Denn niemand bezeichnete irgend jemand anderen als Betrüger. So erklärte mir jede Gruppierung, daß die besagte ›RAMA-Mission‹ nicht unflexibel oder gar festgefahren sei. Sie sei dynamisch und entwickele sich aus sich selbst heraus. Sogar trotz der Egoismen und Fehler ihrer Teilnehmer.

Sie erläuterten: »Die Ziele bleiben weiterhin dieselben.«

»Welche?« fragte ich, indem ich vorgab, sie vergessen zu haben.

»Die, die du kennst, weil wir sie dir zum rechten Zeitpunkt erläutert haben.«

Ich fühlte, wie ich rot wurde.

». . . Die ›RAMA-Mission‹ versucht das Bewußtsein der Menschen zu bilden und sie die Anwesenheit unserer Brüder, der Außerirdischen, spüren zu lassen. Ihnen beizubringen, daß das Universum das einzige Ziel intelligenter Wesen ist; das Universum und die Weisheit, die es in sich birgt. Wie du weißt, strebt die ›RAMA-Mission‹ lediglich nach der Fortführung des Menschen. Ein Ereignis steht nah bevor, das die Menschheit in große Gefahr bringen wird. Und SIE wissen es. Sie retten so viele, wie sie es für die Entstehung einer neuen Menschheit für notwendig bzw. nützlich halten, für die Entstehung einer wahren, einer aufrichtigeren Menschheit. Auch wenn es ein Wunschtraum zu sein scheint: eine Menschheit, die diesen Planeten zu einem Ort der Harmonie und des Friedens macht.

Und es gelingt uns. Denn die Bewohner aller Länder sind sich bereits bewußt, daß uns Wesen aus dem All besuchen und daß sie aus einem bestimmten Grund hier sind, daß sie etwas vorhaben . . .«

Letzteres hielt ich in der Tat für wahr. Nie zuvor in der Geschichte unserer Welt hatte es eine so ausgeprägte Empfänglichkeit für alles gegeben, was mit den Ufos in Verbindung stand. Sogar diejenigen, die befürchten, daß ihre herkömmlichen geistigen und religiösen Prinzipien ins Wanken geraten, haben tief in ihrem Innern irgendwann einmal über dieses Thema nachgedacht, das täglich in den Nachrichten über ›Sichtungen‹ oder ›Landungen‹ von derartigen Schiffen erwähnt wird. Und das genügt . . .

»Viele haben versucht«, betonten die Mitglieder des IPRI mir gegenüber, »die ›Mission RAMA‹ als religiösen Auftrag darzustellen. Sie irren sich. Denn was hat die Anwesenheit dieser Raumschiffe und ihrer Piloten mit Religion zu tun? Menschen von diesem Planeten zu holen und das Bewußtsein der anderen für die Anwesenheit von außerirdischen ›Astronauten‹ zu wecken hat nichts mit religiösen Vorstellungen zu tun.

Wenn diese Wesen versuchen, uns einen Weg der Liebe aufzuzeigen, warum müssen wir diese Philosophie dann mit einer Religion verwechseln bzw. vermischen? Die LIEBE, die sie kennen und verbreiten, steht hoch über unserer armseligen Religion . . .«

In meinen Notizbüchern und Tonbandarchiven bewahre ich all diese Interviews wie einen Schatz auf. Darin ist für mich persönlich ein hoher, sehr hoher und uns fremder Sinn für Moral und Zusammenleben enthalten. Vielleicht wird der Tag kommen, an dem ich mich entschließe, sie zu veröffentlichen.

Endlich kam der 25. Januar. Was uns betraf, war alles vorbereitet.

Zur vereinbarten Zeit kamen Fernando und ich in die Turinstraße Nummer 402, die in dem Barranco genannten Bezirk von Lima gelegen ist. Alles schien sich zu wiederholen. Alles war wieder wie an jenem Abend des 7. September.

Gegenüber vom Haus der Brüder Paz, den Gründern des IPRI, hatten sich mehr als dreißig Personen versammelt und unterhielten sich angeregt in kleinen Grüppchen. Dort konnte ich einige von denen wiedertreffen, die mit mir an der Beobachtung in den *Arenales de Chilca* teilgenommen hatten.

Als der Abend fortgeschritten war, setzte sich die ›Expedition‹ in Bewegung. Ich weiß nicht mehr genau, wie viele Wagen es waren, aber insgesamt bildeten wir schon einen beachtlichen Konvoi.

Während einiger unserer Besuche im Hauptsitz des IPRI hatten wir einen Landsmann kennengelernt, einen Ingenieur des spanischen Heeres, der seit Monaten in Peru an der Ausführung von verschiedenen Bronzeabgüssen arbeitete. In seinem Wagen durchquerten wir gemeinsam Lima, den anderen Fahrzeugen folgend.

Bis zu diesem Moment kannte niemand den genauen Ort, an dem die Sichtung stattfinden würde. Sixto Paz Wells hatte mir vorher lediglich verraten, daß es sich um einen Strand im Norden der Stadt handelte.

So war es auch. Nach einer halben Stunde Weg bogen die ersten Fahrzeuge nach links ab und fuhren auf den Sand eines riesigen und einsamen Strandes. Meinen Berechnungen zufolge hatten wir ungefähr 15 bis 20 Kilometer zurückgelegt.

Ich war überrascht. Die Gruppe von 30 Leuten vor der Tür des IPRI in Lima hatte sich inzwischen auf 55 vergrößert. Und ich werde wohl nie erfahren, wie das zustande kam . . .

Ungefähr um sechs Uhr abends begannen wir, über den feuchten und schmutzigen Sand jenes endlosen Strandes zu wandern, mit Richtung auf eines der Vorgebirge, die sich am Horizont erhoben.

Geräusch und Farbe des Meeres gaben mir einen Teil meiner Gelassenheit zurück. Fernando, mit seinen Kameras, Teleobjektiven und dem Stativ beladen, war wenige Meter von den Wellen entfernt stehengeblieben.

Um sich die Zeit zu vertreiben, peilte er langsam eine weiße Möwe an, die sich oben auf einem Pfosten niedergelassen hatte, der im Gewässer des Pazifiks stand. Schweigend begleitete dieser Vogel unsere Wanderung.

Ich suchte Sixto Paz auf und gesellte mich zu ihm.

»Ich verstehe nicht, wie es zu diesen Abspaltungen kommen konnte«, begann ich ein Gespräch.

»›Sie‹ haben uns mitgeteilt, daß sowohl die ›Mission RAMA‹ als auch die Ziele der ›Kosmischen Bruderschaft‹, die von Eugenio Siragusa geleitet wird, und ebenso andere Gruppierungen auf dieser Welt, die in Kontakt mit den Außerirdischen stehen, wie die Finger an einer Hand sind. Sie entstammen demselben ›Stamme‹, und ihre

›Kraft‹ ist gleich stark. Wir alle haben die gleichen Ziele, auch wenn sich Namen und Landschaften voneinander unterscheiden.«

Eine frische Brise wehte mir vom Ozean her ins Gesicht und rief mich in die Wirklichkeit zurück. Hier und jetzt war die Gelegenheit, bei der über jenem Strand ein Ufo erscheinen sollte. Das war das einzig Wichtige, das war alles, was zählen konnte und sollte.

Ich hatte sie bereits gesehen. Aber mein Begleiter nicht. Zumindest damals wünschte ich mir, daß Fernando selbst die Gelegenheit erhielt, herauszufinden, daß es wahr ist.

»Für wann ist die Sichtung angekündigt?«

»Für ungefähr elf Uhr nachts. Aber genau weiß man das nie . . .«

»Das verstehe ich nicht.«

»Ich will damit sagen, daß sie sich manchmal vor dem von ihnen festgelegten Zeitpunkt oder in anderen Fällen mit großer Verspätung zeigen . . .«, fügte Sixto hinzu.

»Aber wenn wir doch pünktlich sind . . .«, murmelte ich vor mich hin. »Das fehlte noch, daß sie gar nicht erscheinen.«

Wir liefen weiter, bis wir am Vorgebirge ankamen. Da es immer noch nicht dunkel geworden war, suchte jeder von uns dort nach der besten Methode, sich die Zeit zu vertreiben.

Fernando machte mich auf die riesige und feuerrote Sonne aufmerksam, die gerade dabei war, ins Meer einzutauchen. Wir gingen Richtung Ufer, in der Absicht, einige Dias von diesem herrlichen Sonnenuntergang aufzunehmen.

Vertieft ins Fotografieren, sahen wir diesen strahlenden Tag zu Ende gehen. Bei Einbruch der Nacht kehrten wir wieder zur Mitte des Strandes zurück, wo sich der größte Teil der Gruppe niedergelassen hatte. Es herrschte eine gute Stimmung. Von einer unwiderstehlichen Neugier angetrieben, hatte der größte Teil der dort Versammelten bereits begonnen, das gerade beginnende Flimmern der Sterne genau zu beobachten.

Es bildete sich ein Kreis. Genauso, wie es bei vielen der Beobachtungen vorkommen sollte, an denen ich später teilnehmen konnte, schwiegen alle.

Für den Großteil dieser Nacht verlor ich meinen Begleiter aus den Augen. Ebenso wie die anderen Mitglieder oder Sympathisanten des IPRI begann ich, jeden Quadratzentimeter des über und über mit Sternen bedeckten Himmelsgewölbes abzusuchen. Selten hatte ich die Gelegenheit gehabt, ein so herrliches Firmament zu betrachten.

»Wenn sich bei dieser Gelegenheit das wiederholt, was in Chilca geschah«, dachte ich, während ich in der Ferne das regelmäßige Peitschen der Wellen an die Steilküste hörte, »wird das ›Schauspiel‹ außergewöhnlich werden. Der Himmel ist wolkenlos, und Fernando wird die phantastischen Lichter dieser Schiffe mit seiner Kamera einfangen können . . .«

Instinktiv suchte ich nach meinem Freund. Ich fand ihn hinter den gespreizten Beinen des Stativs bei den letzten Vorbereitungen seiner Kameras.

Wenn mich meine Erinnerung nicht trügt, hatte Fernando Múgica auf dem Sand des peruanischen Strandes folgende Geräte aufgebaut: eine Pentax mit 300 mm (F:4) und eine Nikon mit einem 400 mm (F:6,3) Teleobjektiv, das mit einem Duplikator versehen war, der es folglich zu einem 800-mm-Objektiv erweiterte. Der Film in der letztgenannten Kamera war ein TRI-X mit einer Lichtempfindlichkeit von 400 ASA. In der anderen befand sich ein Diafilm von Ektachrome (High Speed).

Jedes Objekt, das sich bis auf eine bestimmte Distanz

angenähert hätte, wäre auf seinen Filmen festgehalten worden. In dieser Hinsicht hätte ich mich gar nicht ruhiger fühlen können. Fernando hatte vier oder fünf Kriege auf dem Buckel, Aufstände, Entführungen und die schwierigsten journalistischen Aufträge, die heutzutage einem Profi gegeben werden können. Und bei allen hatte er seinen Mut und seine Effizienz bewiesen. Aber die Zeit verstrich, und die verdammten Ufos zeigten sich immer noch nicht . . .

So kurz nach neun Uhr, als es fast ganz dunkel war, zeigte jemand Richtung Himmel. Wir alle schossen wie von einer Sprungfeder getrieben aus dem bereits abgekühlten Sand hoch und peilten mit Kameras und Ferngläsern jenen Punkt an, an dem sich in der Tat etwas Ungewöhnliches beobachten ließ. Das betreffende Licht erhob sich gerade mal 10 oder 15 Grad über den Horizont. Aber es war riesig. Weiß. Flackernd. Die Herzen aller dort Anwesenden begannen unkontrolliert zu schlagen.

»Es bewegt sich . . .! Es bewegt sich!« schrie irgend jemand.

Ich drückte das 10 × 50 Fernglas fest an meine Augenhöhlen, konnte aber keine Bewegung erkennen. Es strahlte tatsächlich ein starkes Licht aus. Ich ließ das Fernglas sinken und beobachtete den Rest des Himmels. Ich konnte den Planeten Venus nirgendwo ausmachen. Und es war genau die Zeit, zu der dieser beobachtet werden konnte.

Konnte es nicht die Venus sein, die wir mit solcher Aufregung beobachteten? Eine weitere Stimme – die eines jungen Spezialisten im Bereich der Astronomie und der Computer – kam meinen Gedanken zuvor. Er erklärte zur allgemeinen Enttäuschung: »Das ist die Venus. Laßt uns vernünftig sein.«

Eine heftige Diskussion entbrannte. Einen Augenblick

»Ich, Carlos Castro Cavero persönlich, glaube, daß es Ufos gibt. Und daran, daß es außerirdische Raumschiffe sind.« (Generalmajor des Luftraums über den Kanarischen Inseln.)
(Foto: J. J. Benítez)

später bestätigte es sogar mein Freund Fernando, der die leuchtende Masse durch seine Teleobjektive ›verfolgte‹:

»Es bewegt sich tatsächlich. Es verläßt ständig das Rasterquadrat, mit dem ich es anvisiere . . .«

Tatsächlich verhielt sich der leuchtende Punkt weiterhin wie ein Planet. Denn darum handelte es sich auch tatsächlich. Ziemlich enttäuscht setzte sich die Gruppe wieder in einen Kreis. Wir warteten weiter.

Die Nacht war bereits angebrochen. Es war schwierig, die Gesichter voneinander zu unterscheiden. Aber schließlich waren damals nicht wir, sondern SIE das, was zählte . . .

Doch die Außerirdischen gaben uns kein Lebenszeichen.

Wieder einmal spürte ich in meinem Inneren den alten Kampf zwischen gesundem Menschenverstand und etwas anderem ausbrechen, das sicherlich von vielen als etwas Anormales beurteilt wird. Als etwas Außergewöhnliches.

Aber ich wußte, daß es wahr war. Ich hatte sie gesehen . . .

Schweigen. Schweigen hatte sich über uns gebreitet. Und ich glaube, jeder von uns überließ sich tausend Träumen, tausend Illusionen. Hoch oben schien sich eine Legion von Sternen über uns lustig zu machen, über unseren Glauben und unsere unübersehbare Hilflosigkeit, und sogar über unsere Illusionen. »Sind wir denn so weit von euch entfernt?« wiederholte ich bei mir. »Fehlt denn so viel, damit wir euch von Angesicht zu Angesicht sehen können?«

Ich hatte damals, in jener heißen peruanischen Sommernacht, keine Vorstellung davon, wie weit wir tatsächlich von jenem historischen Augenblick entfernt waren.

Der junge Computerspezialist und Astronom teilte mir

etwas mit, das wie von selbst jene ›Sensoren‹ aktivierte, die uns Journalisten angeboren sind und die uns sagen, wann wir etwas Bedeutendem oder Mitteilenswertem begegnet sind.

Dieser junge Peruaner, dessen Namen zwischen den Tausenden von Papieren, die ich aus Südamerika mitgebracht habe, verlorengegangen ist, vertraute mir an, daß er vor einigen Monaten, obwohl er noch nicht zum IPRI gehörte, einen Vorfall erlebt hatte, für den er keine Erklärung fand.

». . . Wir fuhren in einer Nacht zu den *Arenales de Chilca*«, berichtete er. »Es handelte sich um eine der üblichen Sichtungen. Die Nacht war genauso klar und wolkenlos wie heute. Wir kamen an und warteten.

Plötzlich konnten wir alle sehen, wie sich über einer der Dünen die Silhouette eines sehr großen Lebewesens abzeichnete. Es schien uns ebenfalls zu beobachten. Mir sträubten sich die Haare. Etwas sagte mir, daß dieser ›Mensch‹ nicht gewöhnlich war. Ich schätzte damals, daß er zwischen 100 und 150 Metern von uns entfernt war. Nicht weiter. Und er war ungeheuer groß. Sehr korpulent. Und mit etwas auf dem Kopf . . . Keine Ahnung, wahrscheinlich waren es seine Haare . . .«

»Seine Haare?«

»Ja, sie schienen sehr lang zu sein. Sie gingen ihm mindestens bis zu den Schultern . . .«

Dieser junge Mann sprach schüchtern mit mir. Er erweckte den Eindruck, dem, was er und andere Zeugen gesehen hatten, keinerlei Bedeutung beimessen zu wollen.

»Und was tat dieser ›Mensch‹?«

»Schwierig zu sagen. Du kennst die Gegend. Dort gibt es weder Siedlungen, noch Schäferhütten, noch die entfernteste Spur von Zivilisation. Es ist ein riesiges Gelände . . .

Wie ich dir gesagt habe, beobachtete er uns einige Sekunden lang und verschwand danach hinter der Düne.

Die Mitglieder des IPRI, die mich damals begleiteten, meinten, daß es sich um ein Besatzungsmitglied eines der Schiffe der ›Konföderation der galaktischen Welten‹ handelte.

Außerdem meinten sie, daß er aus dem einfachen Grund dort war, den Abbau einiger magnetischer Vorrichtungen vorzunehmen, die vor einiger Zeit in der Erde von Chilca verankert worden waren, um die Annäherung ihrer Schiffe zu erleichtern.

Ich kann mit Sicherheit nur sagen, daß jenes Individuum kein menschliches Wesen zu sein schien . . .«

Ich wurde nachdenklich und betrachtete das Ende des Strandes. Lediglich das Vorgebirge, das in Klippen zum Ozean auslief, stellte einen geeigneten und nahe genug gelegenen Ort dar, um dort ebenfalls die Silhouette von etwas oder jemandem deutlich erkennen zu lassen, vorausgesetzt, daß meine Wünsche und Träume Wirklichkeit würden . . .

Aber nichts dergleichen passierte.

Plötzlich, gegen 10 Uhr 20 abends erschien im Osten ein leuchtender Punkt, der sich schnell bewegte.

Es war leicht, ihn in der Unmenge von Sternen zu entdecken. Nervös nahm ich das Fernglas auf und suchte das Firmament ab, bis ich das rätselhafte Objekt sah. Es war wie eine Lichtkugel. Ich konnte eine Art Kreis an seiner Außenseite erkennen, der etwas weniger Licht abstrahlte. Aber es flog mit derartiger Geschwindigkeit, daß es ständig aus meinem Sichtfeld verschwand.

»Schaut, schaut!« schrie die Gruppe wie mit einer einzigen Stimme, verblüfft über die teuflische Geschwindigkeit des Objekts. »Es bewegt sich Richtung Meer!«

Nur mit größter Mühe konnte ich der Bahn des leuchtenden Punktes folgen, indem ich mich auf den Fersen drehte.

Es verschwand im Westen, bevor irgend jemand noch ein weiteres Wort verlieren konnte.

Ich ließ langsam das Fernglas sinken, während ich versuchte, meine Gedanken zu sammeln. Das Objekt war im Osten erschienen. Das war eindeutig. Und wir hatten es entdeckt, als es ungefähr zwanzig bis dreißig Grad über dem Horizont flog. Außerdem hatte es einen Bogen am Firmament beschrieben, bis es im Westen am Horizont verschwand, insgesamt also höchstens zwanzig bis dreißig Sekunden. Vielleicht auch weniger. Aber wie konnte das sein? Welche Geschwindigkeit mußte dieser Lichtpunkt haben, um die 150 bis 160 Grad in so wenig Zeit zurückzulegen? Denn unzweifelhaft handelte es sich nicht um einen Meteoriten oder eine Sternschnuppe. Die Bahn keines dieser beiden Phänomene ist so in die Länge gezogen und ›horizontal‹ wie bei diesem Objekt.

Außerdem hatten unsere Ferngläser es im Visier, und wir alle stimmten darin überein, daß jener Lichtpunkt verdächtig kugelförmig war . . .

Seine Geschwindigkeit jedoch war es, die uns verblüffte. Keine Maschine der Erde könnte sich momentan der Schnelligkeit jenes ›nichtidentifizierten Flugobjekts‹ auch nur annähern.

Ich habe mehrmals versucht, die Höhe zu schätzen, in der es flog. Aber jedesmal sah ich mich dazu außerstande. Vielleicht (wobei ich eine beträchtliche Fehlertoleranz einräume) könnte es sich in 8000 bis 10 000 Metern Höhe befunden haben.

»Es handelt sich um ein Schiff«, bemerkten die Mitglieder des IPRI. »Viele Schiffe dieser Art fliegen täglich über Lima und den Rest des Landes . . .«

Ich schwieg. Um ehrlich zu sein, war das vermeintliche

Ufo so schnell und so hoch vorbeigeflogen, daß keiner der Anwesenden irgend etwas mit Sicherheit behaupten konnte.

›Etwas‹ jedoch sagte mir, daß jenes Objekt kein natürliches bzw. dem Menschen bekanntes Phänomen war.

Das Vorüberfliegen des nichtidentifizierten Flugobjekts erfüllte die Gruppe mit unbändigem Enthusiasmus.

Alle ›erforschten‹ das Firmament noch genauer. Nach meiner Uhr zehn Minuten später stieg ein zweiter leuchtender Punkt mit den gleichen Merkmalen im Westen auf, in entgegengesetzter Richtung wie der erste. Seine Geschwindigkeit war gleich hoch, vielleicht war er sogar noch schneller. Er bewegte sich auf fast genau der gleichen Höhe, und soweit man mit dem Fernglas beobachten konnte, war seine Helligkeit und sein ›Lichtkranz‹ genauso wie bei dem vorherigen.

Unsere Gruppe schäumte vor Begeisterung geradezu über. Jetzt war es absolut sicher. Das zweite Ufo bestätigte endgültig, daß wir es nicht mit einer der hinlänglich bekannten Sternschnuppen zu tun hatten, die bei ihrem Fall so gut wie immer ganz vertikale oder schräge Bahnen beschreiben. Dieses ›Etwas‹ folgte einer Flugbahn. Und es vollendete den weiten Bogen am Himmel in noch kürzerer Zeit als das erste.

Aber sie erschienen immer noch in viel zu großer Höhe. In dem Moment, als der leuchtende Punkt sich nach Osten bewegte, konnte ich die Kommentare von Fernando hören, der von der enormen Geschwindigkeit des Ufos entmutigt war, weil dies eine Abbildung auf dem Film fast unmöglich machte. Trotzdem drückte mein Begleiter wieder und wieder auf den Auslöser.

Atemlos und mit wild in der Brust schlagendem Herzen ließ ich mich auf den Sand fallen. Und dachte folgendes:

»Wenn wir schon wegen zweier leuchtender Punkte,

die in 8000 bis 10000 Metern Entfernung vorüberflogen, in einen solchen Zustand geraten sind, was zum Teufel wäre erst passiert, wenn diese Ufos direkt über unseren Köpfen zur Landung angesetzt hätten ...?«

Aber mir blieb keine Zeit, um neue Überlegungen anzustellen. Jemand hatte ein drittes Objekt, einen ›Zwilling‹ des vorherigen, im Westen aufsteigen sehen.

Das war der Tropfen, der das Faß zum Überlaufen brachte. In einer Dreiviertelstunde waren drei nichtidentifizierte Flugobjekte über den Strand geflogen.

Ich erhob mich mit einem Satz und wiederholte meine Handlungen von vorher: Ich ›verfolgte‹ das Ufo mit dem Fernglas, während die Gruppe abertausend Kommentare abgab.

Aber es war zwecklos. Es gab keine Möglichkeit, das Objekt zu verfolgen. Seine Geschwindigkeit war viel höher als die jedes Testflugzeugs. Das dritte Ufo verschwand wie sein Vorgänger im Osten ...

Wenn ich mich richtig erinnere, war es fünf nach zwölf.

Das dritte Ufo war fast genau zu der angekündigten Zeit über die Gruppe geflogen, wenngleich in beträchtlicher Höhe.

Aber niemand gab sich zufrieden. Vielleicht hatten wir recht. Wir alle erwarteten noch viel mehr. Wir alle warteten auf das Erscheinen von einem bis zehn Schiffen über jenem einsamen Sandstrand ...

Wir alle – ich zuallererst – hätten die Hälfte unseres Lebens dafür gegeben, eines jener Ufos in unmittelbarer Nähe der Gruppe landen zu sehen. Deshalb verlief unsere Zuversicht im Sand, als klar wurde, daß die Zeit verging und doch kein Ufo mehr auf dem Strand landen würde. Die kritischen Bemerkungen und der Spott derer, die zum ersten Mal zu einem dieser ›physischen Beweise‹ gekommen waren, wurden zunehmend dreister. Ich glaube, daß man sie dafür nicht tadeln konnte.

Erst später, bereits viel später in Spanien verstand ich, warum es für diese Ufos nicht angebracht gewesen wäre zu landen. Aber ich will den Ereignissen nicht vorgreifen.

Ungeduld und schlechte Laune ergriffen vom Großteil der Gruppe Besitz. Gegen Mitternacht entschieden wir uns, nach Lima zurückzukehren. Die letzte halbe Stunde am Strand war eine wahre Folter gewesen. Die zur Beobachtung ›Eingeladenen‹ zeigten sich mitleidlos und erklärten jene drei nichtidentifizierten Flugobjekte zu künstlichen Satelliten, Meteoriten, Sternschnuppen, Kometen und zu weiß der Teufel welchem Unsinn noch.

Eigenartigerweise konnten wir seit dem Erscheinen des dritten und letzten Ufos ungefähr ein Dutzend Flugzeuge zählen, die über diesem Gebiet die seltsamsten Flugbewegungen ausführten.

Nach Ansicht der Mitglieder des IPRI waren einige dieser Maschinen aufgrund der Anwesenheit der Ufos von ihren Flughäfen aufgestiegen. Selbstverständlich konnte diese Vermutung nicht belegt werden.

Während ich über den dunklen Strand zum Wagen des spanischen Unternehmers lief, lastete dennoch ein schwerer Zweifel auf mir.

»Könnte es sich tatsächlich um künstliche Satelliten gehandelt haben, so wie einige der 55 Zeugen vermuteten, die den Vorbeiflug der drei nichtidentifizierten Flugobjekte gesehen hatten?«

Mein Enthusiasmus für die Raumfahrt und die Astronomie hatte mich noch nicht soweit gebracht, mein Wissen über jene Apparate zu vertiefen. Deswegen wartete ich lieber ab. Ich zog es vor, fachkundige Ratschläge und Analysen einzuziehen. Ich vermutete, daß kein künstlicher Satellit 150 bis 160 Grad direkt über uns in so wenigen Sekunden am Firmament zurücklegen konnte. Aber ich entschloß mich, wie gesagt, zu warten.

Meine Vermutungen sahen sich bald darauf bestätigt. Bestätigt von einer der weltweit wichtigsten Institutionen, spezialisiert auf dem Gebiet der Beobachtung und Erforschung dieser Weltraummaschinen.

4. Kapitel

Das Weltraumzentrum von Madrid. – Meine Vermutungen bestätigen sich. – Die über Peru gesichteten ›Objekte‹ waren keine künstlichen Satelliten.

Nach unserer Rückkehr nach Spanien begann ich mit ausführlichen Nachforschungen. Wie verhalten sich künstliche Satelliten? Gab es irgendeine Möglichkeit, daß jene drei nichtidentifizierten Flugobjekte, die den peruanischen Strand überflogen hatten, außerirdische Raumschiffe waren?

Je mehr ich bei meinen Untersuchungen und Expertenbefragungen weiterkam, desto mehr merkte ich, daß es immer unwahrscheinlicher wurde, daß jene hellen Lichtquellen künstliche Satelliten oder Teilstücke von Trägerraketen waren.

Aber ich brauchte eine offizielle Bestätigung. Beispielsweise das Urteil eines der auf Weltraumforschung spezialisierten Institute von Weltruf. Mein Verhältnis zu dem Direktor des Weltraumzentrums in Madrid war immer herzlich gewesen. Daher kam es, daß ich bei einer meiner ersten Reisen nach Madrid der Einrichtung Fresnedillas einen Besuch abstattete, die einen der Bestandteile jener komplexen Anlage für die Observierung und Erforschung des Weltraums bildet.

Unter dem Schutz bilateraler Abkommen der Zusammenarbeit, die am 29. Januar 1964 und am 11. Oktober 1965 zwischen den Regierungen Spaniens und der Vereinigten Staaten zur Erforschung des Weltalls unterschrieben worden waren, wurde diese Weltraumstation gebaut und arbeitet auch zu diesem Zweck.

Die Station besteht aus vier Anlagen: Robledo I, Cebreros, Fresnedillas und Robledo II.

Jede Anlage wurde als unabhängige Arbeitseinheit entworfen und verfügt über die nötige Ausrüstung – Antennen, elektronische Anlagen, Hilfsmaschinen usw. –, um völlig autonom arbeiten zu können. So gab es 1975 beispielsweise Augenblicke, in denen die Anlage Robledo I mit Pioneer 11 in Verbindung stand, die auf dem Weg zum Saturn war; die Anlage Cebreros verfolgte Helios 1 in ihrer Umlaufbahn um die Sonne; Robledo II empfing die Fotografien vom Merkur, die Mariner 10 übersandt hatte, und Fresnedillas fing Signale auf, die von den maschinengesteuerten Laboratorien ALSEP stammten, die Astronauten während der Apollo-Missionen auf der Oberfläche des Mondes verankert hatten.

Eine der grundlegenden Aufgaben dieser Anlagen ist, wie bereits gesagt, die ›Observation‹ von Weltraumfahrzeugen. Mit hochentwickelten elektronischen Anlagen hält das Weltraumzentrum in Madrid Verbindung zu jeder Art von Raumschiff. Durch diese Verbindungen ergeben sich radiometrische Daten, nach denen sich Position, Geschwindigkeit und Flugbahn des Fahrzeugs errechnen lassen und aufgrund derer auch die notwendigen Korrekturen gemacht werden, um den Kurs während des Flugs zu ändern.

Die Weltraumstation in Madrid war also die ideale Anlaufstelle, um jene Ungewißheit auszuräumen, die mich seit dem 25. Januar 1975 quälte.

Aber ich wollte keinen Verdacht erwecken. Deshalb stellte ich die Fragen an meinen guten Freund Luis Ruiz de Gopegui, den Chef der Anlage Fresnadillas und Doktor der Physik, ohne auch nur die kleinste Anspielung auf den Vorfall in Peru zu machen. Das Interview verlief folgendermaßen:

»Herr Gopegui, zuerst einmal eine Frage: Zu welchen Zeiten sind die künstlichen Satelliten mit bloßem Auge zu erkennen?«

»Ganz einfach. Wie Sie wissen, strahlen solche Maschinen kein eigenes Licht ab. Daher reflektieren sie lediglich das Sonnenlicht, wenn sie in den Bereich des Halbschattens der Erde eintreten. Nur in diesen Augenblicken können sie daher mit bloßem Auge erkannt werden, falls sich der Zeuge in der Nähe dieser Zone aufhält. Selbstverständlich hängt die Tatsache, ob man einen dieser künstlichen Satelliten sehen kann, auch von dessen Ausmaßen und von der Höhe ab, in der er um die Erde kreist. Wenn sich eine solche Maschine 30000 Kilometer über der Erde befindet, kann man sie nicht sehen . . .

Wenn der Satellit jedoch auf einer Höhe von 100, 200, 300, 400 oder sogar 500 Kilometern kreist, und das in den Stunden der Dämmerung, kann er mit bloßem Auge erkannt werden, falls er die entsprechende Größe hat.

Ich fasse noch mal zusammen: Künstliche Satelliten kann man nur im Morgengrauen oder in der Abenddämmerung sehen.«

»Nur zu diesen beiden Zeitpunkten?«

»Nur dann. Und nur dann, logischerweise, wenn ihre Bahn so verläuft, daß die eben genannten Bedingungen erfüllt sind. Wenn der Satellit erst einmal den Bereich des Halbschattens hinter sich gelassen hat und in den Erdschatten eintritt, kann man ihn nicht mehr sehen, weil das Sonnenlicht nicht mehr auf seine Oberfläche fällt. Erst wenn er sich von neuem der nächsten Halbschatten-Zone des Planeten nähert, das heißt im Morgengrauen, wird er wieder sichtbar. Und ich wiederhole, nur dann, wenn seine Größe und Höhe es erlauben.«

Während Herr Gopegui mir eine erläuternde Skizze zu seinen Erklärungen zeichnete, erinnerte ich mich an die Stunden, in denen jene drei leuchtenden Punkte den Himmel von Peru überflogen hatten. Der erste wurde um 22.20 Uhr sichtbar. Mehr als eine Stunde nachdem die Sonne im Pazifischen Ozean untergegangen war. Aber selbst wenn ich einräumte, daß das Sonnenlicht – mit Rücksicht auf die beträchtliche Höhe des Objekts – immer noch auf dieses geschienen haben könnte, wie sollte ich die Bahn der anderen beiden vermeintlichen ›künstlichen Satelliten‹ erklären?

Letzterer hatte das Gebiet um fünf nach elf nachts überflogen ... Zu diesem Zeitpunkt war es nicht mehr möglich, daß seine Metallkörper das Sonnenlicht reflektierten.

Aber es kamen neue und aufschlußreiche Angaben.

»Und tagsüber?« fragte ich Luis Gopegui von neuem. »Ist es in irgendeiner Weise möglich, tagsüber künstliche Satelliten vorüberfliegen zu sehen?«

»Nein. Das Sonnenlicht ›absorbiert‹ sie. Das ist das gleiche wie bei den Sternen. Tagsüber sieht man sie nicht, und trotzdem sind sie weiterhin dort ...

Ich werde Ihnen noch etwas erzählen. Es kommt sehr selten vor, daß wir einen Satelliten über einem Gebiet sehen können, in dem wir uns im Augenblick der Dämmerung gerade befinden.«

»Sie haben vorher von den Ausmaßen dieser Maschinen gesprochen. Welches wäre denn die Mindestgröße, um mit bloßem Auge von der Erde aus gesehen werden zu können?«

»Das hängt von der Höhe ab. Der Skylab beispielsweise war riesengroß, und man konnte ihn sehr gut erkennen. Der Skylab umkreiste den Planeten in 200 Kilometern Höhe.«

»Wieviel Kilometer wären unter solchen Umständen die Mindesthöhe, in der eine dieser Maschinen kreisen muß, damit sie in ihrer Umlaufbahn bleibt?«

»Das wichtigste Problem besteht darin, sie bis an einen Punkt zu bringen, an dem die Reibung der Luft und der äußersten Hüllen der Atmosphäre möglichst gering ist. So wird sie durch die Reibung nicht verlangsamt.

Nach zahlreichen Abschüssen hat man eindeutig beobachten können, daß ein künstlicher Satellit mindestens in eine Höhe von 180 Kilometern gebracht werden muß. Wenn er nur bis unterhalb dieser Höhe geschossen wird, wird er schließlich herabfallen. Manchmal sogar, bevor er seine erste Umlaufbahn um den Planeten vollendet hat.

In 200 Kilometern Höhe kann dem Satelliten eine ›Lebensdauer‹ von einigen Tagen, oder sogar bis zu einigen Wochen garantiert werden. In dieser Höhe bremsen Überreste von Luft schließlich seinen Lauf und führen dazu, daß er an Höhe verliert.

Ab 500 Kilometern ändert sich die Sachlage. Der Satellit kann jahrelang kreisen. Ab 1000 Kilometern gibt es fast überhaupt keine Probleme mehr. Die Lebensdauer des Satelliten kann Jahrhunderte betragen . . .

Es gibt andere Satelliten, deren größte Erdferne bei 40 000 Kilometern über der Erde liegt, wie die des sowjetischen Molniya. Wir verfolgen beispielsweise momentan einen Satelliten, der eine elliptische Bahn hat. Seine Aufgabe ist es, die Atmosphäre zu erforschen. Sobald er in ihre Nähe kommt, bremsen einige Raketen seine Geschwindigkeit und bringen ihn in die besagten Hüllen der Atmosphäre. Dann beginnt er mit den Untersuchungen. Danach erhält er einen neuen Raketenstoß und kehrt in seine alte Umlaufbahn zurück. Wenn dieser Satellit den zweiten Stoß nicht erhalten würde, fiele er unweigerlich hinunter.«

»Gehen wir zu einem zweiten Punkt über. Welches ist die Durchschnittsgeschwindigkeit eines künstlichen Satelliten, und wieviel Zeit kann er benötigen, um eine Bogenbahn am Firmament sichtbar für einen Beobachter zurückzulegen, der sich auf der Erde befindet?«

»Nun, auch das kann man nicht eindeutig und vollständig beantworten. Es hängt von der Umlaufbahn ab. Einige fliegen schneller . . .«

»Aber wenn Sie eine grobe Einschätzung geben . . .«

»Wir verfolgen die Satelliten mit dieser riesigen Antenne, die Sie hier draußen sehen können. Es kommt auf dasselbe raus, sie mit den Augen oder mit besagter Antenne zu beobachten . . . Man kann sagen, daß die minimale Zeit, die man mit den elektronischen Vorrichtungen braucht, um dem Flug eines Satelliten zu folgen, zwischen drei und vier Minuten liegt. Das heißt, von dem Zeitpunkt, an dem er erscheint, bis zu dem, an dem er wieder verschwindet. Selbstverständlich nur, solange er nicht im Zenit steht. Andernfalls würde er wesentlich mehr Zeit benötigen. Im allgemeinen zwischen 20 und 30 Minuten.«

Diese Worte des Leiters der Beobachtungsstation Fresnedillas hinterließen einen tiefen Eindruck bei mir. In den drei beschriebenen Fällen am peruanischen Strand hatten die Flugobjekte nicht mehr als zwanzig bis dreißig Sekunden gebraucht. Der Bogen, den jedes von ihnen beschrieben hatte, betrug, wie ich bereits sagte, ungefähr 150 bis 160 Grad. Außerdem waren alle drei direkt über uns geflogen . . .

Hier war tatsächlich jeder Kommentar überflüssig. Aber ich wollte das Thema endgültig klären.

»In welcher ›Gestalt‹, wenn Sie mir diesen Ausdruck erlauben, erscheinen die künstlichen Satelliten, wenn sie von der Erde aus gesehen werden können?«

»In der Gestalt eines Sterns. Aber man kann sie leicht von einem solchen unterscheiden. Erst einmal wegen der Geschwindigkeit, von der ich vorhin gesprochen habe, und dann, weil die Sterne im Gegensatz zu diesen künstlichen Maschinen ›flimmern‹.«

»Fliegen sie immer in der gleichen Richtung? Ich vermute, daß sie im allgemeinen der Richtung der Erddrehung folgen.«

»Aber nein, sie bewegen sich nicht immer in der gleichen Richtung. Beim größten Teil der Starts wird der natürliche ›Impuls‹ der Drehung des Planeten genutzt. Das heißt, von Osten nach Westen. Aber es gibt andere Satelliten, die mit Steigungen von über 90 Grad abgeschossen werden. Demnach bewegen sie sich entgegengesetzt der Erdumdrehung. Sie sind zuerst im Westen zu sehen und tauchen im Osten unter. Man spricht davon, daß sie ›rückläufigen Flugbahnen‹ folgen.«

Mein Gespräch mit Luis Gopegui ging zu anderen Themen über, die unmittelbar mit Projekten und Arbeitsabläufen der Station zu tun hatten. Aber das Wichtigste hatte ich hinreichend geklärt. In jener unvergeßlichen Nacht des 25. Januar 1975 hatten insgesamt 55 Personen beobachten können, wie DREI Ufos vorbeiflogen!

Gewiß, die Annäherung, auf die wir alle hofften, hatte nicht stattgefunden. Aber ich denke, daß das ein ganz anderes Problem ist. Man hatte uns mehr als eine Woche im voraus zu jenem Datum und zu genau jenem Zeitpunkt dorthin bestellt. Und alles wies darauf hin, daß tatsächlich unbekannte Fahrzeuge mit für menschliche Wesen unerreichbaren Geschwindigkeiten über unsere Köpfe hinweggeflogen waren.

Diese präzisen Ausführungen der Madrider Raumstation waren für mich – und sind es immer noch – von großer Bedeutung. Denn die Ufo-›Sichtungen‹ hatten gerade erst angefangen. Nach unserer Rückkehr von der zweiten Reise nach Südamerika interessierte ich mich lebhaft für einen Fall, der landesweites Aufsehen erregt hatte: Zur selben Zeit, als Fernando und ich Richtung Amerika flogen, waren einige Ufos mitten auf dem Schießplatz des Luftstützpunktes von Zaragoza gelandet.

Dies sollte ein weiterer jener typischen Fälle werden, in der Presse und Medien gewöhnlich auf eine klassische und entmutigende ›Mauer‹ des Schweigens von offizieller Seite stoßen.

Diejenigen jedoch, die mich kennen, wissen, daß ich nicht so leicht aufgebe, wenn ich eine Neuigkeit entdeckt habe. Erst recht nicht, wenn es sich wie in diesem Fall sogar um eine regelrechte ›Landung‹ von Ufos mitten auf Militärgebiet handelte . . .

5. Kapitel

Ufo-›Landungen‹ auf dem Schießplatz von Bardenas. – »Das war nicht der Mond.« – Ufo direkt über Zaragoza.

Der Gefreite und die vier Soldaten werden die Nacht des 2. Januar 1975 nicht so leicht vergessen.

Es war elf Uhr, als ein Soldat der Wachpatrouille des Hauptturms am Schießplatz seine Kameraden auf etwas aufmerksam machte. Das Ganze ereignete sich in Zaragoza.

»Seht! Was für ein Licht ist das . . .? Dort, dort drüben . . .!«

Der Gefreite und die Soldaten lehnten sich aus den Fenstern des Turms. Ungefähr drei Kilometer entfernt erblickten sie tatsächlich ein rotes Licht über der Erde.

»Zuerst dachten wir uns, es handele sich um einen Traktor. Aber das Licht war sehr stark. Außerdem befand es sich, soweit wir nach längerer Beobachtung feststellen konnten, auf dem Gebiet des Schießplatzes.

Es befand sich in unmittelbarer Nähe einer Lehmhütte, die *Zapata* genannt wird. Was aber hatte ein Traktor mitten auf dem Schießplatz und noch dazu um diese Uhrzeit zu suchen . . .?«

Um bis zu diesen ersten Zeugenaussagen über jene Ufo-Sichtung mitten in militärischem Gebiet zu gelangen, sah ich mich gezwungen, mehrere Umwege zu nehmen. Selbstverständlich wären mir diese Informationen niemals von offizieller Seite gegeben worden. Daher mußte ich auf Mittel sinnen, um sie auf anderen Wegen zusammenzutragen. Ich wartete. Eigentlich hatte ich keine Eile. Aus Erfahrung wußte ich, daß die Einzelheiten einer Erscheinung dieser Art sich für immer sehr tief ins Gedächtnis der Zeugen einprägen.

Aber noch wichtiger war es, warten zu können. Die Hauptzeugen jener ›Landung‹ waren Soldaten, die ihren obligatorischen Wehrdienst ableisteten. Wären sie erst einmal daraus entlassen, würden die Probleme geringer werden.

Als ich den Augenblick für günstig hielt, führte ich die Interviews durch – nicht zuletzt, wie gesagt, dank meiner wertvollen Kontakte und Freundschaften in Tudela und Arguedas.

Aus offensichtlichen Gründen und auch, weil besagte Zeugen es von mir verlangten, habe ich ihre Namen nicht genannt. Das tut jedoch der Wichtigkeit der vorliegenden Untersuchung keinen Abbruch.

Es folgen nun die Gespräche, die ich mit den Soldaten geführt habe, die in den Nächten des 2. und 5. Januar Wache im sogenannten Hauptturm des Schießplatzes hielten und die heute bereits aus dem Militär entlassen sind.

Ich sagte 2. und 5. Januar, weil die Beobachtungen tatsächlich über zwei Nächte verteilt stattgefunden haben . . .

Die Wache in besagtem Turm wird rein routinemäßig durchgeführt. Von ihm aus (der Turm hat drei Stockwerke und ist 20 Meter hoch) kann man den gesamten Platz überblicken und so seine Sicherheit garantieren.

Der Schießplatz liegt etwa neun Kilometer von der Hauptstraße Pamplona – Tudela entfernt, in der Nähe von Tudela und der Stadt Arguedas (Navarra).

Aber fahren wir mit den Aussagen der Zeugen fort.

»Eine halbe Stunde lang«, erklärten sie weiter, »beobachteten wir das seltsame rote Licht. Danach fing es zu unserem Erstaunen an, langsam hochzusteigen.

Als es ungefähr 50 Meter über dem Boden schwebte, begann es sich zum Hilfsturm zu bewegen, der sich dem Turm gegenüber befand, in dem wir Wache hielten.«

»Wie weit liegen beide Türme auseinander?«

»Zwischen 1500 und 2000 Metern.«

Die anderen Zeugen, die schweigend dabeisaßen, nickten zustimmend mit dem Kopf. Der, den ich ›Zeuge Nummer eins‹ nennen möchte, fuhr mit seinem Bericht fort:

»Als es am Hilfsturm angekommen war, wendete es und kam auf uns, auf den Hauptturm, zu.«

»Es war eine Frage von Sekunden«, bemerkte ein anderer Soldat. »Das Objekt bzw. Licht machte eine Kehrtwendung über unseren Köpfen und stieg schließlich mit einer unglaublichen Geschwindigkeit in einem Winkel von ungefähr 45 Grad empor.«

»Einen Moment mal«, unterbrach ich ihn, »in welcher Höhe machte es diese Drehung über dem Hauptturm?«

»Vielleicht in einer Höhe von einem Kilometer.«

»Und behielt es dieselbe rote Farbe bei, durch die ihr es auf der Erde oder knapp darüber entdeckt habt?«

»Nein, die Farbe wechselte von Rot zu Orange. Die Farbtöne änderten sich zusammen mit der zunehmenden Geschwindigkeit.«

(Viele Anhänger der Ufologie werden wissen, daß dies typische Merkmale nichtidentifizierter Flugobjekte sind.)

Aber die Überraschungen hatten für den Gefreiten und die vier Soldaten in jener Nacht noch kein Ende genommen. Denn fünf Minuten später . . .

»Es erschien ein weiteres Licht. An derselben Stelle, an der wir das rote entdeckt hatten. Das heißt, in der Nähe der *Zapata*-Hütte. Diesmal aber war es weiß.«

Inzwischen hatten die Wachsoldaten selbstverständlich zur dortigen Kaserne Verbindung aufgenommen, in der sich zu diesem Zeitpunkt ein Feldwebel und ungefähr 30 Soldaten befanden.

»Ein was ...?« fragte der Feldwebel, als er den Anruf vom Hauptturm entgegennahm.

»Ein Ufo, Herr Feldwebel!« antwortete der Gefreite nervös.

»Ein Ufo? Das könnt ihr euch sonstwohin stekken ...!«

»Mein Feldwebel, ich versichere Ihnen, daß es hier einige seltsame Lichter gibt!« insisitierte der Verantwortliche des Wachtrupps.

Das machte den Unteroffizier stutzig. Schließlich verließ er die Kaserne und überzeugte sich mit Hilfe seines Fernglases davon, daß es auf dem Platz tatsächlich ungewöhnliche Lichter gab. Selbstverständlich war der Rest der Truppe mit dem Feldwebel herbeigeeilt.

Einer meiner Gesprächspartner unterbrach: »Der Feldwebel meinte, daß jenes Licht ›rund sei wie eine Baskenmütze‹.«

»Was geschah mit dem zweiten, dem weißen Licht?« fragte ich ungeduldig.

»Es leuchtete sehr stark und warf Blitze auf die Erde. Es schien rund zu sein und größer als das vorherige.

Zuerst glaubten wir, daß es auf uns zukäme, aber es flog wie das andere über den Hilfsturm und entfernte sich in Richtung Himmel.«

Laut Aussage der anwesenden Zeugen ging 15 Minuten nach alldem der Mond auf, und zwar in der gleichen Blickrichtung, in der die Ufos gesehen worden waren.

Einige Tage später – wie in den Medien des Landes publik gemacht wurde – beschlossen die Behörden, einen neutralen Gutachter zu ernennen, um den Fall zu untersuchen und ›gewisse widersprüchliche Versionen zu klären‹ ...

Als ich die Untersuchung weiter verfolgte, konnte ich feststellen, daß überraschenderweise noch jemand Zeuge der Anwesenheit dieser Ufos auf dem Schießplatz der Bardenas Reales war.

In jener Nacht hatten sich zwei Nachbarn aus dem Ort Arguedas in der erwähnten *Zapata*-Hütte versteckt, die sehr nah an diesem Platz liegt. Zwei Nachbarn, die wie schon bei anderen Gelegenheiten über die Umzäunung geklettert waren, um zu wildern.

Diese zwei Männer, mit denen ich ein Interview führen konnte und deren Namen ich ebenfalls in meinen Archiven aufbewahre, hatten die Lichter in weniger als 100 Metern Entfernung gesehen und waren – entsetzt – aufs Geratewohl weggerannt.

Aufgrund ihrer Zeugenaussagen und denen eines anderen Zivilisten, der Zugang zu den Anlagen hatte, konnte ich in Erfahrung bringen, daß sich die Ufos, bzw. zumindest eines von ihnen, sehr nahe am sogenannten ›Zielscheibenbereich‹ des Schießplatzes niedergelassen hatten. Dieser Bereich befindet sich gegenüber den beiden erwähnten Türmen. Nach Aussage des Zivilisten sind in ihm unzählige Bomben zur Hälfte oder ganz eingegraben, die bei verschiedenen Schießübungen der Düsenjäger, die den Schießplatz benutzen und die vom Luftstützpunkt Zaragoza aus starten, nicht explodiert sind.

Was suchten die Ufos in diesem Gebiet?

Wie gesagt, entdeckte der Wachtrupp im Hauptturm auch in der Sonntagnacht des 5. Januars dieses Jahres (1975) etwas Ungewöhnliches.

Hier die Erklärung der betreffenden Zeugen:

»Diesmal benachrichtigte man uns von der Kaserne

aus. Man konnte vier Lichter sehr nahe bei dem Gebiet sehen, in dem die ersten Ufos entdeckt worden waren.

Wir prüften das per Fernglas, und tatsächlich, dort waren vier weiße Lichter.«

Man benachrichtigte den Unteroffizier vom Dienst und fuhr mit einem Land-Rover zu dem Ort, an dem man die Lichter entdeckt hatte.

Als die Streife im Fahrzeug allerdings auf den Hilfsturm zukam, erhoben sich jene Lichter und verschwanden.

Als ich die Zeugen fragte, ob sie Überreste von verbranntem Gesträuch gefunden hatten, antworteten sie:

»Ja, wir haben glühende Büsche gesehen. In einem Kreis von zehn Metern Durchmesser war alles verbrannt, mit Ausnahme eines Teils, das eine Art ›Keil‹ bildete. Dieses Stück schien unerklärlicherweise unversehrt zu sein, kein bißchen verbrannt . . .«

Als bei Tagesanbruch Beauftragte für die offizielle Untersuchung – unter ihnen befanden sich selbstverständlich Nordamerikaner – an die Stelle kamen, versicherten sie, daß ›Das‹ das Werk der beiden Wilderer gewesen sei . . .

Naturgemäß sickerte die Nachricht trotz des Verbotes der Militärbehörden schließlich durch. Innerhalb weniger Stunden wußte das gesamte Gebiet von Arguedas und Tudela Bescheid über das, was gerade auf dem Schießplatz von Tiro de Bardenas geschehen war.

Trotzdem, und vielleicht in Voraussicht späterer und langwieriger Unannehmlichkeiten bzw. lästiger Untersuchungen seitens der Presse, veröffentlichte die III. Luftdivision über ihr zuständiges Pressebüro folgende Erklärung:

»Das Pressebüro der III. Luftdivision informiert darüber, daß sich nach Abschluß der angemessenen Untersuchungen keinerlei Beweis gefunden hat, der an einen niedrigen Flug oder eine Landung von nichtidentifizierten Flugobjekten (Ufos) über dem Schießplatz von Bardenas Reales (Navarra) denken läßt. Die in dieser Umgebung in niedriger Höhe beobachteten Lichter und Strahlen kamen infolge optischer Effekte zustande, die vom Mondschein und dem Licht der Sterne hervorgerufen wurden, als sie durch den Nebel hindurchwanderten, der zeitweilig über jenem Gebiet lag.«

Diese Erklärung, die die Agentur Cifra verbreitete, wurde in den Zeitungen des gesamten Landes am 9. Januar 1975 veröffentlicht.

Selbstverständlich ist jeder Kommentar überflüssig. Es war offensichtlich, daß die Behörde die Landung und unbestreitbare Anwesenheit von Ufos über dem Militärgebiet von Bardenas nicht anerkennen wollte. Und das war verständlich . . .*

»Aber die Sichtungen waren nach diesen zwei Nächten noch nicht zu Ende«, teilten mir die Zeugen mit. »Einige Tage lang manövrierten Ufos weiterhin über dem Platz.«

»Aber um ehrlich zu sein, machten wir uns nicht einmal mehr die Mühe, sie zu melden . . .«, schlossen die Zeugen.

Alles in allem war dies ein weiterer Beweis der Existenz von Ufos.

Bevor ich jedoch das Gebiet von Tudela und Arguedas verließ, sollte ich von einem weiteren Ufo-Vorfall erfah-

* Zu allem Überfluß gab mir die Luftwaffe selbst Monate später die inzwischen bekannten 12 offiziellen Ufo-Akten in die Hand. Darunter – welche Überraschung! – die über den Schießplatz von Bardenas Reales. Darin erwähnte man natürlich mit keinem Wort den vielgepriesenen Mond, dafür aber das, was auf dem Schießplatz tatsächlich geschehen war: Ein Ufo war dort gewesen.

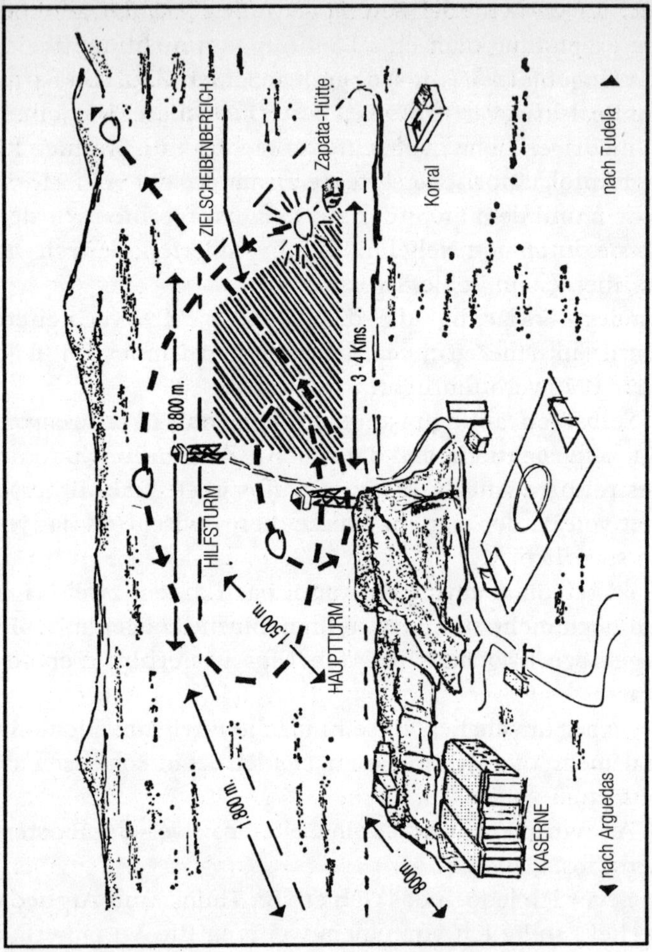

Auf der Skizze des Schießplatzes von Las Bardenas Reales in Navarra sind einige der Bewegungen eingezeichnet, die die Ufos bei den ›Landungen‹ am 2. und 5. Januar 1975 vollführt haben und die mir von den Zeugen selbst beschrieben wurden. Inzwischen sind sie bereits aus ihrem Militärdienst entlassen.

ren, der von der nationalen Luftwaffe ebenfalls als *top secret* eingestuft wurde.

Diese Information, die mir von einem Zivilisten gegeben wurde, der gewöhnlich seiner Arbeit als Arzt bei der spanischen Luftwaffe nachgeht, bot absolute Garantie für Glaubwürdigkeit. Außerdem gab es in meinen Archiven viele ähnliche Fälle.

Diesem Arzt zufolge hatte die Radarstation *Siesta* bei Calatayud einige Tage vor der ersten Beobachtung und Landung von Ufos über dem Schießplatz von Bardenas ein unbekanntes Objekt entdeckt, das sehr hoch und genau über der Stadt Zaragoza flog.

Diese Radaranlagen sind strategisch über die gesamte Fläche unseres Landes verteilt und verfügen über eine Reichweite von nahezu 224 Meilen. Das heißt, daß jedwedes Objekt, das sich innerhalb dieses Aktionsradius befindet und eine bestimmte Höhe nicht unter- bzw. überschreitet, automatisch registriert wird.

Der Identifikationsprozeß ist immer derselbe, falls besagtes Objekt nicht in den vorher von den Fluglotsen vorgesehenen Bahnen erscheint. Nachdem drei ›Warnungen‹ gegeben worden sind und wenn das Oberkommando es so angeordnet hat, starten die nächsten Abfangjäger, um das ›Phantom‹-Objekt einzuholen und es zu identifizieren.

Die besagte Militäranlage von Calatayud also entdeckte ein solches Objekt über der Stadt Zaragoza. Anscheinend befand es sich in beträchtlicher Höhe und war unbeweglich.

Nachdem die obligatorischen Warnungen gegeben worden waren, starteten die Düsenflugzeuge vom zuständigen Luftstützpunkt bei Zaragoza.

Laut Zeugenaussage dieses Arztes – die ich von ihm in dem erwähnten Stützpunkt erhielt – konnten die Piloten sowohl auf ihren Radaren als auch mit eigenen Augen ein

Ufo von beträchtlichem Umfang ausmachen, das sofort aufzusteigen begann. Die Abfangjäger waren aufgrund der großen Höhe, in die es gestiegen war, gezwungen, die Verfolgung aufzugeben.

Aber um ehrlich zu sein legt das Militär nicht immer ein solches Mißtrauen an den Tag, wenn es darum geht, Informationen über das Ufo-Phänomen zur Verfügung zu stellen. Eines der höchst überraschenden Beispiele dafür konnten wir um die gleiche Zeit im Januar 1975 erleben, als wir eine Erklärung des Pressebüros des in Burgos ansässigen Generalkapitanats des VI. Wehrbereichs sahen. In dieser wurde nicht nur eine detaillierte Beschreibung des von vier Soldaten in der Nähe der Straße zwischen Santander und Burgos gesichteten Ufos abgedruckt, sondern auch auf der Rückseite der vollständige Bericht wiedergegeben, den diese vier Soldaten der Ingenieurakademie des Heeres gegeben hatten.

Was aber sagte diese offizielle Erklärung über die Ufos?

6. Kapitel

›Aufklärung‹ durch den VI. Wehrbereich. – ›Landgang‹ von 50 Humanoiden in Aznalcollar. – Verblüffende Verfolgung eines Handlungsreisenden aus Sevilla. – Der Schreck des Chauffeurs des Landtagspräsidenten von Cádiz. – Medellín: »Sie waren an eine Art Steuer angebunden.«

Sie wurde in allen Zeitungen des Landes veröffentlicht. In meinen Augen stellt sie unzweifelhaft einen Beweis – einen weiteren Beweis – für die so zahlreich belegte Existenz von Ufos dar.

Das Generalkapitanat des VI. Wehrbereichs wollte angesichts der Nachrichten, die in den verschiedenen Medien über eine mögliche ›Landung‹ eines jener rätselhaften nichtidentifizierten Flugobjekte in der Provinz Burgos gebracht wurden, allen Mißverständnissen bzw. Verstümmelungen der Tatsachen zuvorkommen, indem sie folgende wichtige Erklärung veröffentlichte:

»Am 1. Januar 1975 um 6 Uhr 30 waren die Soldaten der Ingenieurakademie des Heeres Ricardo Iglesias López, José Laso Pérez, Felipe Sánchez Balvide und Manuel Adera Gutiérrez in einem Mini 850 unterwegs, um sich nach Ende ihres Diensturlaubs wieder auf ihren Posten einzufinden. Ungefähr 500 Meter westlich von Kilometer 14 auf der Landstraße von Burgos nach Santander (in einem Gebiet, das von einem Dreieck eingegrenzt wird, das der 14. Kilomcter besagter Landstraße mit der Straße von Villarcayo und dem 14. Kilometer der Landstraße von Villarcayo bildet) sahen sie, wie ein Schiff mit der Form eines sehr flachen Kegelstumpfs, das von einem äußerst intensiven, weiß-gelblichen Licht umgeben war, bzw. landete einige Meter über dem Boden im Schwebezustand verblieb.

Bei dieser Erscheinung – die seltsamerweise kein Geräusch verursachte und sich mit hoher Geschwindigkeit herabsenkte – hielten die vier Insassen des Autos an und stiegen aus, um sich anzunähern und sie aus der Nähe zu betrachten. Sobald sie aus dem Auto ausgestiegen waren, sahen sie, wie erst die Lichter jenes Fahrzeugs ausgingen und wie dann nacheinander vier Lichter aufleuchteten, davon jedes ungefähr zwei Minuten lang. Diese extrem starken Lichter waren jeweils einige Meter voneinander entfernt und richteten ihre Strahlen auf den Boden. Sie konnten nicht erkennen, ob aus dem ersten ›Ufo‹ weitere drei herausgeflogen waren oder ob sich jedes einzelne parallel zu den anderen extrem schnell herabgesenkt hatte, denn sie konnten lediglich den Abstieg des ersten beobachten, dessen Fluglinie eine Parabel nachgezeichnet hatte.

Getrieben von Nervosität und Angst entschieden sie sich, wieder ins Auto zu steigen und schnellstens den Weg zu ihrem Zielort aufzunehmen, da es bald Zeit war, sich zum Dienst zurückzumelden.

Sie versicherten, daß noch ein anderes Fahrzeug angehalten hatte, das in einer Entfernung von ungefähr einem Kilometer hinter ihnen hergefahren war, und noch ein weiteres Fahrzeug, das in dieselbe Richtung fuhr. Letzteres war ihrer Meinung nach dasjenige, das dieses Phänomen am besten sehen konnte.«

Dies war der genaue Wortlaut der Erklärung des Heeres. Eine Verlautbarung, die niemals öffentlich abgegeben worden wäre, wenn das Generalkapitanat dieses Militärgebiets die Beschreibung der Zeugen, ihrer Soldaten, nicht als absolut zuverlässig eingeschätzt hätte. Natürlich wird es immer ›Experten‹ beziehungsweise ›Salon-Ufologen‹ geben, als die ich all diejenigen bezeichne, die Reden über Ufos schwingen wollen, sie aber lediglich zu Hause vom bequemen Sessel aus erforschen, und die sogar diesen Vorfall als ›Plasma‹, als ›Kugelblitz‹ oder schlicht als ›kollektive Halluzination‹ einstufen werden.

Aber wenden wir uns den Details zu.

Die Soldaten selbst reisten im Auto von Manuel Adera Gutiérrez nach Burgos. Mit ihm fuhren Felipe Sánchez und Ricardo Iglesias. Zum Zeitpunkt der Abfahrt fehlte José Laso Pérez, der an der Kreuzung zur Landstraße nach Ontoneda auf die Gruppe wartete.

Die vier Soldaten hatten noch einen weiten Weg vor sich, als sie ungefähr um Viertel vor Fünf ihre Reise in Richtung Burgos fortsetzten.

»Es war am Hafen von Escudo«, berichteten die Zeugen den verschiedenen Medienreportern, die sie befragten, »als Manuel Adera einen etwas ungewöhnlichen ›Stern‹ bemerkte.

Wir hatten etwas jenseits des Hafens angehalten, um eine Pause zu machen.

Wir maßen dem, was wir anfänglich für einen normalen, gewöhnlichen Stern hielten, nicht allzuviel Bedeutung bei. Obwohl er Blitze in seltsamen Farben abgab. Ich glaube, bläuliche und rosafarbene«, meinte Manuel Adera. »Außerdem hätte ich schwören können, daß er tiefer als gewöhnlich stand. Aber um ehrlich zu sein, beachteten wir ihn nicht weiter . . .«

Die vier Freunde stiegen ins Auto und setzten ihren Weg fort. Die Kälte machte einen längeren Aufenthalt außerhalb des Wagens wenig reizvoll.

Als sie zur Kilometermarkierung 252 kamen, warnte ein überraschter Aufschrei des Fahrers – Manuel Adera –

seine Kameraden. Er hatte etwas stark Leuchtendes ›herunterstürzen‹ sehen.

»Mir schien, es beschreibe eine Parabel und stürze dabei blitzschnell auf die Erde herab.

Wir hielten das Auto an und konnten auf der Erde ein enormes Leuchten sehen. So stark wie das Flutlicht auf Fußballplätzen . . .« Das Objekt – das nicht weiter entfernt zu sein schien als 300 Meter – wurde von den Zeugen als eine Art Kegelstumpf beschrieben, der offensichtlich ungefähr zwei Meter hoch und drei oder vier Meter breit war.

Wie eigenartig. Damals konnte ich nicht einmal ahnen, daß ein Schiff mit gleicher Form am 30. Juli in der Vizcaya gesehen werden sollte und auch bei einer weiteren, mit den Wesen aus dem All ›vorher verabredeten‹ Beobachtung . . .

Aber fahren wir fort mit dem Fall der vier Soldaten von Burgos.

»Das Licht des Objekts war fast gelblich«, sagten die Zeugen. »Nach unten hin änderte sich die Farbe in ein Weiß. Ein sehr helles Weiß. Und es lief in einem ›Lichtregen‹ aus.«

»Aber saß das Ufo auf der Erde auf?«

»Das glauben wir eher nicht. Es schien sich in einer gewissen Höhe zu halten.«

Die Bestürzung der Zeugen wuchs. Besonders, als jenes Licht plötzlich verschwand und alles wie vorher in absolute Dunkelheit getaucht war. Aber die Überraschung hielt nur kurze Zeit an. Innerhalb weniger Sekunden erschienen dort, in dem Bereich, wo sich das Ufo ›niedergelassen‹ hatte, vier weitere solcher Lichter, genauso wie die, welche die Soldaten zuerst gesehen hatten.

»Sie befanden sich sehr nah beieinander. Und auf einer

Linie . . .« Getrieben von einer mehr als verständlichen Nervosität entschieden sich die Soldaten, ins Auto zu steigen und den Weg wieder aufzunehmen. Aber die Neugier siegte, und sie hielten nach wenigen Metern an.

»Es ist nur natürlich, daß wir Angst hatten«, bemerkten die Zeugen. »Wer hätte das unter diesen Umständen nicht gehabt? Jenes ›Etwas‹ war nicht normal. Es war außergewöhnlich.«

Die Zeugen beobachteten die vier seltsamen Lichter weiter. Aber sie stiegen nicht aus dem Auto aus. Nachdem einige Minuten vergangen waren, entschlossen sie sich weiterzufahren. Man darf nicht vergessen, daß sie gerade ihren Militärdienst ableisteten und sich in der Kaserne einfinden mußten, sobald zum Wecken geblasen wurde. Das Ufo aber – bzw. die vier Ufos – verblieben dort. Unbeweglich. Die Soldaten dachten weiterhin über das erstaunliche Schauspiel nach, während sie auf die nächste Ortschaft Quintanaortuño zufuhren, die etwa einen Kilometer von der Stelle entfernt war, an der sich die Lichter befanden.

Während der Weiterfahrt zu dieser Ortschaft hielten sie noch einmal an. Aber inzwischen ließen sich nur noch zwei der vier Gebilde in der Form von Kegelstümpfen ausmachen. Die Unterbrechung hatte kaum fünf Minuten gedauert, und die Soldaten setzten ihre Reise fort, da die Pflicht sie zur Kaserne zurückzukehren zwang.

»Bevor wir den Ort verließen«, fügten sie hinzu, »konnten wir mehrere Autos sehen, die ebenfalls angehalten hatten, um den außerordentlichen Lichtschein zu beobachten. Eines davon war ungefähr 800 Meter hinter uns. Das andere war viel näher als wir an den Ufos dran. Es fuhr auf der angrenzenden Straße, die nach Villarcayo führt.«

Was anschließend geschah, ist in solchen Fällen ty-

Auf der Abbildung ist das Negativ des Infrarotfilms zu sehen und darauf der phantastische Lichtfleck, der von einem Licht bzw. einer Energie hervorgerufen wurde, obwohl diese von keinem der Zeugen, die sich in jener Nacht auf dem Berg Umbe in der Bizcaya befanden, gesehen wurde.

pisch. Keiner der Zeugen traute sich, von dem Ereignis zu sprechen. Sie fürchteten Spott und Unverständnis.

Das Schweigen sollte aber nur wenige Stunden anhalten. Manuel Adera Gutiérrez, entschlossener und selbstbewußter als die anderen, sprach sich schließlich aus und erzählte einem Kameraden alles, was vorgefallen war. Dieser wiederum setzte einen seiner Vorgesetzten davon in Kenntnis, und schließlich gelangte die Nachricht bis zum Kommandanten Francisco Llorente, dem Adjutanten des Generalobersten der Akademie.

Der Kommandant kannte sich mit diesem Thema und seiner Bedeutung aus und wollte ein Gespräch mit den vier Soldaten führen. Am selben Abend noch fuhren die fünf zum Ort des Geschehens.

Die Überraschung war groß. Auf dem Weidegelände, auf dem sie die Erscheinung gesehen hatten, fanden sie Spuren ...

»Jenes Land lag brach«, berichteten die Zeugen. »Auf der feuchten Erde konnte man einen versengten Streifen von ungefähr 50 bis 60 Metern Länge und acht bis zehn Metern Breite erkennen.«

Die Reaktion der Anwohner des Geländes war sehr eindeutig, als man sie befragte, wann sie das letzte Mal die Stoppelfelder in dieser Gegend abgebrannt hatten.

»Das letzte Mal im Oktober«, erklärten sie. »Und das gesamte Gelände fing Feuer ...

Wir verstehen nicht, wie es kommt, daß dieser Streifen versengt ist. Das hat keiner von uns getan. Warum auch? Wir alle wissen doch, daß diese Weide jetzt für das Vieh genutzt wird ...«

Die Soldaten fügten hinzu: »Ganz ohne Zweifel hatte jene ›Brandlegung‹ in jüngster Zeit stattgefunden.«

Es war nicht nötig, sich allzuviel anzustrengen, um das zu verstehen. Jene Weide war von einem oder mehreren

Ufos ›benutzt‹ worden, um zu ›landen‹. Diese vier Soldaten waren – gemeinsam mit anderen – außerplanmäßige Zeugen des Vorfalls gewesen.

Nun kam auch endlich die Erklärung des Generalkapitanats des VI. Militärbereichs heraus, die ihrer Aussage den Rücken stärkte. Mein Interesse an den Ufos hatte sich in den vergangenen Monaten verständlicherweise in zunehmendem Maße verstärkt. Trotz der Kritik und des Unverständnisses fühlte ich mich absolut zu jenen Schiffen hingezogen und zu jenen menschenscheuen und rätselhaften Wesen, die ihre Besatzung darstellen. Ich schwor mir, daß ich sie schließlich treffen würde, von Angesicht zu Angesicht. Im Grunde genommen war es eine Frage der Geduld. Es ging schlicht darum, ihren Spuren zu folgen und all ihren Bewegungen. In meinen Archiven häufen sich bereits Hunderte von Fällen . . .

Mein Vorsatz entwickelte sich zu einer der dauerhaftesten Entscheidungen, die ich in meinen dreißig Lebensjahren je getroffen habe. Ich als Journalist, ich als Mensch und als Erforscher des Kosmos und seiner Geheimnisse folgte IHNEN:

Ich gebe es offen zu. Ich verspüre eine tiefgreifende Neugierde nach ihren Welten. Danach, ihre Lebensweise kennenzulernen, ihre Zivilisation, ihre Gedanken und ihre Philosphie. Ich würde sofort die Hälfte meines Lebens dafür geben, um in irgendeins ihrer Schiffe steigen zu können . . .

Aber fahren wir mit meinen Untersuchungen fort.

Auf einer der zahlreichen Reisen, die ich auf ihren Spuren unternommen habe, wurde ich auf einen Bewohner des weißen und ruhigen Dörfchens Aznalcollar bei Sevilla aufmerksam gemacht. Manuel Osuna, der einzige ›Feldforscher‹ auf dem Gebiet der Ufos, ist trotz seiner 60 Jahre der vielköpfigen Gruppe, die ich ›Salon-Ufologen‹

bzw. ›Wochenend-Ufologen‹ nenne, weiterhin haushoch überlegen. Er hatte mir von Juan Rodríguez Domínguez erzählt. Und berichtete von einer wirklich sensationellen Neuigkeit:

»Dieser gute Mann«, erläuterte Osuna, während wir durch unser geliebtes Sevilla spazierten, »war Zeuge einer der eindrucksvollsten ›Landgänge‹ von Außerirdischen, von denen wir je erfahren haben . . .«

Hier habe ich den Bericht, der Wochen später – genauer gesagt am 20. Juli 1975 – in der Tageszeitung *La Gaceta del Norte* veröffentlicht wurde:

Zuerst waren die Bewohner und Bewohnerinnen von Aznalcollar verwirrt, als Juan Rodríguez Domínguez – der Mann aus Palma – seinen Arbeitgebern und Nachbarn von dem ›Abenteuer‹ berichtete, das er gerade erlebt hatte. Sie kannten ihn und sein ehrbares Wesen bereits ihr ganzes Leben lang. Solche Geschichten kamen bei den Menschen des Ortes nicht häufig vor . . .

Der Mann aus Palma verstand jedoch sofort, wie schwierig und fast absurd es für seine Landsleute sein mußte, einer derartigen Erzählung Glauben zu schenken. Obwohl niemand seine Worte anzweifelte, entschied man sich doch, zu schweigen und den Vorfall in Vergessenheit geraten zu lassen. Hätte es – wie gesagt – Osuna nicht gegeben, wäre die aufsehenerregende ›Sichtung‹ auf diese Weise ›gestorben‹.

Der Fall des in jenem September 1971 fast 80 Jahre alten Juan spielte sich während einer klaren Abenddämmerung ab.

In den Straßen von Aznalcollar, diesem behäbigen Ort, in dem es die Menschen nie eilig haben, verirre ich mich jedesmal. Das Dorf ist eine Idylle inmitten von der Sonne ausgesetzten Olivenbäumen, wo die Ernte und die abendliche Unterhaltung das wichtigste sind. Hier lebte Juan, der Mann aus Palma, ausgedörrt von der Arbeit und den 30 000 Sonnentagen seines Lebens, die er alle im Süden verbracht hat. Ein Mann, der niemals über den Tellerrand seines Dorfes und seiner Kinder hinausgeblickt hatte. Mit wenig Bildung, aber starken Wurzeln. Der Art von Wurzeln, die sich bilden, wenn man zeit seines Lebens in einem Dorf oder einer Kleinstadt auf dem Land gelebt hat.

Juan war nach Meinung derjenigen, die ihn kannten und mit denen ich Gespräche geführt hatte, ein Mann von klarem Verstand. Als nähere Angabe sei hinzugefügt, daß er Wächter eines ausgedehnten Melonenfeldes war, das auf dem Gebiet des Bauernhofs *El Lunarejo* lag – der im Besitz eines angesehenen Militärs war.

Tatsächlich arbeitete Juan auf der Anpflanzung für die Familie von *Los Chícharos*, die sich mit dem Besitzer die Melonenernte teilte.

Hier befand sich Juan an jenem Septemberabend in der Nähe einer Hütte auf der Anpflanzung und wartete auf den Sonnenuntergang. Dieser Ort ist ungefähr drei Kilometer vom Dorf entfernt und liegt inmitten einer riesigen Ebene, die außer für Fuhrwerke oder Reittiere fast unzugänglich ist.

In diesem Augenblick sank in der Nähe des Melonenfeldes vor den weit aufgerissenen Augen Juans ›Etwas‹ herab, was er mit seiner anschaulichen Vorstellungskraft als einen ›viajero‹ bezeichnete. (Als ›viajero‹ wird in vielen Dörfern Andalusiens der Linienbus bezeichnet, der täglich durch diese Gebiete fährt und bei dem es sich normalerweise um einen Autobus von beträchtlichen Ausmaßen handelt.)

»Ja, ›Es‹ sah aus wie der ›viajero‹«, betonte der alte Wächter, während er sich an diese ungewöhnliche Erfahrung zurückerinnerte.

»Sie sagen, daß es von oben herabflog?«

Juan, der Mann aus Palma, hatte eine Doppelflinte an seine Seite gestellt. Er war gerade dabei, eine Handvoll Tabak zu drehen.

»Aber ja. Jenes Ding setzte ungefähr 200 Meter – keinesfalls mehr – von meiner Wenigkeit auf dem Boden auf. Ich wußte nicht, woher es gekommen war, denn ich hatte es erst während des Fallens gesehen. Ich klammerte mich ängstlich an diese Doppelflinte hier und erhob mich.«

Es war, wie gesagt, in der Dämmerung. Eine jener stillen Stunden in den Sommermonaten Andalusiens. Juan hatte wie fast immer alleine und gelangweilt Wache gehalten. Nicht einmal das Zirpen der Zikaden konnte ihn auf andere Gedanken bringen.

Außerdem war es auch noch der Feiertag des Dorf-Schutzheiligen. Deshalb wunderte ihn die Ankunft jenes . . . ›viajeros‹ noch mehr.

»Bevor ich auch nur einen einzigen Schritt tun konnte«, fuhr Juan fort, »sah ich 50 bis 60 kleine Männchen in Zweierreihen aus dem ›viajero‹ kommen, wie in der Schule . . .«

»Fünfzig bis sechzig?«

Juan, der sich trotz seiner 80 Sommer unter dem sevillanischen Himmel seinen klaren Verstand bewahrt hatte, setzte von neuem an:

»Auch wenn man nicht das Glück hatte, lesen und schreiben zu lernen, ist man doch daran gewöhnt, die Ernte von der Hütte aus zu zählen, ohne notwendigerweise die Melonen mit den Händen berühren zu müssen . . .

Es waren zwei Reihen. Beide wurden von je 25 bis 30 der kleinen Männchen gebildet. Sie marschierten auf unterschiedlicher Höhe. Als ob sie aus zwei verschiedenen Türen gestiegen wären . . .

Sie gingen auf den von uns selbst gebauten Brunnen zu, der damals auf der Anpflanzung stand.«

»Gut, und was taten Sie?«

»Nichts. Was sollte ich tun? Mir zitterten die Knie. Fünf oder sechs jener kleinen Männchen – ich glaube, ihre ›Anführer‹ – stellten sich auf eine kleine Anhöhe und beobachteten mich ununterbrochen. Aber auch ich ließ kein Auge von ihnen, während ich mich immer ängstlicher an meine Doppelflinte klammerte.

Es werden kaum zwei Minuten vergangen sein, da brachten sie ein Licht zum Vorschein, etwas wie eine große Laterne, die sie auf mich richteten.«

Juan erinnerte sich, daß ihn das noch mehr überraschte. Er hatte weder jenen ›Besuch‹ noch die seltsamen Wesen erwartet, und noch viel weniger, daß sie ihn mit Licht blendeten. Er blinzelte mit den Augen und begann zu fluchen. Er rieb sich mit seinen Cordärmeln die Augen.

»Meine Augen brannten. Schließlich drehte ich mich um und rannte zur Hütte. Ich dachte, dort würde ich in Sicherheit sein. Aber immer, wenn ich den Kopf hinausstreckte, war das Licht dort. Da fing ich an, zum Dorf zu rennen – ich weiß nicht, ob aus aufsteigender Angst oder weil ›Etwas‹ mich dazu trieb. Ich rannte wie ein Verrückter. Wie noch nie zuvor im Leben. Ich keuchte und fiel mehrmals hin . . .«

»Folgten sie Ihnen?«

»Aber ja, selbstverständlich! Eine ganze Zeit lang. Zwei von ihnen richteten jedesmal die ›Laterne‹ auf mich, sobald ich mich umdrehte.«

Halbtot vor Angst, die Kleidung über und über mit dem Staub der Stoppelfelder bedeckt, kam der Wächter in Aznalcollar an und flüchtete in sein Haus.

»Ich erinnere mich, daß alle bei der Prozession des Schutzheiligen waren . . .«

»Haben Sie nicht den Besitzern oder der Guardia Civil Bescheid gesagt?«

»Doch, das habe ich. Noch in derselben Nacht. Sobald ich in der Lage war, ihnen gegenüberzutreten.«

Die Brüder Chícharos begaben sich tatsächlich zum Melonenfeld, von dem Gedanken erschreckt, daß seltsame Wesen die Ernte stehlen oder zerstören könnten.

Sowohl Antonio als auch Felipe müssen aus der Ferne die Umrisse der kleinen Männchen und des Schiffes gesehen haben. Ich sage »müssen gesehen haben«, weil sie es vielleicht aus Angst nicht zugeben wollten.

Offensichtlich entschieden sie sich, zum Dorf zurückzukehren, als sie sahen, daß sich jene Wesen nicht in der Nähe der Melonen befanden.

»Ich hatte ihnen gesagt, daß sich ein großes Ding ins Melonenfeld ›gesetzt‹ hatte, wie ein Bus, und daß aus ihm viele Wesen rausgekommen waren, mit Lichtern, und daß ich hierher rennen mußte . . .«

»Haben Sie Spuren oder Fußstapfen gefunden?«

»Am folgenden Tag, als ich zurückkehrte . . . Vor allem in der Nähe des Brunnens. Ich habe sie den Besitzern gezeigt.«

»Erinnern Sie sich daran, wie jene ›Männchen‹ angezogen waren?«

»Natürlich erinnere ich mich. Alle hatten das gleiche an. Die Farbe war so eine Art Blau. Die Kleidungsstücke lagen ganz eng an. Sie sahen aus, als ob sie aus einem einzigen Stück geschnitten wären.«

»Verzeihung, aber warum sagen Sie, es seien ›Männchen‹ gewesen?«

»Weil sie klein waren.«

»Haben sie geredet?«

»Nein. Zumindest habe ich nichts gehört. Sie hatten etwas auf den Köpfen. Etwas, das mich ihre Gesichter nicht sehen ließ . . .«

»Gestikulierten sie?«

»Nein, auch das nicht.«

»Vielleicht waren es Soldaten . . .«

Der alte Juan aus Palma fiel nicht auf meine ›Falle‹ herein.

»Nein. Ich habe schon viele Soldaten gesehen. Hier und im Fernsehen. Und die sahen nicht so aus. Außerdem konnte ich weder Waffen, noch Rucksäcke, noch Mützen sehen . . .«

»Kann es sich nicht um einen Hubschrauber gehandelt haben?«

Juan warf mir einen ungeduldigen Blick zu.

»Mein Herr, ich weiß ebenfalls, was ein Hubschrauber ist . . .«

»Verzeihen Sie mir. Aber bitte versuchen Sie, sich zu erinnern. Welche Form hatte dieser ›viajero‹?«

»Er war länglich. Wie ein Autobus. Aber ich konnte nichts Genaues erkennen. Jenes Licht ließ mich die Flucht ergreifen.«

Als Osuna von dem außergewöhnlichen Fall erfuhr – er hatte während dreißig langer Jahre Zeugen von Ufo-Sichtungen befragt –, begann er eine umfassende Untersuchung. Gerade von Ignacio Darnaude, einem weiteren Ufo-Experten, erfuhr er, daß es an jenem Tag keine militärischen Manöver und auch keinerlei Exkursionen zum Bauernhof gegeben hatte. Außerdem war es mehr als unwahrscheinlich, wie ich bereits am Anfang sagte, daß ein großes Fahrzeug mit 50 bis 60 Mann, das zu der Beschreibung des Mannes aus Palma paßte, ohne weiteres in jenes schwer zugängliche Privatgelände eingedrungen sein könnte.

Am nächsten Tag stellte sich der Wächter – immer

noch unter ›Schock‹ – bei der Gendarmerie ein und erstattete Bericht.

»Sie hatten doch eine Flinte. Kamen Sie nicht auf den Gedanken, sie zu benutzen?«

Der Alte lächelte argwöhnisch und murmelte:

»Halten Sie mich für dumm? Wenn ich geschossen hätte, wäre ich umzingelt worden, und keiner kann sagen, was passiert wäre.«

Gewiß ist, daß sich der friedliebende Juan, der sich in Aznalcollar und in der Nachbarschaft des wohlverdienten Rufes eines ruhigen und redlichen Mannes erfreut, in den folgenden Tagen nicht mehr von seiner alten Jagdflinte trennte. Die Zerrüttung seiner Nerven nahm ein derartiges Ausmaß an, daß ihm einer der Besitzer des Bauernhofes die Patronen wegnehmen mußte, weil er fürchtete, er könne in der Dunkelheit der Nacht auf irgend jemanden schießen.

»Juan, wissen Sie, was ein Ufo ist?«

»Nach den jetzigen Vorfällen hat man mir einiges erzählt. Aber was soll ich Ihnen sagen, ich verstehe nur etwas von meiner Arbeit . . . Jedem, der mich ehrlich danach gefragt hat, erzählte ich, was ich gesehen habe. Mehr nicht.«

Der alte Wächter sprach ohne Umschweife. Alle in Aznalcollar kannten ihn und wußten, daß er sein Leben lang nur die Wahrheit gesprochen hatte – eben deswegen, weil er keinen anderen Weg als den der schlichtesten Einfachheit kannte. Die Wahrheit der Leute vom Land: die ehrlichste.

Meiner Meinung nach war dieser Vorfall auf dem Melonenfeld einer der wichtigsten und bedeutendsten ›Landgänge‹ von Außerirdischen. Die von Juan aus Palma – der wohlgemerkt noch nie ein Buch über Ufos in den Händen hatte – gegebene Beschreibung stimmte exakt mit Hunderten von anderen Zeugenaussagen über das Auftreten von diesen ungefähr 1 m bis 1,20 m großen ›Humanoiden‹ auf der ganzen Erde überein . . .

Ich glaube, daß ich diesen Alten immer lebhaft in Erinnerung behalten werde. Während wir uns von der glühenden Sonne Aznalcollars entfernten, zog ich wieder einmal mein altes Notizbuch mit dem ausgeblichenen Einband zu Rate. Das Notizbuch, in dem ich die glücklichen und weniger glücklichen Vorfälle während dieser rasenden Jagd auf IHREN Spuren festhalte.

In dieser Gegend Andalusiens warteten noch drei weitere Fälle auf mich, und einer war interessanter als der andere.

Ich fange mit dem an, den ich für den verblüffendsten halte.

»Ich weiß wirklich nicht, warum ich Sie empfange . . .«

Mit diesem wenig freundlichen Satz öffnete uns Adrián Sánchez Sánchez die Tür seines Hauses im Sevillaner Viertel Triana.

Wieder begleitete mich Fernando Múgica bei meinen Ufo-Reportagen. Wir hatten fast den gesamten Morgen gebraucht, um den Aufenthaltsort dieses Handlungsreisenden ausfindig zu machen, der in diesen Tagen von Journalisten, Freunden und Neugierigen belagert wurde.

Adrián Sánchez Sánchez war aus gutem Grund landesweit zur Zielscheibe der Presse geworden.

». . . Ich weiß tatsächlich nicht, warum ich Sie empfange«, wiederholte Adrián mit einer müden und abwehrenden Gebärde. »Schon seit einigen Tagen will ich keine Erklärungen mehr abgeben. Ich will mit niemandem reden. Anscheinend verstehen Sie, die Journalisten, das nicht . . .

Die Presse war so sensationsgierig! Sie hat mir nichts als Ärger eingebracht.«

Ich konnte diese mehr als verständliche Haltung von Adrián Sánchez Sánchez nur zu gut nachvollziehen. Wie er uns später gestand, hatte er seit fast einer Woche nicht mehr geschlafen.

»Ich mußte einen Psychiater konsultieren. Er hat mir Beruhigungspillen verschrieben. Aber trotzdem sind meine Nerven überreizt. Das Unternehmen, für das ich arbeite, hat mir erlaubt, einige Tage auszuruhen. Verstehen Sie doch . . .! Ich bin so erschöpft . . .!«

Aber weder Fernando noch ich wollten auch nur einen Zentimeter zurückweichen. Wir waren hier quasi mit dem Fuß in der Tür – und es mußte schon viel geschehen, damit wir Herrn Sánchez Adieu sagten und somit das Handtuch warfen.

Glücklicherweise merkte Adrián, ein junger und liebenswürdiger Mann, wie wichtig uns die Sache war, und willigte in ein Gespräch ein.

In seinem Wohnzimmer begann er in Anwesenheit seiner Frau und seines Babys mit der Geschichte über das, was an jenem Morgen des 20. März 1974 geschehen war:

»Ich bin Handelsvertreter. Wie Sie verstehen werden, reise ich ständig.

An diesem Morgen verließ ich mein Haus in Sevilla und wollte die Landstraße nehmen, die durch die Dörfer Castillo de las Guardas, Gerena, Aznalcollar, etc. führt.

Als ich nach Gerena kam, hielt ich nicht an. Ich sah keinen ›Absatzmarkt‹ für meine Ware und fuhr daher lieber weiter. Ich folgte der einsamen Landstraße nach Castillo de las Guardas.

Ich war gerade in einer Kurve, als ich ungefähr zwischen 10 Uhr 30 und 11 Uhr morgens – ich kann die Zeit nicht genau festlegen – etwas vom Himmel fallen sah. Verstehen Sie mich. Ich sah keine Maschine herunterfallen, wie es in einigen Zeitungen heißt. Ich befand mich im Auto, und mir schien plötzlich, daß ich links von der Straße etwas fallen sah . . .

Die Tatsache, daß ich den Vorfall aus dem Augenwinkel und nur für eine Tausendstelsekunde sah, verhinderte, daß ich Genaues wahrnahm. Auf den ersten Blick schien es mir wirklich ein großer Apparat zu sein. Ich sagte mir: ›Mein Gott! Was ist da runtergefallen . . .? Offensichtlich doch ein Flugzeug . . .!‹

Auch wenn man sehr ängstlich ist, so ist es doch das Logischste und Menschlichste, bei einem vermeintlichen Flugzeugabsturz anzuhalten und herausfinden zu wollen, was geschehen ist. Daher parkte ich den Wagen rechts an der Landstraße, ließ den Motor an und ging zu der Stelle, an der ich es herunterfallen gesehen hatte . . .

Ich hatte ungefähr zehn bis zwölf Schritte im Buschwerk getan. Als ich über den Rand einer kleinen Talsohle blickte, mein Gott, da war ›Es‹!«

Adrián machte eine Pause.

Ich wartete geduldig. Was war es, was der Handlungsreisende gerade gesehen hatte?

». . . Zuerst, auf den ersten Blick, sah ›Es‹ wie eine große Flugzeughalle aus. Das war wie gesagt mein erster Eindruck.

›Es‹ war riesig und hatte eine große Tür an einem Ende. Einige Minuten lang verhielt ich mich völlig still. ›Was kann das sein?‹ fragte ich mich . . .

Da es in jener Gegend Bergwerke gibt, kam ich auch auf den Gedanken, daß es sich vielleicht um eine Fabrik handelte. Aber den Gedanken verwarf ich augenblicklich. Denn ›Es‹ . . . schwebte!

Da begann ich, etwas mißtrauisch zu werden . . . Das kam mir alles ziemlich seltsam vor. Aber ich schwöre beim Leben meines Sohnes, daß ich noch keine Angst hatte. Erst später bekam ich Panik.

Da ich mich offensichtlich vor etwas befand, was ich nicht kannte, stieg ich den Abhang einige Schritte weit hinunter und verbarg mich dabei hinter dem dichten Gebüsch. Sobald ich das kleine Tal insgesamt überschaute, hielt ich an. Nun konnte ich das ganz gut beobachten, was auf den ersten Blick die Form einer großen ›Zigarre‹ zu haben schien.«

»Können Sie sich daran erinnern, wie groß es war?«

»Es war ungefähr 150 bis 200 Meter lang. Ich hatte noch nie in meinem ganzen Leben etwas Vergleichbares gesehen. Es war größer als zwei Eisenbahnwaggons zusammen. Aber obwohl es schwebte, konnte ich keine Flügel erkennen, auch keine Räder oder irgend etwas, was mir die Vermutung erlaubt hätte, es könne sich bei diesem riesigen Gegenstand um irgendein Flugzeug oder einen Helikopter handeln. Seine Farbe war normal, wie Aluminium.«

Ich wollte, daß Adrián die Farbe jenes Objekts mit etwas ihm Bekanntem verglich. Seine Antwort kam prompt:

»Sie war wie bei den Straßenlampen bzw. Laternen in den Städten. Ein metallischer Ton. Ins Graue gehend. Vielleicht wie das Metallteil dort . . .« Der Zeuge zeigte auf Fernandos Kamera, eine Nikon. »Vielleicht aber etwas glatter. Glänzender. Ich sagte mir noch einmal: ›Aber mein Gott, was kann das sein?‹ Es war kein Flugzeug. Auch kein Helikopter und keine Fabrik. Wie hätte eine ganze Fabrik schweben können? Also . . .«

Adriáns Gedanken wurden abrupt unterbrochen.

»Schließlich öffnete sich die Tür, und – ich weiß nicht, wie – auf der rechten Seite erschienen drei kleinere Objekte, die völlig anders waren als dasjenige, das über der Talsohle geschwebt hatte. Sie waren wie Scheiben. Vielleicht waren sie hinter einem der Bergrücken am Horizont verborgen gewesen, denn bis dahin hatte ich sie nicht gesehen.

Nun gut. Zuerst flog eines durch die große Öffnung hinein. Dann das zweite Objekt, doch als sich die dritte Scheibe ihnen ebenfalls anzuschließen schien, machte sie eine unerwartete Wendung und steuerte direkt auf mich zu.

Da plötzlich fühlte ich, wie mein Magen brannte. Panik ergriff mich von Kopf bis Fuß. Es macht mir nichts aus es zuzugeben, denn ich glaubte, daß es anderen ähnlich wie mir ergangen wäre. Schauen Sie, ich halte mich nicht für einen Feigling. Ich bin durch die ganze Welt gereist. Und ich kenne das Leben.

Aber ›Das‹ . . .

Jetzt erinnere ich mich, daß ich merkte, wie sich mir die Haare im Nacken sträubten. Ein eiskalter Schauer lief mir über den Rücken. Nicht einmal bei meinen ersten Sprüngen als Fallschirmspringer hatte ich ein solches Gefühl erlebt . . .

Ich habe später darüber nachgedacht und glaube, daß ich dasselbe Gefühl erlebte, wie es auch ein Kaninchen fühlen muß, wenn es von einem Jagdhund verfolgt wird.

Es ist schwer zu beschreiben . . . ich fühlte mich hilflos. Ja, das ist das richtige Wort.

Ich machte eine Kehrtwendung und rannte wie ein Wahnsinniger den Abhang hinauf, stolpernd und ohne genau zu wissen, in welche Richtung ich floh. Aber ich hatte das große Glück – so glaube ich zumindest –, auf der Seite herauszukommen, auf der ich mein Auto abgestellt hatte. Ich sage das, weil ich derartig große Angst hatte, daß ich auf die Richtung meines Fluchtwegs überhaupt nicht mehr achten konnte. Zu diesem Zeitpunkt war ich kein richtiger Mensch. Ich dachte in dem Moment auch nicht mehr an das Auto. Ich versuchte einzig und allein zu fliehen.

Ich stieg in den Wagen, und dann begann diese wahnwitzige und verzweifelte Jagd . . . Der Wagen drehte in Sekundenschnelle auf Höchstgeschwindigkeit auf. Ich trat das Gaspedal so stark, daß ich mir an der Fußsohle weh tat. Es kam mir nicht einmal in den Sinn, umzudrehen und nach Aznalcollar zu fahren, was fünf oder sechs Kilometer entfernt war. Nein, meine Angst war so groß, daß ich rasend schnell in Richtung Castillo de las Guardas losfuhr, das 30 Kilometer von dem Punkt entfernt war, an dem ich mich gerade befand.

Ich dachte lediglich daran, schnell wegzukommen, Gas zu geben und schnellstens wegzukommen. Mich so weit wie möglich von diesem ›Etwas‹ zu entfernen . . .«

Adrián Sánchez hielt wieder inne. Er schluckte und verschränkte die Arme in dem vergeblichen Versuch, das Zittern seiner Hände zu verbergen.

»Diese Maschine – und ich habe nicht den geringsten Zweifel, daß es sich um eine Maschine handelte – fing dann an, mich zu verfolgen. Ich will Ihnen eines sagen: Während der 15 bis 17 Kilometer langen Verfolgung versuchte das Objekt nicht, mir auch nur den geringsten Schaden zuzufügen, soweit ich es mitbekommen habe. Vielleicht wollte es mir nur Angst einjagen, damit ich mich von jenem Ort entfernte. Und bei der Heiligen Jungfrau, diesen Zweck hat es erreicht!

Die ›Scheibe‹ blieb während der gesamten Verfolgungsjagd immer nah an mir dran. Manchmal auf der rechten Seite vom Wagen. Dann wieder auf der linken oder auch vor mir.

In einigen Kurven verschwand sie, erschien aber immer wieder direkt beim Auto. Ich konnte sie aus zwanzig, aus acht, sechs und sogar ungefähr fünf Metern sehen. Ehrlich gesagt weiß ich nicht, warum ich nicht in einer dieser Kurven verunglückte. Meine Reifen sind vom Schleudern ganz abgefahren . . .

Nachdem ich die 15 bis 17 Kilometer, von denen ich bereits sprach, zurückgelegt hatte, sah ich einen Bauernhof. Ich glaube, er heißt *El Torilejo.* Während ich mich darauf zubewegte, erblickte ich ein rotes Auto. Dieses Bild werde ich niemals vergessen. Ich sah dort meine Rettung. Wie ein Besessener fing ich an, auf die Hupe zu drücken. Aber niemand antwortete.

Nach einigen Minuten und nachdem ich begriffen hatte, daß keine Menschenseele dort war, blieb mir nichts anderes übrig, als wieder in rasendem Tempo loszufahren. Ich konnte nicht mitten auf freiem Feld bleiben . . .

Nur wenig später konnte ich ein weiteres Haus ausmachen. Ich verließ den Wagen und rannte beim Eintreten fast den Hausherrn um.

Der gute Mann versuchte, mich zu beruhigen. Man gab mir Lindenblütentee . . .

›Was Sie gesehen haben könnten‹, wiederholte der Hausherr, ›ist irgendein Helikopter zur Schädlingsbekämpfung . . .‹

›Guter Mann!‹ rief ich, ›denken Sie nicht, daß ich weiß, wie ein Helikopter aussieht? Ich kann sie gar nicht mehr sehen, so satt habe ich sie!‹

Als der Mann schließlich sah, daß ich völlig blaß und nervös war, gab er mir den Rat, in das nur vier Kilometer entfernte Dorf zu fahren. Aber ich weigerte mich. Hätte er mich nicht begleitet, würde ich mich auch in zwanzig Jahren nicht von dort wegbewegt haben.

Am Ende begaben wir uns beide zur Station der Guardia Civil. Dort nahm man meine Aussage zu Protokoll. Sie beruhigten mich, gaben mir Cognac und benahmen sich überaus korrekt. Der Unteroffizier hatte bemerkt, daß etwas Seltsames geschehen war.

Dort begann ich, meine Fassung wiederzuerlangen.

Ich gab später noch weitere Aussagen in der Kommandantur von Sevilla zu Protokoll. Auch ein Beamter der Luftwaffe kam, um mich zu sehen. Später erfuhr ich, daß einige Militärs des besagten Ministeriums sogar zu dem Ort gefahren waren, um ihn zu untersuchen und Proben von der Talsohle zu nehmen, über der die große ›Zigarre‹ geschwebt hatte.«

»Selbstverständlich«, fuhr Adrián Sánchez fort, »mußten sie mich begleiten, damit ich in mein Haus in Sevilla zurückkehrte. Ich war nicht bereit, von neuem – und auch noch alleine – mit diesem Kram konfrontiert zu werden. Der Unteroffizier der Guardia Civil, ein sehr liebenswürdiger Mann, stieg ins Auto, und wir fuhren zu mir nach Hause.«

»Wann verschwand jene Scheibe, die Sie während so vieler Kilometer verfolgt hat, aus Ihrem Blickfeld?«

»Sobald ich ins Haus eingetreten war.«

Dies war – extrem verkürzt – der Bericht davon, was am Morgen des 20. März 1974 dem Handlungsreisenden Adrián Sánchez Sánchez passiert war. Ihm, einem ehemaligen Fallschirmspringer, einem Matrosen der Sieben Meere; ihm, der 31 Jahre alt und verheiratet war und zwei Kinder hatte; ihm, der – nach eigener Aussage – ›sich bis dahin mit dem Thema UFO nicht weiter beschäftigt hatte‹.

Aber es blieben noch Fragen offen. Vor allem stand noch eine Untersuchung vor Ort aus.

Daher fuhren wir am folgenden Morgen mit freundlicher Unterstützung des Zeugen in seinem Firmenwagen zu der Talsohle, in der er das große Ufo gesehen hatte.

Ein wenig mehr als dreißig Kilometer von Sevilla hielt

Adrián den Wagen am Rand einer schmalen Straße an – einer drittklassigen Straße, würde ich sagen, dem Zustand ihres Bodenbelages nach zu urteilen und der erdrückenden Einsamkeit und Abgelegenheit der Gegend nach, durch die sie in endlosen Kurven führt. Währenddessen zeigte er uns, nicht ohne eine gewisse Nervosität, aus dem Inneren des Wagens heraus den Ort, an dem er jenes riesige und bleierne Objekt ›herunterfallen‹ gesehen hatte.

In diesem Gebiet erhebt sich die Straße dünn und zittrig über einem winzigen Tal, das von einem dichten, gedrängten Buschwerk bedeckt wird. Die absolute Stille dort überwältigte mich, die nur vom vereinzelten Zirpen irgendeiner früh erwachten Zikade unterbrochen wurde.

Als wir uns der Talsohle näherten – wobei wir ständig darauf achteten, genau den Schritten zu folgen, die unser Protagonist an jenem strahlenden Märzmorgen zurückgelegt hatte –, konnten wir ohne weiteres sofort den seltsamen ›Fleck‹ entdecken, den der Reisende selbst mit der Form einer ›Kanonenkugel‹ verglich. Er stach deutlich in der Mitte der Talsohle hervor und hob sich von dem dunklen und dichten Gebüsch ab.

Dieser ›Fleck‹ war ungefähr 80 bis 100 Meter lang, wie ich später genauer erkennen konnte. Dem Zeugen nach befand er sich genau an dem Ort, über dem jene riesige ›Zigarre‹ geschwebt hatte.

Bevor ich den sanften Abhang bis zu dem ›Fleck‹ hinunterstieg, nahm ich mir etwas Zeit, um die Umgebung zu inspizieren. Es gab keine Straßen, mit Ausnahme derjenigen, die wir selbst benutzt hatten. Ich sah keine Pfade, keine Waldwege, weder Weiden noch Ackerflächen. Im Umkreis von vielen Kilometern befand sich diese Landschaft in einem zufällig gewachsenen und uneinheitlichen Zustand, von Unterholz und Gebüsch bedeckt.

Lediglich am Horizont, in vielleicht acht oder zehn Kilometern Luftlinie Entfernung, leuchtete ein Bauernhaus in der andalusischen Frühlingssonne. Es wäre aber nur schwer möglich gewesen, daß die Bewohner dieses Bauernhofes die Anwesenheit des vermeintlichen Schiffes bemerkt haben könnten.

Definitiv hätte sich kein Fahrzeug, nicht einmal ein Traktor, durch das Gestrüpp schlagen können. Ich schloß diese Möglichkeit mit Bestimmtheit aus.

»Hier war es!« schrie Adrián hinter einem der kleinen Bäumchen, die mitten auf dem Abhang wuchsen. »Von hier aus sah ich deutlich das, was mir am Anfang eine ›Flugzeughalle‹ zu sein schien.«

Ich stieg den Abhang hinab und ging zu ihm. Von dort aus konnte man tatsächlich die gesamte Talsohle überblicken. In jenem Augenblick mußte Adrián wenig mehr als 60 oder 70 Meter von dem großen weißen ›Fleck‹ entfernt gewesen sein.

Eben dort fragte ich ihn von neuem, bevor ich ihm auf den Boden der Vertiefung folgte:

»Erinnern Sie sich, ob jenes Objekt irgendein Licht abgab und sich bewegte?«

»Ich sah kein Licht. Natürlich, die Maschine glänzte, aber so, wie es etwas Metallisches tut, wenn es starker Morgensonne ausgesetzt wird.

Ich sah auch nicht, daß es sich bewegte. Es ›schwebte‹ lediglich ein oder zwei Meter über dem Boden. Aber ich habe keine Ahnung, wie.«

Ich versuchte, dem Zeugen eine neue ›Falle‹ zu stellen.

»Sie haben gesagt, daß es die Form eines ›Drachenfliegers‹ hatte . . .«

Aber Adrián kam mir zuvor und berichtigte mich:

»Nein. Es war wie eine ›Zigarre‹, wenn auch stilisierter. Wie kann ich Ihnen das erklären . . .?«

Der Mann schwieg einige Sekunden lang. Schließlich erläuterte er:

»Die Zone um die Tür herum war wie die Basis des Objekts. Wenn wir diese Maschine – oder was sie auch immer war – ins Meer werfen würden, erinnerte sie uns sofort an ein U-Boot.«

Ich stellte eine weitere ›Falle‹.

»Aber woher konnte dieses Geräusch stammen, das Sie gestern erwähnten . . .?«

»Ich kann mich nicht daran erinnern, Ihnen von irgendwelchen Geräuschen erzählt zu haben. Und zwar deswegen nicht, weil ich in keinem Augenblick welche gehört habe. Ich weiß nicht, ob meine Sinne möglicherweise dadurch beeinträchtigt wurden, daß ich panische Angst zu verspüren begann. Aber ich glaube, daß keines der vier Objekte auch nur das geringste Geräusch machte. Es herrschte völlige Stille.«

»Haben Sie irgendein Lebewesen gesehen?«

»Nein, ich habe niemanden gesehen.«

Wir hatten begonnen, zu dem weißen ›Fleck‹ zu laufen. Ich interessierte mich für die Öffnung, die Adrián als eine große ›Tür‹ bezeichnet hatte. Der Zeuge antwortete mit gleicher Bestimmtheit:

»Mir schien, daß sie ein Teil des Rumpfes selbst war und sich nach innen öffnete.«

»Was war im Inneren des Ufos?«

Adrián Sánchez Sánchez zuckte mit den Schultern.

»Keine Ahnung«, antwortete er. »Ich habe nichts gesehen. Es war dunkel. Was ich allerdings gesehen habe, waren einige Scheiben oder etwas Ähnliches am oberen Teil der Maschine. Sie sahen aus wie seltsame Metallkreise, die an den beiden Enden der Mittelachse des Schiffes angebracht waren.«

»Wieviel Zeit werden Sie insgesamt dort verbracht

haben, während Sie diese riesige ›Zigarre‹ beobachteten?«

»Das weiß ich auch nicht. Vielleicht 15 oder 16 Sekunden. Keine Ahnung . . .

Wenn die dritte Scheibe nicht auf mich zugesteuert wäre, hätte ich mich ganz sicher nicht aus meinem Versteck bewegt.«

»Natürlich. Wir hatten noch nicht über das Aussehen dieser drei Scheiben gesprochen . . .«

»Können Sie sich zwei einander zugewandte Teller vorstellen? Ungefähr so etwas. Kennen Sie die Jo-Jos der kleinen Jungen? Genau so. Diese ›Teller‹ hatten eine Art Achse in ihrem Zentrum. Und an den inneren und äußeren Teilen der Scheibe jeweils eine Art Kegelstumpf.

Alles war sehr gleichmäßig. Ich durfte es ja leider 15 Kilometer lang vor Augen haben . . .«

»Drehten sie sich um ihre eigene Achse?«

»Die gleiche Frage haben mir andere Herren auch gestellt, und ich habe ihnen geantwortet, daß es auf den ersten Blick nicht diesen Eindruck machte. Nun denn, es könnte sein, daß sie es mit einer so hohen Geschwindigkeit taten, daß der Eindruck von Unbeweglichkeit hervorgerufen wurde. Was ich Ihnen sagen kann, ist, daß sich die Scheibe unbeweglich in der Luft hielt. Manchmal, nachdem sie in einer der Biegungen der Straße verschwunden war – und während ich wie ein Verrückter floh –, holte sie mich Sekunden später wieder ein und machte einen vollkommen reglosen Eindruck, als wäre sie wie festgenagelt. Unbeweglich. Außerdem geräuschlos.«

Während mir Adrián Sánchez über diese Einzelheiten Auskunft gab, stiegen wir bis zum ›Fleck‹ hinunter.

Zu jener Zeit waren weder Fernando noch ich auf etwas Derartiges gestoßen. Mehr als eine Stunde lang durchkämmten wir Stück für Stück das gesamte Gebiet, untersuchten es und nahmen so viele Proben, wie wir konnten.

Aber ich glaube, daß ich mit der Beschreibung jenes rätselhaften weißen ›Flecks‹ anfangen sollte, der zuerst meine Aufmerksamkeit auf sich gelenkt hatte und der mich am meisten interessierte.

Entlang besagten ›Flecks‹ waren überall Büschel völlig zerfetzter Binsen zu erkennen, die an manchen Stellen zermalmt waren, als ob sie einem fürchterlichen Druck ausgesetzt gewesen wären.

Das Seltsamste war, daß diese Binsen – genau wie auch zahlreiche Rosmarinzweige, kleine Sträucher und sogar das Moos selbst – eine einheitliche und ungewöhnliche weiße Farbe aufwiesen. Als ob die gesamte Vegetation unter den Auswirkungen von Luftströmen und -turbulenzen oder Gaswirbeln gelitten hätte.

Wenn kein Fahrzeug dorthin gelangen konnte, wie es offensichtlich der Fall war, was hatte einen derartigen ›Teppich‹ von verbrannten Binsen verursacht?

Durch was war jenes Durcheinander in der Pflanzenwelt dieser Gegend entstanden?

»Schauen Sie!« schrie mir der Handelsvertreter von einem Ende des ›Flecks‹ zu.

Beim Näherkommen sah ich ein Loch in der Erde. Sein Durchmesser betrug zwischen drei und vier Zentimetern, und es schien nicht zu einem Kaninchenbau zu gehören. Nirgendwo war Erde zu sehen, die sich in einem solchen Fall immer um das Loch herum aufhäuft. Aber da war noch mehr.

Das Loch ging senkrecht in die Tiefe, um 25 bis 30 Zentimeter danach abzuknicken und parallel zur Oberfläche des Bodens zu verlaufen.

»Hier gibt es noch zwei Löcher mehr«, meldete mein Begleiter Fernando Múgica.

So war es. Einige Meter weiter – und ohne einer erkennbaren Anordnung zu folgen – entdeckten wir zwei weitere Löcher, die sehr ähnliche Merkmale wie das erste aufwiesen. Eines der beiden unterschied sich durch seine Größe von den anderen. Sein Durchmesser wird wohl ungefähr 15 Zentimeter betragen haben, sein Verlauf aber war mit dem der anderen identisch. Am Rand bemerkte ich etwas wie die Spuren, die ein Rohr hinterläßt, wenn es in die nachgiebige Erde eindringt. Auf dem Grund des Lochs hob sich eine feine Spinnwebe ab, die noch vom Tau glänzte.

»Wenn es hier Spinnweben gibt«, dachte ich, »bedeutet das, daß in jüngster Zeit kein Tier dieses Loch bewohnt haben kann . . .«

»Warum sehen viele der Blumen und Buschzweige wie verbrannt aus, während die anderen jedoch grün und gesund geblieben sind?« fragte Adrián Sánchez.

Ich nahm einen der Zweige von fast fünf Zentimetern Durchmesser zwischen meine Finger und stellte – zu meiner großen Überraschung – fest, daß er zu Asche zerfiel . . .

Wir wußten auf die Frage des Zeugen keine Antwort. Ich beschränkte mich darauf, weiterhin über das seltsame Phänomen nachzudenken. Es war, als ob ›etwas‹ Brennendes auf diesen Teil des Tals gefallen wäre, als ob es alles, was es auf seinem Weg berührte, vertrocknen und weiß werden ließ. Das restliche Gebiet und die Bergrücken verloren sich am Horizont. Sie behielten immer den gleichen grünen, frischen und üppigen Farbton.

»Hier war es, hier war es«, meinte der Zeuge unaufhörlich, »wo ich jenes Ding ›schweben‹ gesehen habe . . .«

Einige Minuten lang hob ich den Blick zum klaren und blauen Himmel. Einmal mehr fragte ich mich, warum sie nicht erschienen. Warum nicht jetzt, in diesem Augenblick . . .

Auf der Rückfahrt nach Sevilla zeigte mir Adrián Sánchez eine Magnetnadel, die an der Scheibe des Wagens befestigt war.

»Ich hatte vergessen, Ihnen das zu erzählen«, erklärte er. »Auch dieses Ding hat sich wie ›verrückt‹ gebärdet. Seit jenem Tag zeigt sie nicht mehr nach Norden. Mit dem Radio ist etwas Ähnliches passiert. Seit damals funktioniert es nicht mehr. Es gibt einige unerklärliche Pfeiftöne von sich . . .«

Diese Symptome kommen ziemlich häufig in den Fällen vor, in denen sich ein Ufo auf einen Wagen zubewegt oder in seiner unmittelbaren Nähe bleibt. Mein Archiv umfaßt Dutzende von Fällen von Motorversagen, von ›Ausflippen‹ von Magnetnadeln und Kompassen, etc.

Unser Interview mit dem Handlungsreisenden aus Sevilla war fast beendet. Eine Frage lag mir jedoch noch sehr am Herzen. Während der ganzen langen Zeit, in der ich mich mit Adrián unterhalten und seine Persönlichkeit kennenlernen konnte, entdeckte ich auch nicht die geringste Spur eines wie auch immer gearteten Interesses – ein wirtschaftliches, den Wunsch nach Popularität o. ä. –, das den Handlungsreisenden zu einem Schwindel verleitet haben könnte. Zumindest stellte sich die Realität anders dar.

Aber trotz allem fragte ich ihn schließlich, obwohl ich wußte, daß ich eine wenig angenehme Antwort riskierte.

»Mal ganz abgesehen von den bereits bekannten Schäden – inwieweit schätzen Sie, Herr Sánchez, kann Ihnen dieser Vorfall von Nutzen sein?«

Adrián schaute mich müde an. Aber er hatte noch genug Kraft, um zu antworten:

»Mir nutzen, sagen Sie? Ich wüßte nicht, wie. Ganz im

Gegenteil. Durch diese Situation verliere ich Geld. Außerdem wird es mich 8000 Peseten kosten, die Räder in Ordnung bringen zu lassen. Darüber hinaus kann ich schon seit mehreren Tagen nicht arbeiten . . .

Schauen Sie. Soll ich Ihnen mal sagen, was ich gerade jetzt fühle?«

Ich nickte mit dem Kopf.

»Wenn ich all dies gewußt hätte. Wenn ich gewußt hätte, daß die Leute, daß meine eigenen Freunde sich über mich lustig machen würden. Wenn ich gewußt hätte, daß Sie, die Journalisten, mich unaufhörlich belästigen würden und viele meiner Worte erfinden oder verdrehen würden, hätte ich mich ins Bett gelegt, ohne irgend jemandem irgend etwas zu erzählen. Es ist fürchterlich! Also, welche Vorteile, glauben Sie, könnte ich aus alldem ziehen? Ich habe es tausendmal wiederholt, und jetzt sage ich es Ihnen: Wer mir glauben will, glaube mir . . .«

Der Fall von Adrián Sánchez Sánchez – zweimal hintereinander der Guardia Civil unterbreitet – hat trotzdem einige Wißbegierige auf dem Gebiet der Ufos nicht überzeugt.

»Es ist viel zu aufsehenerregend«, sagten die einen. »Zu phantastisch«, fügten andere hinzu. »Dieser Mann hat nur nach Popularität gesucht«, meinte ein Dritter. »Als er sich zu einer besonderen Gelegenheit in Italien aufhielt, stellte er sich einer Demonstration entgegen, die eine spanische Fahne mitschleifte. Es gelang ihm, besagte Fahne den Händen der Demonstranten zu entreißen. Das brachte ihm eine gehörige Tracht Prügel ein . . .«

Letztendlich stellten sich die Meinungen als äußerst gegensätzlich heraus. Meiner Meinung nach kann der Wunsch nach Popularität eine Person vielleicht dazu bringen, diese Geschichte zu erfinden und sogar eine noch verworrenere oder wahnwitzigere. Aber da gibt es etwas in seiner Erzählung, was mich zu der Überzeugung bringt, daß Adrián Sánchez die Wahrheit gesagt hat. In meinen 14 Jahren im Journalismus bin ich auf ausgesprochen wenige Personen gestoßen, die zwei Protokolle bei der Guardia Civil überstanden hätten, ohne sich in irgendeinen Widerspruch zu verwickeln ...

Nachdem die Untersuchung dieser ›Landung‹ beziehungsweise ›Quasi-Landung‹ auf Sevillaner Gebiet abgeschlossen war, richteten sich meine Schritte Richtung Cádiz.

Bei Tagesanbruch desselben 20. März 1974 hatte ein weiteres Ufo jemandem einen tödlichen Schrecken eingejagt. Einer Person, die zu den wortkargsten, unterkühltesten und am wenigsten auf Popularität bedachten Charakteren zählte, die ich jemals kennengelernt habe.

Einen Moment lang glaubte ich, daß nichts zu machen sei. Das ausweichende und feindselige Verhalten, das der Chauffeur des Landtagsvorsitzenden, Cristóbal Muñoz, zeigte, war so stark, daß nur wenig fehlte, um Nachforschungen zu diesem neuen Ufo-Vorfall zu unterlassen.

Aber das Glück lachte uns einmal mehr. Schließlich erzählte uns der Mann widerwillig, was an jenem frühen Morgen geschehen war.

»Sie müssen verstehen«, sagte er uns am Fuß des Provinziallandtags, während er wieder und wieder mit seinem Blick den makellosen Glanz des tadellosen Amtswagens überprüfte, eben des Wagens, der der Protagonist des Abenteuers war. »Ich habe eine Arbeitsstelle und stehe dem Herrn Präsidenten zur Verfügung. Ich kann nicht herumlaufen und Sachen verbreiten, die mir schaden könnten ...«

Wir mußten die Fotoapparate, Aufnahmegeräte etc. weglegen, bevor Herr Muñoz sich entschloß zu reden.

Dies war seine knappe Version:

»In Wirklichkeit sah ich keine ›Maschine‹. Ich sah kein ›Ufo‹, wie man hier behauptet hat.«

»Fangen Sie am Anfang an. So wird es leichter sein.«

»Es war Tagesanbruch. Vielleicht um zwei oder um halb drei. Ich erinnere mich nicht genau. Ich hatte den Herrn Landtagspräsidenten gerade an seinem Haus in Sanlúcar de Barrameda abgesetzt und nahm wieder den Weg Richtung Cádiz auf.

Als ich mich so ungefähr fünf oder sechs Kilometer vom Hafen von Santa María entfernt befand, bemerkte ich im Nebel eine ›Person‹.«

»Sie sagten, daß es neblig war?«

»Ja, ziemlich. Aber das Wetter war nicht schlecht. Zuerst dachte ich, daß es sich um irgendeinen Unfall handele. Was hätte eine Person um diese Zeit sonst dort machen können?«

»Erinnern Sie sich, wo diese ›Person‹ genau war?«

»Ja, im Straßengraben. Aber sie bewegte sich nicht. Es gab kaum Verkehr, und ich vermutete – wie gesagt –, daß dort etwas passiert war. Deshalb hielt ich an und stieg aus dem Auto, um denen zu helfen, die es brauchen würden.«

Cristóbal Muñoz ist ein junger und starker Mann. Und unglaublich gelassen. Es gab Momente, in denen seine Bedachtsamkeit so weit ging, daß sie mich fast aus dem Häuschen brachte.

Aber trotz dieses nüchternen Temperaments sollte der Chauffeur einen Schreck bekommen, den er niemals vergessen würde.

». . . Ich ging weiter auf diese Silhouette zu, und je mehr ich mich näherte, desto mehr sagte mir irgend etwas, daß dort etwas nicht stimmte . . .«

»Warum?«

»Das kann ich Ihnen nicht sagen. Jene Person – oder was es auch immer war – blieb unbeweglich. Es wäre logisch gewesen, daß sie sich mir genähert hätte, sobald sie mich sah, oder daß sie irgendein Zeichen gemacht oder einfach gesprochen hätte. Aber nichts.«

»Hatten Sie keine Angst?«

»Ein wenig. Aber ich war schon auf zwei Meter an die Figur herangekommen. Plötzlich, als ich sie gerade fragen wollte, was ihr passiert war, strahlte aus ihrem Kopf oder ihrem Gesicht – das kann ich Ihnen nicht genau sagen – ein sehr starkes Licht.«

Ich beobachtete den Chauffeur. Seine Stimme hatte sich nicht beschleunigt. Seine Nerven schienen ruhig zu bleiben. Ich konnte auch nicht das leiseste Stottern bemerken. Als wir Minuten zuvor auf seine Ankunft am Landtagsgebäude warteten, hatten einige Kollegen von Cristóbal Muñoz in Folgendem übereingestimmt:

»Irgend etwas muß dran sein, wenn Cristóbal – der ein pflichtbewußter Mensch ist – sagt, daß er dieses ›Ding‹ gesehen hat.«

»Sie sagten, ein Licht?«

»Genau das habe ich gesagt. Ein weißes Licht.«

»Es könnte eine Taschenlampe gewesen sein . . .«

»Nein, das glaube ich nicht. Die Arme des Wesens lagen unbeweglich am Körper an. Das Licht kam aus dem Gesicht. Es war die Sache eines Augenblicks.«

»Wie verhielten Sie sich?«

»Ängstlich. Wie hätten Sie reagiert? Ohne daß ein Wort gewechselt worden wäre, wich ich zurück und begann, zum Wagen zu rennen.«

»Und jene ›Figur‹?«

»Keine Ahnung. Ich sah das Licht sogar noch vom Wagen aus. Ich startete ihn und fuhr blitzschnell los. Es war zu diesem Zeitpunkt, als der Seat anfing, zu ›springen‹ und hin- und herzuschlagen wie ein dünner Stock – ohne daß ich wüßte, wie.«

»Kann das nicht durch den Wind gekommen sein?«

»Nein. Das Wetter war trotz des Nebels gut. Es ging nicht die geringste Brise.«

»Wie lange dauerte es?«

»Einige Minuten. Je weiter ich mich von dort entfernte, desto mehr wurde das Auto wieder das alte. Ich konnte es mir nicht erklären. Der Wagen war in gutem Zustand. Er funktionierte perfekt. Worauf waren also diese seltsamen Bewegungen zurückzuführen? Noch schwieriger war für mich, zu verstehen, wer jenes Wesen war, das das Licht auf mich abgestrahlt hatte. Warum hatte es das getan?«

»Haben Sie das Geschehene irgend jemandem erzählt?«

»In jener Nacht bin ich mit dem Schreck ins Bett gegangen. Aber am folgenden Morgen habe ich alles dem Herrn Präsidenten erzählt.«

»Was sagte er Ihnen?«

»Daß es sich um eines dieser Ufos handeln könnte, von denen in den Zeitungen geschrieben wird . . .«

Bis hierher die Version des Zeugen selbst.

Als ich wieder und wieder den Bericht von Herrn Muñoz überdachte, stieß ich trotzdem schließlich immer auf einen Punkt, der nicht völlig logisch zu sein schien. »Wenn der Chauffeur des Provinziallandtags ein so vernünftiger Mann ist, wie es die bestätigen, die ihn kennen«, dachte ich, »macht es keinen Sinn, daß er den Vorfall am folgenden Morgen dem Präsidenten mitteilte und dadurch unnötigerweise riskierte, daß dieser das fehlinterpretieren könnte.

Das Natürlichste wäre es gewesen, das Geschehene zu verschweigen. Oder gab es etwas mehr, das Cristóbal Muñoz absichtlich ausgelassen hatte?«

Bei späteren Untersuchungen konnte ich ein Detail erfahren, das – selbstverständlich – vom Zeugen nicht bestätigt wurde.

Meinen Aufzeichnungen nach brannten alle Sicherungen des Wagens durch und machten ihn fahruntüchtig, als das Auto von Herrn Muñoz plötzlich auf unerklärliche Weise hin- und hergerüttelt wurde.

Es gab Momente – laut meinen Informanten –, in denen das schwere Auto bis zu einem Meter über den Boden angehoben wurde.

Als dies aufhörte, konnte Cristóbal Muñoz den Wagen nicht von neuem starten. Es war absolut unmöglich. Er brauchte die Hilfe eines Abschleppwagens, um ihn nach Cádiz zu bringen.

Dies hingegen war sehr wohl ein triftiger Grund, um den Präsidenten über diesen Vorfall in Kenntnis zu setzen . . .

Merkwürdigerweise hatten beide Vorfälle in einem zeitlichen Abstand von ungefähr acht Stunden und an zwei Orten stattgefunden, die in Luftlinie ungefähr 100 Kilometer voneinander entfernt lagen. Einen Tag später sollte ein Lastwagenfahrer aus Salamanca ebenfalls die schaurigste ›Verfolgungsjagd‹ seines Lebens erleben. Einige Wesen von ungeheurer Statur zwangen ihn, in Panik versetzt, querfeldein zu fliehen. Aber dieser neuerliche Fall verdient wohl ein gesondertes Kapitel.

Etwas war klar. Wir standen einer neuen ›Welle‹ von Ufos über unserem Land gegenüber. Eine ›Welle‹, die ihren Ausgangspunkt ungefähr 1973 nahm und die sich in den Jahren 1974, 1975 und auch 1976 fortsetzen sollte – entgegen zahlreichen Spekulationen und dogmatischen Sprüchen meiner ›Freunde‹, der ›Salon-Ufologen‹ oder ›Computer-Ufologen‹, auf die ich später eingehen werde.

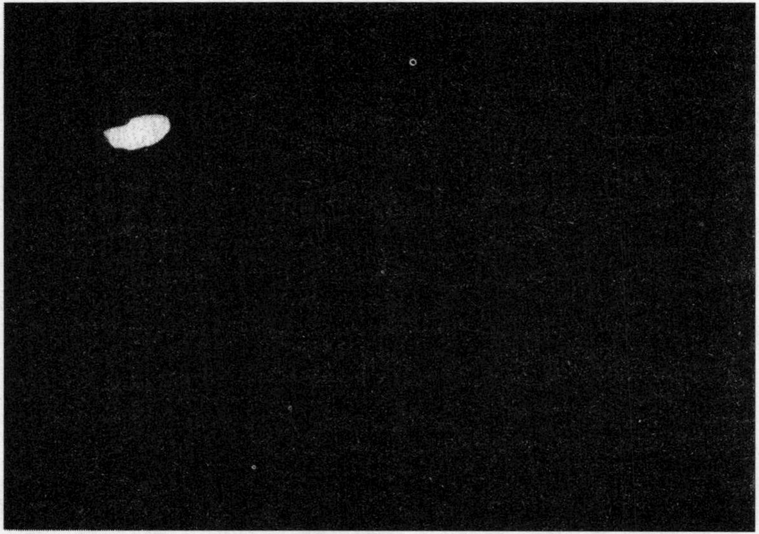

Hier eins der Infrarot-Dias, die von dem Bauingenieur und ehemaligen Militärpiloten Ignacio Elustondo am frühen Morgen des 30. Januar 1976 auf dem Berg Umbe in der Nähe von Bilbao aufgenommen wurden. Keiner der Zeugen hatte dieses Licht am Himmel sehen können. Der Infrarotfilm jedoch ›fing‹ die Anwesenheit des nichtidentifizierten Flugobjektes ein. Minuten vorher hatte eine Sichtung – mit vorheriger Verabredung – von drei Ufos stattgefunden.

Meine letzten Aufzeichnungen wiesen damals Richtung Extremadura. Eine neue und überraschende Beobachtung war aus dem Ort Medellín gemeldet worden.

Wir hatten nichts Eiligeres zu tun, als uns schnellstens ins Auto zu setzen und die roten Ebenen von Badajoz aufzusuchen.

In jener beschaulichen und geschichtsträchtigen Ortschaft hatte sich gerade eine hartnäckige ›Hetzjagd‹ abgespielt – wenn man mir diesen Ausdruck erlaubt –, und zwar durch ein riesiges Ufo. In diesem Fall war der Protagonist ein 46jähriger Landwirt, Vater von sechs Kindern und Besitzer eines Bauernhofes an der Grenze zu Miajadas, in der Nähe der erwähnten und wunderschönen Ortschaft in der Extremadura.

Santiago Pulido Romero, ein gesprächiger und umgänglicher Mann, hatte nichts gegen ein Gespräch einzuwenden. Ganz im Gegenteil, er ließ seine Arbeit liegen und begleitete uns zu dem Ort, an dem er das Ufo zum ersten Mal gesichtet hatte, ungefähr drei Kilometer von Medellín und von dem prächtigen Schloß entfernt, das diese Stadt verteidigt und ihr seinen Namen gegeben hat.

Mit aufgeregten und überstürzten Worten erzählte uns der Landwirt – den man in der Gegend niemals über solche Dinge reden gehört hatte – folgendermaßen von seiner ›Odyssee‹:

»Wie immer fuhr ich auch an jenem Morgen früh zum Bauernhof, den wir in Miajadas besitzen. Ich denke, es war ungefähr halb fünf. Deshalb waren die Lichter des Wagens eingeschaltet.

Aber plötzlich sah ich rechts von mir etwas Eigenartiges. Es war wie ein sehr kräftiges Licht. Extrem stark. Ungeheuerlich.

›Mein Gott‹, sagte ich mir. ›Was kann das sein?‹

Aber mir blieb nicht einmal Zeit zum Denken. Denn das Licht drehte um und kam wie ein Blitz auf mich zu.«

Santiago Pulido befand sich, wie wir feststellen konnten, in diesem Augenblick auf einem Feldweg, der die Kreisstraße mit einigen Bauernhöfen und Farmen verbindet, unter den sich auch sein eigener befindet. Es ist eine verlassene Gegend. Die einzige Abwechslung bilden einige Pappelwälder am Horizont und das ständige Vorüberfliegen der Saatkrähen.

»Ich weiß immer noch nicht, wie ich es schaffte, das Auto anzuhalten und auszusteigen. Ich verhielt mich sehr ruhig und duckte mich hinter dem Wagen, während ich beobachtete, wie dieses Ding in seiner Fahrt anhielt und wieder hochstieg. Mir war, als ob mir das Herz in die Hose rutschen würde . . .«

»Warum hatten Sie Angst?«

Der Landbewohner guckte mich erstaunt an.

»Noch nie zuvor in meinem Leben hatte ich etwas Ähnliches gesehen. Einen Moment lang glaubte ich, daß es mit meinem Wagen zusammenstoßen würde. Danach schoß es mir durch den Sinn, daß sie vielleicht versuchten, mir Schaden zuzufügen oder mich zu töten. Aber nein. Später begriff ich, daß sie mich nur erschrecken wollten und daß ich die Lichter nicht anmachen sollte . . . Natürlich gehorchte ich. Verstehen Sie mich?«

Ich sagte, daß ich ihn verstünde, und fragte weiter:

»Aber wie sind Sie zu dieser Schlußfolgerung gelangt?«

»Du meine Güte! Wegen der Sachen, die danach passiert sind.«

»Haben Sie es noch einmal gesehen?«

Der Landwirt fing an zu lachen.

»Eineinhalb Stunden hatte ich es vor Augen! Aber stellen Sie mir nicht so viele Fragen und lassen Sie mich erzählen . . .

Nachdem einige Minuten vergangen waren und weil das Licht sich ein Stück entfernt hatte, entschloß ich mich, von neuem ins Auto zu steigen und schnellstmöglich zum Bauernhof zu fahren. Aber von wegen! Kaum hatte ich die Scheinwerfer eingeschaltet, warf sich die Maschine oder was es auch immer war, wieder über mich wie ein Falke über die Taube. Ich gab Gas und wollte eine der Wegbiegungen nehmen, aber es war zwecklos. Dieser ›Dämon‹ flog wie der Blitz. Daher schaltete ich die Lichter wieder aus, klammerte mich ans Lenkrad und war darauf bedacht, langsam zu fahren.«

»Und was geschah dann?«

»Es hörte auf, mich zu verfolgen. Es nahm seine Stellung rechts von mir ein, wenig mehr als 80 Meter über dem Boden.«

»Welche Form hatte es?«

»Rund. Sehr groß. Oben hatte es einen kleinen ›Turm‹ bzw. eine sehr hohe ›Antenne‹.

Warum sollte ich Sie anlügen? Ich hatte große Angst. Ich konnte nur an meine Kinder denken.

Nachdem fünf bis zehn Minuten vergangen waren und weil der Bauernhof nicht mehr weit weg war, schaltete ich die Scheinwerfer wieder ein und gab Gas . . .

Aber zum dritten Mal näherte sich das Licht schneller, als ein Hahn krähen kann. Ich glaubte zu sterben . . . Völlig mit den Nerven am Ende schaltete ich die Lichter wieder aus und wartete ab.«

»Auf was warteten Sie?«

»Darauf, daß es sich entfernte. Stück für Stück und sehr langsam schaffte ich es, zum Bauernhof zu gelangen. Ich atmete tief durch, sprang aus dem Wagen und flüchtete mich in eine der Hütten. Aber das Objekt blieb weiter am Himmel, in unmittelbarer Nähe. Ich konnte es noch ungefähr eine Stunde lang dort sehen. Ich gab den Tieren zu fressen, die natürlich unruhiger denn je waren, und von Zeit zu Zeit lehnte ich mich aus dem Fenster, um das Licht zu sehen ...

Ich sah, wie es sich mehrmals über dem Bauernhof bewegte. Es beschrieb sehr eigenartige Drehbewegungen, und als der Tag anbrach, verschwand es Richtung Norden.«

»Ihre Nachbarn haben mir erzählt, daß Sie ›Personen‹ im Inneren jener Maschine gesehen haben ...«

»Ich weiß nicht, ob es Personen oder etwas anderes waren ... Was ich Ihnen aber sagen kann, ist, daß ich beim dritten ›Vorbeiflug‹ flüchtig die Silhouetten von drei Wesen im Inneren des Objekts sah, die mir sehr groß und an irgend etwas angebunden zu sein schienen. Doch ich war vor Angst halb gelähmt und halb blind. Wundern Sie sich nicht, daß ich Ihnen nicht mehr Einzelheiten beschreiben kann. Was mich allerdings am meisten erstaunte, war die Helligkeit des Objekts. Ich habe keine Ahnung, wie sie es gemacht haben, aber sie blendete die Sicht völlig.«

»Von wo kam dieses Licht?«

»Meiner Meinung nach vom Rand dieser Scheibe oder dieses Rads.«

»Wird sie so groß wie ein Traktor gewesen sein?«

»Wie zwanzig Traktoren zusammen! Meiner Meinung nach hätte sie sogar Flugzeuge neben sich klein erscheinen lassen ...«

Einer Sache war ich mir ziemlich sicher, nachdem ich mit diesem schlichten und offenherzigen Landwirt gesprochen hatte: Santiago Pulido Romero hatte diese Geschichte nicht erfunden. Diejenigen, die Menschen auf dem Land kennen, werden das von allen am besten verstehen ...

Mit diesen neuen Beweisen für die Anwesenheit von Ufos bzw. außerirdischen Schiffen über unserem Planeten entschied ich mich, nach Bilbao zurückzukehren. Dort erwartete mich eine weitere Überraschung.

7. Kapitel

Die Ufos über der Vizcaya kehren zurück. – ›Passagen‹ eines Schiffes über einem Bewohner Solaranas. – Noch ein Ufo beleuchtet Peral de Arlanza. – Vom Landwirt, der auf ein Ufo schießen wollte.

Was sollte ich denken? Wie hätte ein anderer an meiner Stelle reagiert? Denn bei meiner Rückkehr von jener letzten Reise auf den Spuren der Ufos fand ich auf meinem Redaktionstisch in der Zeitung eine äußerst wichtige Nachricht vor:

»Wieder wurden mehrere Ufos über der Vizcaya beobachtet – bis zu vier Stück.«

Zu allem Überfluß diesmal sogar über der Stadt Bilbao selbst.

Ich verlor keine Sekunde und interviewte einige der Zeugen aus dem Viertel Santuchu in der Hauptstadt der Vizcaya. Von dort war die Nachricht gekommen.

Es bestand nicht der geringste Zweifel. Diese Zeugen – die einige Monate später das Vorbeifliegen dieser Schiffe noch einmal sehen würden –, gaben mir eine detaillierte Beschreibung von bis zu vier nichtidentifizierten Flugobjekten, die sich unbeweglich senkrecht über der Stadt aufhielten, um sich Minuten später Richtung Süden zu entfernen.

Die Zeugen vom Platz Luis Echevarría in Santuchu stimmten in der Beschreibung der Farbgebung, der Lichtstrahlen, der Formen, der Geschwindigkeit, der Unbeweglichkeit, der Drehmanöver und vielem mehr überein, all dies typisch und charakteristisch für Ufos. Einige Monate später sollten wie gesagt einige dieser Menschen erneut Zeugen eines Vorbeiflugs weiterer Schiffe über Bilbao werden.

Aber lassen wir für den Moment die Einzelheiten, Namen usw. dieser Beobachtungen beiseite. Das überaus wichtige, das verblüffende war – zumindest für mich –, daß die Ufos mit gleichbleibender Häufigkeit über dem Himmel der Vizcaya erschienen, einer Region, in der sie laut den Chroniken in früheren Jahren so gut wie gar nicht gesehen wurden . . .

Welcher Gesetzmäßigkeit folgte diese überaus häufige Präsenz der außerirdischen Raumschiffe über einer so klar eingegrenzten Region? Was sollte ich denken?

Aber ich unterdrückte einen ungewohnten Impuls tief in meinem Innern und versuchte, die Angelegenheit zu vergessen und auch die seltsamen möglichen ›Übereinstimmungen‹, die doch ins Auge sprangen.

Man mußte Ruhe bewahren. Die verschiedenen Fäden miteinander verknüpfen. Zeit verstreichen lassen. Kurzum also, weiterhin kühl kalkulieren.

»Falls es tatsächlich eine Verbindung zwischen den immer häufigeren Überquerungen dieser Ufos und den Menschen gibt, die zu ihnen Kontakt aufzunehmen versuchen, wird es nicht lange dauern, bis ich über zuverlässigere und überzeugendere Beweise verfüge . . .«, sagte ich zu mir und versuchte dabei, meine Zweifel auszuräumen.

Ich sollte mich nicht irren.

Zu jener Zeit, Monate nach der ersten spanischen Publikation in der *Gaceta del Norte* über die Experimente der Mitglieder des IPRI mit den Wesen aus dem All, gelangten weiterhin Dutzende von Briefen aus dem ganzen Land in meinen Besitz. Da waren Menschen jeglichen Alters aus jeglicher sozialer Sicht, die unbedingt die

Adresse des Peruanischen Institutes für Interplanetarische Beziehungen erfahren wollten und die vor allem mit ernsthaftem Eifer nach ETWAS Höherem suchten, das ihre wachsende Neugierde, ihre Seelen, ihre Leben mit Sinn erfüllen würde ...

Dieses ETWAS – ich weiß nicht, warum – wurde im Weltall bei diesen Wesen aus anderen Welten vermutet, die als Mannschaft erstaunlicher Schiffe bis zu uns reisten. In der ›Philosophie‹ (warum nicht?) dieser Rassen und Zivilisationen in den Ufos, die der Erde unzweifelhaft mit ihren Entdeckungen und Ideen weit voraus sind.

All dies und noch mehr suchten diejenigen, die sich damals an mich richteten, einen einfachen Reporter ...

Zu meinem Erstaunen begannen viele dieser Menschen, sich zusammenzuschließen. Landauf und landab entstanden Gruppierungen, anfangs mit Hilfe der Briefe und Anleitungen, die aus Peru zu kommen begannen. Später haben viele der Gruppierungen allmählich diese Bindungen gelockert und sich die Zusammenhänge selbst erschlossen. Diese ungewisse und noch in der Entstehung begriffene Welt des Unbekannten und der Kommunikatikonsversuche mit den Außerirdischen.

Seitdem – auch das möchte ich nicht verschweigen – begann die härteste und schärfste Kritik über mich hereinzubrechen. Obwohl es unwahrscheinlich klingt, haben viele der Mitglieder des IPRI einen unbarmherzigen Angriff gegen mich gestartet. Man bedachte mich mit Bezeichnungen wie ›Verräter‹, ›Feigling‹, ›Ehrgeizling‹ und mit weiß Gott wie vielen Schmähungen noch ...

Und das alles, weil ich mich nicht an die Spitze gestellt, weil ich mich nicht um die ›Organisation und Beschleunigung‹ der ›Mission RAMA‹ in Spanien gekümmert hatte. Zumindest soweit ich es in Erfahrung bringen konnte, denn sie haben mir diese Vorwürfe nie von Angesicht zu Angesicht gemacht.

Was aber wäre das ehrlichste von meiner Seite aus gewesen? Da ich, ein Journalist, der daran gewöhnt ist, nur das Greifbare zu akzeptieren, damals nicht völlig überzeugt von dieser ›Kommunikation‹ mit den Außerirdischen war, was sollte ich tun? Die Flagge einer wunderbaren Idee hissen, die dennoch lediglich eine Idee war?

Die Zeit sollte mir teilweise Recht geben. Ich hatte in diesen frühen und schwierigen Momenten im voraus geahnt, daß es meine Aufgabe als Journalist war, für keine Gruppe oder Bestrebung Partei zu ergreifen. Das wäre weder sinnvoll noch gewissenhaft gewesen.

Langsam, aber beharrlich stieg ein Gedanke in aller Deutlichkeit in mir auf: Die Ufos, die Außerirdischen waren hier, über unserer Welt. Also gut. Sorgen wir dafür, daß das all die Hunderttausende von Menschen erkennen, die es bestreiten oder bezweifeln. Schritt für Schritt.

Aber was geschrieben stand, sollte sich schließlich erfüllen. Ohne ersichtliches Eingreifen meinerseits entstanden hier und dort im ganzen Land zahlreiche dem IPRI ähnliche Gruppierungen. Heute sind Hunderte von Menschen in ihnen organisiert, die die Experimente selbst fortsetzen. In vielen Fällen – wie wir später sehen werden – mit erstaunlichen Resultaten.

Ich wiederhole, daß ich etwas in meinem Herzen ganz sicher wußte. Da ich sie gesehen hatte, wußte ich, daß Ufos unsere Felder, Meere und Städte überflogen. Und daß sie Raumschiffe von anderen Planeten waren. Also gut. All mein Bemühen, all meine Kräfte und Hoffnungen standen seit eben diesem Augenblick, in dem ich sie am 7. September 1974 am peruanischen Himmel erscheinen sah, im Dienste dieses Ideals. Es war fast eine Obsession: SIE wieder zu TREFFEN.

Näher als jeder zuvor an ihre Schiffe zu gelangen. Sie zu fotografieren. Falls es möglich sein sollte, sogar zu versuchen, einen ›Dialog‹ mit IHNEN zu führen.

Und genau das versuche ich.

Bald verloren sich all jene Anschuldigungen, der Spott und die Kritik aus meinen Gedanken. Ich befand mich erneut – wieder einmal alleine – in meinem alten Auto in den unendlichen Ebenen von Burgos auf den Spuren von zwei neuen und aufregenden Beobachtungen.

Die Ufos waren wieder in Erscheinung getreten.

Eigentlich hatte sich dieser Vorfall am 2. Januar jenes Jahres, 1975, ereignet. Seine Protagonisten aber entschieden sich zu schweigen, wie in so vielen anderen Fällen, vielleicht aus Ängstlichkeit und aufgrund der Abgeschiedenheit des Ortes. Nun, zunehmend besänftigt, je mehr Zeit verstrich, wurde die Erzählung flüssiger. Es fiel leichter . . .

Eines frühen Morgens, ungefähr um 2 Uhr, kehrte der 27 Jahre alte Landwirt Carlos Izquierdo in seinem R-6 nach Hause in das kleine Dorf Solarana in der Provinz Burgos zurück, was nur rund acht Kilometer von Lerma entfernt liegt.

Carlos kam aus eben jenem Dorf. Dort lebte seine Freundin. Wie jeden Tag war er dorthin gefahren, um sie zu sehen.

Ich hatte viel Zeit, um den jungen Landwirt zu beobachten. Wir saßen in der schlicht gehaltenen Bar seiner Familie, in diesem 200-Seelen-Dorf, bei dem mehr gelben als weißen Wein dieser Gegend, der aus weiß Gott was für einer versteckten Weinkellerei stammte. Währenddessen spürte ich das bewegende, unbeschreibliche Gefühl, einer wahren Geschichte zuzuhören, vollkommen wahr wie diese Erde, über der die Adler ihre Kreise ziehen.

Carlos ist ein schüchterner junger Mann. Und wie ein

echter Kastilier ehrlich und wortkarg, laut der Aussage seiner Freunde und Verwandten. Aber kann man etwa anders sein, wenn man von morgens bis abends arbeitet . . .?

In der Tat dreht sich sein ganzes Leben lediglich um die Arbeit auf dem Feld.

Wie ich jedoch sagte, sollte Carlos am frühen Morgen des 2. Januar eine der grundlegenden Erfahrungen seines Lebens machen.

»Als ich einige Kilometer von Revilla Cabriada entfernt war – etwa auf halbem Weg zwischen Lerma und meinem Dorf –, nahm ich einen rötlichen Schimmer wahr, der sich auf der linken Seite genau über den Häusern ausbreitete. Einen Moment lang glaubte ich, daß es sich um einen Brand handelte. Ich setzte meinen Weg fort, und als ich die Hauptstraße verließ und die Landstraße nahm, die nach Revilla und Solarana führt, verlor ich diesen Schimmer aus den Augen.«

Ich unterbrach Carlos, weil ich mit einer naiven Methode versuchen wollte, herauszufinden, ob der Landwirt dieses seltsame rötliche Leuchten mit dem Mond verwechselt hatte. Die Antwort jedoch war genau die, die ich erwartet hatte:

»Nichts dergleichen. Soweit ich weiß, verfolgt der Mond keine Autos.«

Diese scharfe Zurechtweisung gebot mir ein für allemal zu schweigen und zuzulassen, daß mein Gesprächspartner ungehindert seine Erzählung fortsetzen konnte.

»Wie ich Ihnen schon erzählte, verlor ich diese Erscheinung aus den Augen, als ich nach Revilla Cabriada hineinfuhr. Als ich aber das Dorf verließ und nachdem ich fast einen Kilometer in Richtung Solarana zurückgelegt hatte, bemerkte ich das Licht von neuem.

Es befand sich links von mir. Ungefähr 300 Meter von

der Landstraße entfernt. Was mich aber am meisten schockierte, war, daß es sich in der gleichen Richtung bewegte wie ich ...

Es wird nicht höher als 200 Meter über den Pappeln geflogen sein, die in parallelen Reihen die Straße säumen. ›Hier geht es nicht mit rechten Dingen zu‹, dachte ich tief im Innern. Ich erinnerte mich an einige dieser Geschichten, die ich über Ufos in den Zeitungen gelesen hatte.«

Carlos Izquierdo ist ein sehr gelassener und kaltblütiger Mann. Während er Richtung Solarana fuhr, wollte er feststellen, ob ›Es‹ tatsächlich ein Ufo war.

»Ich hielt das Auto drei- oder viermal an. Das Licht stoppte ebenfalls – genauso oft wie ich. Das Erstaunliche war das erste Mal«, bemerkte Carlos amüsiert. »Als ich den Wagen anhielt, setzte das Ufo seinen Weg einige Meter weiter fort. Ganz plötzlich ›bremste‹ es und kehrte zurück, bis es auf meiner Höhe anhielt. Es war, als ob mein plötzlicher Stopp es völlig überrascht hätte.«

Wie gesagt lächelte dieser Mann vom Land leicht, zweifellos vergnügt bei der Erinnerung an jene Bilder, die sich tief in sein Gedächtnis eingegraben hatten. Dieses Lächeln verschwand allerdings bald angesichts der Szenen, die er wieder durchleben sollte.

»Später, bei den folgenden Stopps«, fuhr er fort, »hielt das Licht immer gleichzeitig mit mir an. Es schien meine Absichten zu erahnen ...

Ich muß zugeben, daß mich eine gewisse Angst befiel.

Ich stieg aus dem Fahrzeug aus und verbrachte einige Minuten mit der Beobachtung des Ufos. Die Maschine blieb dort, ebenfalls ganz still. Niemand kann mir ausreden, daß diejenigen, die dort drin waren, mich beobachteten ...

Da ich in Erwägung zog, daß es so sein könnte, stieg ich

in mein Auto und setzte den Weg fort. Sobald ich startete, setzte sich auch dieses Licht in Bewegung. Immer auf meiner linken Seite. Es behielt die gleiche Entfernung und Höhe bei.

Ich durchquerte Castrillo de Solarana, das ungefähr vier Kilometer von Revilla Cabriada entfernt und mit Solarana durch eine 800 Meter lange gerade Straße verbunden ist.

Kurz bevor ich aber in mein Dorf hineinfuhr, packte mich die Neugierde. Ich ließ Solarana hinter mir und wählte die Richtung der Dörfer Nebreda und Cebrecos. Als ich an diesen vorbeigefahren war, hielt ich an der Kreuzung von Tejada von neuem an. Als ich sah, daß mir dort jenes künstliche Gebilde immer noch auf Schritt und Tritt folgte, begann mir der kalte Angstschweiß auszubrechen. Ich gebe es freimütig zu.

Ich schaltete die Scheinwerfer aus und verließ – vorsichtshalber – den Wagen in entgegengesetzter Richtung; das heißt, Richtung Solarana.«

»Wieviel Zeit war vergangen, seitdem Sie das Ufo zum ersten Mal gesehen hatten?«

»Vielleicht 45 Minuten. Dabei hatte ich es immer links von mir, mit Ausnahme der wenigen Minuten, die ich brauchte, um Revilla zu durchqueren.«

Als er aus dem Auto ausgestiegen war und die Scheinwerfer ausgeschaltet hatte, beobachtete Carlos Izquierdo, wie das Ufo, das gleichzeitig mit ihm angehalten hatte, sich langsam zu nähern begann . . .

Ein Gefühl absoluter Panik ergriff den jungen Mann.

Völlig geräuschlos hatte sich das Ufo langsam auf ungefähr 150 Meter an den R-6 angenähert.

»Es war ein intensives Licht. Und es wechselte seine Farbe. Manchmal war es rötlich. Dann wieder gelblich.«

»Und seine Form? Wie sah ›Es‹ aus?«

»Als es sich diesmal näherte, sah ich, daß es einem Vollmond ähnelte. Das Licht füllte es vollständig aus . . . Es strahlte bis auf den Boden herab, und das Licht war so stark und intensiv, daß es mich die Felder sehen ließ wie bei Tage. Aber das Ufo näherte sich weiter. Stück für Stück. Ich fühlte, wie mir die Haare zu Berge standen. Ich sprang ins Auto und fuhr rasend schnell Richtung Solarana . . .«

Damals erlebte Carlos die dramatischste Verfolung seines Lebens.

»Bald konne ich aus dem Auto nicht mehr herausholen. Es fuhr bis zu 110 Stundenkilometer. Das Ufo jedoch hatte sich über mich ›geworfen‹. Diesmal kam es bis auf wenige Meter über dem Autodach herunter. Es flog vor mir. Und hinter mir. Und auf beiden Seiten . . . Ich konnte es nicht abschütteln. Ich rammte meinen Fuß in den Boden des Wagens . . .

Was sollte ich tun? Mein Gott . . .!

›Es‹ verfolgte mich mit der gleichen Geschwindigkeit. Sobald ich eine Kurve nahm, flog das Ufo geradeaus weiter und wartete jenseits der Kurve auf mich, bis es sich von neuem über dem Auto positionierte.

Das von ihm abgestrahlte Licht erlaubte mir, Straße und Felder so zu sehen, als ob es 12 Uhr mittags wäre. Es war ungeheuerlich! ›Es‹ machte, was es wollte – das schwöre ich.

Ich war viel entsetzer, als Sie es sich jemals vorstellen können.

Ich streckte den Arm aus dem Fenster und drückte auf die Hupe, um ihm zu zeigen, daß ich ein Freund war . . .

Ich war mir dessen, was ich tat, nicht sehr sicher, aber es war das einzige, was mir in den Sinn kam. Ich dachte, daß sie so vielleicht verstehen würden, daß ich nicht versuchte, ihnen zu schaden . . . daß ich ein Freund war.«

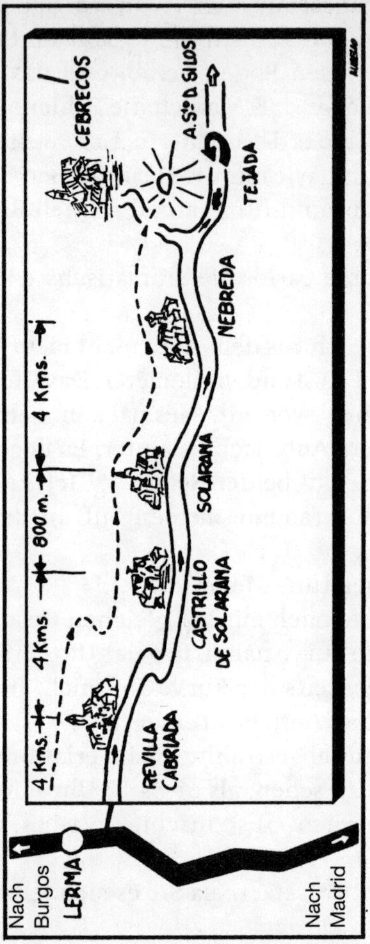

Zeichnung des Weges, den der Landwirt aus Solarana entlangfuhr und den auch das Ufo nahm, während es viele Kilometer lang seinen Schritten folgte.

Ich verspürte tiefe Zuneigung angesichts dieser schlichten Beschreibung des jungen Mannes aus der Provinz Burgos.

»Ich war zu Tode erschrocken . . .!«

»Wie läßt sich dieses Licht beschreiben?«

»Intensiv. Äußerst intensiv. Es bildete über der Straße und auf den Feldern eine Art Kreis. Als ich später darüber nachdachte, gelangte ich zu dem Schluß, daß dieser einen Durchmesser von vielleicht 30 Metern hatte. Das Ufo vollführte rasante Flüge über meinem Wagen, während ich, erschrocken wie ein Kaninchen, nur daran dachte, mehr und mehr aufs Gas zu treten.

Nie waren mir einige Minuten so lang geworden . . . Ich weiß nicht, wie ich es schaffte, keinen Unfall zu bauen.«

Als ich ihn befragte, erinnerte sich Carlos Izquierdo daran, daß das Ufo tatsächlich kein Geräusch machte, daß es völlig leise war . . .

»Das, denke ich, war eins der Dinge, die mich am meisten erschreckten.«

Wenige Minuten später fuhr der junge Mann nach Nebrada hinein. Wie ein Wirbelwind. Und holte dabei alles aus seinem Wagen heraus.

»Dort blieb ich, bis meine Lungen wieder frei atmen konnten. Ich schaltete die Lichter aus und wartete. Ich weiß nicht einmal, wie lange, aber ich wartete. Und wartete . . .

Das Objekt war aus meinem Sichtfeld verschwunden. Ich stieg aus dem Auto aus und lief einige Schritte bis zu einem nahe gelegenen Acker. Das Ufo hatte sich über dem Turm des Dorfes plaziert, in ungefähr hundert Metern Entfernung. Dort blieb es, unbeweglich und stark leuchtend.

Ich wußte nicht, was ich tun sollte. Ich hatte Angst.

Aber ich konnte nicht die ganze Nacht in Nebrada verbringen, in der kühlen Nachtluft . . .

Nach einigen Minuten stieg ich wieder in den R-6 und beschloß weiterzufahren. Schließlich war Solarana schon ziemlich in der Nähe . . .

Ich trat das Gaspedal durch. Ich begann in alle Richtungen zu schauen und erwartete, daß sich das Ufo wieder auf mich ›werfen‹ würde. Aber nichts dergleichen. Das Objekt beschränkte sich darauf, mir wie zuvor über denselben Pappeln und mit einer bestimmten Distanz zu folgen. Selbstverständlich unternahm ich keinen Versuch mehr anzuhalten. Ich fuhr wie vom Teufel gejagt in mein Dorf hinein.

Das Ufo hörte auf, mir zu folgen, und nahm seinen Standort vor dem Dorf in ungefähr 100 Meter Entfernung über den Feldern ein. Dort blieb es eine ganze Weile lang. Unbeweglich und leuchtend.«

Immer noch vom Schreck getrieben, rannte Carlos zu seinem Cousin Edelmiro Pozo, um ihn zu wecken. Von Carlos' Schreien und seiner Angst alarmiert, sprang dieser aus dem Bett und begleitete seinen Vetter bis auf die Straße. Tatsächlich bestätigte er die Anwesenheit des leuchtenden Objekts, das weiterhin unbeweglich und fast trotzig der Stadt die Stirn bot.

»Wir beschlossen, von neuem in den R-6 zu steigen«, erzählte der Landwirt weiter, »und fuhren aus dem Dorf heraus Richtung Nebrada. Das Licht fing wieder an, sich zu bewegen. Ich sagte mir: ›Da ist es wieder, sicher wird es noch einmal über den Wagen kommen . . .‹

Aber das Ufo näherte sich nicht. Es folgte uns bis Nebreda (das schon) und wahrte dabei ständig den gleichen Abstand: ungefähr 300 Meter, diesmal rechts von uns.

So um halb vier morgens kehrten wir zurück. Das Ufo blieb dort, über dem Dorf Nebreda. Als wir sahen, daß es sich nicht bewegte, beschlossen wir, nach Solarana zurückzukehren.«

Dieses ›Abenteuer‹ hatte insgesamt mehr als eineinhalb Stunden gedauert.

Carlos Izquierdo und sein Cousin Edelmiro Pozo erzählten das Geschehene am folgenden Morgen ihren Freunden und Verwandten. Sie waren überrascht, als sie von einer weiteren Neuigkeit erfuhren: Einen Tag zuvor hatten mehrere Bauern und Hirten über dem Nachbardorf Castrillo de Solarana ebenfalls ein Ufo gesehen, von ähnlicher Form und Farbe wie dies, das unseren Protagonisten aus Solarana verfolgt hatte.

Als ich besagtes Dorf besuchte, ungefähr 800 Meter entfernt von Carlos' Dorf, in dem auch der Bauer Basilio Barbero Pineda und der Hirte Máximo Delgado Izquierdo wohnten, bestätigte man mir das, was Carlos Izquierdo gesagt hatte:

»Ja, viele aus dem Dorf wurden auf jenes ›Licht‹ aufmerksam, das unbeweglich über den Kellereien des Dorfes stand«, erzählten sie bereitwillig. »Wir sind daran gewöhnt, den Himmel zu beobachten, und ›dieses Ding‹ war natürlich ein ausgesprochen seltsamer Stern . . . Er befand sich wenige Meter über dem Boden! Und war sehr groß!«

Meinen Nachforschungen zufolge sahen die Hirten und Bauern von Castrillo de Solarana diesen ›Stern‹ mit runder Form – wie ein ›Mond‹ – während zweier aufeinanderfolgender Nächte. Die Richtung, die mir in beiden Fällen von den liebenswürdigen Nachbarn von Castrillo gezeigt wurde, war Südwesten.

»Wir sahen ihn mehr als zehn Minuten lang. Danach verschwand er. Wir sprachen sehr viel davon im Dorf, wissen Sie. Hier gibt es nicht allzuviel Abwechslung . . .«

Die Zeugenberichte hätten gar nicht aussagekräftiger sein können. Wieder einmal waren Ufos in abgelegenen und ländlichen Gebieten herabgestiegen.

Nur wenige Kilometer weiter, ebenfalls in der Provinz Burgos, hatte sich ein weiterer Vorfall ereignet. Ein wesentlich spektakulärer Vorfall als der, in dem der junge Landwirt aus Solarana die Hauptrolle gespielt hatte.

Dorthin richtete ich meine Schritte in der Absicht, ein Maximum an Informationen zu sammeln.

In Peral de Arlanza ist die Zeit fast stehengeblieben. Was für ein Glück für diesen Ort!

Dieses winzige Dorf mit 400 Einwohnern – fern vom Fortschritt, wenig mehr als dreißig Kilometer von der Stadt Lerma entfernt und einen Steinwurf, wie man so schön sagt, von der Grenze zur Provinz Palencia – sollte in jener Nacht des 29. April 1975 eine Abwechslung von seinem monotonen und friedlichen Dasein erfahren.

Ein großer Teil der Einwohner, unter ihnen der Bürgermeister selbst, José Antonio Martínez Prieto, wurde in dieser Nacht Zeuge einer Landung und lange andauernder Manöver eines Ufos.

Alle waren sprachlos vor Erstaunen. Tage später kam die Guardia Civil nach Peral de Arlanza, um die Zeugen zu befragen und das Gebiet zu untersuchen, wo man das ›nichtidentifizierte Flugobjekt‹ landen gesehen hatte.

Dem langen Interview mit den Hauptzeugen zufolge ereigneten sich folgende Tatsachen:

In der Nacht des besagten 29. April hatten die Jugendlichen Gregorio de Juana (18 Jahre alt), Manuel Maté López (19) und Julián García de la Orden (22) einen kleinen Zirkus besucht, der an eben diesem Abend sein Lager in Peral aufgeschlagen hatte. Dies war ein großes Ereignis für die einfachen Menschen dieses Ortes, und die Jungen – die auf dem 3 Kilometer vom Dorf entfernten Bauernhof

Pinilla arbeiteten und lebten – wollten ebenfalls bei der Vorstellung dabeisein.

Ungefähr um halb ein Uhr nachts, als die Vorstellung bereits beendet war, stiegen die drei in den Simca, der dem Vater von Julián García gehörte, und begannen mit der Rückfahrt zum Bauernhof.

Die Straße – die ich selbst befahren habe – verläuft zwischen kleinen Hügeln und ausgedehnten Ebenen, auf denen damals der Weizen bereits wogte. Auf der rechten Seite plätscherte ein kleiner Fluß während eines Großteils des Weges von Peral zum besagten Bauernhof eher vor sich hin, als daß er strömen würde, und verbirgt sich so oft wie nur möglich zwischen Pappelwäldern und Gestrüpp.

Als sie ungefähr 300 Meter zurückgelegt hatten, zog ›etwas‹ die Aufmerksamkeit der Insassen des Simca auf sich.

»Rechts von der Straße«, erzählten mir die Jungen, »sahen wir ein äußerst starkes Licht. Zuerst verwechselten wir es mit den Scheinwerfern eines Autos. Aber das konnte nicht sein. An jenem Ort stand ein Hügel. Dort gab es weder eine Straße noch einen Weg. Das Licht kam von einer kleinen Anhöhe sehr nah bei den Kellereien des Dorfes.«

Verwirrt stoppte Julián, der das Auto fuhr, den Motor, als Manuel Maté schrie und auf das weiße und intensive Leuchten deutete:

»Schaut doch! Es sieht aus wie ein Mensch!«

Diese Beobachtung und der spontane Aufschrei des Jugendlichen machen den Vorfall meiner Meinung nach besonders interessant. Denn nach den Worten Matés war diese ›Figur‹, die von dem Jungen flüchtig inmitten des blendenden Lichts beobachtet worden war, die eines großen Wesens, eines sehr großen Wesens.

Außerdem gibt es ein Detail, das sich als ebenso wichtig erwies:

»Dieser Mensch oder was es auch war«, meinte der Jugendliche, »hatte sehr langes Haar. Ich glaube, daß es ihm bis über die Schultern reichte.«

Bevor ich die Untersuchung fortsetzte, befragte ich Manuel und seine Kameraden. Selbstverständlich hatte keiner vorher irgend etwas über Ufos gelesen. Im Grunde hatte keiner sich für dieses Phänomen interessiert. Ganz bestimmt hatte keiner die Möglichkeit gehabt, meine Reportagen über die Außerirdischen in Peru zu lesen. Erzählungen, in denen ab und zu von Wesen aus dem All gesprochen wurde, die genau dieselben Merkmale aufwiesen: Sehr groß und mit extrem langen Haaren.

Die drei Jugendlichen arbeiteten von morgens bis abends auf den Bauernhöfen ihrer jeweiligen Familien. Im Ernst, ich glaube nicht, daß sie über viel Zeit verfügten, um ihren Phantasien freien Lauf zu lassen . . .

Trotzdem wurde die Beobachtung von Manuel Maté nicht von seinen beiden Kameraden geteilt.

»Eigentlich spielte sich alles sehr schnell ab«, fuhren sie fort, während ich weiterhin mit größter Aufmerksamkeit jede ihrer Reaktionen beobachtete. »Als wir den Wagen am Rand der Landstraße anhielten, vergrößerte sich das Licht. Zu unserer Bestürzung begann es, langsam hochzusteigen.«

Ich konnte mich nicht zurückhalten und begann, sie mit Fragen förmlich zu überschütten.

»Wie sah dieses Licht aus, und wie weit wird es wohl von euch entfernt gewesen sein?«

»Es war so stark, daß es in den Augen schmerzte. Wir konnten es nicht ansehen . . .

Als es senkrecht hochzusteigen begann, vermischte sich das weiße Licht mit weiteren, gelben und blauen. Es sah aus wie eine ›Wolke‹ inmitten von vielfarbigen Lichtern. Was die Entfernung betrifft, so betrug sie wahrscheinlich nicht mehr als 200 Meter Luftlinie.«

Als ich das Interview mit den Jugendlichen auf besagtem Bauernhof *Pinilla* beendet hatte, begleiteten sie mich zu dem Ort, wo das Ufo zum ersten Mal gesichtet worden war. Nach eigenen Messungen betrug die Entfernung zwischen der Landstraße und der Anhöhe tatsächlich nicht mehr als 200 Meter. Nachdem ich das gesamte Gebiet genauestens untersucht hatte, gelangte ich zu einer Schlußfolgerung: Nur ein Traktor hätte bis dort hinauf gelangen können – und das mit ernsthaften Schwierigkeiten.

Aber diese Vermutung konnte ausgeschlossen werden. Bis jetzt sind Traktoren, soweit ich weiß, nicht inmitten eines Lichtermeeres senkrecht in die Luft gestiegen.

»Das Objekt ließ keine Spur auf der Erde zurück«, fuhren die Jugendlichen fort.

»Als wir am folgenden Tag mit der Guardia Civil dorthin kamen, fanden wir nichts Außergewöhnliches vor.«

»Aber habt ihr darauf geachtet, ob das Ufo auf dem Boden aufgesetzt hatte?« hakte ich nach.

»Das Licht dehnte sich so weit aus, daß es keine Möglichkeit gab, das festzustellen. Trotzdem hatten wir alle den Eindruck, daß dieser Schein sich gar nicht weit vom Boden befand. Vielleicht ein oder zwei Meter davon entfernt . . .«

In eben diesem Augenblick, als sich das Ufo stillschweigend emporhob und dabei die Gegend mit einer sehr starken und glänzenden Helligkeit überschwemmte, bemerkten die Jungen ein weiteres ungewöhnliches Phänomen: Der Simca vollführte einige Bewegungen und wurde erschüttert – obwohl sein Motor stillstand. Die Jungen beschrieben dieses Phänomen so, als sei der »Wagen von irgendeiner Kraft angezogen worden . . .«.

»Und was geschah?«

»Wir drehten erschrocken um und kehrten ins Dorf zurück. Und rannten zum Haus des Herrn Bürgermeister . . .«

»Dieser Apparat«, fügte ein anderer der Protagonisten hinzu, »hatte sich ungefähr 100 oder 200 Meter über den Boden erhoben und blieb unbeweglich dort, über dem Dorf.

Wir hatten alle Angst. Das Objekt strahlte ein Licht aus, das alles erfaßte. Wir konnten sehen wir bei Tag.«

Bevor ich die Untersuchung auf dem Bauernhof *Pinilla* mit den drei erwähnten Hauptzeugen fortsetzte, griff ich zu der grundlegenden Vorsichtsmaßnahme, zuerst mit dem Bürgermeister von Peral de Arlanza zu sprechen, José Antonio Martínez Prieto. Ich fand ihn in der Nähe des Dorfes, wo er die Weinberge mit Hilfe eines Esels bearbeitete. Er ist ein junger Mann. Liebenswürdig und gutmütig.

»Ja«, bestätigte er, während er sich mit dem Arm den Schweiß von seinem Gesicht wischte, »ungefähr um zwölf oder halb eins nachts kamen Gregorio, Manuel und Julián – die ich von klein auf kenne – völlig aufgeregt zu meinem Haus. Sie hatten wer weiß was für ein Ding gesehen . . .

Aber sie mußten mir nicht allzu viele Erklärungen geben. Denn es dauerte nicht lange, bis ich es ebenfalls sah. Dort über dem Dorf war ›Es‹ und erfüllte alles mit einem weißen und sonderbaren Licht. Es war schlichtweg umwerfend! Damals trug ich mein Bein in Gips und konnte nicht näher ans Ufo herangehen. Das hat mir wirklich leid getan. Noch nie zuvor hatte ich etwas Ähnliches gesehen . . .!«

»Wie läßt sich dieses Leuchten beschreiben?« unterbrach ich den Bürgermeister.

»Es war von einem gelblichen Weiß. Was uns alle am meisten überraschte, war die Intensität, mit der es strahlte. Es erfüllte alles mit seinem Licht. Das gesamte Dorf und die Umgebung in einem Kilometer Umkreis wurden erleuchtet. Es bewegte sich nicht. Es war wie ein riesiger Scheinwerfer am Himmel.«

»Erinnern Sie sich, irgendein Geräusch gehört zu haben?«

»Nein, überhaupt keins. Es war geräuschlos. Das war so erschreckend dabei.«

Verständlicherweise lief ein großer Teil der Dorfbewohner aus den Häusern, durch den außergewöhnlichen Lichtschein und die Schreie der Zeugen aufgeschreckt, und betrachtete sprachlos die Erscheinung.

»Das Ufo – und ich bin sicher, daß es ein solches war – blieb dort über den Häusern während mehr als einer halben Stunde. Meine Frau konnte es ebenfalls sehen. Und viele Nachbarn auch. Wenn Sie wollen, können Sie fragen . . .«

Ungefähr zwischen eins und Viertel nach eins am Morgen fing das Ufo an, sich zu bewegen und sich vom Dorf zu entfernen. Dafür gab es einen Grund. Die drei Jugendlichen, die zuvor den Alarm auslösten, hatten beschlossen, zum Bauernhof zurückzukehren, und befanden sich bereits auf der verlassenen Landstraße.

»Mit ebensoviel Vorsicht wie Angst«, so setzten die Jugendlichen ihren Bericht fort, »fuhren wir nach Hause. Aber wir hatten uns noch nicht einmal einen Kilometer vom Dorf entfernt, als das Objekt von neuem rechts von uns auftauchte, ungefähr hundert Meter über dem Boden und zwischen 150 und 200 Meter von der Landstraße entfernt. Das Herz stand uns fast still . . .

Das Ufo folgte uns mit der gleichen Geschwindigkeit. Wir konnten es nicht abschütteln. Julián trat das Gaspedal bis auf den Boden durch, aber dieses Gebilde beschleunigte ebenfalls. Wir konnten auch nicht allzu direkt in Richtung dieses Lichts schauen, weil es uns blendete. Sein Schein war so stark, daß wir einen Großteil der Straße und der nahe gelegenen Felder überblicken konnten. Man konnte sogar die Blätter an den Bäumen deutlich voneinander unterscheiden.«

Während sich die drei Jugendlichen erbittert inmitten dieser verrückten und fast aussichtslosen Verfolgungsjagd in Richtung des nur noch wenig mehr als einen Kilometer entfernten Bauernhofs ihrer Eltern befanden, geschah etwas, das ihnen das Blut in den Adern gefrieren ließ und das sie zum zweiten Mal zwang, scharf zu bremsen und nach Peral de Arlanza zurückzukehren.

Das Ufo drehte plötzlich, begann, sich dem Fahrzeug zu nähern, und kreuzte in schwindelerregender Weise seinen Weg, vor den weit aufgerissenen Augen der Zeugen.

»Wir bremsten so stark wir konnten und machten eine Kehrtwendung, um mit höchster Geschwindigkeit zum Dorf zurückzukehren.«

»In welcher Entfernung hat das Ufo euren Weg gekreuzt?«

»In ungefähr zwanzig Metern Entfernung. Es geschah in Sekundenschnelle. Diese riesige Kugel, die wie ein ›Ei‹ aussah, blendete uns im Vorbeifliegen. Sie überquerte die Straße wie ein Blitz und verlor sich in den Saatfeldern.«

»Hinter sich«, bemerkte ein anderer der Zeugen, »war etwas Seltsames gespannt, wie ein Netz.«

»Alles ging ganz schnell«, beschrieb Gregorio. »So konnten wir kaum etwas wahrnehmen. Der Schreck war uns in die Knochen gefahren. Wozu es abstreiten!«

»In welcher Höhe flog es, als es vor euch die Straße überquerte?«

»Vielleicht ungefähr zehn Meter hoch. Also sehr niedrig.«

Dieser Augenblick war zweifelsohne einer der gefährlichsten. Unsere Protagonisten entschieden sich – völlig eingeschüchtert –, zum Dorf zurückzukehren.

»Aber was war mit dem Ufo?«

»Obwohl unser Auto mit Höchstgeschwindigkeit fuhr – vielleicht mit 120 bis 130 Stundenkilometern –, folgte uns die ›Kugel‹ weiterhin auf der rechten Seite, wenn auch diesmal in größerer Höhe.«

Als sie nach Peral de Arlanza kamen, nahm das Ufo zum zweiten Mal seinen Platz über den Dächern der dicht gedrängten Häuser ein. Wieder konnten es die Nachbarn und die unter Schock stehenden Zeugen aus dem Simca mehr als eine halbe Stunde lang ungestört betrachten.

»Wir mußten nach Hause zurückkehren«, erklärten die Jungen. »Daher stiegen wir nach einer Weile, als wir uns etwas beruhigt hatten, zum dritten Mal ins Auto, und während wir die Augen offenhielten, fuhren wir in Richtung des Bauernhofs los.

Nachdem wir das Dorf hinter uns gelassen hatten, begann das Licht wieder, sich zu bewegen. Es fehlte tatsächlich nur wenig, und wir hätten wieder kehrtgemacht und wären endgültig in Peral geblieben. Wir waren sogar bereit, im Simca zu schlafen.

Es waren Minuten voller Angst. Das Herz hörte nicht auf, wie verrückt zu schlagen, bis wir weit vorne die Lichter des Bauernhofs sahen. Einige Meter entfernt von dem Eingangstor hielt Julián – mutiger als wir – den Wagen an. Und er schaltete die Lichter aus. Wir schrien ihn an, daß er weiterfahren solle, während wir uns erschrocken zu dem Ort umdrehten, an dem das Ufo war, das uns verfolgte. Es hatte ebenfalls angehalten . . .

Wir zwangen Julián fast mit Fausthieben, ins Gehöft zu fahren.«

Sofort riefen die drei Jugendlichen ihre Familien. Innerhalb von Minuten kamen die Väter, Brüder und Cousins der Zeugen auf den kleinen Vorplatz, der zwischen den Wohnstätten, Scheunen und Gehegen liegt, und sie konnten eines der seltsamsten Schauspiele ihres Lebens betrachten.

Denn das Schiff – genauso leuchtend wie waghalsig – hatte sich geräuschlos genähert, bis es wenige Meter über der Schule verharrte, die sich neben den anderen Häusern des Bauernhofs *Pinilla* erhebt. Dort blieb es bewegungslos und übergoß den Ort mit einem intensiven und bläulich-weißen Licht.

Ich hatte auch Gelegenheit, mit den jeweiligen Familien der drei Jungen zu sprechen. Zusammengefaßt sind hier ihre Erläuterungen:

»Als wir die Stimmen unserer Kinder hörten«, erklärten mir Manuel Maté Gutiérrez, Julio de Juan, Maria López González und María Vélez, »liefen wir hinaus und waren in höchster Alarmbereitschaft. Dort über der Schule war ein stark leuchtendes ›Ding‹, das sich nicht bewegte. Es erleuchtete den gesamten Bauernhof . . .«

Während eine der Frauen einige Gläser fast schwarzen Weines auf das abgenutzte Wachstuch des Küchentisches stellte, zeichnete mir Julio de Juan mit Unterstützung der restlichen Zeugen in einem Schulheft die Form von ›diesem Ding‹, die niemand so richtig erklären konnte.

». . . Es war wie ein Kreis«, fuhr er fort. »Mit Strahlen und von blauer, gelber und roter Farbe.

Was unsere Aufmerksamkeit aber am meisten auf sich lenkte, war das Leuchten. So wie tausend Traktorenscheinwerfer, oder noch mehr. Dabei müssen wir Ihnen noch sagen, daß wir sämtliche Winkel des Bauernhofs sehen konnten ... Einer von uns holte ein Fernglas, und eine ganze Weile lang reichten wir es von einem zum anderen weiter.«

»Und was sahen Sie?«

»Sie werden es uns nicht glauben.«

Ich betrachtete diese schlichten Leute. Sie schienen müde zu sein, es zu erzählen. Am Ende würden immer alle darüber lachen.

»Bitte, fahren Sie fort. Ich glaube Ihnen.«

»Wir schwören bei unseren Kindern, daß wir, wenn sich der Apparat in manchen Momenten bis auf 50 Meter über die Schule hinabsenkte, so etwas wie Figuren sahen, die sich im Inneren der Lichter bewegten.«

»Gab es Fenster?«

»Das können wir Ihnen nicht sagen. Das Licht war so intensiv ...«

Aber jene ›lange Nacht‹ war noch nicht zu Ende. Denn ungefähr um drei Uhr morgens – eine halbe Stunde nachdem die drei Jugendlichen kopflos auf den Bauernhof gekommen waren – erschien Francisco Cantero de Rozas eben dort, ebenfalls ein Landwirt und ein Bewohner von Peral de Arlanza.

Francisco hatte das ungeheure Licht wie viele andere Einwohner des Dorfes auch über den Häusern sehen können. Weder dumm noch faul, stieg er auf seinen Traktor und fuhr in Richtung des Bauernhofs *Pinilla.* Als ich ihn in Peral interviewte, bestätigte er mir das, was man mir im voraus bereits gesagt hatte: Francisco hatte seine Jagdflinte mitgenommen und war dazu entschlossen, zwei Schüsse auf das Ufo abzufeuern ...

»Als ich versuchte, mich zu nähern«, gestand er, »machte mich der starke Schein fast blind. Er hätte mich fast umgebracht. Ich fuhr mit dem Traktor schließlich gegen das Geländer einer kleinen Brücke. Wir brauchten einen Abschleppdienst, um ihn dort wegzuholen. Ich sage Ihnen, daß ich in meinem ganzen Leben nichts dergleichen gesehen habe.«

Ich war überrascht. Dieser Bewohner von Peral de Arlanza war tatsächlich in seinem Traktor zum erwähnten Bauernhof gefahren, mit dem festen Vorsatz, sich auf einen Schußwechsel mit dem rätselhaften Objekt einzulassen . . .

Der Rest verlief, wie zu erwarten war. Als der aggressive Landwirt in die nähere Umgebung des Ufos kam, hinderte ihn dessen ungeheure Leuchtkraft, seinen Weg fortzusetzen, bis er sogar die Sicht verlor und besagten Unfall baute. Glücklicherweise überstand Francisco diesen Zwischenfall unversehrt. Aber er wird ihn niemals vergessen können. »Nachdem es schon nach 3 Uhr morgens war«, sagten die Zeugen, »und da ›Es‹ keinerlei Absichten machte, sich zu entfernen, gingen wir schlafen.«

»Das Ufo blieb dort?«

»Aber ja. Zumindest war es dort, als wir beschlossen, ins Bett zu gehen.«

Ich schlug die Hände über dem Kopf zusammen. Aber man mußte diese unermüdlichen und praktisch denkenden Landbewohner auch verstehen . . .

Beim Aufstehen am folgenden Morgen – in Wirklichkeit einige Stunden später – war das Ufo verschwunden.

Von diesem Vorfall wurde sogleich die Guardia Civil in Kenntnis gesetzt. Zuerst kamen ein Hauptmann und ein Feldwebel nach Peral de Arlanza und zum Bauernhof *Pinilla* und führten die erforderlichen Untersuchungen durch. Fast zwei Wochen später kamen dann ein Oberst und ein Major der Gendarmerie, die mit den Zeugen redeten und auch das Gebiet durchsuchten, in dem man das Schiff in der Umgebung der Kellereien heruntersteigen gesehen hatte.

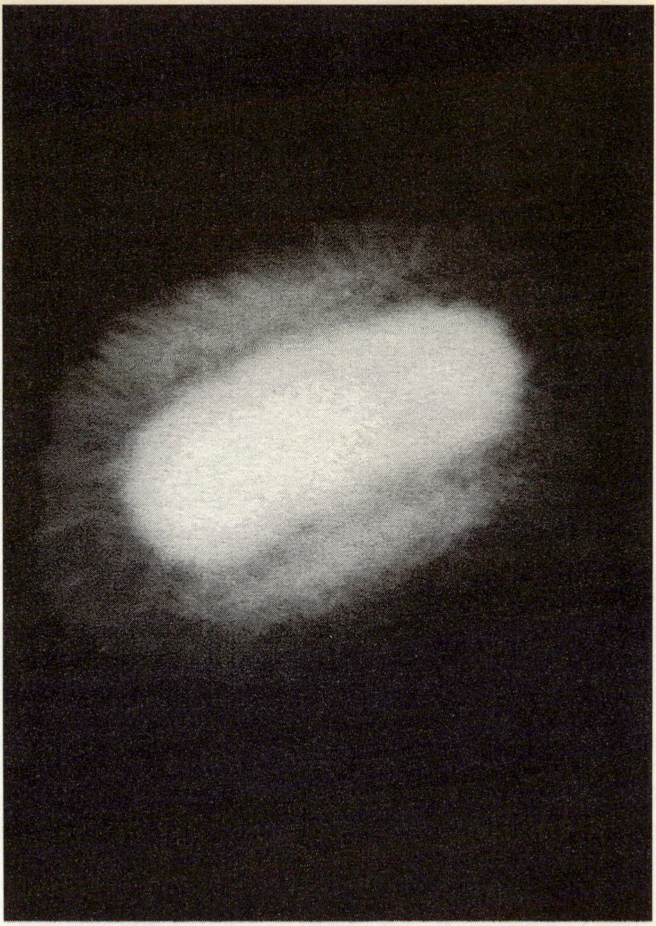

Ein weiteres sensationelles Bilddokument. Der Fotograf José Luis González konnte den Start dieses leuchtenden Schiffes aus dem Ozean auffangen. Dieses ›teilte‹ sich schließlich entzwei – wie man auf den letzten Momentaufnahmen auf den folgenden Seiten erkennen kann. Die ›Operation 23‹ hatte so eine Bestätigung bekommen. Wieder einmal waren die ›Kontakte‹ mit den Wesen aus dem All bewiesen worden.

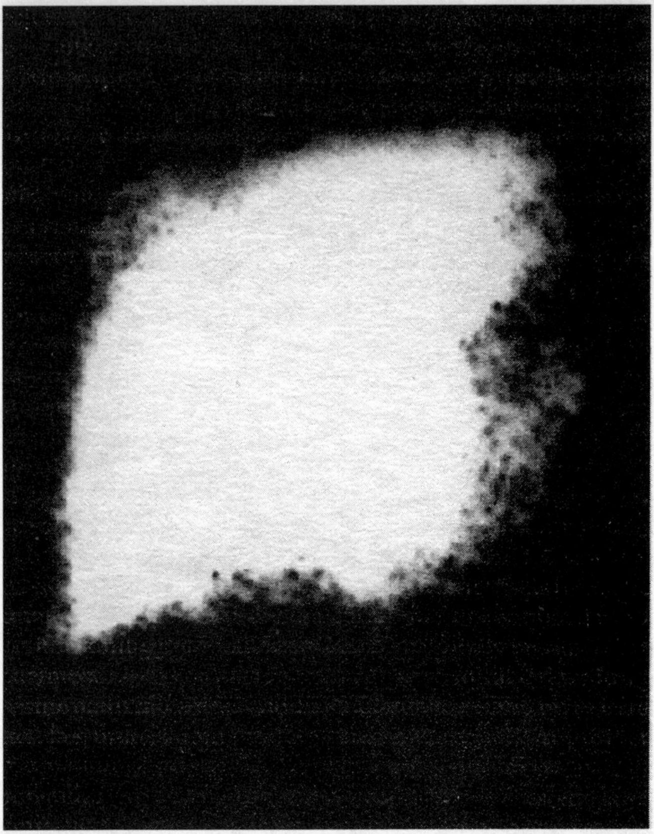

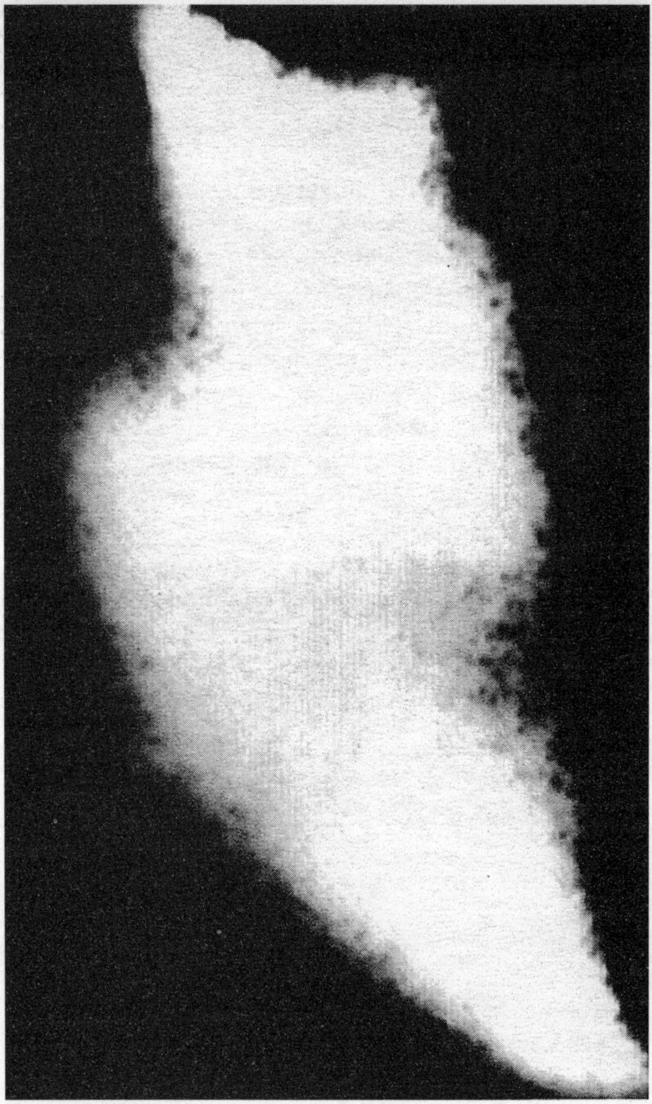

Einer der Zeugen erzählte mir etwas, was ihm einer der Vertreter der Guardia Civil hinter vorgehaltener Hand mitgeteilt hatte: »Es ist nicht das erste Mal, daß so etwas geschieht«, sagte er mir. »Ich selbst habe eines dieser Ufo sehen können . . .«

Damals – angesichts einiger der Fälle, die ich untersucht hatte – begann ein nagender Zweifel, in meinen Gedanken an Boden zu gewinnen.

Warum vollführten die Ufos jene gefährlichen Annäherungsversuche und ›Passagen‹ über den Zeugen? Dies schien zumindest auf den ersten Blick ein ernsthafter Widerspruch zu den Beteuerungen zu sein, die das IPRI in bezug auf die Absichten der Außerirdischen gemacht hatte. Es war weder rücksichtsvoll noch sinnvoll von den Schiffen, den Erdbewohnern derartige Schrecken einzujagen.

Wenn ich von ›Schrecken‹ spreche, so sollte ich wenige Wochen später – auf einer neuen Jagd hinter den außerirdischen Raumschiffen her – einen weiteren Zeugen treffen, auf den anscheinend die Besatzungsmitglieder eines dieser Ufos ›gefeuert‹ hatten. Zumindest dachte er das am Anfang.

8. Kapitel

›Schuß‹ auf einen Traktorfahrer aus Valladolid. – Ballistischer Versuch im Konvent von Arcas Reales. – ›Außerirdische oder Abgesandte?‹ – Interview mit dem Dominikanermönch Antonio Felices. – Salamanca: Eine Nacht wie ein Alptraum.

Tatsache ist, daß sich Emiliano Velasco Báez nach Meinung seiner Freunde und Verwandten seit jenem Abend am 16. Juli 1975 sehr verändert hatte.

Er hatte an Gewicht verloren. Und den Appetit, was eine ungewöhnliche Sache ist bei einem Bauern wie Emiliano, einem robusten Mann, der wie geschaffen ist für die zehn bis zwölf Stunden Arbeit auf dem Feld.

Auch hatte sein linkes Ohr in den auf dieses unglaubliche Abenteuer folgenden Tagen an einer empfindlichen Abnahme der Hörfähigkeit gelitten. Er brauchte von da an auch eine Sonnenbrille und war zumindest momentan ständig gereizt.

»Er war früher nicht so«, erläuterte mir seine Frau während eines meiner langen Interviews mit dem Landbewohner von San Román de la Hornija. »Er war immer völlig gesund. Arbeitete sehr gerne. Jetzt ist er in sich zusammengesackt. Man muß ihm sogar Spritzen geben . . .«

Auf meiner unentwegten Pilgerfahrt auf den Spuren der Ufos konnte ich Velasco Báez in seinem Haus in besagtem Dorf San Román ausfindig machen. Ein beschauliches Dorf, bevölkert von einigen hundert großzügigen und gastfreundlichen Kastiliern und kaum mehr als 50 Kilometer von Valladolid entfernt.

Emiliano war krankgeschrieben. Daher kommt es, daß wir etwas mehr Zeit hatten, um miteinander über das Geschehene zu reden.

Dieser brave Mann mit seinen 49 Jahren konnte nicht verstehen – wie es mir auch so oft in anderen Fällen passiert ist –, warum ich eine Reise von Bilbao dorthin unternommen hatte, nur um etwas über sein seltsames Abenteuer zu erfahren.

Aber er war überaus entgegenkommend. Trotz der zahlreichen Interviews, die er bis dahin hatte ertragen müssen, trotz der Protokolle bei der Guardia Civil, trotz des Fernsehens etc. empfing Emiliano mich herzlich.

Die Ereignisse – laut Bericht des Landwirts – fanden auf der sogenannten Parzelle 21 des Bauernhofes statt, den Angela de la Peña besitzt, die Witwe von Gómez Olea. Besagter Bauernhof umfaßt zwischen 6000 und 7000 Faenas* und befindet sich an der Grenze zu Pedrosa del Rey, wenige Meter von Emilios Zuhause entfernt.

Einige Stunden nach meinem ersten Interview mit dem Landwirt konnte ich ihn zu besagter Parzelle begleiten, um selbst die Abgeschiedenheit des Gebietes zu erleben. Nachdem man die Hauptstraße Valladolid–Toro verlassen hat, muß man in einen Weg einbiegen, der in Schlangenlinien durch die unendliche Ebene Valladolids führt – lediglich hier und da gespickt von ganzen Familien von Rebhühnern.

Tatsächlich konnte niemand von der Hauptstraße aus den Traktor sehen, den Emilio Velasco auf Parzelle Nummer 21 fuhr.

Er war wie immer völlig allein.

* Anm: 1 Faena = span. Flächenmaß = 64,596 Ar.

Hier eine der rätselhaftesten Fotografien des Infrarotfilms, den Francisco Padrón Hernández in der Nacht des 9. Juni 1975 in seiner Canon-Kamera eingelegt hatte. Es befindet sich auf einer der Aufnahmen des Filmstücks, der ohne Unterteilungen und als ›Negativ‹ zurückgegeben wurde. Darauf sind zwei Silhouetten zu erkennen – im Vordergrund –, die späteren ›Kommunikationen‹ zufolge möglicherweise einem oder zwei Besatzungsmitgliedern der Schiffe entsprechen könnten. Eine dieser ›Silhouetten‹ weist lange Haare und eine ›Uniform‹ mit einem ›Revers‹ in der klassischen ›V-Form‹ auf. Dies ist für einige ›Führer‹ typisch. Die Fotografien befinden sich immer noch mitten im Prozeß der Untersuchung.

»Es wird gegen sieben Uhr abends gewesen sein. Ich befand mich mit dem Traktor immer noch beim Pflügen. Ich folgte logischerweise der Richtung der Ackerfurche, als ich ein sehr seltsames Geräusch hörte, das ganz anders war als das, welches der Traktor normalerweise macht. Einen Moment lang glaubte ich, daß er eine Panne hat, und machte mir Sorgen.

›Vielleicht ist es eine Wasserleitung‹, meinte ich.

Aber nein. Das Geräusch war wie ein Summen. Ein sehr lautes ›Fliegengesumm‹.

Ich fuhr mit dem Pflügen fort, war aber besorgt um das, was ich zu diesem Zeitpunkt für ein verändertes Motorgeräusch des John Deere hielt.«

Eine derartige Vorsicht war völlig verständlich bei Emiliano, der als Lohnarbeiter auf dem Land verpflichtet ist, sich für das bei der Arbeit verwendete Material vor den Besitzern des Bauernhofs zu verantworten.

»Ich war tief in Gedanken, als ich fast an den Rand der Parzelle gelangt war und den Traktor anhalten wollte, um nachzusehen, was los war. Plötzlich stand ich direkt vor jenem Apparat . . .

Er war ungefähr zwanzig Meter groß und schien ungefähr 50 bis 60 Zentimeter über dem Boden zu schweben. Er machte den Eindruck, als ob er in die Höhe steigen wollte, die Erde ihn aber anzog. Dann fing er an, rund um den Traktor Kreise zu ziehen . . .

Ich sagte mir selbst: ›Da schau an, was für ein komischer Apparat! Was wird der hier wollen?‹ Es war nicht mal eine Minute vergangen, und das Objekt hatte bereits eine vollständige Runde um mich gedreht. Ich wußte nicht, was ich tun sollte . . . Ich war alleine. Ich setzte meinen Weg bis zum Ende der Parzelle fort und drehte um, um die nächste Furche zu bearbeiten. Aber ›Es‹ fuhr fort, Runde um Runde um mich herum zu drehen, und das mit diesem ständigen Summen, das sogar den Krach des Traktors übertönte.

Ich behielt den Apparat ständig im Blick. Ich konnte meine Augen nicht abwenden.

›Wer ist das wohl?‹ fragte ich mich, ›was zum Teufel wird er wollen?‹

So um die zweite Runde fing ich an, mißtrauisch zu werden, und ein schwer zu beschreibendes Gefühl stieg in mir hoch . . .

Der Apparat hatte begonnen, näher zu kommen. Bei der zweiten Runde war er nur noch ungefähr zehn Meter entfernt.«

Ich konnte mich nicht zurückhalten und unterbrach ihn:

»Ich vermute, daß Sie bereits vom Traktor heruntergestiegen waren . . .«

»Oh, nein!« antwortete Emiliano erstaunt. »Warum hätte ich das tun sollen? Ich hatte keine Angst . . . bis dahin.

Außerdem mußte ich die Arbeit beenden, das kann ich Ihnen sagen. Daher setzte ich das Pflügen fort. Aber doch schon ein wenig unruhig und erstaunt. Immerhin ›flog‹ der Apparat sehr niedrig und befand sich auf dem Gebiet des Bauernhofs . . .«

Danach bat ich Emiliano, mir das Objekt aufzuzeichnen – in aller Ruhe und auf jede Einzelheit bedacht. Er nahm einen Bleistift in seine fleischigen und von Schwielen bedeckten Hände und erläuterte gleichzeitig, während er dieses nicht weniger schwierige Abenteuer der Zeichnung begann:

»Es sah aus wie eine ›Konservendose‹. Wie ein Zylinder mit einem auf dem oberen Teil schräg aufgesetzten ›Hut‹. Unten mit einem Ständer in ›V‹-Form.

In der Mitte des Zylinders sah ich so eine Art ›Eisenreif‹, der den gesamten Apparat umgab. Er hatte zwei kleine Fenster. Eines davon war wie eine Tür. Sie schienen etwas im Zylinder versenkt zu sein.«

Für Emiliano war es leicht, sich an all diese Einzelheiten zu erinnern. Letztendlich hatte er das Ufo mehr als dreißig Minuten lang beobachtet. Während einer langen halben Stunde, in der das Objekt seinerseits den Traktorfahrer und seine Maschine ›ausspionierte‹ . . . Die Verwegenheit des rätselhaften Apparats war so groß, daß Emiliano sah, wie es sich bis auf drei Meter an seinen Traktor heranwagte.

»So war es«, fuhr der Mann vom Land fort. »Bei jeder Runde, die es um mich drehte, kam es ein wenig näher. Ständig mit diesem alles durchdringenden Summen.«

»Schaltete sich der Motor des Traktors ab?«

»Nein. Er lief weiterhin. Das Summen dieses ›Dings‹ aber war so laut, daß ich schließlich das Geräusch des John Deere nicht mehr hörte.

Die Parzelle, die ich pflügte, mißt ungefähr 400 mal 400 Meter. Also gut, stellen Sie sich folgendes vor. In den 25 bis 30 Minuten, in denen ich es sah, hörte es nicht auf, mich zu umkreisen. Ich glaube, daß es mehr als 30 Runden drehte. Dabei kam es immer näher und ›schwebte‹ ein wenig mehr als einen halben Meter über der Ackerscholle . . .«

Als ich Emiliano Velasco zur Parzelle 21 begleitete, konnte ich mit der Uhr in der Hand bestätigen, daß die Zeit, die der Traktor brauchte, um beim Pflügen 400 Meter zurückzulegen, tatsächlich ungefähr zwanzig Minuten betrug. Aber fahren wir mit diesem ersten Interview fort, das in San Román de la Hornija stattfand.

». . . Zu diesem Zeitpunkt bemerkte ich, daß der Traktor an Kraft verlor. Er lief nicht mehr gut. Trotz meiner Anstrengungen fuhr er im Schneckentempo.«

»Aber ich verstehe das nicht. Haben Sie denn weiterhin gepflügt?«

»Ja, natürlich. Obwohl ich bereits begann, mich zu fürchten. Da ging irgend etwas vor, was ich nicht verstand. Der Traktor funktionierte nicht richtig, seit dieser Apparat begonnen hatte, näher zu kommen ...

Nach einigen Umkreisungen blendete er mich.«

Dazu befragte ich den Traktorfahrer genauer. Er antwortete folgendermaßen:

»Nachdem ich eine der Runden um den Traktor gedreht hatte und als er sich direkt mir gegenüber befand, strahlte er ein klares und äußerst starkes Licht ab, das mich blendete.«

»Woher kam dieses ›Aufblitzen‹?«

»Als die Windschutzscheibe des Traktors den ›Lichtschlag‹ abbekam, leuchteten beide Fenster und der ›Eisenreif‹ auf. Aber ich kann wirklich nicht genau sagen, ob es von dort kam.«

Nach Meinung des Landarbeiters maßen die ›Fenster‹ seitlich nicht mehr als einen halben Meter.

»Er war so nah an mir dran«, setzte er seine Erzählung fort, »daß ich ihn fast berühren konnte. Am oberen Teil war so etwas wie ein ›Hut‹, der den Rest der ›Dose‹ überragte. Dort ragten viele ›Antennen‹ hervor. Eine war länger als alle anderen.«

»Haben Sie sie gezählt?«

»Das ist mir nicht in den Sinn gekommen. Aber es waren schon einige. Sie waren wie ein Fächer angeordnet, wobei sich die längsten an den beiden Seiten befanden.«

Während ich auf die unbeholfene, aber vollständige Zeichnung wies, die Emiliano mir gerade gemacht hatte, interessierte ich mich für die Ausmaße des Ufos.

»... In der Länge vielleicht zwischen 2,5 und drei Metern, in der Breite noch einmal 2,5 Meter. Jedenfalls war es größer als mein Traktor.«

Der John Deere, den der Mann aus San Román de la Hornija damals fuhr, war eine ziemlich große Maschine.

Ich fragte ihn auch nach der Farbe des Objekts. Der Landwirt antwortete ohne zu zögern:

»Sie haben sicher schon mal Aluminium gesehen. Also, noch glänzender. Ich meine wohl, daß auch das Sonnenlicht das seine dazu beigetragen hat. Zu dieser Zeit – um kurz nach 7 – war sie noch nicht untergegangen.«

Ich konnte nicht den geringsten Widerspruch in dem Bericht von Emiliano Velasco Báez entdecken. Jedesmal wenn ich ihm – hinterlistig – die gleichen Fragen noch einmal stellte, antwortete der Mann gutwillig exakt dasselbe. Ohne sich zu widersprechen. Keine der klassischen ›Fallen‹ griff. Das war ein gutes Zeichen. Aber es gab noch mehr, viel mehr bei dieser aufsehenerregenden Beobachtung des rechtschaffenen Mannes aus Valladolid.

»Tatsache ist, daß dieser Apparat weiterhin um mich herum kreiste. Er hielt auch nicht einen Augenblick lang an . . .«

»Was taten Sie?«

»Nach diesem ersten ›Aufblitzen‹ wollte ich nur noch ans Ende der Parzelle kommen, um die Pflüge anzuheben und mich nach Hause davonzumachen.«

»Warum haben Sie das nicht in genau diesem Augenblick getan?«

»Ich habe Ihnen doch schon gesagt, daß ich keine Angst hatte. Außerdem wären auf diesem vollkommen steinigen Untergrund die Messer kaputtgegangen . . .«

Trotz seiner Standhaftigkeit sollte Emiliano dennoch schließlich Angst bekommen. Sogar mehr als Angst noch, Panik. Es wird sich gleich zeigen, warum.

»Als mir nur noch wenige Meter bis zum Ende der Parzelle und dieser Furche fehlten, fing das Objekt – das näher als je zuvor war – wieder an, mich zu blenden. Diesmal von hinten. Dabei hörte ich ein zischendes Geräusch, und das linke Fenster hatte ein Loch.«

»Hatten Sie irgendeine Detonation bemerkt?«

»Das weiß ich nicht. Dieses Summen war weiterhin da, aufdringlich und alles beherrschend. Ich erinnere mich nur an das Zischen.

Als ich den Schaden am Fensterglas bemerkte, bekam ich Angst. Ich hob die Pflüge, gab Gas und fuhr los. Als ich mich wieder auf dem Weg befand und sah, daß der Traktor seine normale Kraft wiedererlangte, beschleunigte ich auf Höchstgeschwindigkeit. Ich gestehe ehrlich, daß ich floh wie ein Verrückter. Ich hielt bis zum Bauernhof nicht an. Auch drehte ich mich nicht um, um zu schauen. Ich eilte, ›stolperte‹ und versuchte, Distanz zwischen uns zu bringen.«

Etwas später, als ich Emiliano Velasco im Inneren der Kabine des John Deere zur Parzelle 21 begleitete, verstand ich, daß der Landwirt nur knapp einem ernsthaften Zwischenfall auf dem gewundenen und steilen Pfad entkommen war. Schon bei einer langsamen und ruhigen Fahrt wie der unseren hatte ich ständig Schwierigkeiten, mein Gleichgewicht im Innern des Traktors zu behalten.

Was aber war letztendlich passiert? Hatte das Ufo wirklich auf den Mann geschossen?

Am nächsten Tag sollte ich Gelegenheit haben, mit eigenen Augen zu sehen, daß das erwähnte Loch nicht von einer herkömmlichen Kugel verursacht worden war. Zumindest nicht von einem den Menschen bekannten Projektil.

Aber fahren wir fort mit der dramatischen Flucht des Mannes. Weiß wie die Wand kam Emiliano beim Gehöft an, das in Villaester de Abajo liegt, am Fuß der Hauptstraße. Blutleer und äußerst nervös.

Er erzählte den Besitzern des Bauernhofs, was er gerade bei der Arbeit auf der Parzelle erlebt – oder erlitten – hatte, und sie glaubten ihm, weil sie die Ehrlichkeit und Verläßlichkeit dieses Arbeiters kannten, dem sie ihr Land anvertrauten.

Ich erinnere mich an eine Unterhaltung am Telefon, die ich mit einem der Verwandten der Besitzerin hatte. Das war einige Tage, bevor ich diese Untersuchung durchführte. Als ich nach dem Zeugen fragte, ließ mein Gesprächspartner keinen Zweifel offen:

»Emiliano ist ein ernst zu nehmender Mann. Es besteht nicht der geringste Zweifel, daß er etwas gesehen hat, was ihn erschreckte . . .«

Ich konnte das wie gesagt selbst bestätigen. Im Verlauf meiner Reisen auf den Spuren der Ufos bin ich immer wieder auf Menschen getroffen, die ausgesprochen spärlich über dieses Phänomen informiert waren und die überdies die Existenz der Ufos abstritten, »weil«, so sagten sie, »es immer Leute vom Land oder von geringer Bildung sind, die behaupten, sie gesehen zu haben.« Ich antwortete ihnen immer das gleiche:

»Mein verehrter Herr, mal ganz abgesehen von Ihrer fast absoluten Unkenntnis des Themas, stelle ich fest, daß Sie die Menschen auf dem Feld oder am Meer nicht gut kennen. Ich kann Ihnen versichern, daß mir persönlich diese einfachen Menschen ohne doppelten Boden mehr Vertrauen einflößten als die hinterlistigen Menschen aus der Stadt.«

Ganz langsam, Schritt für Schritt hatte ich es geschafft, das Vertrauen von Emiliano und seinen engsten Freunden zu gewinnen, die aufmerksam unserer langen Unterhaltung beiwohnten.

Dies war ein wichtiger Aspekt bei der gesamten Untersuchung. Ich hatte nicht die geringste Absicht, ihn nicht zu nutzen.

Aber immer noch galt es einige offene Enden in diesem interessanten Fall zusammenzufügen. Ich fuhr mit den Fragen fort:

»Um wieviel Uhr hören Sie normalerweise mit der Arbeit auf?«

»So zwischen acht und halb neun abends. An diesem Tag aber konnte ich das nicht. Stellen Sie sich nur vor, als ich zum Gehöft kam, mußte man mich fast aus dem Traktor tragen . . .!«

Die Guardia Civil wurde von dem Vorfall in Kenntnis gesetzt. Am nächsten Tag begleitete Emiliano – schon etwas ruhiger – einen Oberstleutnant und einen Gefreiten vom Posten La Mota del Marquéz zur Parzelle 21. Die beiden führten die nötigen Untersuchungen durch. Vor Ort untersuchten die Mitglieder der Gendarmerie das durchlöcherte Glas, das noch vorhanden war. Es hatte einen Durchmesser von ungefähr fünf Millimetern und so gut wie keine der typischen strahlenförmigen Sprünge, die sonst immer entstehen, wenn ein Glas durchbohrt wird. Was konnte also dieses winzige und fast ›saubere‹ Loch verursacht haben?

Die Überreste des vermeintlichen Projektils wurden von der Guardia Civil am Ort des Geschehens gesucht, das Ergebnis aber war negativ. Dort montierte man auch das Glas ab, um einige genauere Untersuchungen durchzuführen.

Der ersten Analyse zufolge, der das Glas unterzogen wurde, mußte der Strahl oder das Element, das das Loch verursacht hatte, von der Rückseite der Traktorkabine gekommen sein, genau unter dem linken Arm von Emiliano hindurch, der zu diesem Zeitpunkt während der Fahrt besagten Arm auf das Schutzblech aufgestützt hatte. Wie ich feststellen konnte, war der Zwischenraum zwischen dem Körper des Bauern und der Traktorwand –

unter dem Arm – ziemlich gering. Bei dem ›Schuß‹ war also große Präzision erforderlich gewesen. Das Glas – das den Zweck hat, das auf seiner Seite befindliche Vorderrad zu schützen – befindet sich bei diesen Traktoren regelrecht ›versteckt‹, zumindest für einen Beobachter, der sich hinter dem Traktorfahrer befindet. Der geringste Fehler im Augenblick der Ausführung des ›Schusses‹ hätte daher zweifelsohne den Landwirt verletzt.

Während des Abmontierens dieses Glases von dem Metallträger, an dem es sich befand, verlängerten sich die fast unsichtbaren Risse und teilten das gesamte Glas bedauerlicherweise in vier Teile. Das Loch aber konnte man immer noch sehr deutlich ausmachen.

Fürs erste vergaß ich die Sache mit dem durchbohrten Glas. Emiliano hatte noch etwas in diesem inhaltsreichen ersten Interview durchscheinen lassen. ›Etwas‹, was ihm wenig später nach der Begegnung mit dem Ufo widerfahren war und was er offensichtlich niemanden mitteilen wollte.

Als ich versuchte, ihn darüber auszufragen, fing der Landwirt – der meine Neugierde verstehen konnte – an, amüsiert zu lachen. Es war zwecklos. Ich konnte ihm kein Wort entlocken. Nicht einmal eine falsche Spur. So begann ich, Vermutungen anzustellen.

»Haben Sie vielleicht das Ufo noch mal gesehen?«

Emiliano lächelte wieder und schien dabei die Andeutungen, die er zuvor gemacht hatte, zu bereuen.

Ich drängte ihn nicht mit weiteren Befragungen. Erfahrung hatte mich gelehrt, auch warten zu können . . .

Ich sah die Unterhaltung als beendet an, doch ich bat Emiliano Velasco, mich zur Parzelle 21 zu begleiten, damit ich einige Fotografien machen konnte, und auch, um genauestens das Gebiet zu untersuchen.

Ich wußte, daß jenes ›Etwas‹, was er fast niemandem

mitgeteilt hatte, ihm in den Eingeweiden brannte und daß er es mir vielleicht doch noch sagen würde. Ich sollte mich nicht irren.

In Begleitung eines weiteren Freundes von Emiliano stiegen wir in den John Deere und fuhren in Richtung Parzelle 21.

Während wir durch die scheinbar unendlichen Felder fuhren – fast alle waren vor kurzem gepflügt worden –, erfüllte der Krach des Motors die Kabine und zwang uns, beim Gespräch zu schreien.

»Wie laut mußte dieses ›Summen‹ des Ufos gewesen sein?« dachte ich, »damit es einen derartigen Lärm übertönen konnte?«

Nach einer Fahrt von etwas mehr als drei Kilometern über eine ganze Reihe von holprigen Fahrwegen und Pfaden hielt der Traktorfahrer den grünen John Deere an und zeigte mir Parzelle 21. Sie war bereits vollständig gepflügt.

Ich stieg ab und untersuchte den Ort. Es herrschte völlige Einsamkeit. Die einzigen Häuser, die sich von dort aus erkennen ließen, bildeten einen farbigen Punkt in mehr als zwei Kilometern Luftlinie auf der anderen Seite der Hauptstraße Valladolid–Toro.

»Wen hätte ich um Hilfe bitten können?« bemerkte Emiliano, während er mich von neuem aufforderte, auf den Traktor zu steigen.

Dann fuhr Emiliano langsam auf die Parzelle drauf. Einmal mehr ließ mir ein eigenartiges Gefühl den Atem stocken, was mir auch bei anderen Gelegenheiten bereits passiert war.

Hier, genau hier hat sich eines dieser verdammten Ufos aufgehalten, die ich so sehr verfolge . . .

Ich war erstaunt über die außerordentlich große Anzahl von Steinen, die sich zwischen den Furchen dieses Stücks Land verteilten.

Wie bei so vielen vorherigen Gelegenheiten auch, beschäftigten sich meine Augen selbstverständlich damit, unermüdlich alle Horizonte abzusuchen, nach, ja, nach diesem Schiff, um es erbarmungslos fotografieren zu können.

Aber abgesehen von dem, was Emiliano mir gerade zeigte, geschah nichts. Der gute Mann war fast in der Mitte der Parzelle angekommen und drehte sich zu mir um, während er mich auf den Drehzahlmesser des Traktors aufmerksam machte.

»Schauen Sie sich das mal an. Im Moment läuft der Motor auf 2000 Umdrehungen und hat somit die Geschwindigkeit, mit der er beim Pflügen fährt.«

Ich schaute Emiliano über die Schulter. Genauso war es. Aber ich fragte mich, was das mit alldem hier zu tun hatte.

Der Fahrer des Traktors positionierte die Vorderräder zwischen den Furchen und begann, weiter zur Mitte der Parzelle zu fahren. Irgend etwas würde passieren.

Plötzlich änderte sich das Geräusch des Traktors und wurde lauter, bis es in den Schläfen pochte. Emiliano Velasco machte mir ein Zeichen mit der Hand und legte seinen Finger auf das Glas des Drehzahlmessers. Dann brüllte er:

»Ich wollte es Ihnen ja eigentlich nicht sagen, aber . . .«

Ich richtete meine Aufmerksamkeit darauf und las erstaunt die Zahl, über der die Nadel wie verrückt schwankte:

»Er zählt mehr als 2500 Umdrehungen!« schrie ich mitten in diesen ohrenbetäubenden Lärm. »Was geht hier vor?«

Der Fahrer des Traktors schwieg. Er wartete, bis der Traktor ungefähr zehn oder zwölf Meter zurückgelegt hatte. In diesem Augenblick gingen sowohl die Umdrehungszahl als auch der Motorenlärm deutlich zurück und pendelten sich auf ihr normales Niveau ein, ohne daß Emiliano eingegriffen hätte.

Mein Freund Velasco hielt den Motor an und erklärte, als er sich zu mir umdrehte:

»Das ist es, was ich niemandem erzählen wollte. Sie können sich gar nicht vorstellen, wie mir die ganze Sache zum Hals raushängt! Daher hielt ich meinen Mund . . .«

Tatsächlich hatte Emiliano diese Veränderung bei der Umdrehungszahl seines Traktors bemerkt, als er am Tag nach seiner Begegnung mit dem Ufo zur Arbeit zurückkehren mußte, um zu pflügen, eben auf der inzwischen bekannten Parzelle 21.

Da Emiliano nicht sicher war, ob und was ihm wieder begegnen konnte, bat er seinen Vater, ihn zu begleiten. Das tat dieser auch.

Als er aber mit der Arbeit begonnen hatte und zur Mitte der Fläche gelangt war, stieg der Lärm des Motors plötzlich unerklärlicherweise um ein Vielfaches an, bis Velasco Báez ausrief:

»Da ist es schon wieder!«

Der Vater des Bauern – der diese Gegend genau kannte –, suchte peinlich genau den Himmel und die Umgebung mit vor Anstrengung geröteten Augen ab. Aber keiner von beiden konnte irgend etwas Ungewöhnliches bemerken. Ihr Schreck war durch den plötzlichen Anstieg der Umdrehungszahl hervorgerufen worden.

Wieder und immer wieder fuhr Emiliano Velasco über diesen kleinen Abschnitt der Parzelle und bemerkte erstaunt, wie die Nadel auf der Anzeige verrückt zu spielen schien.

Während für diesen Abend die Sonne hinter dem Horizont verschwand, bat ich den Bauern aus Valladolid wiederholte Male, über den kleinen Abschnitt zu fahren, um irgendeine Erklärung für das außergewöhnliche Phänomen zu finden.

Was konnte der Grund dafür sein, daß die Motorumdrehungen des John Deere in die Höhe schnellten?

»Genau das frage ich mich seit zwei Wochen«, bemerkte Emiliano und zuckte mit den Schultern. »Jedesmal, wenn ich über den Mittelpunkt des Abschnitts fahre, spielt der Traktor verrückt . . .«

Ich untersuchte das Gebiet peinlich genau. Stück für Stück dieser sechs mal zwölf Meter, auf denen man das Ansteigen der Umdrehungszahl bemerkte. Mein kleiner Kompaß wich jedesmal vom Norden ab, wenn ich ihn auf die rechteckige Fläche legte.

Aber es gab dort keine eindeutigen Zeichen einer möglichen Ufo-›Landung‹. Auch schienen die Furchen nicht verbrannt zu sein. Welche Kraft bzw. welches Phänomen übte also auf den Motor des Traktors einen derartigen Einfluß aus?

»Es bleibt nur eine einzige Möglichkeit«, dachte ich . . .

Unwillkürlich hob ich den Blick und richtete ihn auf die Handvoll weißer Häuser, die sich genau gegenüber fern am Horizont verloren.

»Wie kann ich mir aber dessen, was ich vermute, sicher sein?« sagte ich mir. »Die Häuser dort sind ziemlich weit von Parzelle 21 entfernt . . .«

»Hat noch irgend jemand das Ufo gesehen?« fragte ich Emiliano.

»Ich glaube nicht. Zumindest weiß ich von niemandem . . .«

Etwas schien klar zu sein. Das kleine Ufo, das den Traktor von Velasco mehr als eine halbe Stunde lang umkreist hatte, konnte nicht die eigentliche Ursache dieser starken und ungewöhnlichen Kraft bzw. Energiequelle sein, die im Zentrum der Fläche verblieben war. Ich vermute das aus dem ganz einfachen Grund, weil besagtes Ufo ununterbrochen Runden um den Traktoristen gedreht hatte, ohne anzuhalten. Falls es andererseits vor oder nach dem Treffen über dieser Fläche geblieben wäre, so würden dennoch die Ausmaße des ›magnetischen Rechtecks‹ nicht mit den drei Metern Durchmessern übereinstimmen, die der Zylinder anscheinend hatte . . .

»Was meinen Sie?« fragte mich Emiliano Velasco seinerseits.

Ich wußte nicht, was ich ihm sagen sollte. Ich konnte ihm nur mit einer Gegenfrage antworten:

»Haben Sie hier gegraben?«

»Nein, obwohl ich einige Male in Versuchung geriet.«

Da die Dämmerung bereits begann, begleitet vom vertrauten Duft des Rosmarins, ließen wir die Parzelle zurück, auf der einer der spannendsten Annäherungen eines Ufos an irgendein menschliches Wesen stattgefunden hatte.

Trotz meiner Müdigkeit brannte ich vor Verlangen, mit den Bewohnern dieser Ansammlung von Häusern zu sprechen, die ich vom Zentrum der ›21‹ aus entdeckt hatte. Als ich mich erst einmal von Emiliano und seiner Familie verabschiedet hatte, fuhr ich auf die Hauptstraße zum Gehöft *La Castellana,* unter diesem Namen kannte es in der Gegend jeder.

Die Ankunft eines Wagens mit fremdem Kennzeichen weckte bei den friedliebenden Bewohnern dieses Gehöfts Neugierde. Es liegt ebenfalls an der Grenze zu Pedrosa. Dort leben Miguel Casas mit seiner Frau, Angelita López, die Familie von Ángel González und dessen Schwiegermutter Leoncia Garciá.

Alle erwiesen sich als einfach und freundlich, wie es bei Menschen von guter Erziehung vorkommt.

Die guten Leute antworteten auf meine Frage, ob sie am 16. Juli 1975 oder bereits vorher die Anwesenheit irgendeines ungewöhnlichen Objekts in der Umgebung bzw. im besonderen gegenüber von *La Castellana*, also im Gebiet der Parzelle 21, beobachtet hatten:

»Genau am Tag zuvor sahen wir fast bei Sonnenuntergang ein Objekt, das über jenem Gebiet in die Höhe stieg. Das war allerdings schon ziemlich seltsam . . .

Es stieg senkrecht in die Höhe und folgte dabei einem ›schneckenförmigen‹ Verlauf. Es stieß einen bläulichen Strahl aus, der dicker als der von Flugzeugen war. Als es sich bereits in beträchtlicher Höhe befand, verschwand es. Nur der Strahl blieb noch mehr als eine Stunde lang dort – in Form einer Spirale . . .«

»Konnten Sie die Form des Objektes erkennen?«

»Ehrlich gesagt, nein. Es war sehr weit entfernt. Wir bemerkten seine Anwesenheit nur durch den Strahl.«

Ich betrachtete den Horizont genau, der von den letzten Strahlen der Sommersonne schwach beleuchtet wurde. Von dort aus – einige Kilometer von Parzelle 21 entfernt – wäre es wohl unmöglich gewesen, das kleine Ufo zu sehen, das um den Bauern gekreist war. Was sie allerdings beobachten konnten – wie es ja auch geschehen war –, war die Anwesenheit und das Aufsteigen eines anderen, größeren Ufos . . .

Meine Vermutungen sollten bestätigt werden. Es gab in diesem weiten Gebiet weder einen Flughafen noch irgendeinen Militärstützpunkt. Es blieb daher die Möglichkeit offen, daß sich ein Ufo von größeren Ausmaßen als dem, das Emiliano Velasco beobachtet hatte, kurz über dem Zentrum von Parzelle 21 niedergelassen hatte und durch seine Nähe den Streifen von Land verändert hatte, über dem die Umdrehungszahl des Traktors nun ›in die Höhe schnellte‹.

Während ich nach Valladolid zurückkehrte, wo ich wieder einmal meine ›Operationszentrale‹ aufgeschlagen hatte, versuchte ich eine bessere Erklärung für jenes Objekt zu finden, das während der Dämmerung des 15. Juli 1975 über der Parzelle 21 hochgestiegen war – und das in ›schneckenförmigen‹ Windungen. Aber es gelang mir nicht. Soweit ich weiß, hinterläßt kein Hubschrauber – die einzige Maschine der Welt, die in der Lage wäre, auf der ›21‹ zu landen – beim Aufstieg einen Strahl von derartiger Form und solchen Merkmalen . . .

Welcher Hubschrauber ist andererseits dazu in der Lage, einen so großen Streifen Erde magnetisch zu verändern? Weiterhin blieb ein weiterer äußerst wichtiger Punkt offen. In den folgenden Tagen hatte ich Gelegenheit, ihn weiter zu erforschen.

Nicht einen Moment lang hatte ich die Scheibe des Traktors vergessen, auf die das Ufo anscheinend ›geschossen‹ hatte.

Am Tag nach meinen Untersuchungen in Pedrosa del Rey hatte ich das Glück, neuerdings ein Interview mit einigen Mitgliedern der Gruppe ›Charles Fort‹ zu führen, die sich wie nur wenige dem Studium des aufregenden Themas ›Ufos‹ widmeten. Einige dieser jungen Männer brachten mich auf eine Idee, die wirklich bemerkenswert zu sein schien.

Vom ersten Tag an, an dem sich die Nachricht über das ganze Land verbreitete, hatte sich diese unermüdliche Gruppe lebhaft für die Beobachtung von Emilio Velasco interessiert und dafür, eine erschöpfende Analyse der Scheibe des oben genannten Traktors durchzuführen.

Nach den ersten Untersuchungen blieb eine Frage noch offen. Welche Art von Kugel oder Projektil war auf die Scheibe abgeschossen worden? Oder handelte es sich gar nicht um einen ›Schuß‹ in dem Sinne, wie wir ihn verstehen?

Meine lieben Freunde José Angel Macías, ein Arzt in der Stadt Valladolid, und Jesús María Alonso – beide in der Gruppe ›Charles Fort‹ – erläuterten mir ihr Projekt:

»Wir werden ein ballistisches Experiment an einem Glas von gleichen Merkmalen wie dem auf Parzelle 21 durchbohrten durchführen. Sollte das Loch, das von einem Projektil amerikanischen Kalibers 22 mit Kupferspitze, dem kleinsten Standardprojektil, verursacht wird, identisch mit dem sein, was auf der Originalscheibe zu finden ist, so könnte man eventuell eine Hypothese aufstellen: daß das Loch am John Deere von einem ähnlichen Projektil bzw. einer Kugel stammt, daß der Ursprung also bekannt ist.«

Bei einer derart intensiven Suche wie der meinen, einem Prozeß ständiger Experimente, darf nichts außer acht gelassen werden. Und diese Idee noch viel weniger.

Daher fuhren wir eines Abends in Begleitung von Carlos Blanco, Jesús M. Alonso und seiner Frau, von Begoña, der Bibliothekarin der Gruppe, und einem Diener zum Konvent der Dominikanermönche von Arcas Reales in der Nähe von Valladolid.

Der Versuch sollte von Pater Antonio Felices durchgeführt werden, dem Vorsitzenden dieser dem Studium der Ufos gewidmeten Gruppe. Er war ein ausgezeichneter Schütze und ein Geistlicher mit einem weiten geistigen Horizont.

Ich werde das erste Treffen mit dem Dominikaner und sein beständiges, sympathisches Lächeln niemals vergessen. Dieser Mann hatte eine lange Zeit des Leidens in China und Vietnam hinter sich.

Während wir uns die Zeit bis zum Augenblick des Versuchs zu vertreiben versuchten, führten wir beide ein langes Gespräch, das – zumindest für mich – von unschätzbarem Wert war. Es kam nicht oft vor, bzw. sogar so gut wie gar nicht, daß sich ein Geistlicher mit der Ausbildung und Erfahrung dieses Dominikaners mit derartiger Kühnheit und Ernsthaftigkeit zum Thema ›Ufos‹ und ›Außerirdische‹ äußerte.

Pater Antonio Felices beschäftigte sich seit 1961 voller Hingabe mit dem Phänomen der Ufos, als er von dem Fall des berühmten Steins erfuhr, der dem inzwischen verstorbenen Priester Severino Machado gehörte. Auf diesem Stein – der damals landesweit durch die Presse bekannt gemacht wurde – befanden sich zehn eigenartige Zeichen, die als eine vermeintliche Botschaft von Bewohnern des Planeten Saturn an die Erde interpretiert wurden.

Durch diese Nachricht neugierig geworden, forschte Antonio Felices auf diesem spannenden Gebiet weiter und sah sich, fast ohne es zu wollen, zunehmend davon gefesselt. Wie alle von der Ufologie Begeisterten wissen, stellt er heute eine Koryphäe auf diesem Gebiet dar.

Antonio Felices schaute meinen Vorbereitungen von Kameras und Tonbandgerät wohlwollend zu. Auf meine erste Frage antwortete er folgendermaßen:

»Warum es ein wachsendes Interesse bei den Menschen für das Ufo-Thema gibt? Da fallen mir zwei mögliche Gründe ein. Der erste: eine Mythenbildung, die nicht lange andauern wird. Die berühmt-berüchtigte Schlange aus dem Meer, die normalerweise im Sommer auftaucht, ist bereits ›gestorben‹. Trotzdem wiederholt sich Ähnliches wieder und wieder. Trotz aller Versuche gewisser maßgeblicher Personen, sich darüber lustig zu machen, gibt es sie dennoch weiterhin. Danach begannen sich die Leute verständlicherweise zu fragen, ob nicht etwas Wahres daran ist ... Dann der zweite Grund: Seitdem der

Mensch den Mond betreten hat, fragen sich viele verständlicherweise: Wenn wir dorthin fliegen konnten, können andere Wesen dann nicht auf die gleiche Weise zu unserer Welt gelangen?«

»Sie arbeiten und forschen seit vielen Jahren auf dem Gebiet der Ufos. Wie ist Ihre persönliche Meinung zu dieser Angelegenheit?«

»Nun, ich ziehe es vor, mich abwartend zu verhalten, bis man sich offen erklärt ...«

»Was aber glauben Sie? Sind es Raumschiffe, die von anderen Planeten stammen?«

»Ja.«

Es herrschte völliges Schweigen in dem kleinen Raum im Konvent von Arcas Reales. Ich war sehr zufrieden ...

»Und denken Sie, daß es sich um uns überlegene Wesen handelt?«

»Selbstverständlich.«

»Nun. Ich werde Ihnen eine Frage stellen, die sich zwingend aufdrängt. Kann die Tatsache, daß diese Völker und Zivilisationen uns in Wissenschaft, Technologie und vielleicht im Religiösen voraus sind – wie ja auch Sie vermuten – zu einer gänzlichen Abkehr bzw. Störung der sogenannten ›christlichen Doktrin‹ führen?«

»Nein. Ganz im Gegenteil ...«

»Erklären Sie das bitte.«

»Ich würde sagen, daß dies eine BESTÄTIGUNG wäre. Und damit natürlich bei der Heiligen Schrift beginnen. Es wäre eine Bestätigung dafür, daß Gott diese Welt erschaffen hat und noch vieles andere mehr. Das schließt möglicherweise ein, daß SIE eine bestimmte Verantwortlichkeit für uns haben könnten ...«

Ich glaube, daß ich nur selten einem Menschen mit so großem Interesse zugehört habe.

»... SIE könnten uns trotz unserer ›Halsstarrigkeit‹ lenken.«

»Soll das heißen, daß Sie glauben, daß SIE in bezug auf uns einen Auftrag haben?«

»Ja: uns zu lenken.«

»Auch jetzt?«

»Genau das glaube ich. Aber hierbei entsteht ein Problem. Durch die unterschiedlichen Beobachtungen konnte festgestellt werden, daß es verschiedene Völker gibt. Verschiedene Zivilisationen bzw. Wesen besuchen uns. Daraus ergibt sich eine schreckliche unbekannte Größe: Welche Völker sind damit beauftragt, uns zu lenken, und welche sind die ›Abgesandten‹ des Bösen?«

»Zu welcher Schlußfolgerung sind Sie gelangt? Haben Sie eine Antwort auf dieses interessante Dilemma gefunden?«

»Nein.«

»Vermuten Sie zumindest, wo die WAHRHEIT liegen könnte?«

»Ich möchte es mir gerne vorstellen ... Ich möchte es mir sehr gern vorstellen. Ich teile diese Idee mit einigen sehr kühnen Autoren: ›Wenn es intelligente Wesen im Universum gibt, müssen sie uns äußerlich ähnlich sein.‹ ...«

»Also müßten diejenigen, die dem Menschen am ähnlichsten sehen, vielleicht unsere Beschützer sein.«

»Das stimmt in der Tat mit vielen Passagen der Heiligen Schrift überein. Mit einer Bibel, von der ich mit Sicherheit denke, daß wir sie erst jetzt wirklich zu verstehen beginnen – mit der Anwesenheit der Ufos und der Wesen aus dem All.«

»Glauben Sie beispielsweise, daß Begriffe, die sich in der Heiligen Schrift so oft wiederholen – ›Engel‹, ›Abgesandte‹ usw. –, sich auf Astronauten aus anderen Welten beziehen und daß wir sie daher heute aus dem Blickwinkel der Technik verstehen können?«

»Ich glaube schon. Sehen Sie. Unter allen Wesen der Erde gibt es eine Rangordnung. Es gibt niedere und höhere Lebewesen. Auf dem Gebiet der Intelligenz muß es also dasselbe geben. Es muß Wesen mit einer Intelligenz wie der unsrigen geben – und sogar mit einer geringeren – und andere, weit überlegene, die dann eben die Beauftragten sind, die über die niederen wachen müssen. Warum sollten wir eine Hierarchie innerhalb unterschiedlicher Intelligenzniveaus von uns weisen?«

»Wenn man die Heilige Schrift unter diesem Aspekt interpretiert, fällt es tatsächlich viel leichter, all die Prophezeihungen und ›Abgesandten‹ Gottes zu verstehen. Und sogar viele der Spuren, die sie auf unserer Welt zurückgelassen haben.«

Ohne zu wissen, warum, kamen mir die Beteuerungen der ›Patriarchen‹ der Ufologie in den Sinn, die genau diese Möglichkeit zurückwiesen und sich darüber lustig machten, die – natürlich ohne den geringsten Beweis – die Möglichkeit ausschlossen, daß andere Wesen aus dem All hier sind, auf der Erde, und über unsere Sicherheit wachen wollen, genau so wie sie es bereits in entfernter Vergangenheit getan hatten. Viele dieser ›Patriarchen‹ akzeptieren paradoxerweise dennoch die biblischen Texte ...

Aber fahren wir mit dem Interview fort.

»Trotzdem fragen sich viele Menschen, warum sie nicht endlich über unseren Städten hinabsteigen und so einen deutlichen und öffentlich anerkannten Kontakt herstellen, so wie sie es in jenen entfernten Zeiten getan haben.«

»Vielleicht befinden sie sich noch im Stadium der Beobachtung und Überwachung. Sie haben uns eines Tages die Mittel gegeben, damit wir uns allmählich entwickeln konnten, und möglicherweise beobachten sie heute den Nutzen, den wir daraus ziehen. Falls wir eines Tages zu weit gehen sollten, ist es möglich, daß sie eingreifen.«

»Zusammengefaßt: Glauben Sie also, daß ein Teil der Völker, die uns besuchen, den Auftrag haben, die Weiterentwicklung unserer Zivilisation zu überwachen?«

»Genau das denke ich. Genauso, wie sie es möglicherweise bei anderen Planeten tun, auf denen Wesen mit einem niedrigeren Intelligenzniveau leben . . .«

Pater Felices verwies aber noch auf weitere Zusammenhänge:

»Es ist sehr wahrscheinlich – warum auch nicht –, daß die Außerirdischen diejenigen waren, die den ersten ›Samen‹ von INTELLIGENTEM LEBEN auf die Erde gebracht haben. Vielleicht stammt der Mensch nicht natürlicherweise von diesem Planeten. Beobachten Sie die auf ihm lebenden Tiere. Alle verfügen über natürliche Waffen zur Verteidigung, die ihrer Umgebung angepaßt sind. Der Mensch hat nur seine Intelligenz. Warum? Hat man uns vielleicht von einem anderen Ort des Universums hierher gebracht?«

»Es ist seltsam«, teilte ich dem Dominikaner mit, »daß viele der Wesen aus dem All, die auf der Erde gesehen wurden, physisch eine der unseren sehr ähnliche Gestalt aufweisen . . .«

»Vielleicht ist es aber auch so, daß wir es sind, die IHNEN ähnlich sehen. Genau deshalb, weil wir möglicherweise aus Ihren eigenen Welten stammen . . .«

Diese Behauptung von Antonio Felices gab mir in den folgenden Tagen viel zu denken, besonders als ich von zwei weiteren Fällen von Sichtungen erfuhr, bei denen interessanterweise einige Mannschaftsmitglieder der Ufos gesehen wurden.

Ich stellte dem Dominikaner die zentrale Frage:

»Wie soll man in diesem Fall den Sinn der Erschaffung des Menschen auf der Erde verstehen?«

»Einfach so, daß SIE die Beauftragten waren, um den Samen dieses Lebens auf unseren Planeten zu bringen. Der heilige Thomas sagt, daß Gott nie auf direktem Wege wirkt.«

»Wenn also diese Wesen den Auftrag haben, über uns zu wachen, und das von einer übergeordneten Stelle, wem gehorchen sie dann?«

»Wie ich Ihnen vorher gesagt habe, müssen sie sich nach der hierarchischen Rangordnung richten.«

»Und wie sieht diese ›Rangordnung‹ aus?«

»Das kann ich Ihnen nicht sagen, da ich sie nicht kenne. Der heilige Thomas weist auf zwölf Intelligenzgrade hin . . .«

»Ich werde einmal eine Hypothese wagen. Kann es sein, daß es über diesen Außerirdischen, die uns besuchen, andere überlegene ›Intelligenzen‹ gibt, die nicht unbedingt die gleiche physische Form haben wie wir oder die Piloten der Ufos?«

Antonio Felices verstand sofort die Absicht hinter meiner Frage. Er beeilte sich zu antworten.

»Ich würde sagen, daß die uns in dieser Rangordnung am nächsten stehenden Intelligenzen sehr wohl ähnliche oder die gleichen physischen Formen haben wie wir oder wie die Außerirdischen, die uns besuchen. Die noch Überlegeneren nicht unbedingt . . .«

»Wie soll man sich diese vorstellen?«

»Je höher wir in dieser Rangordnung der Intelligenzen aufsteigen, desto sicherer ist es, daß wir an Materie verlieren – in dem Sinne, in dem wir sie verstehen –, um zunehmend reine Intelligenz zu werden. Das wäre vielleicht der Gedanke, der dem Begriff Gott am nächsten käme . . .«

»Was ist Gott für Sie?«

»Das Höchste Wesen. Der Schöpfer aller Dinge . . .«

»Ja, aber welche Vorstellung machen Sie selbst sich von Gott?«

»Das habe ich Ihnen bereits gesagt: Er ist für mich die Höchste Wahrheit. Die Höchste Intelligenz.«

»Kehren wir zu jenen ›Boten‹ beziehungsweise ›Engeln‹ bzw. Wesen aus dem All zurück. Haben Sie irgendeine Idee, woher sie stammen könnten?«

»Ich habe mir eben diese Frage viele Male gestellt. Und ich werde Ihnen mal etwas sagen. Ich weise den Gedanken voll und ganz zurück, daß sie aus entfernten Welten stammen sollen, daß sie einfach in ihre Schiffe steigen und durch den Sternenraum reisen – so wie wir das interpretieren. Das muß man jetzt ausschließen. Es muß andere Mittel geben . . .

Welten, die parallel zu der unseren existieren? Entmaterialisierung und Materialisierung ihrer Körper und Raumschiffe? Ich weiß es nicht. Hier betreten wir wieder einmal ein Gebiet, das – bis jetzt – für uns lediglich Science Fiction ist . . .«

»Glauben Sie, daß unsere westliche Zivilisation in der Lage ist, ihre Techniken zu übernehmen und zu verstehen?«

»Nein, das glaube ich nicht. Wir sind nicht auf diesem Niveau, bei weitem nicht. Rufen Sie sich das ins Gedächtnis, was viele der Ufo-Beobachter versichern: ›Es verschwand.‹ Es ist nicht so, daß das Schiff sich entfernte, nein. In den meisten Fällen verschwindet es wirklich aus dem Sichtfeld der Beobachter. Und warum? Kann hier nicht ein Übergang von einer Welt zu einer anderen, ›parallelen‹ stattgefunden haben? Von einer Dimension – der unsrigen – in eine andere, die dem menschlichen Wesen noch unbekannt ist?«

Als ich das anhaltende und ungezwungene Engagement dieses Geistlichen bemerkte, das in dieser Form innerhalb der Kirche nur selten anzutreffen ist, entschied ich mich, ihm eine weitere grundlegende Frage zu stellen.

»Was denken Sie über unsere ›Zukunft‹ . . ., nach dem Tod?«

»Wir wissen nicht, was sich auf der anderen Seite dieser ›Pforte‹ befindet . . .«

»Aber gibt es dort etwas?«

»Natürlich.«

»Ich werde die Frage etwas zuspitzen. Könnten die außerirdischen Wesen eine große und äußerst wichtige Verbindung zu dieser unserer ›Zukunft‹ darstellen?«

»Ich würde sagen, ja.«

»Warum? Wie? Wann?«

»Wenn jedem von uns ein ›Engel‹ beziehungsweise ein ›Gesandter‹ zugeteilt ist, so sollten wir ihn dort kennenlernen. Wenn wir die Pforte des Todes überschreiten, werden wir reine Intelligenz sein, bis zum Augenblick der Auferstehung.«

»Was verstehen Sie unter ›Auferstehung‹?«

»Die Einheit der Seele mit dem Körper. Dies ist ein Glaubensgrundsatz.«

Vielleicht waren die Ausführungen über die ›reine Intelligenz‹ der Punkt – zumindest momentan – an dem sich meine und Pater Felices Meinungen am schärfsten schieden. Meiner Meinung nach gibt es nach dem Tod zwar einen langen Weg zur Vervollkommnung. Aber – ebenso, wie es möglicherweise mit vielen dieser außerirdischen Völkern passiert ist – es werden auf diesem ›Weg‹ immer noch neue physische Formen benötigt, in denen unsere Seelen sich aufhalten.

»Ein weiterer Punkt interessiert mich brennend. Wird die Ankunft dieser Schiffe und unser Kennenlernen von Ideen, Konzepten und Systemen, die sich sehr wohl radikal von denen unterscheiden können, die bei uns in Fragen der Moral, Wirtschaft, Politik, Religion usw. vorherrschen, unsere heutige Zivilisation in Frage stellen?«

»Möglicherweise schon. Es würde vielleicht dasselbe geschehen – oder noch viel Schlimmeres – wie das, was wir alle bezüglich der Ankunft der Konquistadoren in Südamerika kennen. Sie wissen ja selbst, was den Indios wiederfahren ist . . .

Man muß allerdings nicht so weit zurückgehen. Die NASA hat inzwischen einige Weltraumaktionen für den Fall geplant, daß unsere Astronauten auf andere intelligente Wesen treffen. Der Befehl ist kategorisch: sich nicht mit ihnen einzulassen. Sie würden uns entweder unter- oder überlegen sein. Im ersten Fall würden wir über sie herrschen und sie schließlich zerstören. Im zweiten Fall wären sie es, die uns dominierten und schließlich zerstören würden.«

»Was kann also in fünfzehn oder zwanzig Jahren geschehen? Was wird 1990 aus der Angelegenheit der Ufos geworden sein?«

»Das ist ein sehr kurzer Zeitraum. Wir sollten von 100 oder 200 Jahren sprechen.«

»Gut . . .«

»Vielleicht wird der Mensch bereits viele der Planeten und Satelliten des Sonnensystems betreten haben. Wer weiß, was er in diesen Welten vorgefunden haben wird . . .!«

»Mal ohne Umschweife. Weiß die Kirche, was geschehen wird, wenn ein Mensch dieses Planeten einem Menschen eines anderen Planeten die Hand geben würde?«

»Ja, natürlich weiß sie das.«

»Glauben Sie, daß die Kirche auf diesen Augenblick vorbereitet ist?«

»Ja. Tatsache ist, daß darüber kaum geredet wird.«

»Vielleicht würden viele der heute so genannten ›Mysterien des Glaubens‹ aufhören, solche zu sein. Denn es besteht kein Zweifel, daß eine angemessene INFORMATION über diese Vorfälle ein anderes Licht auf die menschliche Seele werfen würde . . .«

»Ja, aber dieser Prozeß muß sehr langsam vor sich gehen.«

»Obwohl wir über viele Fälle sprechen könnten, ist es vielleicht der von Fátima, der die meiste Anziehungskraft auf mich ausübt. Glauben auch Sie, wie ich, daß diese berühmte ›Sonne in Bewegung‹ nichts anderes war als ein einfaches Ufo, da viele weitere, ähnliche Merkmale zu Hunderten auf der ganzen Welt beobachtet wurden und werden?«

»Ich werde Ihnen etwas sagen. In einem der am besten recherchierten Bücher über Fátima behauptet einer der Hauptzeugen, ›daß die Wolken hinter der Sonne vorbeizogen‹. Das ist sehr vielsagend . . .«

»Ich komme zur letzten Frage, Pater Felices. Welcher Stellenwert kommt dem Fall des Traktorfahrers aus Pedrosa del Rey, den wir gerade untersuchen, zu?«

»Ich bin der Meinung, daß wahr ist, was dem guten Mann passiert. Die Ernsthaftigkeit, mit der er es uns erzählt hat, klang nicht wie geprobt. Ich erinnere mich, daß ich mich, als ich vor einigen Tagen dort war, um ihn zu sehen, in Begleitung eines weiteren Priesters aus Rom befand, einem Doktor der Rechte, der sich über all das lustig machte. Nachdem er Emiliano Velasco zugehört hatte, machte er sich über das Ufo-Thema nicht mehr lustig.«

Das unvergeßliche Interview neigte sich seinem Ende zu, obwohl Pater Felices und ich unser angeregtes Gespräch fortsetzten, während wir uns in Begleitung der ›Charles Fort‹-Mitglieder zu einer nahe gelegenen Baumschule begaben, die sich auf dem Gebiet des Konvents selbst befindet. Dort sollte der ballistische Versuch stattfinden.

Der Anblick Pater Felices' war kurios genug, in seinem weißen Ordenskleid und mit einem Gewehr Marke Star, das mit einem Zielfernrohr versehen war, in seinen Händen ...

Antonio Felices war ein exzellenter Schütze. Das Gewehr war eine Auftragsarbeit, exakt gearbeitet in einer der Fabriken des Baskenlandes.

Während wir liefen, fragte ich den Dominikaner von neuem:

»Was den vermeintlichen ›Schuß‹ betrifft, was meinen Sie dazu?«

»Wenn es sich tatsächlich um einen ›Schuß‹ handelt, in dem Sinne, in dem wir das verstehen, neige ich zu der Ansicht, daß sie damit vielleicht einen Beweis ihrer Existenz hinterlassen wollten.

Man kann auch über die Möglichkeit spekulieren, daß die Mannschaft dieses Ufos das Material, aus dem die Glasscheibe besteht, untersuchen bzw. kennenlernen wollte. Alles ist möglich ...«

»Und ein Angriff?«

»Nein, das glaube ich nicht. Der Zwischenraum, durch den das ›Projektil‹, oder was es auch immer war, durchging, war extrem eng. Dazu war eine äußerst große Präzision erforderlich.«

Als wir die Pappeln erreicht hatten, ging die rötliche Sonne gerade am Horizont unter. Aber trotz der wenigen verbleibenden Minuten Lichts wurde alles sorgsam ausgeführt. Ein Mitglied der Gruppe stellte die Scheibe, die ungefähr die Ausmaße der Scheibe des Traktors hatte, auf das Laubwerk des kleinen Waldes. Pater Felices stellte sich mit dem Rücken zum Glas und begann, sich in großen, weiten Schritten von ihr in Richtung des Randes der Baumgruppe zu entfernen.

Ich glaube, mich erinnern zu können, daß er damals ungefähr neun bis zehn Meter abmaß. Das war – wie vorgesehen – mehr oder weniger der Abstand, in dem sich das Ufo vom Traktor Emiliano Velascos im Augenblick des ›Schusses‹ befunden haben könnte.

Als ich sah, daß das Glas senkrecht auf den Boden gestellt wurde, wunderte ich mich dennoch. Ich fragte, warum man es nicht ein wenig in den Boden eingrub bzw. besser befestigte, z. B. mit Steinen, damit es durch das Eindringen der Kugeln nicht umgeworfen werden würde. Pater Felices beruhigte mich und versicherte mir, daß die Kraft des Schusses selbstverständlich nur gerade so stark sei, daß die zerbrechliche Glasscheibe sich nicht bewegen würde . . .

Ich konnte es nicht glauben. Ich ging zur Glasscheibe und blies mit all meiner Kraft. Nach wenigen Sekunden fiel sie auf den Laubhaufen. Ich stellte die Scheibe wieder auf ihren Platz und begab mich zu Antonio Felices, der die Waffe bereits geladen hatte.

»Wir werden zwei verschiedene Arten von Kugeln benutzen«, erläuterte er. »Zuerst nehmen wir ein Projektil, das die Scheibe durchschlagen wird, und danach ein Sprenggeschoß.«

»Ist sicher«, hakte ich nach, »daß die Scheibe nicht umstürzen wird?«

Der Dominikaner hatte sein rechtes Knie inzwischen auf die Erde gesetzt und machte sich bereit anzulegen. Er lächelte.

Ich glaube, alle Anwesenden hielten den Atem an, bis uns Sekunden später eine jähe Detonation in die Wirklichkeit zurückholte.

Ich konnte es nicht glauben. Die Scheibe hatte sich

nicht bewegt. Sie stand weiterhin, wie durch ein Wunder, dort auf den Zentimetern Erde, die ihren ›Rand‹ bildeten. Das Projektil hatte sein Ziel getroffen. Auf einer der beiden Seiten war ein Loch von ungefähr drei Zentimetern Durchmesser zu erkennen. Rund um dieses Loch – durch das exakt die Spitze meines Zeigefingers paßte – gab es unzählige strahlenförmige Risse.

Wir schauten uns alle erstaunt an. Dieses Loch, das durch die kleinste Standardkugel der Welt verursacht worden war, war dreimal größer als das im Glas des Traktors.

Aber in unserem Eifer, den Versuch zu perfektionieren, schickte sich Pater Felices an, den Schuß zu wiederholen. Diesmal mit einem Sprenggeschoß.

Die Scheibe zersprang und zerfiel in Stücke.

Glücklicherweise hatte ich mit meiner Kamera ein Bild des Loches festgehalten, das vom ersten Projektil mit Kaliber 22 verursacht worden war.

Zu welcher Schlußfolgerung sollten wir gelangen? Was hatte das Loch im John Deere von Velasco Báez verursacht? Es war klar, daß es sich nicht um ein herkömmliches Projektil handelte – zumindest aus der den Menschen bekannten ballistischen Sicht.

Jemand hatte auch darauf hingewiesen, daß vielleicht ein von den großen Rädern des Traktors aufgewirbelter Stein die Scheibe hätte beschädigen können. Meiner Meinung nach ließ diese Theorie viel zu wünschen übrig. In diesem Fall hätte der Stein eine unbeschreibliche Geschwindigkeit erreichen müssen, um ein Loch von fünf Millimetern zu hinterlassen, und das – was das wichtigste war – fast ohne Sprünge oder strahlenförmige Risse . . .

Ehrlich gesagt erwies sich dies als problematisch. Seit wann macht außerdem ein Stein ein zischendes Geräusch wie das, das der Bauer im Moment gehört hatte, als das Glas beschädigt wurde?

Ich frage noch einmal: Zu welcher Schlußfolgerung sollten wir gelangen? Handelte es sich um irgendeinen unbekannten Strahl – wohl kaum, denn das Zischen war ein untrügliches Zeichen für irgendeinen festen Körper, der durch die harte Reibung mit der Luft dieses Geräusch verursachte.

Hatten wir es hier mit einem unbekannten Projektil zu tun?

Das Originalglas wurde an die Universität von Valladolid geschickt, um die Untersuchungen abzuschließen.

Zum Zeitpunkt der Drucklegung dieses Buches* lagen die Ergebnisse dieser Untersuchung, die von einem Team der wissenschaftlichen Fakultät durchgeführt wurden, noch nicht in schriftlicher Form vor.

Nach den Aufzeichnungen, die mir die Gruppe *Charles Fort* zukommen ließ, hatten die Wissenschaftler – neben anderen Beurteilungen – jedoch keine metallischen Spuren an besagtem Loch entdecken können.

Auf dem Rückweg zum großen Innenhof des Konvents von Arcas Reales stellte ich Pater Antonio Felices einige letzte Fragen und vervollständigte dabei mein fotografisches Material, indem ich ihn an einer Weide und neben der alten und schweren Glocke fotografierte, die der Dominikaner aus Vietnam wieder mitgebracht hatte.

»Glauben Sie, daß es Menschen gibt, die möglicherweise mit den Außerirdischen in ›Kontakt‹ stehen?«

Einen Augenblick lang stellte ich mir vor, daß Pater Felices die Frage ausweichend oder negativ beantworten würde. Aber ich sollte mich wieder irren.

* 1978, Anm. d. Red.

»Das könnte sein. Und nicht erst in unserer Zeit. Ich glaube, daß es sie seit vielen Jahrhunderten gegeben hat.«

Ich schwieg ein paar Sekunden lang.

»Wie könnte diese ›Kommunikation‹ aussehen?«

»Als Pius XII. bei einem Spaziergang durch die Vatikanischen Gärten das sah, was er sah, war er kurz davor, das Dogma von der Himmelfahrt Mariens öffentlich bekanntzugeben . . . Ich glaube, daß er eine Art von ›Kommunikation‹ hatte.«

Im Jahre 1950 hatte Papst Pius XII. ›Etwas‹ gesehen, was ihn mit Bewunderung erfüllte. Darauf wies der Dominikanerpater bedeutsamerweise hin. Kardinal Tedeschini selbst gab seinerzeit eine öffentliche Verlautbarung über diese Angelegenheit. Hier zitiere ich diese Aussage, die damals in unzähligen Zeitungen und Zeitschriften abgedruckt worden war.

»So aufgewühlt und ergriffen, wie ich ihn noch nie zuvor erlebt habe, geruhte Seine Heiligkeit der Papst mir folgendes mitzuteilen: ›Gestern habe ich ein Wunder gesehen, das einen tiefen Eindruck bei mir hinterließ.‹ Und er erzählte mir, daß er die ›Sonne‹ gesehen habe, in folgender Gestalt . . .

Es war am 30. Oktober 1950, zwei Tage vor der feierlichen Verkündung des Dogmas der Himmelfahrt Mariä. Ungefähr um 4 Uhr nachmittags machte ich meinen täglichen Spaziergang in den Gärten des Vatikans und las und studierte dabei wie gewöhnlich einige Dokumente.

In einem bestimmten Augenblick hob ich die Augen von den Papieren, die ich in den Händen hielt, und wurde von einer Erscheinung überrascht, wie ich sie bis dahin noch nie gesehen hatte. Die ›Sonne‹, die noch recht hoch am Himmel stand, erschien als undurchsichtiger Ball von einem blassen Gelb und war völlig von einem leuchtenden Kreis umgeben, der jedoch auf keine Weise das genaue Beobachten des ›Himmelskörpers‹ verhinderte. Dabei spürte ich nicht die geringste Beunruhigung. Davor befand sich eine kleine, äußerst bewegliche Wolke. Der undurchsichtige Ball bewegte sich an seinem Rand leicht, drehte sich dabei schnell und wanderte oft nach rechts oder nach links. Im Innern des Balls aber waren in aller Deutlichkeit und ununterbrochen starke Bewegungen zu erkennen. Die gleiche Erscheinung wiederholte sich am folgenden Tag, dem 31. Oktober. Danach noch einmal am 1. November, dem Tag der Verkündung, danach am 8. November, eine Woche nach dem Fest. Danach nie wieder.

Ich habe viele Male an anderen Tagen versucht, um die gleiche Stunde und bei gleichen atmosphärischen Bedingungen zur Sonne zu schauen, um zu sehen, ob sich diese Erscheinung wiederholen würde, aber es war vergeblich: Ich konnte nicht direkt in die Sonne schauen, weil diese mich blendete.‹«

Obwohl ich vielleicht nicht so weit gehen würde wie Pater Antonio Felices, glaube auch ich, nach dieser Aussage zu urteilen, daß Papst Pius XII. Zeuge einer Ufo-Erscheinung geworden war. Noch dazu, wie es bei so vielen Gelegenheiten vorkommt, wiederholte Male. Einfach ein Zufall? Oder gab es wirklich irgendeinen Zusammenhang zwischen dem Raumschiff und den Geschehnissen, die sich gerade ereignen sollten?

»Sind Sie sich dessen, was Sie sagen, sicher? Ziehen Sie tatsächlich die Möglichkeit einer ›Kommunikation‹ zwischen diesen Wesen und uns in Betracht?« fragte ich den Priester von neuem.

»Möglicherweise. Schauen Sie, wenn jemand das Leben der Heiligen studiert, wenn man es unter diesem Blickwinkel betrachtet, erscheint diese Sache ziemlich klar . . .«

»Sagen wir, das Leben der katholischen Heiligen und vielleicht auch aller anderen ›Erleuchteten‹ . . .«

»Genau. In Indien beispielsweise gibt es zahlreiche Fälle. Dort wurden Wandteppiche gefunden, auf denen Wesen abgebildet sind, die auf ›Muscheln‹ fliegen. In Ceylon, wo ich gelebt habe, gibt es uralte, überlieferte Gedichte, in denen von seltsamen Schiffen gesprochen wird, die auf der Basis von Quecksilber funktionieren. Etwas, was in jener Epoche für diese Menschen unerreichbar war . . .«

»Warum, glauben Sie, können sich die Regierungen nicht dazu entscheiden, in aller Deutlichkeit zu sprechen?«

»Aus Angst. Wie Sie sehr gut wissen, haben sie eindeutige Beweise von ihrer Existenz . . .«

Jedesmal, wenn ich diese Tonbandkassette hörte, habe ich dieselbe und tiefe Bewunderung für den Dominikaner empfunden. Einer der wenigen Priester, die sich auf dem Gebiet der Ufos und der Wesen aus dem All nicht nur einen offenen Geist bewahrten, sondern die darüber hinaus einen unbegrenzten Mut zeigten. Ganz im Kontrast zu dem, was in maßgeblichen Bereichen der Kirche vorkommt, die seit Jahrhunderten in Unbeweglichkeit verharren, welche ihnen einen völligen Verlust ihres Ansehens eingebracht hat. Aber später ist noch Zeit genug, sich mit diesen Gruppen zu beschäftigen, die im Schatten wurmstichiger und intoleranter Doktrinen vor sich hin vegetieren.

Während ich wieder nach Bilbao zurückkehrte, ließ das Interview mit Pater Felices in mir wieder die Erinnerung an einen der Fälle aufkommen, die ich in der Region Salamanca untersucht hatte und der tatsächlich perfekt zu der Hypothese passen könnte, daß ein Teil der Zivilisationen, die uns momentan besuchen, als ›Abgesandte des

Bösen‹ eingestuft werden könnten. Oder zumindest doch als weit entfernt von denen, die die Aufgabe haben, über uns zu wachen.

Während mein Auto schnell in Richtung des Baskenlandes fuhr, erinnerte ich mich daran, daß Maximiliano Iglesias Sánchez seinen besten Anzug und seine beste Krawatte angezogen hatte, um uns zu empfangen. Bei ihm waren – vielleicht noch aufgeregter als er – sein Vater, seine Brüder und seine Vettern.

Es war nicht möglich, den jungen Mann aus Salamanca dazu zu bringen, uns zu duzen. Nachdem wir es uns bequem gemacht hatten, begann der 21jährige Lastwagenfahrer, ein einfacher Mensch, der das Leben der Tiere liebte und der mit 14 Jahren angefangen hatte, als Mechaniker zu arbeiten, folgendermaßen seine schaudererregende Erzählung:

»Also hören Sie. Ich arbeite für Herrn Garrido Bernal aus dem Dorf Lagunilla, das auch hier in der Provinz Salamanca liegt. Ich befördere alles, was sich anbietet und was er mir aufträgt.

Am 21. März fuhr ich morgens, so gegen Viertel nach zwei, nach Pineda, wo meine Freundin wohnt. Dorthin fahre ich fast jeden Tag, und in dieser Nacht hatte ich noch dazu vereinbart, eine Fracht in eben dieses Dorf zu bringen.

Ich stieg in den Avia und fuhr los in Richtung Lagunilla. Plötzlich dann, als ich mich ungefähr 500 bis 600 Meter von Valdehijaderos in Richtung Horcajo befand – mitten auf der Landstraße –, sah ich ein äußerst starkes Licht. Ich dachte, daß es sich um irgendeinen Lastwagen oder Bus handle. Ich gab ihm das Lichtzeichen, daß ich entgegenkam. Genauer gesagt sah ich zwei Lichter . . .

Ich machte ihm noch einmal das gleiche Lichtzeichen und blendete auf, aber dieser ›Lastwagen‹ schien es nicht zu verstehen. Er leuchtete immer noch derartig stark, daß er mich blendete. Einen Augenblick lang schoß es mir durch den Kopf, daß es sich ja um einen ziemlich seltsamen Lastwagen handelte. Ich hatte noch nie ein Fahrzeug mit so starken Scheinwerfern gesehen . . .

Einige Minuten danach, als das Licht nicht abgeblendet wurde, mußte ich anhalten. Ich hätte einen Unfall gebaut, wenn ich weitergefahren wäre.«

Nachdem Maximiliano den Lastwagen erst einmal angehalten hatte, wiederholte er, ohne aus dem Fahrzeug auszusteigen, das den Lastwagenfahrern bekannte Spiel mit den Lichtern. ›Ich komme entgegen‹, ›schalt dein Licht runter‹, . . . ›ich komme entgegen‹, ›schalt dein Licht runter‹, . . .

»Das ungeheuer starke Licht wurde aber immer noch nicht schwächer«, fuhr der Fahrer fort. »Ich beharrte auf meinen Lichtzeichen, und Minuten später wurde das Licht etwas schwächer. Es blieb nur ein weniger starker und schummriger Lichtschein übrig.«

»Welche Farbe hatte das Licht?«

»Weiß. Schließlich, da es nicht mehr so sehr störte, startete ich den Wagen und fuhr los. Ich war aber kaum hundert Meter weit gefahren, als ich aufblendete und entdeckte, daß der ›Lastwagen‹ eigentlich gar keiner war. Er befand sich mitten auf der Landstraße dort, wo ich hätte vorbeifahren müssen, und hatte überdies eine ziemlich seltsame Form. In diesem Moment gingen sowohl der Dieselmotor als auch die Lichter aus, ohne daß ich wüßte, wieso . . .

Ich verstand überhaupt nichts mehr. Ich hatte den Lastwagen nicht angehalten. ›Außerdem‹, sagte ich mir selbst, während ich versuchte, den Wagen wieder in Gang zu setzen, ›wären in dem Fall, daß mir der Motor abgesoffen wäre, die Lichter immer noch angeschaltet geblieben.‹«

»Aber Sie versuchten, ihn von neuem zu starten.«

»Ja, aber es war zwecklos. Der Motor reagierte nicht.«

»Was machten Sie dann?«

»Nichts. Ich blieb in der Fahrerkabine und beobachtete die Lichter mir gegenüber. Wie gesagt war eines mitten auf der Fahrbahn. Das andere ›schwebte‹ unbeweglich rechts davon und ungefähr 15 bis 17 Meter über der Erde.«

»Haben Sie die speziellen Merkmale und die Form des Objekts erkennen können, das auf der Straße stand?«

»Ja, natürlich. Es war aus Metall. Ich sah aber weder Nieten noch Türen noch Fenster. Alles war glatt und ohne Kanten. Ich rechnete aus, daß es ungefähr zehn bis fünfzehn Meter lang sein mußte, denn seine Enden ragten an beiden Seiten über die Straße hinaus. Diese ist nur etwa sieben Meter breit.«

»Womit stand es auf dem Boden?«

»Mit drei Füßen, von denen jeder ungefähr einen halben Meter maß.«

Aber der Lastwagenfahrer hatte sich noch nicht von seinem Schreck erholt, als er plötzlich vor dem Schiff, das auf der Straße stand, zwei sehr große Figuren erscheinen sah.

»Alles passierte innerhalb von Sekunden. Ich vermute, daß sie mich beobachteten, und sie fingen an, die Arme gestikulierend zu bewegen. Danach drehte sich eine von ihnen um und ging in die Maschine hinein. Aber wissen Sie, obwohl ich ganz genau achtgab, sah ich nichts. Ich konnte nicht sehen, wo sich die Tür befand. Man konnte dort weder Türen noch Fenster ausmachen . . .«

»Und das andere Wesen?«

»Es schaute weiterhin Richtung Lastwagen. Ich wußte nicht, was ich tun sollte. Nach einer Weile aber sah ich das von vorher zurückkommen. Das eine Wesen, welches innerhalb dieses seltsamen Lichtes verschwunden war. Sie beobachteten mich von neuem, und einer von ihnen hob den Arm und zeigte auf mich. Einige Augenblicke später kehrten sie ins Innere zurück, und kurz darauf fing der Apparat an, sich langsam mit einem extrem starken Lärm in die Höhe zu heben.«

»Was für eine Art Lärm war das?«

»Vielleicht so wie der, den ein Flugzeug beim Start macht, oder noch stärker.«

Das erstaunte mich ehrlich gesagt. Bis jetzt hatten diese ›Starts‹ im Großteil der Fälle, die ich untersucht hatte, immer geräuschlos stattgefunden oder höchstens mit irgendeinem Zischgeräusch.

Auf dem Gebiet der Ufos gibt es jedoch keine festen Regeln – auch wenn die ›Salon-Ufologen‹ noch so hartnäkkig darauf bestehen. Also setzte ich die Untersuchung fort.

»Dann stieg das Objekt wie gesagt hoch, bis es sich auf der Höhe des anderen Lichtes befand.

Ich konnte danach meinen Lastwagen starten und nahm die Fahrt wieder auf. Ungefähr 200 Meter weiter hielt ich allerdings noch mal an. Mich hatte die Neugier gepackt, und ich verharrte einige Minuten im Innern der Kabine und beobachtete das ›Spektakel‹.«

»Hatten Sie denn keine Angst?«

»Eigentlich nicht. Was geschah, schien mir seltsam zu sein, ungewöhnlich. Und das wollte ich mir ansehen. Um ehrlich zu sein, habe ich mich nie viel um Ufos oder solche Sachen aus dem Weltall gekümmert. Ich habe immer nur Sachen über das Leben und das Verhalten der Tiere gelesen.«

»Was haben Sie denn nun gesehen?«

»Das erste, was meine Aufmerksamkeit auf sich zog, war, daß das Schiff, das emporgestiegen war, wiederum auf der gleichen Stelle aufsetzte. Das heißt, mitten auf der Straße, die ich gerade befahren hatte.

Ich erschrak. Und beschloß, nach Lagunilla weiterzufahren. Meine Angst wuchs, wissen Sie. In dieser Nacht habe ich weder gegessen noch geschlafen. Ohne ein Wort legte ich mich ins Bett, und meine Gedanken drehten sich weiter um diesen Vorfall . . .

Am Morgen erzählte ich alles meinem Chef, aber er sagte mir, daß ich das wohl geträumt hätte.«

Bevor er weitererzählte, bat ich den jungen Mann, daß er versuchen sollte, sich an die Umrisse, charakteristischen Züge und die Kleidung dieser beiden großen Wesen zu erinnern, die er vor dem Ufo gesehen hatte.

»Sie waren ziemlich weit entfernt. Was ich aber ganz sicher gesehen habe, ist, daß sie sehr groß waren. Mehr als zwei Meter groß. Sie trugen etwas am Körper, was wie ein sehr eng anliegender Overall aussah. Etwas wie aus Gummi, wie das, aus dem die Anzüge der Froschmänner sind . . .«

»Bewegten sie sich so wie wir?«

»Ja. Zumindest schien mir das so. Wie bei uns waren die Arme und die Beine länglich. Die Gesichter konnte ich nicht sehen . . .«

Das Erlebnis von Maximiliano Iglesias war aber noch nicht zu Ende. Ein weiteres, wesentlich schreckenerregenderes, erwartete ihn in weniger als 24 Stunden . . .

Als er bemerkte, wie wenig Interesse sein Arbeitgeber und Landsmann an den Tag legte, entschied sich der junge Lastwagenfahrer, dem Vorfall dieser Nacht keine größere Bedeutung beizumessen.

»Ich begann mit der Arbeit. An diesem Tag, dem 21. März, mußte ich eine neue Fracht ins Dorf Pineda befördern.«

Abends traf sich Maximiliano wie immer mit seiner

Freundin und erzählte ihr, was geschehen war. Sowohl seine Freundin Anuncia Merino als auch ihre Familie versuchten, ihn davon zu überzeugen, daß er in dieser Nacht bei ihnen übernachten sollte. Maximiliano aber wollte das nicht und setzte seinen Weg ungefähr um 11 Uhr fort.

Als er zu der Stelle kam, in der er in der Nacht zuvor die beiden Ufos entdeckt hatte, sah der junge Mann nun wieder – wie in einem Alptraum – eine Reihe von stark leuchtenden Lichtern.

»Da sind sie wieder«, dachte er. »Sicher sind es dieselben wie gestern.« Diesmal aber gab es einen Unterschied: Anstelle von zwei Maschinen sah er drei.

»In wieviel Metern Entfernung haben Sie diesmal angehalten?«

»So ungefähr 200 Meter entfernt. Ich glaube, daß es die gleiche Stelle war wie in der Nacht zuvor. Als ich den Lastwagen erst einmal angehalten hatte, beobachtete ich, wie sich das gleiche Phänomen wiederholte: Motor und Lichter gingen aus. Ich blieb in völliger Dunkelheit. Nur dort, ganz hinten nahm ich die Lichter der drei Objekte wahr. Eines stand mitten auf der Straße und versperrte den Weg, die beiden anderen waren rechts von ihm auf dem Feld.«

»Waren sie auch gelandet?«

»Ja, ich glaube schon.«

»Was geschah dann?«

Ich sah, daß Maximiliano blaß wurde. Nachdem er tief Luft geholt hatte, fuhr er fort:

»Ich blieb in der Fahrerkabine des Lastwagens. Und wartete ab. ›Vielleicht entscheiden sie sich wieder, hochzufliegen‹, sagte ich mir. ›Dann werde ich die Gelegenheit nutzen und vorbeifahren.‹

Diesmal sollten die Dinge aber nicht so einfach verlaufen.

Ohne daß ich merkte, wo und wie, kamen vier ›Personen‹ aus diesem Objekt heraus. Sie waren genauso groß wie die in der Nacht davor. Ihre Umrisse zeichneten sich deutlich vor dem Licht des Apparates ab, der auf der Straße stand. Ich ließ sie nicht aus den Augen, schon in Alarmbereitschaft. Sie schienen mich zu beobachten und diskutierten untereinander, als ob sie nicht derselben Meinung wären. Plötzlich begannen sie, in meine Richtung zu gehen. Da gab es keinen Zweifel. Ich öffnete die rechte Tür des Fahrzeugs und sprang auf die Straße, während mein Herz wie wahnsinnig schlug.

Diese Wesen aber kamen immer näher auf mich zu . . . Wie ein Tier ergriff mich die Angst, und ich rannte los auf die Straße, mitten in die Dunkelheit hinein. Eigentlich versuchte ich eher zu fliegen als zu rennen.

Ab und zu drehte ich den Kopf, und dort folgten mir die vier Wesen und kamen ständig näher.«

Keuchend und schwitzend entschied sich Maximiliano, der nicht verstand, warum ihm eine derartig wilde und brutale Panik die Haare zu Berge stehen ließ, die Straße zu verlassen und in einen gottverlassenen Feldweg in Richtung der Lichter des Dorfes Horcajo einzubiegen.

»Als ich ungefähr zwei Kilometer weit gerannt war«, setzte der junge Fahrer seine Erzählung fort, »spürte ich, wie meine Kräfte nachließen. Die vier ›Riesen‹ hatten mich fast eingeholt.

Als ich quer durch die Büsche stolperte, entdeckte ich eine Art Graben bzw. ein kleines Flußbett rechts von mir. Ohne weiter darüber nachzudenken, warf ich mich kopfüber hinein. Ich verbarg das Gesicht im Schlamm und klammerte mich so fest ich konnte an die Erde, vor Angst zitternd. Die Minuten kamen mir wie eine Ewigkeit vor. Ich erwartete jeden Augenblick, daß mich eine Hand am Arm packen würde . . .

Als ich merkte, wie die Minuten verstrichen, ohne daß etwas passierte, hob ich langsam den Kopf und achtete darauf, den Atem anzuhalten. Ich suchte meine Umgebung mit den Augen ab.

Die vier Wesen waren immer noch sehr nahe. Vielleicht zwanzig Meter von dem Graben entfernt, in den ich mich geflüchtet hatte. Sie schienen mich überall zu suchen. Einmal gefror mir das Blut in den Adern. Die vier begannen sich zu trennen, als ob sie ein größeres Gebiet umstellen wollten. Einer von ihnen kam mir gefährlich nahe. Aber plötzlich kehrten sie um und entfernten sich in Richtung der Landstraße und – so vermute ich – in Richtung ihrer Schiffe.

Ich wartete noch eine ganzen Weile lang. Es hatte begonnen zu regnen, und mir war kalt. Aber die Panik hielt mich in diesem Erdloch wie gelähmt . . .

Ich weiß nicht, wieviel Zeit ich dort verbrachte. Tatsache ist, daß ich sehr langsam zur Straße schlich und dabei darauf achtete, kein Geräusch zu machen. Ich überquerte sie und wanderte noch ein gutes Stück über das Feld, bis ich ungefähr einen Kilometer ans Dorf Horcajo herangekommen war. Ich setzte mich auf ein paar Steine und versuchte, mich zu beruhigen. Ich rauchte eine Zigarette, und als ich der Meinung war, daß sie bereits fort seien, nahm ich den Rückweg zum Lastwagen wieder auf.«

Aber die Überraschung, die Maximilian erlebte, war keine geringe. Die drei Schiffe standen nach wie vor an derselben Stelle. Trotzdem war von seinen Verfolgern keine Spur zu entdecken.

Mit dem Herz in der Hose näherte sich der junge Mann dem Lastwagen. Aber er blieb wie angewurzelt stehen. Die rechte Tür der Fahrerkabine, die er beim Sprung auf die Straße offengelassen hatte, war jetzt geschlossen.

»Was soll ich machen?« dachte er. »Ich schaute sicherheitshalber in den Laderaum des Lastwagens, doch dort war niemand. Dasselbe tat ich mit der Kabine. Ich näherte mich sehr langsam und ohne ein Geräusch zu machen. Dann warf ich einen Blick hinein . . .«

Dem Anschein nach war der Lastwagen leer.

Maximiliano Iglesias stieg in die Kabine – Gesicht, Hände und Overall voller Schlamm. Er schloß die Tür des Avia. In diesem Augenblick – vielleicht, weil sie das Geräusch bemerkt hatten – kamen die vier Figuren zurück und erschienen beim auf der Erde stehenden Schiff.

»Mein Herzschlag beschleunigte sich wieder. Ich klammerte mich ans Steuer und versuchte, den Motor zum Laufen zu bringen. Aber es funktionierte nicht. Ich schaute wieder zu den vier Wesen hinüber und sah sie diskutieren. Sie sahen mich an und kehrten in die Maschine zurück.

Kurz darauf sah ich, wie sie sich emporhob, bis sie unbeweglich zwanzig Meter über dem Boden verharrte, über den beiden anderen, die auf dem Feld neben der Straße standen.«

»Haben Sie den Lärm wieder gehört?«

»Ja, solange bis das Objekt anhielt. Dann hörte der Lärm auf.«

»Was war mit den anderen Schiffen?«

»Die blieben, wo sie waren. Ich wollte das Schicksal nicht herausfordern und drehte den Zündschlüssel um. Diesmal startete der Wagen beim ersten Mal, und ich machte mich davon und fuhr blitzschnell an jenen Lichtern vorbei.

Etwa 200 bis 300 Meter weiter hielt ich den Lastwagen allerdings wieder an. Ich stellte ihn versteckt hinter einer Kurve ab und näherte mich trotz allem dem Gebiet, wobei ich darauf achtete, mich zwischen den Büschen zu verstecken. Das Schiff, das vorher in die Höhe gestiegen war, stand von neuem auf der Straße, und die vier Wesen waren wieder herausgekommen. Ich glaube, daß sie etwas auf einer Seite der Fahrbahn machten.«

»Auf wieviel Meter sind Sie an sie herangekommen?«

»Auf zehn bis fünfzehn. Zuerst lenkte die riesige Maschine meine Aufmerksamkeit auf sich, die auf dem Boden stand. ›Wo können diese Kerle nur herausgekommen sein?‹ fragte ich mich, während ich versuchte, irgendeine Tür oder Öffnung zu entdecken. Aber es war vergeblich. Dort gab es nichts. Alles war glatt.«

»Wie lange haben Sie die Wesen beobachtet?«

»Ungefähr zehn Minuten lang. Sie waren nach vorne gebeugt und knieten auf dem Boden des Straßengrabens. Es war, als ob sie Grabungen machten. Sie steckten Stäbe in den Boden . . .«

»Haben Sie auf die Werkzeuge geachtet? Wie sahen sie aus?«

»Mir schien, daß sie zwei hatten. Eins in Form eines Hufeisens und das andere wie ein ›T‹. Zwei arbeiteten, und die anderen sahen zu.

Sie wiederholten mehrmals den gleichen Vorgang. Zuerst rammten Sie das ›T‹ in die Erde und hielten es dann am Stab fest, und danach setzten sie die beiden Enden des Hufeisens in den Spalt.

Aber ich beließ die Dinge, wie sie waren; ich hatte Angst und kehrte zum Lastwagen zurück. So schnell ich konnte fuhr ich nach Lagunilla.«

»Diesmal hatten Sie mehr Gelegenheit, die seltsamen Wesen zu betrachten. Können Sie mir irgendeine weitere Einzelheit berichten?«

»Ich kann Ihnen nicht sagen, ob es Männer oder Frauen waren. Bedenken Sie, daß es nachts war. Nur, wie

Maximiliano Iglesias, der Lastwagenfahrer aus Salamanca, versteckt sich im Gebüsch und betrachtet die riesigen Wesen aus dem All, die einige rätselhafte Werkzeuge handhaben.

gesagt, daß sie sehr groß waren. Ihre Anzüge glänzten. Und ich erinnere mich auch, daß sie ›Stiefel‹ anhatten. Die Hände dagegen waren unbedeckt.«

»Wie sahen ihre Gesichter aus?«

»Nein, das konnte ich nicht sehen.«

»Sprachen sie miteinander?«

»Nein. In keinem Augenblick hörte ich sie rufen. Nicht einmal, als sie mich verfolgten.«

»Lassen Sie uns ein wenig über die Maschinen sprechen. Welche Form hatten sie?«

»Sie waren wie zwei einander zugewandte Teller.«

Maximiliano bat seine Mutter um zwei Suppenteller der Marke Duralex und setzte einen auf den anderen.

»So etwa«, erläuterte er.

»Als Sie mit Ihrem Lastwagen an den Ufos vorbeifuhren, konnten Sie da ihren unteren Teil sehen?«

»Ja. Es gab keinen Unterschied zu dem oberen. Auch dieser Teil war glatt. Ohne Löcher.«

»Konnten Sie ein Ausströmen von Gas oder Feuer sehen?«

»Nein, nichts dergleichen.«

Am nächsten Tag setzte Maximiliano die Guardia Civil von Lagunilla von dem Vorfall in Kenntnis. Auf der Wache erzählte er das Geschehene einem Gefreiten und einem Schutzmann. Einige Tage später sprach auch ein Oberleutnant aus Béjar mit dem jungen Mann, und er begleitete ihn sogar zu der Stelle, an der das Abenteuer stattgefunden hatte.

Der Oberleutnant bemerkte einige seltsame Spuren im Boden, einen Riß von ungefähr zwei Zentimetern, der die Straße senkrecht einschnitt, genau an dem Platz, wo das Schiff gestanden hatte . . .

»Am folgenden Tag«, schloß der Lastwagenfahrer seine Erzählung, »merkte ich, als ich versuchte, den Avia zu starten, daß die Batterie leer war. Dabei war sie ja noch nicht einmal ein Jahr alt . . .«

Als wir uns verabschiedeten, machte der junge Mann schon einen fast gelangweilten und müden Eindruck. So sagte er in Anbetracht der unzähligen Spöttereien, deren Zielscheibe er damals geworden war, und das vor allem seitens seiner Mitbürger und Freunde:

»Sehen Sie. Ich habe der Presse nichts gesagt. Ich weiß nicht, wie Sie davon erfahren haben. Was ich aber noch mal mit Nachdruck wiederholen möchte, ist, daß es mich überhaupt nicht interessiert, ob Sie mir glauben . . . Ich weiß, daß das alles unsinnig klingt, aber es ist die reine Wahrheit . . .«

Nach diesem Verweis auf den Beginn der Untersuchung stimmte mich diese deutliche Diskrepanz nachdenklich. Während einige Außerirdische versicherten, hier auf der Erde in friedlicher Mission zu sein, um über uns zu wachen, jagten andere – wie im Fall von Salamanca – einem jungen Lastwagenfahrer einen tödlichen Schrekken ein.

Wo lag die Wahrheit? Oder gab es tatsächlich beide Facetten?

Aber neue und überraschende Ereignisse warteten bereits auf mich. Diesmal in Bilbao selbst.

9. Kapitel

›Kontakt mit Oxlac.‹ – Ein Schiff über dem Berg Umbe. – Bewunderung und Begeisterung bei den Zeugen. – ›Wir streben nur nach Liebe.‹

Diese Nachricht traf mich wie ein Donnerschlag. Ich brauchte lange, um sie zu akzeptieren, und noch länger, viel länger, um sie einzuordnen.

Die Nachricht von der Sichtung mit vorheriger Verabredung am 30. Juli 1975, an der 16 Bewohner der Hauptstadt der Vizcaya teilnahmen, ließ mich in größter Verwirrung zurück. Dinge, von denen ich geglaubt hatte, daß sie fast vergessen seien, brachen in meinem Herzen wieder auf wie ein Vulkan. Und während ich Enden miteinander verknüpfte, während ich Interviews mit den einen und anderen führte, während ich der Realität ins Auge sah, war ›Es‹ fast ohne mein Wissen in mir gekeimt und frei und sicher gewachsen. Viele der Zweifel zerstreuten sich.

Diese wunderbare Nachricht erinnerte mich mit Nachdruck daran, daß die ›Kommunikation‹ zwischen den Wesen aus dem All und den Menschen inzwischen eine reale Erfahrung ist. Wäre das nicht der Fall, wie sollte man die Geschehnisse der Nacht des 30. Juli auf dem Berggipfel des Umbe (in der Nähe von Bilbao) sonst erklären? Wenn meine früheren Beweise noch spärlich gewesen waren, gab es hier nun einen der erstaunlichsten.

Bevor ich aber dazu übergehe, die Ereignisse zu erzählen, ist es nötig, auf etwas Grundlegendes bei dieser ganzen unparteiischen Untersuchung deutlich hinzuweisen. Vom ersten Augenblick an, als mir die Nachricht von der erwähnten Sichtung zu Ohren kam, nahm ich den Großteil derer unter die Lupe, die zu jener Gruppe gehörten, und untersuchte sie genau. Heute, viele Monate später, glaube ich mich nicht zu irren, wenn ich rundweg bestätige, daß es sich hier um ernst zu nehmende Menschen handelt. Menschen, die einer Unmenge von Zweifeln unterworfen waren – genauso wie es bei den Mitgliedern des Peruanischen Instituts für interplanetarische Beziehungen (IPRI) der Fall war, oder auch bei vielen, die sich zu den zahlreichen Gruppen RAMA im ganzen Land zusammengeschlossen habe. Sie hatten einige Male Versuche von ›Kontakten‹ unternommen und sahen sich von der ›Existenz‹ derer überrascht, die wir ›Führer‹ nennen. Aber das war nicht ausreichend. Alle, absolut alle, die der anfänglichen Gruppe dieser sogenannten ›Kosmischen Bruderschaft‹ angehörten, verlangten eine Bestätigung, einen physischen Beweis, der sie erkennen ließ, daß sie nicht einer Selbsttäuschung unterlagen.

Um ehrlich zu sein, als man mir erklärte, daß diese Gruppe zur besagten ›Kosmischen Bruderschaft‹ gehörte, wurde meine Verwirrung noch größer. Es war nicht lange her, daß ich Gelegenheit gehabt hatte, in dem sizilianischen Dorf Valverde Eugenio Siragusa zu interviewen, der sich selbst als ›Botschafter der Außerirdischen‹ bezeichnet.

Für mich hatte dieser lange Tag voller Gespräche mit dem Italiener nicht mehr Wert als den, eine Reihe von Behauptungen und Ideen zu hören, die eines hervorragenden Science-fiction-Schriftstellers würdig waren. Viele dieser Ideen hatte ich bereits in Peru gehört. Aber, vielleicht aufgrund der knapp bemessenen Zeit, in der ich das Interview durchführte, oder vielleicht, weil es so geschrieben stand, kehrte ich nach Spanien ohne den geringsten Beweis für das zurück, was man mir in im Laufe dieses eigentlich schon angenehmen Tages gesagt hatte.

Ich beschränkte mich schlichtweg darauf, Siragusa und ›seine‹ Bewegung, die sich ›Kosmische Bruderschaft‹ nannte, mit vorsichtiger ›Nichtbeachtung‹ zu behandeln.

Aber die Zeit verging geschwind. Meine Meinung über den Sizilianer – es macht mir nichts aus, es zuzugeben – verschlechterte sich. Mir zumindest wurde einiges dabei nicht klar . . .

Deshalb, ich wiederhole es, hegte ich unbewußt ein gewisses Mißtrauen, als ich erfuhr, daß die Gruppe aus Vizcaya eine Verbindung zu Eugenio Siragusa hatte. Es stürzte mich natürlich in eine beträchtliche Verwirrung . . .

Gehen wir aber zu der Nachricht über. Zu der großartigen Nachricht. Was war in der Nacht des 30. Juli 1975 auf dem Berg Umbe geschehen?

Diese Erfahrung begann mit einem vorhergehenden ›Kontakt‹ zwischen einem der Mitglieder der Gruppe, Marce, und dem ›Führer‹ namens ›Oxalc‹ – bereits bekannt durch die Enthüllungen des IPRI.

Marce García Marcos selbst, ein 42jähriger, verheirateter Fabrikant, den ich wirklich schätze, erzählte mir das Erlebte folgendermaßen:

»›Oxalc‹ hatte mir einen Monat zuvor eine Mitteilung zukommen lassen. Sie lautete folgendermaßen:

›SEID DA TAG BERG UMBE UM 11 UHR NACHTS.‹

Wie verständlich ist«, fuhr Marce fort, »fragte ich, warum. Ich bekam folgende Antwort:

›IHR BEKOMMT KLARE BEWEISE VON UNSERER EXISTENZ.‹«

»Wie hast du diese ›Nachricht‹ bekommen?«

»Durch das System des ›psychografischen‹ Schreibens. Ich benutze es seit sehr kurzer Zeit, und bis zu diesem Augenblick hatte man mir nie einen physischen Beweis angekündigt. Wir brauchten ihn in unserer Gruppe sehr . . .!

Wie du dir vorstellen kannst, hatten wir beständige und immer stärker werdende Zweifel.«

Marce hatte – wie er mir bei anderer Gelegenheit erzählte – das Verfahren des ›psychografischen‹ Schreibens drei Monate zuvor kennengelernt, als er in Bilbao mit anderen Freunden und Anhängern der Ufo-Welt der Versammlung einer der ersten RAMA-Gruppen beiwohnte, die sich in unserem Land gebildet hatte.

»Als ich sie sah«, gestand er mir, »war ich kurz davor zu lachen. Einen Moment lang glaubte ich, sie seien verrückt . . .

Aber nach einiger Zeit probierte ich dieses System der Kontaktaufnahme ebenfalls aus. Es stellte sich als absolut zuverlässig heraus . . .

Aber kehren wir zurück zur Botschaft des ›Führers‹ ›Oxalc‹. ›Was werden wir sehen?‹ fragte ich von neuem. ›Oxalc‹ antwortete:

›ZWEI SCHIFFE.‹

Hier endete der Kontakt. Selbstverständlich fragte ich in den folgenden Tagen wiederholt nach Datum, Ort, etc. – und war damit ein Paradebeispiel von Ungläubigkeit. Tatsächlich wollte ich absolut sicher gehen. Ich hatte keine Lust, mich von meinem Unterbewußtsein betrügen zu lassen.

Aber immer bekam ich dieselben Antworten:

›30. TAG AUF DEM BERG UMBE.«

»Hat noch jemand die gleiche Mitteilung bekommen?«

»Nein, ich glaube nicht.«

Der historische Tag des 30. Juli war da. Die zehn Personen, aus denen die Gruppe damals bestand, und sechs weitere Freunde – letztere mehr aus Jux und Tollerei als aus anderen Gründen – stiegen in ihre Wagen und fuhren aus Bilbao in Richtung des Berges Umbe, der ungefähr 6,5 Kilometer von der Hauptstadt entfernt liegt.

Gegen halb elf nachts waren alle in einer Bar versammelt, die an der Straße am Fuß des Berges stand. Die Verabredung war für 11 Uhr vereinbart worden.

»Umbe ist eine sehr weitläufige Ortsangabe. Woher wußtet ihr den genauen Ort?«

»Wir stellten einen weiteren Kontakt her. Man sagte uns, wir sollten einen ›hohen Ort‹ suchen. Da begannen ein weiteres Mitglied der Gruppe und ich, die Straße entlangzulaufen. In Kürze erreichten wir ein Gebiet, das uns hoch genug erschien. Von dort aus konnte man zumindest einen großen Teil der beiden Flußufer des Nervión überblicken. Im Hintergrund auch die Lichter des Berges Sollube und eine Ansammlung von Häusern, die am Umbe liegt.«

»Wart ihr irgendwann vorher schon einmal dort gewesen?«

»Nein, nie.«

»Und die anderen aus der Gruppe?«

»Ich glaube, auch nicht. Aber sie waren ja auch im Restaurant geblieben.

Schließlich und endlich fragten wir noch einmal nach, und die Antwort überraschte uns:

›IST DER RICHTIGE ORT‹, sagte ›Oxalc‹.

Später bin ich häufig auf diese ›Ebene‹ gestiegen. Ihre hervorragende Lage, von der aus man einen weiten Umkreis überblicken konnte, hat mich sogar jedesmal erstaunt, wenn ich diesen Berggipfel von irgendeinem der Düsenflugzeuge aus erkennen konnte, die auf dem Flughafen von Sondica landeten oder von dort starteten.

Wir gingen also zur Bar hinunter und sagten den anderen Bescheid.

Wie gesagt waren dort unter anderem sechs Personen, die nicht zur Gruppe gehörten, die uns aber aus den unterschiedlichsten Motiven begleiten wollten. Du weißt ziemlich gut, daß das Thema ›Ufo‹ zu Tausenden von Menschen durchgedrungen ist . . .

Also gut. Wir kamen zu der Stelle und begannen zu warten. Zuerst waren wir alle verständlicherweise sehr unruhig. Ich«, bemerkte Marce, »machte mir wesentlich mehr Sorgen als die anderen. Schließlich und endlich hatte ich die ›Mitteilung‹ bekommen und fühlte mich verantwortlich . . .

Die Zeit verstrich. Es wurde halb zwölf, es wurde zwölf Uhr.

Niemand und nichts erschien. Dann begannen die Witzeleien und der Spott seitens der sechs Freunde . . .

Noch einmal setzte ich mich ins Auto und stellte einen neuen Kontakt her. Ich erinnere mich, daß es 12 Uhr war.

›WIR VERSPÄTEN UNS EINE STUNDE‹, antworteten sie mir.

Aber ich wurde immer nervöser. Das Gelächter verstärkte sich zunehmend und gefiel mir überhaupt nicht mehr. Daher fragte ich um 12.25 Uhr noch einmal. ›Oxalc‹ gab zurück:

›WIR VERSPÄTEN UNS 35 MINUTEN UHRZEIT.‹

›Was werden wir sehen?‹ hakte ich nach.

›ZWEI SCHIFFE‹.

Also gut. Ich ging wieder zur Gruppe und berichtete ihnen, was ich gerade mitgeteilt bekommen hatte. Die Witzeleien hörten allerdings nicht auf.«

»Wie sah der Himmel aus?«

»Sehr klar. Wunderschön.«

Um Punkt ein Uhr dieses frühen Morgens am 31. Juli

1975 wurden dann alle 17, die sich auf der Anhöhe des Berges Umbe versammelt hatten, Zeugen einer erstaunlichen Erscheinung.

»Genau 35 Minuten später«, fuhr Marce fort, »bemerkte einer von den sechs, die nicht zur Gruppe gehörten, in Richtung Ost-Südost einen Punkt, der sich innerhalb von Sekunden zu vergrößern begann. Er schrie:

›Schaut! Dort kommt es . . .! Dort kommt es!‹

Klar, daß wir alle wie Verrückte zu der Stelle rannnten und sprachlos stehenblieben.

Der rote Punkt, der plötzlich in ungefähr 15 bis 20 Grad über dem Horizont aufgetaucht war, kam auf uns zu und blieb schließlich in ungefähr 40 bis 50 Grad stehen.

Er sah aus wie ein großer orangeroter Kegelstumpf!

Er schleuderte ein paar weiße Blitze von sich – wie die ›Flashs‹ eines Fotoapparates – und blieb ruhig über dem Wald dieses Bergabhangs stehen.«

»Wie groß könnte er gewesen sein?«

»Keine Ahnung. Von dort aus, wo wir ihn sahen, schien er so groß wie ein Auto zu sein.«

»Kannst du etwas zur Entfernung sagen?«

»Auch das kann ich nicht genau schätzen. Das hängt von seinen Ausmaßen ab. In dem Fall, daß er sehr groß war, wäre er vielleicht ein bis zwei Kilometer entfernt gewesen. Falls er aber kleiner war, vielleicht 200 bis 300 Meter . . .

In einem solchen Augenblick konzentrierst du dich außerdem nicht auf solche Dinge. Wir waren völlig verblüfft.

Plötzlich wechselte das Ufo seine Position und nahm vor unseren Augen die Form eines ›Tellers‹ an. Dann begann es, sich um sich selbst zu drehen, ohne sich dabei allerdings von der Stelle zu bewegen.

Das dauerte 30 bis 40 Sekunden. Unmittelbar danach

entfernte sich das Schiff mit einer rasenden Geschwindigkeit und verschwand.«

Marce gab mir damals ein sehr plastisches Beispiel, um das unglaubliche Verschwinden der Scheibe zu beschreiben:

»Das erinnerte mich an den Bildschirm eines Fernsehers, wenn er ausgeschaltet wird. Die ganze leuchtende Oberfläche reduziert sich auf einen einzigen Punkt, der dann schließlich ebenfalls verschwindet . . .

Verblüffend war, daß all das in völliger Stille vor sich ging!

Allerdings hatten wir 25 bis 30 Minuten vorher alle bemerkt, daß Hunde, Pferde und andere Tiere in den umliegenden Gehöften nicht aufhörten, zu bellen und unruhig zu sein. Das haben wir allerdings erst im nachhinein realisiert. Als ob sie uns etwas ankündigen wollten.«

»Wie reagierte die Gruppe?«

»Zuerst waren wir alle verblüfft. ›Das da‹ war etwas Erstaunliches. Meine eigene Reaktion war der Ausruf:

›Mein Gott, ich danke Dir!‹ Für mich war es ein sehr wichtiger Beweis der Liebe. Ehrlich gesagt das erhabenste und großartigste Ereignis in meinem ganzen Leben.

Was die Gruppe betrifft, so glaube ich, daß sie die Nerven verloren. Einige sprangen vor Freude in die Luft, und andere weinten . . .

Wir hatten soviel Hoffnung darauf gesetzt . . .!«

»Was machten diejenigen, die nicht zur Gruppe gehörten?«

»Sie waren verlegen. Zwei von ihnen sind heute Mitglieder der ›Kosmischen Bruderschaft‹.

Ich erinnere mich, daß am nächsten Tag einer der Ingenieure, die bei uns waren, noch mal auf den Umbe stieg und dort viel Zeit verbrachte, während er Temperaturen, Entfernungen etc. maß.«

»Aber ›Oxalc‹ hatte von zwei Schiffen gesprochen . . .«

»Ja, in der Tat. Bevor ich den Umbe verließ, fragte ich ihn.

Mein ›Führer‹ antwortete:

›DA WIR SOLCHER PRÄSENTATIONEN VIELE HABEN. MANCHMAL SEHEN WIR UNS GEZWUNGEN, SIE IM LETZTEN AUGENBLICK ABZUÄNDERN.‹«

Seltsam aber ist, daß ein anderer Zeuge, Cheli Angulo Abascal, zur gleichen Stunde ein Schiff über Derio fliegen sah.

Diese Ortschaft befindet sich, um genauer zu sein, in wenigen Kilometern Luftlinie vom Berg Umbe entfernt und in der gleichen Richtung (Ost-Südost), in der das rote Ufo gesehen wurde.

Natürlich wird niemand aus der Gruppe den herrlichen Anblick dieses Ufos in der Nacht des 30. Juli 1975 jemals vergessen. Der ›Kontakt‹ – und das war das wichtigste – hatte tatsächlich stattgefunden.

Aber dieser Beweis sollte nicht der letzte sein. Teilgenommen hatten, unter anderen, Miguel Delgado Tellechea; ›Mavi‹ Delgado und ihr Mann, Andrés Legarza; Paulino Patiño Sánchez; Marce García Marcos; Javier Salgado Suárez und seine Frau; Lice Moreno Navajo und Jesús L. Pascual Trell; Valentín Piñedo und das Ehepaar Leal.*

Zu späteren Zeitpunkten, im Verlauf des Jahres 1975 und im darauffolgenden, sollten die Basken weitere Ereignisse erleben, die genauso erstaunlich waren wie das, von dem sie mir gerade erzählt hatten.

Einmal mehr rief mir diese Beobachtung diejenige in Erinnerung, an der ich ein Jahr zuvor in den *Arenales de Chilca* in Peru teilgenommen hatte. Ohne bewußt danach

* Einige der Zeugen dieser Beobachtung vom 30. Juli 1975 baten darum, nicht namentlich genannt zu werden.

gesucht zu haben, verspürte ich neue Kräfte. Neue Impulse, um weiterhin IHREN Spuren zu folgen.

Ich erinnere mich, daß ich mich bei einem der ersten Interviews mit der ›Kosmischen Bruderschaft‹ auch für die Hintergründe, für die Ziele der Gruppe interessiert hatte.

Die Antworten waren genauso wunderbar wie schwer zu verwirklichen in dieser niederdrückenden Zivilisation des 20. Jahrhunderts:

»Wir streben nur nach LIEBE. Sie, unsere ›Führer‹, betonen das ständig. Der Mensch muß seine Brüder LIEBEN, muß alle ihm ähnlichen Wesen lieben. Dafür ist er geschaffen. Aber wir haben das vergessen . . .

Die Menschheit irrt auf dem falschen Weg. Wir sind von der Technik gefangen. Und sehen keinen Ausweg. SIE sind unsere ›größeren Brüder‹ und versuchen, uns ihre Existenz ins Bewußtsein zu rufen und auch das, was wirklich den Sinn des Lebens ausmacht.

Warum all diese Gewalt? Warum so viel Elend? Warum denkt der Mensch nur an sein Wohlergehen? Warum schaffen wir nicht eine Menschheit, in der alle Probleme von allen ›geteilte Probleme‹ sind . . .?«

Ich wußte nie, was ich auf diese Fragen antworten sollte. Aber seit damals, seitdem ich von dem großartigen Erlebnis der Gruppe aus Bilbao erfahren hatte, blickten meine Augen wesentlich häufiger gen Himmel.

Es sollte nicht lange dauern, bis ich sie wieder sehen würde . . .

10. Kapitel

Innerhalb von zehn Tagen sehe ich sechs Ufos. – Ein weiteres Schiff überquert den Himmel über Llodio. – Beobachtung eines Ufos über der Schule von Echévarri.

Wie könnte ich jemals den Juli 1975 vergessen?

Seit vielen, vielen Monaten verloren sich meine Augen Tag und Nacht in der Unendlichkeit des Himmels und hofften, SIE zu sehen. Meine Frau Raquel wurde geduldige Zeugin dessen, was ich hier erzähle.

Viele Stunden verrannen, während ich mich in den Anblick der Sterne vertiefte, während meine ganze Seele und mein ganzes Streben auf einen einzigen Gedanken ausgerichtet waren: SIE zu sehen.

Meine Beharrlichkeit – oder hätte es denn was anderes sein können? – wurde belohnt.

Denn in einer dieser Nächte, genauer gesagt in der Nacht des 8. Juli, schälte sich 25 Minuten nach Mitternacht, während der beginnenden Morgendämmerung, ein schnelles, leuchtendes Objekt aus den Millionen von Sternen heraus, die Wache hielten über den Schlaf der emsigen Menschen in der Hauptstadt der Vizcaya.

Ich sprang mit einem Satz aus dem Stuhl, den ich auf meinem engen Balkon im 7. Stock aufgestellt hatte. Dort lebte ich, mitten in Bilbao. Dann hob ich das Fernglas mit einer Auflösung von 10 × 15, das immer um meinen Hals hing, an die Augen. Jenes teuflische Objekt brauchte weniger als 15 Sekunden, um die fast 120 Grad am Firmament, die ich vom Balkon aus überblicken konnte, zu überqueren. Es war im Westen aufgetaucht und verlor sich in Richtung Osten im Unendlichen. Es war schwer, es mit dem Fernglas zu verfolgen. Die wenigen Male aber, die ich es ›erfassen‹ konnte, beobachtete ich einen unglaublich leuchtenden Punkt mit einer Lichtaureole, die ihn völlig einhüllte. Er flog wirklich sehr hoch.

Um ehrlich zu sein, fand ich keine Erklärung dafür. Aber einer Sache war ich mir absolut sicher: Es handelte sich nicht um einen künstlichen Satelliten. Um diese Uhrzeit – fast ein Uhr morgens – ist ein Satellit nicht für das bloße Auge erkennbar. So hatte es mir der Chef des Weltraumzentrums Fresnedillas erläutert. Diese Art irdische Maschine kann von der Erde aus nur in den Augenblicken des Sonnenauf- und -untergangs gesehen werden, aber weder davor noch danach.

Ebensowenig handelte es sich um eine Sternschnuppe oder einen Meteoriten. Dieses Objekt hatte eine langgestreckte und zum Horizont fast parallele Bahn beschrieben, und das mit einer niedrigeren Geschwindigkeit als ein Meteorit, der auf unseren Planeten stürzt, aber einer sehr viel höheren als der jeglicher Satelliten, jeglicher Raketenstufen oder jeglicher Düsenjäger.

Ich verbrachte noch viel Zeit mit der aufmerksamen Beobachtung des Himmels. Doch sie flogen nicht noch einmal vorbei. Zumindest nicht bis zur nächsten Nacht . . .

Ja, am 9. Juli gegen halb eins in der Nacht, als ich bereits eine gute Weile dabei war, die Sterne des schwarzen und wolkenlosen Himmels zu betrachten, zeichnete sich plötzlich ein weiteres Ufo zwischen den Tausenden von ›falschen Fährten‹ dieser Legion von Sternenkörpern ab.

Diesmal wollte ich es mit bloßen Augen verfolgen. Es flog ebenfalls sehr hoch. Wahrscheinlich auf der Höhe der großen Linienflüge. Vielleicht 10000 bis 15000 Meter hoch. Es war so gut wie unmöglich, die Höhe einzuschätzen, weil ich die Ausmaße des Objektes selbst nicht kannte.

Diesmal kam das Ufo aus Nordwesten und flog Richtung Südosten. Es verschwand genauso schnell, wie es kam.

Im letzten Moment konnte ich der Versuchung, es mit dem Fernglas anzupeilen, nicht widerstehen. Entweder war es kleiner als das Objekt in der vorangegangenen Nacht, oder es flog, so dachte ich, eventuell auch höher.

Aber in eben dieser Sekunde verschwand es aus meinem Sichtfeld, genauso schnell wie das andere. Ich erinnere mich, daß ich mich mit einem eigenartigen Gefühl in den Stuhl zurückfallen ließ. Als ob jenes Ufo ein wichtiger Teil meines eigenen Lebens wäre. Erst viel später konnte ich das ›Warum‹ dieses Gefühls verstehen . . .

Auch in den folgenden Stunden nach dem Vorbeiflug des weißen Lichts bekam ich kein weiteres ›nichtidentifiziertes Flugobjekt‹ zu sehen. Das machte mir allerdings nicht viel aus. Was ich mir nicht erklären konnte, war, warum ich jeden Morgen wieder pünktlich um ein Uhr ein Ufo vorbeifliegen sehen konnte.

Denn obwohl es unglaublich zu sein schien, flogen diese Objekte weiterhin über den Himmel von Bilbao.

Der für mich vielleicht wichtigste Vorfall – sogar der allerwichtigste – ereignete sich wenige Tage danach, am 14. Juli um 5.20 Uhr morgens.

Seit einigen Tagen litt ich an einem starken Schmerz in den Ohren. Genauer gesagt befand sich in meinem linken Ohr einer der herkömmlichen ›Wachspfropfen‹. Noch nie hatte ich so schwer wegen einer so simplen Sache gelitten . . . Nach einer ersten Untersuchung verschrieb mir der Arzt Alfredo Arcocha Muguerza Tropfen, um eine Lockerung zu erreichen und die spätere Entfernung besagten ›Pfropfens‹ zu ermöglichen.

An diesem Morgen also – in der Nacht vom 14. zum 15. Juli – weckte mich der Schmerz gegen Viertel nach fünf wie ein Peitschenhieb und ließ mich aus dem Bett springen. Zwangsläufig suchte ich mit vor Schmerz geballten Fäusten nach einem Beruhigungsmittel.

Aber anstatt ins Schlafzimmer zurückzukehren, lenkte ich seltsamerweise meine Schritte zu meinem täglichen Beobachtungsposten. Ich ging mit dem Fernglas um den Hals auf den Balkon hinaus. Die kühle Luft weckte mich endgültig.

Genau in diesem Augenblick, in dem Moment, als ich meine nackten Füße auf den Balkon setzte, blieb ich verblüfft stehen.

Ganz hinten am Firmament, im Nordwesten – wie ich später feststellen konnte – war ein unglaublich leuchtendes Objekt aufgetaucht ...

Ich traute meinen Augen nicht. War auch dies ein Zufall?

Das Ufo, das sich sehr hoch oben befand und mit einem Lichtkranz versehen war, den ich niemals vergessen werde, bewegte sich in südöstlicher Richtung mit der gleichen Geschwindigkeit wie seine vorherigen ›Brüder‹. Ich verlor es nach wenigen Sekunden aus den Augen. Trotzdem blieb mir genug Zeit, um es durch das Fernglas betrachten zu können. Dieses Objekt war augenscheinlich rund und strahlte ein bläulich-weißes Licht ab, das die erwähnte Aureole hervorrief.

Es war erstaunlich. Ich schaute wieder auf die Uhr. Ich hatte mich nicht geirrt. Es war zwanzig nach fünf in der Früh ...

In dieser Nacht konnte ich nicht mehr einschlafen.

Seitdem – und ich glaube, daß jeder dasselbe getan hätte – widmete ich fast den Großteil nahezu jeder Nacht der bescheidenen Wacht über den Himmel. Ich ver-

Francisco Padrón (links) und Emilio Bourgón einige Minuten bevor das strahlendhelle Schiff über dem Meer erscheinen sollte. Ersterer von beiden trägt eine hochspezialisierte technische Ausrüstung um den Brustkorb.

brachte dort, auf meinem einsamen Balkon, endlose Stunden mit der Beobachtung und nutzte sie für das Studium der Sternkarten.

Aber, mein Gott, niemand wird mir glauben.

Zwei Tage danach, im Morgengrauen des 17. dieses Monats, den ich nie aus meinem Gedächtnis löschen werde, sollten sich zwei weitere einzigartige Vorfälle ereignen.

Ungefähr um 4 Uhr früh, knapp eine Stunde nachdem mich mein Schlafbedürfnis und die Müdigkeit dazu gezwungen hatten, das bescheidene ›Observatorium‹ zu verlassen, wachte eins meiner Kinder, Iván, weinend auf. Ich lief im Halbschlaf, hier und dort strauchelnd, in das Zimmer, in dem er zusammen mit seinem Bruder Satcha schlief. Ich gab ihm Wasser, streichelte ihn und kehrte vor die Tür des Schlafzimmers zurück.

Ich weiß auch nicht genau, warum, aber etwas, was stärker war als ich selbst, trieb mich dazu, weiter bis zum Balkon zu laufen . . .

Ich streckte den Arm zum Bücherregal aus, auf dem ich immer das Fernglas aufbewahre, und ging im Pyjama auf die kleine Terrasse hinaus.

»Warum«, fragte ich mich, während ich versuchte, munter zu werden. Tatsächlich saß ich wieder einmal leicht zitternd auf dem kühlen Boden des Balkons.

In dieser Minute – vielleicht auch etwas eher – entdeckte ich am Himmel ein viertes Ufo, das in Nord-Süd-Richtung flog.

Ich blickte auf die Uhr. Es war 3.35 Uhr.

Ich suchte das schwarze Firmament ab, und nach einigen Sekunden konnte ich es anpeilen. Es war länglicher als die anderen. Aber es hatte das gleiche bläulich-weiße Licht.

Ich ließ das Fernglas sinken und versuchte, die Höhe

zu schätzen, in der es sich befand. Es war absolut unmöglich.

Es bewegte sich schnell. Vielleicht aber nicht so schnell wie die vorherigen Objekte, die in jenen Nächten über die Dächer von Bilbao geflogen waren.

Es fiel mir schwer, es ein zweites Mal mit dem Fernglas zu ›finden‹. Es bewegte sich schnell wie ein Blitz.

Genauso wie die anderen verschwand es nach wenigen Sekunden aus meiner Sicht, in Richtung Süden . . .

Ich blieb verwundert zurück. Schon zum zweitenmal trieb mich am frühen Morgen ›Etwas‹ auf den Balkon! Unbewußt kam mir der Name meines ›Führers‹ in den Sinn.

Aber mir blieb nicht allzuviel Zeit für diese nächtlichen Grübeleien. Denn 20 bis 25 Minuten später trat ein zweites ›nichtidentifiziertes Flugobjekt‹ über meinem Kopf in Erscheinung. Es tauchte im Südwesten auf und flog Richtung Nordosten. Als ich mich am nächsten Morgen gefaßt hatte, schaute ich auf die Karte und stellte mit Bestürzung fest, daß dieses letzte Ufo in Richtung des Kantabrischen Meeres verschwunden war und interessanterweise in Richtung des Gebiets von Deva, nach Guipúzcoa. (Es wird in dieser Gegend ein ›Stützpunkt‹ für Ufos auf dem Meeresgrund vermutet.)

Tatsache ist jedenfalls, daß sich dieser neue Lichtpunkt, der sich ebenfalls mit solch rasender Geschwindigkeit bewegte, wie sie bei irdischen Flugzeugen nicht einmal vorstellbar ist, in die Tiefe der Nacht entfernte und am Horizont verlor. Dieses Ufo erinnerte mich am stärksten an die drei Objekte, die wir über dem peruanischen Strand im Norden von Lima gesehen hatten. Es war womöglich dasjenige, das in diesen Julinächten am niedrigsten und schnellsten geflogen war.

Aber es sollte nicht das letzte bleiben.

Diesmal konnte ich glücklicherweise den Vorüberflug

eines neuerlichen ›nichtidentifizierten Flugobjekts‹ zusammen mit meiner Frau Raquel Forniés beobachten.

Es geschah in der nächsten Nacht, der des 18. Juli.

Ich hatte Raquel viel von meinen außergewöhnlichen ›Sichtungen‹ in den vergangenen Nächten erzählt. Natürlich war sie sehr neugierig geworden.

In dieser Nacht begleitete sie mich von halb zwölf oder Viertel vor zwölf an auf die Terrasse.

Es war nicht nötig, allzu lange zu warten. Punkt Mitternacht sahen wir einen weiteren schnellen weißen Lichtpunkt zwischen den Sternen. Er kam genau wie am Vortag aus Südwesten, und Raquel und ich sahen ihn im Nordosten im Nebel verschwinden, der bereits in der Ferne aufstieg. Auch dieses Ufo brauchte nur wenige Sekunden, um das Himmelsgewölbe zu durchqueren.

Für meine Frau war ›Das‹ vielleicht nicht genug. Und sie hatte recht. Dieses Ufo war in großer Höhe über unsere Köpfe hinweggeflogen. Es war aber bereits das sechste, das ich in diesen zehn Tagen über Bilbao fliegen sah, und das unter ein wenig merkwürdigen Umständen . . .

Diese Vorfälle machten mir Mut, die Versuche mit ›Kontakten‹ zu den Wesen aus dem All fortzusetzen. Ich mußte aber noch so viele Sachen lernen und ausprobieren, daß ich dabei viele Male völlig erschöpft war . . .

Ganz im Gegensatz zu dem, was der ›Kosmischen Bruderschaft‹ widerfahren war, fanden sich währenddessen die ›RAMA‹-Gruppen zu der einen oder anderen vorher vereinbarten Verabredung ein, aber ohne allzu befriedigende Ergebnisse.

Es ist nur allzu menschlich, daß sie immer wieder in Mutlosigkeit und Ungewißheit verfielen.

Bei einem Großteil dieser ›physischen Beweise‹ in den entlegensten Gegenden der Vizcaya passierte überhaupt nichts. Dem Anschein nach, logischerweise.

Tatsächlich war das ›Geduldsspiel‹ für alle immer schwerer zu ertragen. Während sie bei einigen zur ersten Verabredung erschienen – so wie es bei Marce und seiner Gruppe und auch bei mir selbst in Chilca geschehen war –, verstrichen bei anderen Monate ohne das geringste eindeutige und sichtbare Zeichen ihrer Existenz. Es breitete sich immer größere Unruhe aus.

Die Niedergeschlagenheit schlug allerdings mit fast unglaublicher Leichtigkeit in Euphorie oder zumindest in Hoffnung um. Nicht umsonst. Denn zu demselben Zeitpunkt, zu dem sich verschiedene Teile der ›RAMA‹-Gruppen auf den Feldern und Bergen der Provinz einfanden, um einen visuellen Kontakt zu den Schiffen herzustellen, meldeten Dutzende anderer den Behörden die Anwesenheit unzähliger Ufos.

Es war zum Verrücktwerden.

Hier zum Beispiel ein solcher Fall, den ich selbst untersucht habe und der über der Vizcaya stattfand.

Der wahrscheinlich spektakulärste ereignete sich am Sonntag, dem 28. September in der fast schon traditionellen ›Ufo-Überflugzone‹ Bilbao–Echévarri–Llodio–Orduña.

In dieser Nacht wurden zwischen neun und elf Uhr mehrere Schiffe gesichtet, die sich in allen Fällen von Norden nach Süden bewegten.

»Zwischen fünf nach neun und zehn nach neun«, berichtete einer der Zeugen, Juan Ramón Acha, ein Bewohner der Ortschaft Llodio (in Ávala), »sahen wir etwas Ungewöhnliches am Himmel.

Ich befand mich im Stadtviertel Larraño in Begleitung von Javier Aldaiturriaga.

Ohne mir erklären zu können, wie, erschien mitten am Himmel ein rundes Objekt, das von seinem unteren Teil ein rotes Licht abstrahlte. Es bewegte sich mit großer Geschwindigkeit, aber wir hörten keinerlei Geräusch.

Es genoß unsere uneingeschränkte Aufmerksamkeit sowie die einer Gruppe von Damen, die sich auf einer Terrasse aufhielten.

Ich erinnere mich, daß die Scheibe Richtung Orduña flog.«

»Sie sagten, daß das Objekt eine runde Form hatte?«

»In der Tat. Außer diesem roten Licht sahen wir ebenfalls andere von metallischem Farbton, die eine Art ›Gesicht‹ bildeten. Ich weiß nicht genau, wie ich das erklären soll . . .«

Ich versuchte, ihm mit einem Bild zu helfen.

»Vielleicht wie ein Polyeder?«

»Das könnte sein. Jedenfalls meine ich, daß es sehr hoch flog. So hoch wie die Linienflugzeuge, die hier täglich vorbeifliegen.«

»Aber guter Mann!« rief ich aus. »Es könnte sich doch um einen dieser Düsenjäger gehandelt haben . . .«

»Nein, keinesfalls. Es war rund wie ein Teller. Kennen Sie irgendein Flugzeug dieser Form?«

»Nein, natürlich nicht.«

»Na also . . .! Außerdem hatten wir den Eindruck, daß sich dieses Objekt um seine eigene Achse drehte.«

»Wie lang hatten Sie es vor Augen?«

»Nur kurz. Nicht länger als zwei Minuten. Wenn Sie die Geschwindigkeit gesehen hätten, mit der es flog . . .!«

Jeder Kommentar war überflüssig. Wieder einmal war Llodio Schauplatz eines Überfluges von den Ufos gewesen, die ich so vehement verfolgte. Es war in Richtung Orduña verschwunden, wo meine ersten vergeblichen Versuche einer ›Kontaktaufnahme‹ mit den Besatzungsmitgliedern dieser Raumschiffe stattgefunden hatten. Woran ich mich nur allzugut erinnere . . .

Fast zur gleichen Zeit aber beobachteten des weiteren Bewohner von Echévarri ungefähr 5 Kilometer von Bilbao und noch einmal 15 bis 20 km Luftlinie von Llodio entfernt erstaunt und bestürzt über ihrem Ort den raschen Vorbeiflug mehrerer Ufos, deren Beschreibung mit denen der Zeugen von Llodio übereinstimmte.

Der erste, der eines der Schiffe sah, war das siebenjährige Kind Faustino Fernández Carazo, das gerade im Stadtviertel San Antonio spielte. Der Kleine rief erschrocken seine Freunde. Als sie sahen, daß das Ufo ungefähr zwanzig Meter über der Schule des Viertels schwebte, blieben sie durch die Überraschung und den Schreck ebenfalls wie angewurzelt stehen. Zu diesen Jungen gehörten José Antonio und Miguel Ángel Martínez Zubero, José Antonio Fernández, Rubén Ortega und Pilar Fernandez Blanca. Ich hatte Gelegenheit, mit ihnen zu sprechen. Hier ihre unmittelbaren Aussagen:

»Es sah aus wie zwei aufeinandergesetzte Teller. Es schwebte über dem Dach der Schule und erfüllte alles mit Licht.«

»Wie weit wart ihr davon entfernt?«

»Wir waren ganz nah dran. Wie von hier nach dort . . .«

Die Jungen zeigten mir eine Distanz von ungefähr 50 Metern.

»Das ist aber wirklich sehr nah dran . . . Sicher habt ihr Fenster oder ›Treppen‹ gesehen.«

Die Kinder sagten wie aus einem Mund (!), sie hätten »weder Fenster noch Treppen« gesehen.

»Oben gab es so etwas wie eine runde Ausbuchtung«, führten sie näher aus. »Dasselbe am ›Bauch‹.

Am Rand hatte es einige rote Lichter. Es schien sich zu drehen. Genauso wie ein Kreisel . . .«

Ich nahm ein Stück Papier und bat die Jungen, mir eine

Zeichnung zu machen. Spontan und unbekümmert machten sie sich daran. Das Ergebnis war ein Schema eines typisch scheibenförmigen Schiffes mit zwei kleinen Kuppeln am oberen und unteren Teil.

Ich stellte mir vor, daß es sich um ein Erkundungsschiff gehandelt haben könnte, das daher von kleinem Ausmaß war. Aber ich bat die Zeugen um nähere Angaben.

»Es war ein bißchen kleiner als die Schule.«

Als ich der Gegend einen Besuch abstattete, stellte ich fest, daß in Anbetracht der Größe der Schule das Ufo wahrscheinlich nicht mehr als zehn bis zwölf Meter groß war. Solche Maße besitzen häufig die Erkundungsschiffe bzw. diejenigen, die für eine ›Landung‹ bestimmt sind.

Nach Aussagen der Zeugen blieb das Schiff ungefähr 30 bis 40 Sekunden über dem Dach besagter Schule und entfernte sich dann in niedriger Höhe unter ›Summen‹ in Richtung des Gebietes um den Berg Pagasarri.

»Als es wegflog«, sagte einer der Jungen, »gab es ein paar Strahlen ab, wie Blitze . . .«

»Veränderte es nicht seine Farbe?«

»Nein. Es blieb rot. Deswegen war es ein Ufo, nicht wahr?«

Es war kurios. Diese Kinder wußten, ebenso wie viele andere Menschen, mit denen ich in den letzten Monaten reden konnte, was ein Ufo war. Zweifellos fand hier eine wichtige Bewußtseinsbildung statt.

Aber fahren wir mit dem Vorfall in Echévarri fort.

Ungefähr zehn Minuten nach dieser ›Beinahe-Landung‹ auf dem Dach der Schule hatten mehr als 200 Bewohner eben dieses Viertels San Antonio in Echévarri Gelegenheit, zwei weitere nichtidentifizierte Flugobjekte zu sehen.

Zwei dieser Zeugen – die Damen Pilar Blanca und Consuelo Carazo – berichteten mir folgende Einzelheiten über die Ufos:

»Sie flogen in großer Höhe. Beide waren rund. Beim ersten konnte man sehr gut einen Reif von rotem Licht an seinem Unterteil erkennen.«

(Die Übereinstimmung mit dem Schiff, das über Llodio in ebendieser Nacht gesichtet wurde, war wichtig . . .)

»Hinter ihm«, setzten die Zeugen ihren Bericht fort, »flog das zweite Licht, das aussah, als ob es ›zwinkerte‹ bzw. blinkte . . .«

»Ähnelten sie einander?«

»Ja, so wie ein Stern dem anderen. Dasjenige, das hinten flog, konnte man besser erkennen, weil es, wie gesagt, Lichtsignale zu geben schien.«

»Welche Farbe hatten sie?«

»Sie waren beide intensiv rot.«

Es konnte nicht der geringste Zweifel bestehen. In dieser Nacht hatten mehrere Ufos mit identischen Merkmalen das Gebiet von Bilbao nach Orduña überflogen. Oder handelte es sich vielleicht um dieselben Schiffe, die einfach nur mehrere Flüge über diese Gegend durchführten?

Aber die Beobachtungen in dieser Nacht hatten noch kein Ende genommen. Einige Minuten später, ungefähr um 22 Uhr, konnte eine weitere vielköpfige Gruppe von Bewohnern des Stadtviertels Santuchu in Bilbao mit Erstaunen den Flug und die Bewegungen weiterer Ufos betrachten.

Einige der Menschen befanden sich in diesem Augenblick auf dem Platz Luis Echevarría. Es waren dieselben, die Monate zuvor den Überflug von vier solchen Ufos über der Hauptstadt der Vizcaya bemerkt hatten. Es handelte sich um Juan Carlos Garciá, Fernando Porres, Carlos Palacios, Martín Zabalza, Gerardo und Manuel Barona, Begoña Martínez, Juan Carlos Ferreiro, Mari Cruz Picatoste und Beatriz Gaviria. Alle waren Anwohner dieses Platzes.

»Das erste der Ufos«, erläuterten sie, »hatte eine runde Form und flog sehr hoch. Dort, wo sein Unterteil sein mußte, konnten wir einige rote Lichter erkennen.

Es bewegte sich mit großer Geschwindigkeit und schien sich um seine eigene Achse zu drehen. Wir sahen es einige Sekunden lang, bis es sich hinter einer Wolke verbarg. Danach sahen wir es noch dreimal.

Es drehte drei Runden über unseren Köpfen. Das ganze Viertel konnte es sehen.

Schließlich entfernte es sich. Inzwischen aber waren bereits weitere Objekte aufgetaucht, die bewegungslos am Himmel standen und Lichtsignale untereinander ›auszutauschen‹ schienen.«

»Sie standen genauso schnell still«, bedeutete ein anderer der Zeugen, »wie sie sich geräuschlos von einem Platz an den anderen bewegen konnten. Und sie vollführten die seltsamsten und schwierigsten Wendungen und Drehungen.«

»Über welchem Gebiet befanden sie sich?«

»Über den sogenannten Escuela de Mina.«

Diese Gegend befindet sich etwas außerhalb von Bilbao.

Den zahlreichen Zeugenaussagen nach war das erste der Ufos ein bißchen kleiner als ein Vollmond. Die anderen waren weiter entfernt und wirkten daher noch kleiner.

Dieses ›Schauspiel‹ sollte bis fast halb zwölf nachts dauern. Das heißt, genau die Kleinigkeit von eineinhalb Stunden lang . . .

Ein anderes Mal teilten mir einige der Bewohner dieses dicht besiedelten Viertels Santuchu, denen ich meine Telefonnummer gegeben hatte, äußerst aufgeregt mit, daß mehrere dieser rätselhaften roten und grünen Lichter das Gebiet wieder überflogen. Innerhalb weniger Minuten fand ich mich in Santuchu ein, die Ufos hatten sich aber bereits von dort entfernt, als ob es sich um ein Gesellschaftsspiel handele. Sie wurden Minuten später in der vorher erwähnten Gegend um Echévarri gesichtet. Nachdem ich diesen ersten Fehlschlag realisierte, eilte ich so schnell ich konnte zu der genannten Ortschaft in der Nähe von Bilbao. Aber es war nicht mein Glückstag. Wie ich vermutete, waren die Ufos gerade über das Viertel San Antonio hinweggeflogen. So versicherten es mir einige der Bewohner, die immer noch in kleineren Gruppen herumstanden und über die erstaunliche ›Parade‹ der Schiffe miteinander sprachen. Wieder einmal kamen meine Kameras und ich zu spät . . .

Aber kehren wir zum 28. September 1975 zurück. Von drei verschiedenen Orten aus konnten Bewohner aus Bilbao, Echévarri und Llodio den Vorbeiflug von mehreren Ufos beobachten, die fast identische Formen und Farben hatten. Trotzdem, so vermute ich, kam die eigentliche Überraschung ebenso für Mitglieder der ›RAMA‹ wie für die Zeugen erst ein wenig später. Als sie nämlich am 1. Oktober in der Zeitung, bei der ich arbeite, den Bericht lesen konnten, in dem die drei wichtigen Sichtungen zusammengefaßt waren. Bis zu diesem Augenblick hatten weder die Gruppe ›RAMA‹ noch die betreffenden Bewohner von Llodio, Bilbao und Echévarri – alles ziemlich weit auseinanderliegende Ortschaften – eine Ahnung von all den anderen Vorfällen gehabt.

Diese ungewöhnliche Anhäufung von Ufo-Erscheinungen über meinem Heimatland war weit davon entfernt, mich mit Freude zu erfüllen. Vielmehr beunruhigte sie mich. Was wollten diese außerirdischen Schiffe wirklich? Warum diese wiederholten Flüge – sogar im Tiefflug über den städtischen Zentren –, in denen viele der Mitglieder aus den ›Kontaktgruppen‹ wohnten?

Ich wiederhole, daß nie zuvor in der gesamten Geschichte der Ufo-Erscheinungen eine derartige Ansammlung von Fällen über der Vizcaya und den nächstgelegenen Regionen registriert worden war.

Warum aber?

Für den Moment sollte mich eine andere verblüffende Nachricht, diesmal von der Insel Lanzarote, für eine gewisse Zeit diese Befürchtungen vergessen lassen ...

Dorthin richtete ich mit neuer Kraft meine Schritte. Die erstaunlichen Kanarischen Inseln bescherten mir einen der eigenartigsten Ufo-Vorfälle, den ich je untersucht habe.

11. Kapitel

Lanzarote: ›Austausch‹ von Lichtsignalen. – Ein Ufo ›antwortet‹ den Technikern eines Elektrizitätswerks. – ›Mutterschiff‹ von sechs Polizisten gesichtet. – Zwei Stunden vor einem Wochenendhaus.

Wenn mich die Erinnerung nicht trügt, war es das erste Mal, daß ein Ufo auf die Lichtsignale einiger spanischer ›Zeugen‹ antwortete.

Diese Nachricht war zwischen dem 14. und 16. Mai 1975 genauso kurz und knapp von der gesamten nationalen und ausländischen Presse aufgegriffen worden.

Hier habe ich den vollständigen Text, der von den Nachrichtenagenturen verbreitet wurde:

»Im Morgengrauen wurde ein Ufo (nichtidentifiziertes Flugobjekt) von einigen Angestellten des Stromwerks in Arrecife beobachtet. Das leuchtende Objekt machte einen ausgesprochen seltsamen Eindruck, besonders weil es nicht in großer Höhe am Himmel flog, wie es sonst normalerweise der Fall ist, sondern wenige Meter über der Oberfläche des Meeres, in ungefähr 15 Meilen Entfernung von der Küste.

Die Personen, die besagtes Ufo beobachteten, stimmten entschieden darin überein, daß es sich nicht um ein Flugzeug gehandelt habe, da das Ufo von einer roten Aureole umgeben war und äußerst niedrig flog. Auch habe es sich nicht um ein Schiff handeln können, da es sich extrem schnell bewegte und sich deutlich oberhalb der Oberfläche des Ozeans befand.

Der erste der Angestellten, der das Ufo bemerkt hatte, rief seine Kollegen herbei. Er holte sofort eine Laterne, womit er zwei aufeinanderfolgende Lichtstrahlen erzeugte. Diese beiden Strahlen wurden vom vermeintlichen Ufo beantwortet. Danach entzündete er die Laterne noch drei Mal, und genausooft wurde geantwortet.«

Doch die Ereignisse waren – zumindest nach Aussage der Zeugen – noch viel interessanter und sollen noch wesentlich ausführlicher geschildert werden. Zwei der Zeugen arbeiteten in der Abteilung für Trinkwasseraufbereitung, wo die Beobachtung stattgefunden hatte.

Der 32jährige Juan Reyes war in der Tat der erste, der das Ufo sah.

Neben ihm berichtigte und vervollständigte ab und zu Vicente Montelongo, ein weiterer Zeuge vom nächtlichen Vorbeiflug des Objekts, die genaue und detaillierte Erzählung, die mir Reyes an diesem sonnigen Morgen auf Lanzarote gab.

Die Ereignisse hatten in der ›Alten Wiederaufbereitungsanlage‹ von Arrecife stattgefunden, die drei Kilometer von der Hauptstadt der Insel entfernt ist. Die anderen beiden Zeugen – Juan Rodríguez und Juan Padrón – befanden sich zur Zeit des Interviews außerhalb der Insel im Urlaub. Die Zeugenaussagen von Juan Reyes und Montelongo waren aber so ausführlich, daß ich mich, zumindest für den Moment, damit zufriedengab.

Am Ufer des Meeres begannen die Zeugen folgendermaßen ihre Erzählung:

»Es war am frühen Sonntagmorgen, dem 11. Mai. Genauer gesagt um 1.05 Uhr. Wir warteten darauf, daß das Schiff, das elektrische Energie an die Stadt liefert, die Arbeit beendigen würde; es ist mit dem Werk verbunden, das sowohl Trinkwasser als auch Elektrizität produziert und sie an die Stadt liefert.«

(Die Stadt Arrecife auf Lanzarote und die gesamte Insel werden dank der Maschine eines Schiffes mit elektrischem Strom versorgt. Das Schiff liegt ständig im Hafen vor Anker und ist seinerseits mit einer weiteren kleinen Anlage verbunden, die sich in diesen Einrichtungen für Trinkwasseraufbereitung befindet, wo wir uns befanden.)

». . . Deswegen warteten wir gerade. Ich war nach draußen gegangen«, fuhr Juan Reyes fort, »und lehnte mich an die Tür eines der Pavillons, um die herrliche Nacht zu genießen.

Gegen ein Uhr sah ich ein fast gelbliches Licht, das sehr hoch flog und sich in Nord-Süd-Richtung bewegte. Es kam aus dem Landesinneren und nahm Kurs aufs Meer. Ich betrachtete es und maß ihm dabei nicht allzuviel Bedeutung bei. Allerdings erstaunte mich seine Farbe. Unwillkürlich folgte ich ihm mit dem Blick.

Als es auf die Höhe von Punta Charcos kam, sonderte es einige Feuerstrahlen ab. Das alarmierte mich schließlich, und ich tat einige Schritte vorwärts.

Das Licht hatte begonnen, zur Oberfläche des Meeres herunterzufliegen. Bevor es sie aber berührte, stoppte es und begann, parallel zur Meeresoberfläche weiterzufliegen. Man konnte mit aller Deutlichkeit sehen, daß es sich in sehr geringer Distanz zum Ozean befand.«

In diesem Moment rannte der Mechaniker ins Innere, um seine Kollegen von der Nachtschicht zu benachrichtigen und sie mit Schreien herbeizurufen. Er hatte begriffen, daß es sich hier um etwas Außergewöhnliches handelte.

Vicente Montelongo, Juan Rodríguez – beide sind Techniker im Elektrowerk – und Juan Padrón, wie Reyes ebenfalls diensthabender Mechaniker in der Wiederaufbereitungsanlage, kamen sofort heraus und liefen zum Meeresufer.

Das leuchtende Objekt verfolgte seinen Weg in sehr geringer Höhe über der Meeresoberfläche weiter, laut ungefährer Schätzung der Zeugen ungefähr 10 bis 15 Meilen von der Küste entfernt.

»Dieses gelbliche Licht, das ich am Himmel gesehen hatte, war verschwunden oder hatte sich verändert ...

Jetzt war es rot und weiß. Beides gleichzeitig.

Nein, wir konnten seine Form nicht erkennen. Nur die Lichter.«

Tatsächlich konnte noch nicht einmal er selbst sich den Grund für seine Reaktion erklären. Aber dennoch kehrte der 34jährige Juan Rodríguez ohne weiter darüber nachzudenken ins Innere des Elektrowerks zurück und holte eine Laterne.

Innerhalb weniger Sekunden war er wieder bei seinen neugierigen Kollegen und begann, die Laterne an- und auszuschalten und damit bis zu vier Zeichen zu geben.

»Bevor irgend jemand hätte reagieren können, schleuderte das Objekt vier weitere Blitze von sich ...

Wir blieben wie versteinert stehen.

Diese Strahlen – ähnlich den beiden, die ich kurz zuvor gesehen hatte, als das Licht bis zur Oberfläche des Meeres hinabgeflogen war – waren von einem Weiß wie das Licht beim Schweißen. Ungeheuerlich ...

Das Ufo hatte geantwortet, sogar mit den gleichen Zeitintervallen, mit denen Juan Rodríguez seine Signale ausgeführt hatte.«

»Aber woher wußten Sie«, unterbrach ich, »daß es sich um ein Ufo handelte? Hätte es nicht beispielsweise auch ein Flugzeug oder ein Schnellboot sein können?«

»Ein Flugzeug war es nicht. Das ist sicher. Es flog beinahe auf der Höhe des Meeres. Ein Schiff ebensowenig. Die Geschwindigkeit hätte nicht dazu gepaßt. Und was sagen Sie zu den seltsamen Farben dieser Lichter?

Sie sagten, ein Schnellboot? Seit wann haben solche Schiffe Flügel?«

Bevor die vier Zeugen aber ihre ungeheure Überraschung überwinden und reagieren konnten, verschwand das Objekt aus ihrem Sichtfeld.

»Wir sahen es dann nicht wieder. Wir wissen nicht, ob es ins Meer eingetaucht war oder ob es einfach die Lichter ausgeschaltet hatte . . .«

Trotzdem blieben die vier Männer am Ufer und wiederholten von Zeit zu Zeit die Lichtsignale. Das Schiff antwortete jedoch nicht mehr. Verständlicherweise beunruhigt und verblüfft kehrten die Techniker aus der Wiederaufbereitungsanlage und dem Elektrowerk an ihre Arbeitsplätze zurück.

»Wir haben nie verstanden, wie sie unsere Signale sehen konnten. Die Laterne war klein und dieses ›Etwas‹ weit entfernt.«

Die Sichtung hatte nach Schätzung der vier Zeugen zwischen drei und vier Minuten gedauert.

»Diese leuchtende Kugel, die so groß wie der Mond war, mußte mit einer beträchtlichen Geschwindigkeit geflogen sein. In nicht mehr als einem einzigen Augenblick bewegte sie sich von Punta Charcos, wo ich sie herunterfliegen gesehen hatte, bis auf die Höhe der Wiederaufbereitungsanlage.«

Zusammengefaßt war dies das Erlebnis der vier Wächter von Lanzarote, die an jenem Morgen des 11. Mai 1975 ihre Schicht in der ›Alten Wiederaufbereitungsanlage‹ und im Elektrowerk hatten.

Wie ich schon am Anfang dieses Berichtes erwähnte, war es, wenn mich die Erinnerung nicht trügt, das erste Mal auf spanischem Gebiet, daß ein Ufo so eindeutig den Lichtsignalen antwortete, die von einem menschlichen Wesen von der Erde aus abgegeben wurden.

In der ganzen Welt wurden ähnliche Fälle registriert. Ein typischer wurde von dem vielbewunderten und hochangesehenen nordamerikanischen Major Donald Keyhole untersucht und beschrieben. Erlebt hatte ihn 1967 ein erfahrener Radarspezialist der US-Luftwaffe namens Gary M. Storey.

»In der Nacht des 26. Juli«, hatte der Radarbeobachter erzählt, »beobachteten meine Schwester, einer meiner Schwäger, die Herren Frappier und ich ein Ufo, das sehr niedrig flog. Das künstliche Gebilde drehte mehrere Runden über der Gruppe, und jedes Mal konnten wir fünf Lichter sehen, die aufleuchteten und wieder verschwanden, wobei sie einer festgelegten Frequenz folgten.«

Während er eine Laterne auf das Ufo richtete, produzierte Storey ein Signal von drei Strahlen mit einer Dauer von je einer Sekunde. Das Objekt kehrte schnell zurück und schaltete seine Lichter dreimal an und aus. Bevor Storey ihnen aber nochmals Signale geben konnte, erschienen donnernd zwei Düsenjäger der nordamerikanischen Luftwaffe, woraufhin sich das Ufo in die Luft erhob und aus dem Blickfeld verschwand.

Wieder einmal hatte das plötzliche Eingreifen der ›Jäger‹ einen ›Kommunikationsversuch‹ zwischen der Besatzung eines Raumschiffes und den Menschen verhindert.

Aber meine Nachforschungen auf Lanzarote hatten lediglich erst angefangen. Den neuerlichen Vorfällen nach zu urteilen, mit denen ich mich gerade auseinandersetzte, mußte die vulkanische Materie im Atlantik ein besonderes Interesse bei den Ufo-Piloten hervorrufen.

Von Zeit zu Zeit in dieser von Gott geschaffenen Welt – ich habe es schon an anderen Stellen erwähnt – bin ich auf Menschen getroffen, die nicht an die Existenz von Ufos glauben, weil sie »immer von Bauern oder Fischern gesehen werden. Nie von Zeugen höheren intellektuellen Niveaus . . .«

Natürlich stimmt diese Behauptung nicht. Es gibt Hunderte von Beobachtungen, nicht nur der Schiffe, sondern auch von deren Besatzungen, durch Personen, die ein höheres Bildungsniveau hatten als die oben angeführten Zeugen. Der folgende Bericht, der ebenfalls von einer Beobachtung auf der Insel Lanzarote im Oktober 1974 handelt, beschreibt einen solchen Fall.

Aus offensichtlichen Gründen baten mich die Protagonisten – gute Freunde von mir –, ihre Namen nicht zu nennen. Trotzdem, und ganz im Gegensatz dazu, wie sich manchmal Zeugen von höherem kulturellem Niveau verhalten, zeigten sich diese Inspektoren vom Allgemeinen Polizeikorps bereit, mir jede Art von Information zukommen zu lassen.

Hier ist unser Interview, das auf der Polizeiwache in Arrecife geführt wurde:

»Wir waren in drei Zweierstreifen aufgeteilt. An diesem Morgen hatten wir einen Auftrag in der Hafengegend. Genauer gesagt – damit Sie es sich besser vorstellen können – bestand unser Auftrag darin, auf die Ankunft eines bestimmten Schiffes zu warten . . .

Also, es wird so gegen fünf Uhr morgens gewesen sein. Eine der Zweierestreifen war bereits am äußersten Ende des Alten Kais bzw. Handelskais, wie man ihn hier nennt. Die anderen waren am Haupthafen bzw. Marmorhafen, und die dritte Streife war in diesem Augenblick gerade dabei, in den Wagen zu steigen, der gegenüber der Regierungsvertretung geparkt war.«

(Diese Regierungsvertretung beherbergte ebenfalls die einzelnen Niederlassungen der Polizei. Das Gebäude befindet sich wenige Meter vom Meer entfernt und praktisch gegenüber dem besagten Ende des Alten bzw. Handels-Kais von Arrecife.)

»Es war noch dunkel. Der Himmel war klar. Wolkenlos.«

»Plötzlich«, fuhr einer der Inspektoren fort, der Wache auf dem Handelskai gehalten hatte, »sahen wir in der Ferne ein Objekt in Form einer ›Zigarre‹.

Es war orangefarben und flog von Norden nach Süden.«

»In welcher Distanz befand es sich, als Sie es sahen?«

»Es war sehr weit weg. Trotzdem schien es sich sehr hoch am Himmel zu befinden und war so groß wie eine Linienmaschine.

Ich hatte gerade ein Fernglas mit einer Auflösung von 7 × 50 bei mir, mit Nachtsichtvorrichtung«, fügte der Polizist hinzu, »und mußte es daher nur an die Augen setzen, um feststellen zu können, daß es sich tatsächlich nicht um ein Flugzeug handelte. Diese riesige ›Zigarre‹ lief am Ende spitz zu und hinterließ eine kurze Spur, die weniger leuchtete als das Objekt selbst.

Ich glaube, daß es einer leicht abfallenden Bahn folgte.«

»Mit welcher Geschwindigkeit flog es?«

»Schneller als ein Flugzeug, wenn auch langsamer als eine Sternschnuppe, um ein Beispiel zu nennen.

Während der paar Sekunden, in denen wir es sehen konnten, erschien und verschwand es dreimal hintereinander.«

»Sie haben mir gesagt, daß es keine Wolke am Himmel gab . . .«

»Ja, der Himmel war völlig wolkenlos. Diese Maschine aber verschwand und erschien drei Mal. Wir wissen nicht, wie, aber so war es.«

»Sie sagten, sie sei riesig gewesen?«

»Das mußte sie wohl sein, den Ausmaßen zufolge, die

sie aufwies. Vor unseren Augen erreichte sie etwa zehn Zentimeter. Das heißt, daß das Ufo riesengroß gewesen sein mußte, wenn man die Entfernung bedenkt, in der wir uns von ihm befanden.«

Nachdem sie zur Regierungsvertretung zurückgekehrt waren und ihren Dienst beendet hatten, unterhielten sich die sechs Polizeiinspektoren und der diensthabende Chauffeur über das Geschehene. Alle hatten aus ihren jeweiligen Blickwinkeln heraus den Vorbeiflug dieses Apparates beobachten können, bei dem es sich möglicherweise – wenn man seine Ausmaße und seine Form in Betracht zieht – um eines der sogenannten ›Trägerschiffe‹ bzw. ›Mutterschiffe‹ handelte. Darauf will ich später zurückkommen, bei anderen beeindruckenden Vorfällen, die sich ebenfalls über Spanien ereignet hatten.

Für diese sechs Inspektoren ist die Existenz von Ufos natürlich inzwischen unbestreitbar.

Unter diesen sechs Polizisten gab es allerdings auch einen, der zusammen mit seiner Frau unmittelbar Zeuge der Gegenwart eines Ufos war. Auch ihm machte es nichts aus, mir zu erzählen, was geschehen war.

»Es war im Winter desselben Jahres. Meine Frau Araceli de la Fuente hatte sie in sehr niedriger Höhe über einem der Berge in der Nähe von Arrecife gesehen, dort, wo wir leben. Nach etwa zwei Minuten rief sie mich und war sehr aufgeregt. Ich ging mit ihr auf die Terrasse hinaus.

Von dort aus konnte man ein starkes Licht sehen, das fluoreszierte und unbeweglich blieb. Es war ein wenig kleiner als ein Vollmond.

Die Dämmerung hatte bereits begonnen. Dann sah ich zwei kleinere Lichter aus dem großen herauskommen. Als ob sie sich vom größeren Objekt ›abgekoppelt‹ hätten. Letzteres bewegte sich überhaupt nicht. Die beiden kleineren leuchtenden Punkte verschwanden in der Ferne.

Nach einer Weile sahen wir sie zurückkehren, und sie flogen in das große Licht hinein bzw. ›verschmolzen‹ mit ihm. Das geschah genauso wie sie herausgekommen waren.

Ich versichere Ihnen, daß ich es nicht glauben würde, wenn ich es nicht mit meinen eigenen Augen gesehen hätte. Danach erfuhr ich, daß meine Frau etwas Ähnliches fünf oder sechs Tage zuvor in der gleichen Gegend beobachtet hatte.«

»Haben Sie die Möglichkeit in Betracht gezogen, daß es sich um irgendeinen Helikopter oder sonst etwas Bekanntes handeln könnte?«

»Nein. Das sage ich geradeheraus. Keinesfalls um einen Helikopter. Es machte überhaupt kein Geräusch, und das Licht war sehr intensiv. Wie Sie verstehen werden, bin ich sehr wohl in der Lage, ein Düsenflugzeug oder einen Helikopter von etwas anderem zu unterscheiden . . .«

Die Insel der 300 Vulkane sollte mir weitere Überraschungen bescheren. An diesem gleichen Morgen brachte mich einer der Polizeiinspektoren, der mein Interesse an den Ufos kannte, auf die Spur eines anderen aufsehenerregenden Vorfalls. »Ein pensionierter Militär«, sagte er mir, »erlebte mit seiner Frau und seiner Tochter vor nicht allzu langer Zeit eine unglaubliche Annäherung von einem dieser Schiffe.«

Der Name des Zeugen war Félix García Zapata. Gerade wollte ich mich aufmachen nach Tinajo zu fahren, wo er die meiste Zeit über wohnt, in der Absicht, ihn zu bitten, mir sein Erlebnis zu erzählen. Da blieben die Polizeiinspektoren, die ihn kannten, völlig überrascht stehen. Felix kam just in diesem Augenblick durch die Tür der Regierungsvertretung herein. Wieder einmal schien das Glück ganz auf meiner Seite zu sein. Oder war es nicht nur ›Glück‹ . . .?

Der pensionierte Militärangehörige willigte ein, mir von den Ereignissen zu erzählen. Bei Anbruch der heißen Mittagszeit befanden wir uns bereits in seinem Auto auf derselben Straße, auf der er in jener Januarnacht 1975 mit seiner Familie sein eigenartigstes Abenteuer erlebt hatte.

Erst ganz am Schluß des Interviews verstand ich, warum sich Félix García Zapata bis auf weniger als hundert Meter an jenes Schiff herangeschlichen hatte, ohne die geringste Furcht zu verspüren ...

Genauso wie viele andere Vorfälle, die ich untersucht habe, wurde dieser bis jetzt nicht veröffentlicht.

In jener Nacht fuhr das Ehepaar – also der Protagonist und Trinidad Pérez, die uns ebenfalls bei der ›Rekonstruktion‹ der Ereignisse begleitete – mit seinem Auto, einem 124-LS, von Arrecife nach Tinajo, das am anderen Ende der Insel liegt und zwanzig Kilometer von der Hauptstadt Lanzarotes entfernt ist. Bei ihnen befand sich ihre fünfjährige Tochter Ana Delia.

Es war 10 Uhr abends, als der Wagen die sanfte Steigung hochzufahren begann, die nach San Bartolomé führt.

In diesem Augenblick sah die Frau von Félix García, die den Wagen fuhr, auf der rechten Seite der Straße in ungefähr 500 Metern Entfernung mitten auf dem Feld etwas, das ihre Aufmerksamkeit auf sich zog.

»Was ist das für ein grünes Licht?« fragte Trinidad.

»Ich beobachtete es einige Minuten lang«, erläuterte mir Félix, »doch ich wußte keine Antwort. Es war ziemlich seltsam. Es wird ungefähr zwei Meter Durchmesser gehabt haben und sah aus, als ob es herabfliegen würde. Um ehrlich zu sein, konnte ich meine Neugierde nicht bezähmen, und da wir es eigentlich nicht besonders eilig hatten, sagte ich meiner Frau, sie solle den Wagen anhalten.

Wir parkten am Straßenrand. Das Licht war unbeweglich in der Luft stehengeblieben, ungefähr 100 bis 200 Meter über dem Boden. Natürlich schloß ich den Gedanken an ein Flugzeug oder einen Helikopter aus. Denn man konnte dort nicht das geringste Geräusch hören, obwohl wir nur ungefähr 400 bis 500 Meter von dem Licht entfernt waren.

Es sah aus wie ein Halbkreis. Während wir es beobachteten, begann das Licht, langsam zu verlöschen, bis es auf einen einzigen Punkt zusammengeschrumpft war, der ebenfalls die gleiche intensive grüne Farbe hatte.«

»Vielleicht hat es sich entfernt«, fragte ich mit voller Absicht.

»Nein. Es blieb dort. Völlig ruhig. Was meiner Meinung nach geschehen sein konnte, ist, daß sich das Licht bis auf einen kleinen Mittelpunkt reduzierte.«

In dem Augenblick, als Félix García Zapata sich anschickte, aus dem Auto zu steigen, um über die weite Ebene rechts von der Straße auf die Lichtquelle zuzugehen, begann der leuchtende Punkt, sich langsam parallel zur Straße fortzubewegen, in Richtung eines kleinen Berges namens San Bartolomé. Diesen Namen hatte er aufgrund seiner Nähe zur bereits erwähnten Ortschaft. Getrieben von einer wachsenden Neugierde entschloß sich das Ehepaar dann, die Fahrt wieder aufzunehmen und dem Verlauf des Ufos parallel zu ›folgen‹.

»Als es aber an besagtem Berg angekommen war, hielt das Licht wieder an. Wir stoppten ebenfalls und warteten. Innerhalb weniger Minuten nahm das Ufo seinen Weg wieder auf, diesmal aber in entgegengesetzter Richtung wie beim ersten Mal. Wir sahen, wie es sich von neuem in Richtung der Häuser bewegte, die in der Umgebung von Arrecife standen.«

An der Ausfahrt dieser Stadt stehen tatsächlich einige

Häuser. Meinen Berechnungen nach konnte die Entfernung vom Berg San Bartolomé bis zur Einfahrt nach Arrecife zwischen anderthalb und zwei Kilometern betragen. Mehr nicht.«

»Was machten Sie dann?«

»Was glauben Sie denn? Wir drehten mit dem Wagen um und fuhren zur Küste hinunter, entschlossen, jedem Manöver dieses verblüffenden grünen Lichtes zu folgen, wohin es sich auch immer wenden sollte.

Als das Objekt im Flug anhielt, waren wir sehr wenige Meter von der Einfahrt nach Arrecife entfernt. Wieder blieb es unbeweglich. Fast trotzig.«

Mit wirklich bewunderungswürdiger Kühnheit stieg Félix García Zapata wieder aus dem Auto aus und ging ein Stück in die Sandflächen hinein, die die Stadt umgeben. Er kam allerdings nicht einmal dazu, auch nur zehn Schritte zu tun. Das Objekt schoß mit großer Geschwindigkeit los, diesmal in Richtung des Berges San Bartolomé, ständig von einer fast grauenerregenden Stille umgeben. Dort hielt es an, an genau demselben Ort wie beim vorigen Mal.

Félix warf sich blitzschnell ins Auto und bat seine Gattin rasch, dem Ufo ein drittes Mal zu folgen. Trinidad gehorchte, legte die etwas mehr als tausend Meter zurück, die sie vom Berg trennten, und parkte den Seat von neuem an der Sandfläche.

Diesmal sollten die Insassen des Wagens nicht einmal Zeit dafür haben, die Türen zu öffnen. Bevor Félix reagieren konnte, flog das leuchtende Objekt – als ob es sich um ein Spiel handelte – wieder los und nahm dabei die gleiche Richtung wie in den Fällen davor.

Dieses Manöver verblüffte das Ehepaar. Aber Herr García Zapata ist nicht der Mann, der die Dinge halb angefangen liegen läßt. Daher befahl er seiner Frau – trotz aller

Widrigkeiten –, wiederum zu drehen, und sie begannen – zum vierten Mal! – die Verfolgung des Ufos.

Wenige Minuten später hielt die leuchtende Lichtquelle plötzlich an und verharrte, ungefähr 100 Meter von Arrecife und ungefähr 200 Meter von der Straße entfernt, in äußerst niedriger Höhe über dem Boden.

»Wir hielten ein anderes Auto an«, berichtete Félix weiter, »doch der Fahrer reagierte äußerst nervös, sobald er dieses Licht sah, und fuhr wie eine vom Teufel gejagte Seele ins Landesinnere der Insel.

Danach entschied ich mich, in die Sandflächen hineinzugehen. Ich mußte endlich einmal meine Zweifel loswerden . . .«

Ich betrachtete Félix García Zapata genau. Er hatte etwas Eigenartiges. Sein Gesicht war vom Leben gezeichnet. Als ob ihm Tausende von bitteren Erfahrungen jenen kalten Glanz verliehen hätten. Aber in diesem Augenblick verstand ich das noch nicht . . .

»Versuchten Sie, an das Ufo heranzukommen?«

»Das war mein Plan. Meine Frau fing an, sich Sorgen zu machen, und bat mich, es zu lassen. Sie wollte, daß wir den Weg nach Tinajo fortsetzten. Aber ich beachtete sie nicht und begann in Richtung des Objekts zu laufen.

Ich hatte ungefähr hundert Schritte zurückgelegt, als ich sah, wie das grüne Licht verschwand und wie zur gleichen Zeit einige gelbliche Lichter am unteren Teil des Objekts erschienen. Bis dahin hatte es völlig ruhig ungefähr dreißig bis vierzig Meter über dem Boden in der Luft gestanden.«

»Sie sagten etwas von einem Objekt?« fragte ich ungeduldig.

»Man konnte die Form eines Halbkreises erkennen. Das konnte ich besser sehen, als die beiden Lichter angingen.

Ich hielt an. Hinter mir rief mich meine Frau vom Wagen aus. Meine Tochter auch. Sie riefen, daß ich zurückkommen sollte.

Ich aber wußte nicht, was ich tun sollte . . .

Da sah ich diese Figur, die wenige Meter unter dem Ufo zu hängen schien. Es sah aus wie die Figur eines Menschen. Sie war sehr groß. Mehr als 2 Meter. Mir schien, daß sie ihr rechtes Bein bewegte.«

»Konnten Sie die Kleidung sehen, und auf welche Art sie mit dem Objekt verbunden war?«

»Nein, das konnte ich nicht. Ich erinnere mich nur an die Figur. Sie sah aus wie die einer menschlichen Person, aber größer. Unmittelbar danach verschwand sie. Und das Ufo auch.«

»Aber wie?«

»Ich glaube, daß es sich von mir entfernte. Aber das kann ich Ihnen nicht mit Sicherheit sagen. Ich war durch all das bereits nervös, und dann waren da noch die Rufe meiner Frau und der Kleinen . . .

Daher beschloß ich – als ich sah, daß das Licht und die Figur verschwunden waren –, zum Auto zurückzukehren. Ich schwöre, wenn mich jemand begleitet hätte, ein anderer Mann, hätte ich meinen Weg bis zum Ufo fortgesetzt und diesen ›Kerl‹ an den Beinen gepackt . . .«

Etwas verstand ich immer noch nicht. Zumindest wurde in den meisten Fällen, die ich untersucht hatte und von denen ich gelesen hatte, ein Großteil der Zeugen, die eines dieser Schiffe sahen – geschweige denn irgendeinen seiner Piloten –, von Panik ergriffen und rannte fast immer davon.

Diesmal aber war es nicht so verlaufen. Ganz im Gegenteil. Félix García Zapata hatte das Ufo nicht nur während mehr als einer halben Stunde ›verfolgt‹, sondern sich sogar – allein und mitten in der Nacht – bis auf hundert Meter an das Schiff herangewagt.

Natürlich paßte da irgend etwas nicht zusammen.

»Sehen Sie«, berichtete mir der Militär, als ich ihm äußerst vorsichtig meine Verwunderung erklärte, »ich bin Unteroffizier in der Fremdenlegion gewesen. Ich glaube, daß ich dem nichts hinzufügen muß.«

Jetzt begriff ich. Félix García Zapata, der damals 43 Jahre alt war, hatte davon 26 in der afrikanischen Wüste verbracht. Er wußte damals ebensowenig wie jetzt, was Angst ist.

»Ich kenne mich sehr gut mit den Sternen aus«, fügte er hinzu. »Ich erkenne die bekanntesten unter den Himmelserscheinungen, und ich schwöre, daß ›Es‹ weder normal noch bekannt war. Und kein Wort von einem Flugzeug oder Helikopter. Ich trage den Titel eines Waffenspezialisten in der Flugabwehr – genauer gesagt für die 4fache Browning 12-70. Ich erkenne Flugzeuge am Geräusch ihrer Motoren.

Dieses Ding war eine bemannte Maschine. Ich weiß nicht, was es war, aber es war bemannt . . .«

Gegen Ende des Interviews fragte ich den Ex-Legionär, ob er in der unmittelbar auf diesen Tag folgenden Zeit irgendein eigenartiges Leiden oder Beschwerden gehabt habe. Mit einer gewissen Verwunderung erinnerte er sich daran, daß dem so war.

»Als ich mich wenige Meter von dem Licht entfernt befand, hatte ich ein Gefühl, als ob ich taub wäre. Einen Augenblick lang hörte ich sogar die Schreie meiner Frau und meiner Tochter nicht mehr. Als ich zum Auto zurückkehrte, erlangte ich mein Gehör bis zu einem gewissen Grad wieder, obwohl es mehrere Tage dauerte, bis alles normal war.

Es ist seltsam, aber dieses Detail ist mir bis jetzt nicht bewußt geworden.«

Selbstverständlich glauben auch dieser Ex-Unteroffizier der spanischen Legion und seine Frau seit damals, daß Ufos eine unbestreitbare Tatsache sind. An Beweisen mangelte es ihnen wirklich nicht.

Schon nach wenigen Tagen meines Aufenthaltes auf Lanzarote waren in meinem Arbeitskalender mehr als zwölf Fälle vermerkt, in denen Ufos gesichtet worden waren. Es kam der Augenblick, in dem ich mich überfordert fühlte und nicht mehr in der Lage, die Spuren dieser allzu gehäuften Vorfälle zu verfolgen ...

Ich untersuchte damals im Februar 1975 die Erscheinung, die am Himmel über dem Fischerhafen Naos in Arrecife gesehen wurde, als eine komplette Formation von einem halben Dutzend Ufos vorbeiflog und sich im Osten verlor. Das geschah vor den Augen der fast 60 Fischer und Angestellten der Kühlhäuser, die um diese Uhrzeit – 8 Uhr morgens – bei ihrer jeweiligen Arbeit waren.

Ich untersuchte den Fall des beeidigten Wächters Elías Rovaina aus der Siedlung, die von der ›Unión Explosivos Riotinto‹ außerhalb von Arrecife auf Lanzarote gebaut worden war. Es war an einem Juninachmittag 1975. Herr Rovaina beobachtete erstaunt über dem Berg ›Urón‹, auf dem er sich etwas mehr als zwei Kilometer von Las Caletas entfernt befand, ein rotes Licht, »größer als der größte der Sterne«, das ruhig 15 bis 20 Minuten lang dort verweilte, knapp über dem Gipfel dieses Berges.

Ich untersuchte den überraschenden Fall der fast 200 Fischer auf den Schiffen El Morgan, Ciudad de Alicante, Angelito Ródenas, Antonio Cid – das Schiff meines verehrten und sehnsüchtig vermißten Barbate –, Punta Gandía, Punta Tenerife, Cabo Blanco und Josefa Santos und anderen. Diese waren 1974 am Tag des San Ginés gerade dabei, 25 Meilen nördlich von El Aaiún nach Sardinen zu fischen, als sie durch ein riesiges und rundes Objekt, das zwei sehr starke Scheinwerfer hatte, bei ihrer

Arbeit unterbrochen wurden. Das Objekt verharrte eine halbe Stunde lang unbeweglich über der Flotte.

Ich untersuchte schließlich die zahlreich registrierten Beobachtungen im letzten, dem allerletzten, Paradies der Insel La Graciosa, die sich einen Steinwurf nördlich von Lanzarote aus dem Wasser erhebt. Ein Zufluchtsort, auf dem man seinerzeit weder Autos kannte noch Zeitungen, noch Streß, noch Hunger, weder Fernsehen noch Fußballtoto, nichts also von den Trostlosigkeiten der Konsumgesellschaft. Dort, auf jener Miniaturinsel, bewohnt von 200 glücklichen Fischern, die kaum wissen, in welcher Richtung das spanische Festland liegt, waren Ufos eine »häufige Sache ohne größere Bedeutung«.

Die Liste würde unendlich lang werden.

Daher werde ich diese erste Untersuchung auf dem so viele Anreize bietenden Lanzarote mit einem letzten Vorfall abschließen, der wegen der Herkunft eines der Zeugen und wegen der beträchtlichen Zeit, während der das Ufo vor den erstaunten Augen dieser vier Personen blieb, von großer Wichtigkeit ist.

Einige Tage bevor ich die Insel verließ – und ich versprach zurückzukehren –, hatte ich das große Vergnügen, den genialen Künstler César Manrique kennenzulernen, den letzten ›Eremiten‹ des 20. Jahrhunderts. Als ich ihm von meinen Untersuchungen erzählte und von den Reisen auf den Spuren der Außerirdischen, wies er mich auf den Vorfall hin, den der Ingenieur Juan Antonio Myro Montes aus Caminos Monate zuvor erlebt hatte.

Damals war besagter Ingenieur bereits auf das spanische Festland zurückgekehrt. Einige Zeit später interviewte ich ihn in Madrid, in den Büros der Hauptniederlassung des Unternehmens ›Unión Explosivos Riotinto‹. Er bekleidete zu diesem Zeitpunkt den Posten des Immobilienabteilungsleiters.

José Luis González, Fotograf aus Santa Cruz de Tenerife, dem es gelungen ist – in Begleitung seiner Frau –, den Start eines Schiffes aus dem Atlantischen Ozean zu fotografieren, vom Strand La Tejita im Süden der Insel gegenüber.

Zu meiner Verwunderung – da wie gesagt eine derartige ›Offenheit‹ und Bereitwilligkeit bei den Berufstätigen mit höherem intellektuellem Niveau nicht häufig vorkommt – erwies mir dieser junge Ingenieur jegliche Gefälligkeit und machte mir jede Art von Informationen zugänglich.

Inzwischen denke ich, daß der Fall von Juan Antonio Myro Montes sogar einer der typischsten in dieser neuerlichen Ufo-Kasuistik ist, die wir gerade miterleben und die auf einen deutlichen und intensiven Prozeß einer ›Annäherung‹ an die Bewohner dieses schwierigen Planeten hinzuweisen scheint.

Es machte Herrn Myro, ich wiederhole es, nicht das geringste aus – ganz im Gegenteil! –, mir das zu erzählen, was er, seine Frau und ein weiteres Ehepaar, das in der Wohnung unter ihnen wohnte, am frühen Morgen des April 1974 erlebten. Ort war ein Wochenendhaus, das im Gebiet von Las Caletas liegt, wenige Kilometer östlich von Arrecife.

Damals war Juan Antonio Myro auf der Insel, um den Bau einer riesigen Siedlung zu beaufsichtigen, den seine Firma in der Umgebung der Hauptstadt in die Wege leitete. Das Wochenendhaus mit seinen zwei Stockwerken steht isoliert und befindet sich genau am Atlantischen Ozean.

»Was geschah nun an diesem Morgen?«

»Ungefähr zwischen Viertel vor vier und vier Uhr alarmierte uns das Ehepaar aus der unteren Etage. Es war eigenartig. Die Frau hatte das Bedürfnis gehabt, das Bad aufzusuchen, und als sie an der Terrasse vorbeiging, sah sie ein sehr seltsames und intensives Licht in der Nähe des Hauses über dem Meer.

Sie betrachtete das eigenartige Licht näher und weckte logischerweise schließlich ihren Mann. Als dieser die

Richtigkeit dessen, was ihm seine Ehefrau erzählt hatte, ebenfalls feststellte, lief er zu uns, um uns Bescheid zu sagen, obwohl es vier Uhr morgens war. Wir alle gingen auf die Terrasse.

Als wir es sahen, kamen meine Frau und ich nicht aus dem Staunen heraus. Es sah aus wie ein Teller. Und das Licht – äußerst hell und weiß – erleuchtete sogar die Meeresoberfläche.«

»In welcher Höhe könnte es sich befunden haben?«

»Ich kann Ihnen das nicht exakt sagen, aber es war unterhalb der Höhe, die Linienflugzeuge erreichen.«

Der Ingenieur fuhr fort:

»Das erschreckendste war, daß es sich nicht bewegte. Wir konnten lediglich einige Lichtschwankungen bemerken. Als ob sich dieses Objekt in einem bestimmten Rhythmus ausdehnen und zusammenziehen würde.«

»Wie weit wird es vom Wochenendhaus entfernt gewesen sein?«

»Zuerst kam es ziemlich nahe. Danach kam mir die Idee, alle Lichter des Hauses auf einmal einzuschalten, und innerhalb einer Zehntelsekunde warf sich das Objekt zurück, als ob es sich erschreckt hätte oder Vorsichtsmaßnahmen treffen würde.

Danach stabilisierte es seine Position von neuem in ungefähr 500 Metern Entfernung vom Haus.«

Während er mit seinen Erläuterungen fortfuhr, griff der Ingenieur aus Caminos zu Papier und Bleistift und zeichnete mir das Ufo, so wie sie es gesehen hatten.

Dem Schema nach zu urteilen handelte es sich um ein weiteres ›klassisches‹ Schiff, so wie die, die in Hunderten von Fällen und von Tausenden von Zeugen in der ganzen Welt beobachtet wurden. Seine Form war rund.

»... Von Zeit zu Zeit«, setzte der Ingenieur seine Erzählung fort, »veränderte es seine Farbe. Von dem intensiven weißen Licht ging es stufenweise in einen anderen rötlichen Farbton über. Danach ins Grüne. Dies war wohl der vorherrschende Farbton.«

Selbstverständlich hatte keiner der vier Zeugen irgendein Geräusch vernommen. Alles spielte sich in absoluter Totenstille ab. Wie es in schon so vielen anderen Fällen vorgekommen war, war dies eins der Details, das die Zeugen am meisten beeindruckte.

»Meine Frau und das andere Ehepaar beobachteten es mehr als zwei Stunden lang. Da ich sehr müde war, legte ich mich hin und stand von Zeit zu Zeit auf. Jedesmal, wenn ich mich aus dem Fenster lehnte, war es immer noch dort, unbeweglich und glänzend.«

»Hatten Sie keinen Fotoapparat zur Hand?«

»Doch«, meinte der Ingenieur mit einer verzweifelten Geste, »aber ohne Film . . .«

Das Ufo war tatsächlich mehr als zwei Stunden lang vor dem Haus des Ingenieurs aus Caminos geblieben. Genauer gesagt bis zum Tagesanbruch.

»Gegen kurz nach sechs morgens«, schloß Juan Antonio Myro seinen Bericht, »begann die Scheibe, sich zu entfernen, bis sie unseren Blicken entschwand. In diesem Augenblick wurde das Licht wieder weiß und schimmernd.«

Wer würde, nach einer solchen Erfahrung, dem Ingenieur aus Caminos noch erzählen wollen, daß es keine Ufos gibt?

Doch obwohl die ›Ufo-Welle‹ über Lanzarote noch kein Ende gefunden hatte, noch bei weitem nicht, beschloß ich, nach Huelva und Sevilla zu fahren. Denn dort waren meinen Notizen nach eindrucksvolle Ereignisse gemeldet worden.

Selbstverständlich sollte dies nicht das letzte Mal sein, daß ich meinen Fuß auf die Kanarischen Inseln setzte.

Mein nächster Besuch auf der Inselgruppe sollte mir eine der phantastischsten Untersuchungen bescheren, die ich je durchgeführt habe. Es handelt sich um nicht mehr und nicht weniger, als daß drei Menschen eines dieser Schiffe betreten haben . . .

12. Kapitel

›Der Drahtige‹: Eine ›Landung‹ auf dem Fußballplatz von Aznalcollar. – Mein Treffen mit einem Piloten, der ein außerirdisches Besatzungsmitglied gesehen hat. – Gleichzeitiger Stromausfall in Almonte und Bollullos del Condado (Huelva). – Ufo über Barbate. – Ein beeindruckendes Bilddokument, das ich in Sanlúcar la Mayor bekam. – Beglaubigung durch die Techniker. – Ein weiteres Schiff entkommt meinem Fotoapparat.

Ich hatte mich in Andalusien mit seinen Oliven und Orangen immer unglaublich glücklich gefühlt.

An jenem brennend heißen Augusttag des Jahres 1975 überließ ich mich vollkommen diesem Gefühl, während ich eilig durch die Region Sevilla nach Aznalcollar fuhr, eine mir inzwischen wohlbekannte Ortschaft.

Meine ersten Schritte bei dieser neuerlichen Suche nach Ufos in südlichen Gegenden führten mich – ohne zu wissen, warum – zum alten Wächter des Melonenfeldes, der an einem Sonnenuntergang im September 1971 mit ebensoviel Angst wie Erstaunen den ›Landgang‹ von gut 50 ein Meter großen Humanoiden gesehen hatte.

Aber ich würde nie wieder mit dem guten Juan Rodríguez Domínguez, dem Mann aus Palma, reden können. Er war gestorben.

Daraufhin brauchte ich einen Schluck. So setzte ich mich in Begleitung des liebenswürdigen Nachbarn, der mich zur Wohnstätte des Mannes aus Palma gebracht hatte, an einen der gelblichen und abgenutzten Tische in einer Bar des Ortes. Dort, bei Wein und einem Gläschen Sangría, überließ ich mich dem Gespräch und der Gastfreundlichkeit des Stammpublikums. Und dort – vielleicht weil es ebenfalls geschrieben stand – erfuhr ich vom Abenteuer und Mißgeschick eines der Bewohner dieses beschaulichen Dorfes. Von dem Abenteuer, nein, vielmehr der Odyssee des *Drahtigen*.

Denn das, was José Calixto Delgado Apolo erlebt hatte, war seiner eigenen Aussage nach ›eine Strafe Gottes‹.

». . . Es ist so, denke ich, daß einen der Himmel bestrafen muß, wenn man, wie in meinem Fall, an diese Dinge nicht glaubt.«

Vor mir hatte ich einen Mann, der ohne weiteres Stoff für ein Dutzend Gedichte von Lorca geboten hätte. *Der Drahtige* mit all seinem gesunden Menschenverstand, den er im Laufe der Zeit und durch Erfahrung erworben hatte, mißtraute mir anfangs jedoch. Er fragte sich erst in Gedanken und dann auch mit deutlichen Worten – denn *Der Drahtige* ist nicht der Mann, der um den heißen Brei herumredet –, warum dieser fremde Journalist ein solches Interesse an seinem Fall zeigte . . .

Da José vor allen Dingen aber ein offenherziger Mensch war, willigte er bald darauf ein, mir sein Abenteuer und seinen Fehlschlag mitzuteilen . . .

». . . Denn, das muß ich Ihnen sagen, ich, *Der Drahtige*, habe mich über diese Dinge immer lustig gemacht, über diese ›Omnibusse‹ bzw. Ufos oder wie sie auch immer genannt werden.

Und ich werde Ihnen noch was sagen. Ich glaube nicht an dieses Märchen mit dem Mond. Die Amerikaner haben uns glauben lassen, daß sie ihn betreten haben. Ich aber denke, und so sage ich es Ihnen auch, daß das unmöglich ist. Verstehen Sie?«

Ich zuckte mit den Schultern und lauschte jedem Wort

dieses Bewohners von Aznalcollar mit tief empfundener Hingabe. *Der Drahtige* war alleinstehend, Besitzer dreier Häuser, einst Kellner im El Pardo und ein Reiter, der seiner eigenen Aussage nach jedes Pferd bezwang. Er liebte im Leben drei Dinge über alles: die Jungfrau von Rocío, seine Schwester und das Natron. In Aznalcollar war er ein beliebter und geachteter Mann.

»Also ich sage Ihnen, mein Freund, daß die Amerikaner den notwendigen Sand aus irgendeiner beliebigen Gegend hergeholt haben, um uns glauben zu machen, daß sie auf dem Mond gewesen seien.«

Der Drahtige suchte nach seinem Natron, welches er immer bei sich trug. Er streute einige Gramm in die Innenfläche seiner Hand und führte sie rasch zum Mund, der bereitwillig geöffnet wartete.

»Aber«, fuhr er fort, »seitdem mir ›Das‹ passiert ist, bin ich mir meiner Überzeugungen nicht mehr so sicher . . .«

Auch ›Das‹, wie es José Delgado Apolo genannt hatte, hätte er sicherlich in Zweifel gezogen, wenn es nicht ebenfalls von mehr als 500 Bewohnern seines Dorfes beobachtet worden wäre.

»Es geschah am 8. August. Es war eben einer dieser Tage, wie man so schön sagt. Und es war sehr heiß.

Kurz und gut, wie fast jeden Abend hatte sich meine Wenigkeit in Begleitung einiger Freunde aus dem Dorf an einen Tisch an der Tür der Bar ›La Glorieta‹ gesetzt.

Es wird so um 22 Uhr gewesen sein. Nicht später. Es war schön, dort zu sein, in der Abendfrische und mit den Gesprächspartnern plaudernd . . .

Aber kurz darauf begannen die Menschen zu schreien und zum Fußballfeld zu rennen, das wenige Meter von der Bar, in der ich saß, entfernt ist. Alle blickten in die Ferne und erzählten wer weiß was von Ufos. Ich stand auf und schaute in die Richtung, die mir die anderen Bewohner zeigten. Dort gab es tatsächlich ein rotes Licht, rund wie der Scheinwerfer eines Traktors, aber viel stärker. Es bewegte sich von hier nach dort.

Ich setzte mich wieder. ›Diese Leute sind verrückt . . .‹, sagte ich mir.«

»Aber Sie hatten dieses Licht gesehen?«

»Ich sagte ja bereits, daß ich es gesehen habe. Es war sehr weit entfernt. Vielleicht vier oder fünf Kilometer. Es bewegte sich in sehr geringer Höhe über den Feldern. Deshalb dachte ich, daß es sich um irgendeinen Traktor handelte, der immer noch auf diesen Äckern von Gerena schuftete. Also ehrlich, diese Neuigkeit verbreitete sich wie ein Lauffeuer im Dorf. Und als ich dort angekommen war, was für ein Menschenauflauf! Vielleicht 200 oder 300 Leute . . .«

»Sahen Sie das Licht auch weiterhin?«

»Aber ja. Eine ganze Weile lang. Alle Welt schrie, das sei ein Ufo. Ich aber – und das schwöre ich – lachte mich fast tot. Ich wiederholte den Leuten bis zum Umfallen: ›Solche Dinge gibt es doch gar nicht.‹ Aber sie achteten nicht auf mich.«

»Entschuldigung. Welche Art von Bewegung machte das Licht?«

»Also schon sehr seltsame. Kaum hatte es sich nach links bewegt, war es auch schon wieder rechts. Danach stieg es in die Höhe oder kehrte zurück, dann wieder stand es still.

Ich war trotzdem überzeugt davon, daß es ein Traktor war . . .« José Delgado konnte noch nicht einmal einen Bruchteil dessen erahnen, was ihm kurz darauf widerfahren sollte. Da er ein Mensch mit einem ausgeprägten Sinn für Humor war und ist, wollte er den Dorfbewohnern auf dem kleinen Fußballfeld des Ortes einen Streich spielen.

Das Feld lag fast schon außerhalb von Aznalcollar neben der Straße, die auf die Hauptstraße von Sevilla nach Huelva führt.

Mit geheimnisvoller Miene ging er in die Bar ›La Glorieta‹, während der Menschenauflauf weiterhin den Bewegungen dessen folgte, was von den Dorfbewohnern für ein Ufo gehalten wurde, und bat die Hausherrin um ein weißes Laken und eine Laterne.

Mit diesen Sachen unter seinem Arm versteckt, ging er zum besagten Fußballfeld und nahm vorsichtigerweise einen Umweg, um nicht gesehen zu werden. Sobald er in der Nähe des winzigen Spielfeldes war, sich aber noch im Schutz der Dunkelheit befand, hüllte sich José, *Der Drahtige*, in das lange Laken und entzündete die Laterne, die er darunter versteckte. Der Schreck der vielköpfigen Gruppe von Dorfbewohnern, die erstaunt das rätselhafte leuchtende Objekt betrachteten, war unbeschreiblich. Das plötzliche und geräuschlose Auftauchen dieses ›Gespenstes‹ am Ausfluß eines der großen Sammelrohre, die es an diesem Ort gibt, ergab gleichzeitig mit den Bewegungen des roten Ufos in der Ferne eine perfekte Kombination. Die Gruppe zerstob wie vom Teufel gehetzt in alle Straßen des Dorfes, während *Der Drahtige* von einem der größten Lachkrämpfe geschüttelt wurde, an die er sich erinnern kann.

»Entschuldigung . . .«

José Delgado unterbrach seinen Bericht. Er ließ eine weitere Prise Natron auf seine linke Handfläche fallen und bat mich noch mal sehr feierlich, ihn eine Sekunde zu entschuldigen. Er führte sie von neuem an den Mund und legte das Salz fein säuberlich auf die Zunge. Danach spülte er es mit einem ›Schlückchen‹ guten Weins herunter.

»Tatsache aber ist, daß ich, als ich das Laken faltete, um es seiner Besitzerin zurückzugeben, und als ich die Laterne bereits ausgeschaltet hatte, ein Geräusch hörte. Wissen Sie, was ein Summen ist?«

Ich nickte.

»Also so etwas. Ich hatte mich an den kleinen Erdwall an einer Seite des Feldes gesetzt. Wieder wurde ich vom Lachen überwältigt . . .

Mir liefen sogar schon die Tränen. Währenddessen, zur gleichen Zeit, als ich jenes Summen hörte, sah ich, wie sich das rote Licht, das ich für einen Traktor gehalten hatte und das bis dahin am Horizont geblieben war, über mich warf . . .

Es ließ mir nicht einmal Zeit, Luft zu holen. ›Es‹ – was auch immer es war, das weiß ich schließlich nicht – näherte sich mit großer Geschwindigkeit dem Fußballfeld, an dem ich gerade saß. Dort blieb es, völlig ruhig. In sehr geringer Höhe. Ich kann Ihnen nicht sagen, wie viele Meter hoch, aber sehr niedrig.

Ich stellte mich hin und schaute es an.

Diese Maschine – denn ich schwöre Ihnen beim Allerheiligsten, daß es eine Maschine war – war von einem leuchtenden Rot. Es schmerzte in den Augen . . .

Nach einigen Sekunden begann es herunterzufliegen, allerdings sehr langsam, äußerst langsam. Dann, als es am Boden ankam, bemerkte ich, daß es seine Farbe wechselte. Von diesem Rot ging es in ein Gelb über . . ., wie soll ich das beschreiben?«

José ließ seinen Blick durch die kleine Taverne schweifen und zeigte auf eine der Flaschen im Regal.

»Ja, genau das. Es hatte eine Farbe wie dieser Bananenlikör, bemerkte er mit einem zufriedenen Nicken. »Diesen Farbton behielt es, bis es wieder in die Höhe stieg.«

Ich glaube, daß sich José Delgado *Der Drahtige* nicht wirklich der Wichtigkeit dessen, was er mir beschrieb, bewußt wurde. ›Es‹ – wie er es nannte – bedeutete tatsächlich die Landung eines Schiffes außerirdischer Herkunft.

»War viel Zeit vergangen, seitdem Sie Ihren Landsleuten einen Schreck versetzt hatten?«

»Gar nicht. Gerade genug Zeit, um mich von dem Laken zu befreien und von einem Rand des Feldes zum anderen zu laufen. Nicht einmal fünf Minuten.«

An diesem selben Morgen noch begleitete ich José Delgado Apolo zum Schauplatz der Ereignisse. Ich maß die Meter zwischen der Mündung des Sammelrohres, die sich sehr nah an einer der Seiten des Fußballfeldes befand, und der Böschung aus Erde und Steinen ab, die sich fast direkt an der anderen Seite anschloß. Es waren noch nicht einmal dreißig Meter.

»Ich glaube, es war ungefähr elf oder halb zwölf nachts«, fuhr der Bewohner von Aznalcollar fort. »Dieses Objekt kam ohne ein Geräusch herab. Nur dieses Summen störte mich.«

»Und setzte es auf dem Boden des Fußballplatzes auf?«

»Ich glaube nicht. Und ich werde Ihnen sagen, warum. Ich sah weder Füße noch Räder, ich sah überhaupt nichts von alledem. Das Ding stand ruhig ungefähr einen halben Meter über dem Boden.

Nachdem es verschwunden war und ich wieder frei atmen konnte, ging ich zu diesem Platz, konnte aber nichts Außergewöhnliches bemerken. Auch am nächsten Morgen nicht, als der Tag gerade angebrochen war.

Also weiß man doch, daß das Ufo – oder was es auch immer war – die Erde nicht berührt hatte. Andernfalls hätte es ja irgendeine Spur zurückgelassen. Glauben Sie nicht?«

Die Logik von José dem *Drahtigen* ließ wenig Raum für Spekulationen.

»Wie sah es aus? Welche Form hatte ›Es‹? Denn ich

vermute, daß Sie genug Zeit hatten, es genau zu betrachten.«

»Es genau zu betrachten, sagen Sie? Ich hatte es schließlich zwei oder drei Minuten vor Augen, und das nur etwas mehr als zwanzig Schritte entfernt!

Aber natürlich habe ich es genau betrachtet! Hätten Sie das nicht getan?

Meiner Meinung nach war es ungefähr fünf Meter lang. Es war rund. Oben hatte es etwas wie einen ›Dekkel‹.«

Noch einmal zog ich meinen Notizblock hervor und gab dem *Drahtigen* einen Bleistift in die Hand. Ich bat ihn, sich einen Stoß zu geben und mir das Ufo zu zeichnen.

José nahm das Papier widerwillig an und ging es in aller Ruhe an. Aber das Warten lohnte sich. Das von José gezeichnete Ufo war eines von der Art ›Scheibe‹, mit einer nicht sehr ausgeprägten Kuppel im oberen Teil.

Ich versuchte, ihn dazu zu bringen, sich an weitere Einzelheiten zu erinnern. Trotz allem kam dabei aber nichts heraus.

»Nein«, setzte er hinzu, »ich kann Ihnen lediglich sagen, daß es sehr stark leuchtete. Ich weiß immer noch nicht, wie ich es überhaupt anschauen konnte.«

»Also, zusammengefaßt, glauben Sie, daß es eine ›Maschine‹ war?«

José sah mich mit Befremden an und antwortete schließlich:

»Für wen halten Sie mich? Jeder hätte erkennen können, daß es sich um einen mechanischen Apparat handelte! In einigen Augenblicken sah er aus wie aus Zink . . .«

Nach zwei bis drei Minuten – immer von jenem penetranten Summen begleitet – begann das Ufo, vor den erstaunten und verstörten Augen Josés hochzusteigen.

»Ich bemerkte, daß es beim Hinabfliegen das Fußballfeld nicht beleuchtet hatte. Aber beim Hochsteigen schon. Alles wurde beleuchtet. Es stieg viel schneller in die Luft, als ich es herunterfliegen gesehen hatte. Als es eine bestimmte Höhe erreichte – ich kann Ihnen auch nicht genau sagen, wie viele Meter hoch –, hielt es noch einmal an. Kurz darauf schoß es ohne vorheriges Anzeichen wie ein Blitz in Richtung Gerena, von wo es auch gekommen war.

Ah!« fügte *Der Drahtige* hinzu. »Das Seltsame dabei ist, daß dieser Glanz mit der Farbe des Likörs 43 verschwand und sich wiederum in ein Rot verwandelte.«

»Hatten Sie keine Angst?«

José Delgado Apolo eine solche Frage zu stellen, konnte nur einem Fremden oder Touristen einfallen, der den Charakter des entschlossenen Bewohners von Aznalcollar nicht kannte. Mit einem nachsichtigen Lächeln fragte mich José seinerseits:

»Wissen Sie, warum man mich *Der Drahtige* nennt?«

»Ehrlich gesagt nicht . . .«

»Ganz einfach. Weil ich, José Delgado Apolo, mehr auf Draht bin als jeder andere.«

Dieser Spruch von José wurde mir kurz darauf von anderen Bewohnern des Dorfes absolut bestätigt.

»Einmal«, erzählten sie mir, »war José mit einem guten Freund hier in Aznalcollar. Plötzlich fiel sein Freund Manolo unvermittelt auf den Boden, von einem Herzanfall wie vom Blitz getroffen. Dessen Familie war ins Nachbardorf Villalba del Alcor gefahren und sollte erst am nächsten Tag zurückkehren. José, weder dumm noch faul, schulterte seinen Freund Manolo und trug ihn in sein Haus hinauf. Er hatte damals nur ein einziges Schlafzimmer und legte den Leichnam seines Freundes dort ab. Er drehte ihn um und legte sich ebenfalls hin. Dann schlief er, als ob nichts geschehen wäre, im selben Bett mit dem Verschiedenen . . .«

Trotzdem und trotz des anerkannten Mutes des *Drahtigen* gestand er mir in einem Moment der Aufrichtigkeit, der ihn unzweifelhaft ehrt, im Verlauf des Gesprächs:

»Aber bei alledem, mein Freund, fühlte ich Krämpfe in den Beinen. Und ich schwöre Ihnen bei meinen Ahnen, daß ich in meinem ganzen Leben noch nie Angst gehabt habe. ›Das‹ aber . . .«

»Hatten Sie den Eindruck, daß ›Es‹, wie Sie es nennen, bemannt war oder von jemandem gelenkt wurde?«

»Aber sicher. Wie erklären Sie sich sonst, daß es auf- und abstieg?«

Wie ich bei späteren Interviews mit den Bewohnern von Aznalcollar herausfand, flog das Ufo nach seiner sehr kurzen Landung auf dem Fußballplatz von neuem an seinen Ausgangspunkt, wo es seit zehn Uhr seine Bewegungen ausgeführt hatte.

Dort blieb es bis ungefähr ein Uhr morgens.

Als sich die Nachricht im Dorf verbreitet hatte – dies erzählte man mir in der Bar La Glorieta –, liefen all die Leute, die zu dieser Zeit im Kino gewesen waren, dorthin, als die Vorstellung zu Ende war. Es versammelten sich schließlich mehr als fünfhundert Menschen dort!

»Und sie sagten, daß das Ufo dort blieb, auf der Höhe des Aljarafe?«

»Ja. Es hielt genauso schnell an, wie es sich nach links oder rechts bewegte. Das war ein Schauspiel!

Später, ungefähr um eins oder halb zwei morgens, verschwand es.«

José Calixto Delgado Apolo *Der Drahtige* verfolgte die seltsamen Bewegungen des Schiffes ebenfalls, von seinem Tisch in der Bar La Glorieta aus. Aber diesmal schweigend und unter der Wirkung eines gründlichen Schocks.

»Ich schwöre Ihnen bei meinen Vorfahren«, murmelte José, »daß ich seit diesem Tag meinen Appetit verloren habe. Ich wog 76 Kilo, und jetzt wiege ich nur noch 65. Und mein rechtes Ohr funktioniert nicht mehr richtig. Ich habe keine Ahnung, was mit mir geschieht.«

Vielleicht wird José niemals begreifen, was er wirklich vor sich hatte. Aber das, denke ich, ist das am wenigsten Wichtige. Das Bedeutende, Wichtige und Bewegende ist, daß José Calixto Delgado Apolo inzwischen zumindest ahnte, daß ›Das‹ vom Betreten des Mondes wahr sein könnte . . .

Trotz der Trauer, die ich wegen des Verscheidens jenes Mannes aus Palma fühlte, startete ich an diesem Mittag voller Zufriedenheit los. Der Vorfall, den José Delgado erlebt hatte und der von ungefähr fünfhundert Dorfbewohnern beobachtet worden war, hatte mir neuen Schwung gegeben. Ich hatte gute Nachrichten. Andalusien war Zeuge einer der ungewöhnlichsten ›Ufo-Wellen‹ in seiner ganzen Geschichte geworden.

Aber während ich in das Gespräch mit dem *Drahtigen* vertieft war, hatte ich meinen Magen ganz vergessen. Mir wurde fast schwarz vor Augen. Ich mußte noch an diesem gleichen Tag nach Sevilla zurückkehren. Um Zeit zu sparen, begab ich mich daher von neuem auf die Bundesstraße, um beim ersten Restaurant anzuhalten.

Nach einigen Kilometern fuhr ich in die Ortschaft Sanlúcar la Mayor hinein. Dort hielt ich den Wagen an einem riesigen Wirtshaus an, in der Absicht, schnell etwas zu essen.

Der geräumige Speisesaal war trotz vorgerückter Stunde randvoll. Nur ein einziger Tisch in einer Ecke schien frei zu sein. Dorthin begab ich mich eilends. Der Staub und die Hitze auf der Straße hatten meine Kehle in einen bedauerlichen Zustand versetzt. Als ich aber gerade

Platz nehmen wollte, sah ich mich von der Anwesenheit eines Mannes überrascht, dem es, ohne daß wir ein Wort wechselten, auf der anderen Seite des Tisches genauso ging. Eine Sekunde lang zögerte ich und war unsicher. Aber dieser Mann, der meine Situation erriet, beugte sich vor und deutete auf den Stuhl, den ich gerade erst zurückgezogen hatte. Er lud mich ein, mich zu ihm an den Tisch zu setzen, an dem er sich wohl schon seit einiger Zeit befand.

Ich war nie ein großer Freund davon, in Gesellschaft von Fremden zu essen. Trotzdem nahm ich wohlwollend die freundliche Geste dieses Mannes an. Das Essen verlief in einem ausgedehnten und manchmal fast bedrückenden Schweigen.

»Wie würde dieser Mann wohl reagieren«, fragte ich mich, während ich ihn flüchtig beobachtete, »wenn er wüßte, daß ich den Auftrag habe, nichtidentifizierten Flugobjekten nachzuspüren?«

Das wollte ich mir gar nicht weiter ausmalen! Ich aß schweigend weiter.

Ich weiß nicht genau, wie, aber tatsächlich begannen wir schließlich ein angeregtes Gespräch. Und wie groß sollte meine Überraschung sein, als ich erfuhr, daß dieser Mann bis vor sehr wenigen Jahren Pilot gewesen war. Ein hervorragender Pilot . . .

Als er erfuhr, daß ich Journalist war und gerade einige Untersuchungen über Ufos durchführte, setzte er seine Kaffeetasse ab und beobachtete mich schweigend mit ernster Miene. Er ließ mich eine ganze Weile lang reden.

Während er sich eine neue Zigarre anzündete, bat er mich schließlich, ihm aufmerksam zuzuhören.

»Was ich Ihnen jetzt erzählen werde, ist etwas, von dem nur sehr wenige wissen. Ich würde Ihnen gerne bei Ihrer Aufgabe helfen, in den Menschen ein Bewußtsein für die Ufos zu wecken. Wenn Sie mir erlauben, werde ich das tun, indem ich Ihnen etwas erzähle, was mir am 16. Oktober 1959 um drei Uhr morgens passiert ist.«

Ich brachte vor Überraschung kein Wort heraus. Der Pilot fuhr folgendermaßen mit seiner Geschichte fort:

». . . Ich befand mich auf der Jagd in *El Cobre*, ungefähr zehn bis zwölf Kilometer südöstlich von Algeciras. Ich war gerade dabei, einen Hügel hinaufzusteigen, den man *La Rejanosa* nennt, um mich nach *Los Alamillos* zu begeben, wo ich einen guten Ausblick suchte, um Kaninchen zu jagen.

Als ich oben auf dem Hügel ankam, hielt ich inne. Dort unten, am Abhang des kleinen Berges, wenige Meter entfernt von meinem Platz, sah ich ein sehr seltsames Licht . . .

Die Farbe erinnerte mich an den Ton, den eine Kupferplatte bekommt, wenn man sie ins Feuer legt. Sie ging vom Roten ins Violett-Blaue über.

Dieses Licht gehörte aber in Wirklichkeit zu einem Objekt! Es hatte auf der Erde aufgesetzt und einen Durchmesser von ungefähr acht Metern. Es hatte die Form von zwei Suppentellern, die übereinanderlagen, mit einer Art kleiner Kuppel obendrauf.

Bei diesem Gebilde war ein Wesen, dessen Größe ich auf mehr als zwei Meter schätzte, das sich unbeweglich verhielt und mir den Rücken zudrehte, als ob es die Maschine betrachten würde. Sein Anzug zog meine Aufmerksamkeit auf sich. Er schien aus Glas oder Platin zu sein . . .

Nach ein oder zwei Sekunden bewegte sich dieses Wesen menschlicher Gestalt auf das Objekt zu und verschwand darunter.

Was mich am meisten überraschte, war, daß ich keinen einzigen Finger rühren konnte. Ich war wie gelähmt mit der Laterne in der Hand ... Aber ich nahm alles wahr, was um mich herum vorging. Diese Situation dauerte ungefähr drei bis vier Minuten. Die Zeit, die das Ufo brauchte, um sich in die Luft zu erheben und aus meinem Blickfeld zu verschwinden.

Aber erlauben Sie mir, daß ich erkläre, wie dieser Start vor sich ging. Das Objekt begann langsam zu schwanken und stieg gleichzeitig senkrecht in die Höhe, bis auf acht bis zehn Meter. Dort verharrte es einige Sekunden unbeweglich und erleuchtete das Feld mit einem rötlichen Licht. Mit einer unbegreiflichen Geräuschlosigkeit schoß es plötzlich von neuem in einem Winkel von 45° Richtung Nord los und verschwand in weniger als fünf Sekunden erstaunlicherweise aus meinem Blickfeld. Welche Geschwindigkeit mußte diese Maschine erreichen, um sich in so kurzer Zeit so weit zu entfernen?

Während es verschwand, sah ich, wie sich gleichzeitig seine Farbe veränderte. Von Feuerrot ging es in ein bläuliches Weiß über.

In dem Moment, als es sich entfernte, konnte ich mich wieder bewegen. Wie ich bereits vorher sagte, war es drei Uhr morgens. Ich werde mich mein Leben lang an diese Uhrzeit erinnern, weil meine Longines seitdem nie wieder funktionieren sollte. Sie war um drei Uhr stehengeblieben ...

Als ich zu dem Ort ging, wo das Ufo gestanden hatte, schien das Gras wie verwelkt zu sein. Als ob ein Pferd stundenlang darauf herumgerannt wäre.«

Dieser Bericht, den mir Antonio Manzano Vida liebenswürdigerweise gegeben hatte, war wirklich wichtig. Nicht umsonst handelte es sich um einen ehemaligen Piloten mit 18000 Flugstunden. Nicht umsonst handelte es sich um einen der kühnen Flieger, die Teil des Geschwaders der ›Division Azul‹ von 1941 bis 1943 waren. Nicht umsonst war Antonio Manzano mit dem Eisernen Kreuz I. Klasse ausgezeichnet worden, das ihm Deutschland für das Aufspüren eines Panzerverstecks in der Nähe von Kaliningrad (Rußland) verliehen hatte, wo er auch verwundet wurde. Nicht umsonst hatte dieser Mann mir gegenüber gut ein Dutzend verschiedener Flugzeugtypen geflogen. Nicht umsonst war er Ausbilder von Zivilpiloten in Tablada gewesen, Flieger von Agrarflugzeugen, Stuntpilot beim Film und schließlich und endlich 32 Jahre von einer einzigen Aufgabe und einem einzigen Ideal erfüllt: zu fliegen.

Als er mir seine Hand gegeben hatte und ich mich wieder in Richtung Sevilla begab, dankte ich der Vorsehung aus ganzem Herzen, die an diesem Tag mein Auto in Sanlúcar anhalten ließ und mich an diesen abgelegenen Tisch in diesem abgelegenen Restaurant in diesem abgelegenen Ort geführt hatte . . .

Am folgenden Tag konnte ich der Spur eines anderen erstaunlichen Falls folgen.

Die ›Ufo-Invasion‹, die im Herbst 1973 das Land in einem erstaunlichen Ausmaß zu überziehen begonnen hatte, erreichte in diesem Sommer des Jahres 1975 ein ungewöhnliches Ausmaß. Dieser Vorfall, der sich am 13. Juli des besagten Jahres 1975 ereignet hatte, war tatsächlich nur einer mehr unter vielen, die die Bewohner des Condado wochenlang erlebten. Zwar nur einer mehr, aber mit einem ›Unterschied‹ . . .

Aber lassen Sie uns am Anfang beginnen.

Um ein Uhr nachts an diesem 13. Juli 1975 gingen in den Ortschaften Bollullos del Condado und Almonte in Huelva gleichzeitig die Lichter aus. Ungefähr 45 Minuten lang sahen sich beide Ortschaften – acht Kilometer voneinander entfernt – von der elektrischen Versorgung abgeschnitten. Der Unfall war so schlimm, daß beim Ausgehen der Lichter das Elektrizitätswerk in die Luft flog, das sechs Kilometer von Bollullos entfernt im Nachbardorf La Palma del Condado liegt.

»Was ist geschehen?« fragten sich die Bewohner beider Dörfer aufgebracht.

Die Tatsache, daß dieser Stromausfall um elf Uhr nachts begann und fast eine Stunde dauerte, störte die Gemeindemitglieder beträchtlich, die zu diesem Zeitpunkt Fernsehen schauten oder sich gerade in einer der Kinovorführungen befanden. Die Filme mußten selbstverständlich abgebrochen werden.

Mein lieber Freund Lucrecio Camacho Calvo – ein großer Liebhaber von allem, was mit Ufos zu tun hatte, und der zu diesem Zeitpunkt gerade seinen Sommerurlaub in Bollullos del Condado verbrachte – beschrieb mir diesen eigenartigen Vorfall. Drei Freunde aus dieser besagten Ortschaft Bollullos waren an diesem Abend nach Almonte gefahren, um einer Vorführung des Sommerkinos beizuwohnen. Sie sahen sich gezwungen, das Gebäude zu verlassen und nach Bollullos del Condado im Seat 124-LS zurückzufahren. Fahrer war der 23jährige Francisco Esquivel, alleinstehend und von Beruf Landwirt. Bei Francisco waren weitere Bewohner aus Bollullos, der 22jährige Diego Sánchez Matamoros, ebenfalls alleinstehend und Buchdrucker, und der 21jährige Diego Salas Campo, auch Bauer und alleinstehend.

Die drei jungen Männer fuhren aus Almonte heraus und waren noch weit davon entfernt, zu wissen, was sie drei Kilometer außerhalb des Ortes erwartete.

»Als wir bereits die Küste hinabfuhren, die außerhalb des Dorfes liegt«, bemerkten die jungen Männer, »sahen wir ein Licht . . .

Es schien sich über den Feldern zu befinden und sehr seltsam zu sein. Äußerst seltsam. Von gelblicher Farbe und mit zeitweilig unterbrochenem Leuchten. Es schien geräuschlos zu sein.«

Je weiter sie sich dem Gebiet näherten, wo sie das Licht wahrgenommen hatten, konnten die drei Freunde vom Auto aus ebenfalls feststellen, daß die Erscheinung eine eigenartige eiförmige Gestalt hatte. Eine heftige Diskussion entbrannte. Einige schienen nicht sehr geneigt zu sein, den Wagen anzuhalten, um das Objekt aus der Nähe zu betrachten. Der Begriff ›Ufo‹ hatte im Wagen bereits die Runde gemacht, und die Tatsache, daß der 124 gezwungenermaßen in sehr geringer Distanz an dem Punkt vorbeifahren mußte, wo sich das Ufo zu befinden schien, flößte ihnen ziemlich starke Angst ein. Aber da die jungen Männer in Bollullos wohnten, sahen sie sich gezwungen, ihren Weg zu der Ortschaft fortzusetzen.

Als sie aus einer Kurve herausfuhren, sahen sich die Wageninsassen plötzlich einem Schauspiel gegenüber, das sie für den Rest ihrer Tage wohl schwerlich vergessen werden.

Ungefähr 40 bis 50 Meter rechts von der Straße sah man ein Ufo von ungefähr fünf Metern Durchmesser und von deutlich eiförmiger Gestalt. Es stand unbeweglich in niedriger Höhe über einem der Strommasten des Leitungsnetzes, das aus La Palma kommt und Bollullos und Almonte versorgt.

Die Zeugen fuhren fort: »Dieses ›Ding‹ stieß einige starke Feuerstrahlen aus, die uns blendeten und die eine gelbe Farbe hatten, die manchmal in Weiß überging.«

Die Dorfbewohner waren wie versteinert. Dann drosselte der Fahrer automatisch die Geschwindigkeit, ohne die Augen von der leuchtenden Maschine zu lassen. Sie fuhren sehr langsam an dem Ufo vorbei. In der Dunkelheit der Nacht erhellte das Licht des Schiffes einen weiten Radius des Bauernhofes *Ballesteres*, auf dem besagter

Strommast steht, ebenso wie einen Teil der Landstraße, die beide Ortschaften miteinander verbindet.

»Wir fuhren langsam. Dieses Ding beeindruckte uns wirklich. Meine Freunde«, berichtete Francisco Esquivel, »wollten nicht anhalten, ganz im Gegenteil. Sie bestanden nachdrücklich darauf, daß ich mit Höchstgeschwindigkeit nach Hause weiterfahren sollte. Ich aber war sehr neugierig und hielt den Wagen daher 100 Meter weiter an. Ich legte trotz der Proteste meiner Kameraden den Rückwärtsgang ein und fuhr zurück, bis wir wieder auf der Höhe dieses Strommastes waren. Das Ufo hatte sich noch nicht einmal bewegt. Es stand weiter völlig still dort, ungefähr dreißig Meter über dem Mast.«

Vom Inneren des Gefährts aus betrachteten die jungen Männer mit einer Mischung aus Erregtheit, Angst und Nervosität die unbekannte leuchtende Maschine.

»Der Rumpf leuchtete mit einem starken, sehr weißen Licht. Man konnte deutlich erkennen, daß er aus Metall war. So sehr wir aber danach suchten, konnten wir dennoch keine Fenster sehen.

Es gab Lichtblitze von sich. Gerade als wir das erste Mal am Mast vorbeigefahren waren, hatte uns das Ufo einige von diesen weißen und gelben Blitzen entgegengeschleudert. Später, als wir zurückfuhren und uns wieder auf gleicher Höhe mit dem Ufo befanden, hielten wir am schmalen Rand der Straße an, und das Objekt wiederholte diesen Vorgang, indem es Blitze bzw. Lichtstrahlen auf das Auto warf.«

Als ich sie fragte, ob ihnen diese ›Blitze‹ Schaden zugefügt hatten, verneinten die Zeugen.

»Es war lediglich Licht. Vielleicht trachteten sie einfach nur danach, uns zu vertreiben. Das erreichten sie auch, logisch.«

Aber bevor sie endgültig nach Bollullos fuhren, stieg

einer der Mitfahrer, Francisco Esquivel, der vielleicht neugieriger oder entschlossener war, aus dem Wagen aus und lief zum Schutzgitter, das den Bauernhof eingrenzt und ungefähr zehn Meter von der Straße entfernt ist. Von dort aus konnte er das Ufo nach Belieben zehn bis fünfzehn Minuten lang beobachten.

»Es war einfach unglaublich«, erzählte er später. »Das Licht war überall. Trotz dieses Eindrucks von Kraft und Stärke hörten wir nicht das geringste Geräusch. Es war völlig still auf dem Feld. Man hörte noch nicht einmal die Grillen.«

Als er aus dem Wagen ausgestiegen war, sahen Francisco Esquivel und seine beiden Begleiter, die den Vorgang weiterhin aus dem Inneren des Wagens verfolgten, wie die Kabel am Mast zahlreiche Funken zu sprühen begannen.

»Das Ufo gab weiterhin Strahlen von sich. Das wiederholte sich vielleicht alle zehn bis fünfzehn Sekunden. Es sah aus wie dieses Licht, das die Krankenwagen oben drauf haben. Auch wenn das Licht manchmal, wie ich bereits vorher sagte, von Gelb in Weiß überging.«

Nach Aussage der Zeugen war das Ufo rund und hatte eine Ausbuchtung in der Mitte.

Vielleicht nach einer Viertelstunde der Beobachtung und als sich die Lichtblitze über dem Wagen immer weiter wiederholten, setzte sich Francisco Esquivel wieder ans Steuer und nahm die Fahrt nach Bollullos auf.

In diesem Moment stieg das Schiff langsam in die Höhe, und der Motor des 124, der bis dahin nicht den geringsten Schaden erlitten hatte, begann an Kraft zu verlieren.

»Irgend etwas Seltsames passierte mit dem Wagen. Aber warum? Er war neu. Die ruckartigen Bewegungen wurden immer häufiger. Das Gaspedal reagierte nicht richtig . . .«

Die fünf Kilometer vom Strommast bis zum Ort erschienen den eingeschüchterten Zeugen unendlich lang. Das Ufo war in die Höhe gestiegen und folgte dem Wagen in einer gleichbleibenden Entfernung. Schließlich erlangte der 124 seine normale Funktionstüchtigkeit wieder und kam ungefähr um ein Uhr morgens in Bollullos an.

Viele der anderen Dorfbewohner und der Freunde der drei Zeugen begaben sich zu diesem Ort, als die jungen Männer erzählten, was ihnen gerade widerfahren war. Das Schiff aber war nicht mehr dort.

Am nächsten Tag, nachdem sie das Auto in einer Werkstatt von Bollullos gründlich untersucht hatten, stellten die Männer fest, daß sich der Wagen in einem tadellosen Zustand befand. Was war also in dieser Nacht vor sich gegangen?

Aber die Überraschungen waren noch nicht zu Ende.

Als sich gleichzeitig der Stromausfall ereignete und das Elektrizitätswerk in La Palma in die Luft flog, versuchten die Techniker des Elektrizitätswerks von Sevilla, das den elektrischen Strom an dieses Gebiet liefert, logischerweise, die Ursachen für dieses Unglück herauszufinden. Am nächsten Tag, also am 14. Juli, begannen ein Fachmann dieser Gesellschaft und seine Begleiter Manuel Domínguez und Andrés Ortas, die von den Gesellschaften in Almonte und Bollullos beauftragt waren, jeweils mit einer systematischen Untersuchung.

Das Seltsame war, daß nach den 45 Minuten Dauer des Ausfalls der Strom wieder in beide Dörfer geflossen war und sämtliche Einrichtungen wieder völlig normal funktionierten. Wie die Techniker mit großem Befremden feststellen konnten, funktionierten an diesem Morgen alle Werkstätten, Geschäfte, Häuser etc. in Almonte und Bollullos del Condado, als ob nichts geschehen wäre.

Was aber hatte dann diesen gleichzeitigen Stromausfall

und die Beschädigung des Elektrizitätswerkes verursacht?

Da die Stromversorgung wieder völlig normal lief, blieb den Experten der Gesellschaft nichts anderes übrig, als eine langwierige und eingehende Inspektion der Leitungen durchzuführen.

Nach vielen Stunden kamen die drei Spezialisten zu dem Mast, über dem – ohne daß sie es wußten – das Ufo in der vorangegangenen Nacht gestanden hatte. Was sie zu sehen bekamen, ließ sie völlig ratlos zurück.

Das Verbindungskabel eines der drei Stränge von 15 000 Volt war durchgeschnitten. Trotzdem floß dort weiterhin elektrischer Strom!

»Aber das ist technisch völlig unmöglich!« sagten sich die Experten immer und immer wieder. »Wie kann der Strom durch ein Kabel fließen, das zerstört und durchgeschnitten ist?«

Selbstverständlich konnte sich keiner der Angestellten der Gesellschaft damals die Ursache dieses eigenartigen Phänomens erklären. Man mußte die Stromversorgung umleiten, um das Verbindungskabel zu reparieren und zu ersetzen. Auch der gesamte Transformator dieser Strommasten mußte ersetzt werden, weil er ebenfalls beschädigt war.

Mehr als zwei Stunden lang waren zwei Orte der Provinz – Almonte und Bollullos del Condado – völlig normal mit elektrischer Energie versorgt worden . . ., durch einen Kabelstrang, der unterbrochen war!

Aber wie ich bereits sagte, sollten die Gegenden des Condado und des Aljarafe im Verlauf eines großen Teiles von 1975 – insbesondere in den Sommermonaten – Schauplatz einer der intensivsten ›Ufo-Wellen‹ werden, von denen wir jemals erfahren haben. In meinen Archiven und in denen zahlreicher Forscher dieses weiten Gebietes wurden täglich manchmal zwischen drei und vier Fällen von Beobachtungen oder Landungen vermerkt. Etwas wirklich Außergewöhnliches.

Vielleicht werde ich mich eines Tages der Aufgabe widmen, die hervorragende Dokumentation zu ordnen, die sich in meinem Besitz befindet und die mir bei so mancher Gelegenheit zu denken gab: Warum wurden in den Gegenden von Rocío, Rociana, Los Guayales, Almonte, Pilas, Bollullos del Condado, Mazagón, Matalascañas, Los Cabezudos, Benacazón, Umbrete, Gerena, Sanlúcar und vielen mehr so außerordentlich viele Vorbeiflüge von außerirdischen Schiffen vermerkt?

Hatte all das etwas mit dem nahegelegenen Coto de Doñana zu tun, mit seinen unergründlichen und menschenleeren Sumpfgebieten?

Dutzenden von Zeugen zufolge kamen viele dieser Ufos aus besagtem Gebiet oder zogen sich in dieses zurück.

Konnte sich dort tatsächlich ein ›Zufluchtsort‹ für Notfälle befinden?

Jedesmal, wenn ich die Landstraßen befuhr, die dieses großartige und von Nebeln durchzogene Gebiet von Sumpf und kleinen Wäldern eingrenzten, fühlte ich mich wirklich ganz besonders zu diesem Ort hingezogen. Und ich schwor mir, sehr bald zurückzukehren) mit aller Zeit der Welt), um tief ins Innere der Doñana vorzudringen.

In meinem Herzen spürte ich ›Etwas‹. Ich wußte im voraus, daß ich sie dort in diesen einsamen Gegenden vielleicht wiedertreffen könnte.

Aber nicht einmal ich selbst konnte mir vorstellen, wie nah ich diesem Augenblick war . . .

Nachdem die Untersuchungen im Gebiet des wunderschönen Condado erst einmal abgeschlossen waren, kehrte ich in mein ›Hauptquartier‹ in Sevilla zurück. Eine der wichtigsten Nachrichten über Ufo-Sichtungen, die sich in den letzten Jahren in Spanien und vielleicht ganz Europa verbreitet hatten, war zu mir gelangt.

Endlich – zumindest von ›inoffizieller‹ Seite – hatte eines dieser ›Schiffe für die Landung‹ in dem Augenblick fotografiert werden können, in dem es ein riesiges Gebiet mit Orangen- und Olivenbäumen überflog.

Aber bevor ich zu diesem ENTSCHEIDENDEN Beweis für die Existenz von Ufos übergehe, möchte ich nicht die Zeugenaussage vergessen, von der ich in Barbate erfuhr, 50 Kilometer von Cádiz entfernt. Diesen Ort kenne ich seit meiner frühesten Kindheit. Dort lebt der größte Teil meiner Familie, und dort habe ich die glücklichsten Jahre meines Lebens verbracht.

Also dann, im Frühjahr 1974 waren alle Bewohner des Viertels, das sich rund um die Straße General Mola drängte, aus ihren Häusern gerannt, um eine seltsame orangefarbene Scheibe zu betrachten, die unbeweglich in der Luft stand.

Dieses Ufo – so groß wie der Vollmond – zeigte der vielköpfigen Gruppe von Bewohnern, unter denen sich eine Unmenge meiner alten Freunde befand, blinkende Lichter von leuchtend roter Farbe, die um die Scheibe herum kreisten.

Das Schiff entfernte sich und kehrte nach wenigen Minuten zurück, um von neuem über dem Strandgebiet zu verharren.

Nach Aussage Hunderter von Zeugen wechselte das Ufo mehrfach seine Position.

Unter diese Zeugen befanden sich zwei meiner lieben Verwandten – mein Onkel José Juliana und seine Frau Leonor Benítez Bernal, die in Nummer 21 besagter Straße General Mola wohnen. Bei ihnen war ein weiteres, sehr, sehr eng befreundetes, innigst gebliebtes Ehepaar, das verständlicherweise ebenfalls voller Erstaunen war: Juan, *Der Maler,* und seine Gattin.

Diese Sichtung hat aufgrund der wichtigen Tatsache, daß ich besagte Personen schon seit jeher kannte, viel für mich bedeutet . . .

Aber gehen wir zum Fall von Sanlúcar la Mayor bei Sevilla über. Ich wiederhole, daß er in den letzten Jahren der wichtigste Beweis für die phantastische und überaus häufige Anwesenheit der Wesen aus dem All auf unserem alten Planeten war.

Ich hatte Schwierigkeiten, das ist wahr. Ich hatte Schwierigkeiten, José Manuel Mora Quesada zu überreden, mir das Geschehene zu erzählen. Als ich es an jenem sonnigen Augustmorgen schließlich schaffte, redete der Junge nur unter der Bedingung mit mir, daß ich um nichts in der Welt seinen Namen erwähnen sollte.

Diese Beobachtung aber hatte und hat einen solchen Nachhall gefunden, daß ich nicht anders konnte, als ihm nicht zu gehorchen, in der Hoffnung, daß er mich verstehen und mir verzeihen würde. Diese Information ist besonders angesichts dieser Unmenge von ewig Unduldsamen und ›Salon-Ufologen‹ wichtig, die immer allem mißtrauen, was sie nicht selbst untersucht haben . . .

Aber wenden wir uns den wichtigen Dingen zu. Ich würde sagen, daß es eine Bestimmung des Schicksals war. Man hat zwar seine Zweifel. Vielleicht ist es dennoch wahr, daß tatsächlich alles im Leben im voraus geschrieben steht und festgelegt ist.

Deshalb ist es manchmal so, daß das, was ein ganzes vielköpfiges und kompetentes Team von Experten nicht erreichen kann, von einem Amateur fertiggebracht wird . . .

Dies war der Fall bei José Manuel Mora, einem Sevillaner, der damals am 13. März 1975 sechzehn Jahre alt war.

An diesem Abend gelang dem Jungen etwas, was nur wenige spanische Fotoreporter – zumindest bis jetzt – geschafft haben: ein Ufo zu fotografieren.

Das beeindruckende Dokument, dessen vollständige Bildfolge wir in dem vorliegenden Buch abbilden, wurde von einem Bauernhof aus aufgenommen, der Antonio Rodríguez del Valle gehörte und sich zwischen den Ortschaften Sanlúcar la Mayor und Benacazón befindet, auf dem Gemeindegebiet des ersteren Ortes.

Diese Folge von Fotografien wurde von dem Jugendlichen mit einer einfachen Kamera Kodak Instamatic 25 aufgenommen, die ihm seine Mutter Weihnachten 1974 geschenkt hatte.

Man muß allerdings sagen, daß trotz ihrer außerordentlichen Beweiskraft für diese Beobachtung die Fotos, die José Manuel Mora stolz zur Schau stellte, ebenfalls die Nervosität und Hast jener Minuten beweisen, in denen das Schiff tatsächlich vor den Augen des Sevillaners vorbeiflog – wie der Leser feststellen kann. Die Negative stellten sich als verwackelt heraus. Trotzdem kann man die Form des Ufos in aller Deutlichkeit erkennen.

Besagter Film wurde sowohl von Spezialisten in Madrid untersucht und analysiert als auch von diversen Laboratorien und Profi-Fotografen in Bilbao, der Stadt, in der ich lebe.

Also gut, gemäß der jeweiligen Analysen fiel die Beurteilung einmütig aus: Die Fotografien des Jungen aus Sanlúcar la Mayor sind echt.

Und schon sind wir mittendrin in den Ereignissen.

José Manuel Mora wollte wie gesagt ›Komplikationen‹ vermeiden. Er mißtraute den Journalisten. Er mißtraute allem und jedem, der sich für ›seinen‹ Fall interessierte.

Wie gesagt aber willigte er am Ende ein, und wir führten ein langes Interview.

»Schauen Sie, hier im Dorf gibt jeder seinen Kommentar dazu ab und macht sich darüber lustig. Sie wissen ja selbst, wie das in den Dörfern ist. Deshalb möchte ich nicht, daß das hier in den Zeitungen steht. Außerdem würde meine Familie wütend werden.

An jenem Abend«, fuhr der Junge fort, »kam ich aus der Schule zurück. Das passiert immer ungefähr zwischen fünf und halb sechs. Ich ging direkt von Umbrete nach Sanlúcar, weil mein Vater dort gerade ein kleines Haus baute. Zusammen mit meiner Mutter und meinem Bruder half ich ihm dabei.

Es kam die Stunde, um zum Bauernhof zurückzukehren, und wir begaben uns alle auf den Weg.«

(Sein Vater arbeitet auf dem vom Jungen erwähnten Bauernhof und bewirtschaftet ihn, wobei der Familie eines der Häuser in der Nähe des Landhauses der Besitzer zur Verfügung steht.)

»Es wird kurz nach sechs Uhr gewesen sein«, setzte unser Protagonist seine Erzählung fort, »als ich mit meiner Familie an der vergitterten Tür des Bauernhofes ankam. Wir waren ziemlich in Eile, weil wir uns verspätet hatten und mein Vater noch nicht Geschäftsführer des Hofes war.«

»War es schon dunkel?«

»Nein, noch nicht. Der Himmel war ein wenig bewölkt. Ich erinnere mich daran, daß bereits einige Tropfen gefallen waren. Als ich dann gerade dabei war, an der Tür des Bauernhofes in Richtung des Hauses vorbeizugehen, sah ich ein rotes Objekt hinter dem Landhaus der Besitzer vorbeifliegen. Ich beobachtete es genau in der Lücke, die der Turm mit dem Balkon bildet. Das Landhaus war noch nicht bewohnt. Es war gerade errichtet worden, und Türen und Fenster waren daher noch nicht eingebaut.

Ich hatte in einigen Büchern bereits etwas über Ufos gelesen und vermutete sofort, daß es sich um eine dieser Maschinen handeln könnte. Aber mein Vater hatte die Haustür noch nicht aufgeschlossen. Deshalb mußte ich so lange warten, um einen Fotoapparat zu suchen (einen ganz einfachen), den ich Weihnachten zuvor geschenkt bekommen hatte.«

»Was für eine Art Kamera war das?«

»Eine Kodak-25. Sie hatte meine Mutter 525 Peseten gekostet. Ich hatte seit Wochen einen Film eingelegt, weil wir den Besuch einiger Vettern erwarteten und ich ein paar Fotos von ihnen machen wollte.«

»Also war sie einsatzbereit . . .«

»Ja. Aber wie Sie sicher wissen, muß man bei dieser Art Kamera den Film weitertransportieren (›spannen‹), bevor man das Foto machen kann. Und genau das war es, was mich daran hinderte, das erste Foto vom Ufo zu machen.«

José Manuel, dem ein Freund bei dem Interview Gesellschaft leistete, fuhr fort:

»Ich nahm also die Kamera und begab mich, so schnell ich konnte, zum Landhaus. Wie Sie gleich sehen werden, ist das Haus ganz in der Nähe. Vielleicht 40 Meter oder noch weniger. Ich ging auf den Balkon hinauf und begann mich nach allen Seiten umzuschauen, ob ich es von neuem entdecken konnte.«

»Warst du allein?«

»Ja, ich hatte meiner Familie nichts davon gesagt.

Dann sah ich es zum zweitenmal«, rief der Junge aus. »Es flog in Richtung von Südwest nach Nord. Ich setzte mit der Kamera an und versuchte, das erste Foto zu machen. Aber ich konnte es nicht. Wie gesagt war die Kamera nicht gespannt.«

»Wie sah das Objekt aus, und wie weit könnte es vom Landhaus entfernt gewesen sein?«

»Es hatte genau die gleiche Form, wie sie auf den Fotos zu sehen ist, die ich Ihnen gezeigt habe.

Wie eine große Scheibe. Wie eine auf dem Kopf stehende ›Suppenschüssel‹ oder ein Teller ...

Es hatte eine leuchtend rote Farbe. Einige Sekunden lang hatte ich damit verbracht, es in der Richtung zu suchen, in der ich es zum erstenmal verschwinden sah, aber ich konnte es nicht entdecken. Als ich mich aber zur entgegengesetzten Seite umdrehte, also in südwestliche Richtung, sah ich es sofort ...

Es kam sehr schnell in meine Richtung. Aber es drosselte seine Geschwindigkeit. Ich schätze, daß es nicht weiter als eineinhalb oder zwei Kilometer entfernt war. Und es befand sich mehr oder weniger fünfzig Meter über dem Boden. Das sage ich Ihnen, weil mir dazu eine der großen Pinien als Bezugspunkt zwischen den Olivenbäumen diente. Diese ist auch auf einigen Fotografien zu sehen.«

(Tatsächlich sticht auf den Schnappschüssen eine große Pinie hervor, die ungefähr fünfzehn Meter hoch ist, wie ich bei Besichtigung des Terrains selbst feststellen konnte.)

»Das Ufo flog sehr schnell«, fuhr José Manuel fort. »Aber es verminderte wie gesagt seine Geschwindigkeit.

Direkt nachdem ich es zum zweitenmal erblickte, schien es, als ob es in senkrechter Stellung fliegen würde. Und es sah aus wie eine rötliche Scheibe. Danach nahm es eine andere Stellung ein und stand waagerecht zum Boden.

Gerade in diesem Moment, als das Ufo langsamer flog, konnte ich einige Fotografien von ihm machen.«

»Konntest du es die ganze Zeit über sehen?«

»Ja, so lange, bis es einen Feuerstrahl ausstieß. Am Anfang war es schwieriger, denn es ›entwischte‹ ständig meinem Objektiv. Warum sollte ich Ihnen etwas vorma-

Das Knie auf dem Boden, bereitet sich Pater Antonio Felices darauf vor, ein ballistisches Experiment an einer Glasscheibe durchzuführen. Sie ist der Scheibe des Traktors ähnlich, die von einem Ufo durchschossen wurde. Fahrer des Traktors war der Bauer Emiliano Velasco aus Valladolid. (Foto: J. J. Benítez)

chen: Ich war sehr nervös, und die Maschine hatte eine ziemliche Geschwindigkeit drauf . . .

Bis zum dritten Foto bremste sie nicht. Ab diesem Moment konnte ich sie mit größerer Genauigkeit ›einfangen‹.

Das Ufo flog weiter, und die zweite Fotografie machte ich, als es genau gegenüber vom Landhaus war. Genau über dem Gebiet um die Pinie.«

»Hat es seine Höhe oder Richtung zu irgendeinem Zeitpunkt verändert?«

»Ich glaube, die Höhe nicht. Was es allerdings machte, war eine Art ›Zickzackbewegung.‹

Als ich bereits ungefähr vier Fotos gemacht hatte, begann es, ein bißchen in Richtung Norden abzudrehen. In diesem Augenblick machte ich das fünfte Foto. Zufällig stieß das Ufo den Feuerstrahl gerade dann aus, als ich auf den Auslöser drückte.«

»Könnte es sich nicht um Reflexe durch das Sonnenlicht handeln?«

»Nein, keineswegs. Die Sonne stand schon sehr niedrig. Das Ufo hingegen war nach Norden hin ausgerichtet. Zweifelsohne aber kam der Feuerstrahl bzw. ›Blitz‹ aus dem gesamten Objekt. Danach verschwand das Ufo, und ich sah es nicht wieder. Ich hielt eine Weile nach allen Richtungen Ausschau, aber es war zwecklos.«

In diesem Augenblick schoß mir eine Frage durch den Sinn, die ich nicht zurückhalten konnte:

»Hattest du zu irgendeinem Zeitpunkt das ›Gefühl‹, daß das Ufo ›sich von dir fotografieren ließ‹?«

José Manuel nickte.

»Aber ja. Ich kann das nicht genau erklären, aber es machte den Eindruck, als ob es mir die Sache ›erleichtern‹ wolle. Tatsächlich verringerte es z. B. seine Geschwindigkeit, sobald ich die Kamera an die Augen hob . . .«

Die Odyssee des Jugendlichen aus Sanlúcar la Mayor war aber noch nicht zu Ende. Er rannte eilends vom Balkon herunter, auf dem gerade eines der bedeutendsten Bilddokumente in der gesamten Geschichte der Ufologie entstanden war, stieg auf sein Rad und startete rasch in Richtung der Oliven- und Zwergorangenhaine. Also in Richtung des Ortes, wo sich die Pinie erhob, die ihm als Bezugspunkt gedient hatte, während das Ufo besagtes Gebiet überflog. Wie einen Schatz hütete er den kleinen Fotoapparat in seiner Tasche.

Um den Dingen gerecht zu werden, müssen wir zugeben, daß dies ein Glückstag für José Manuel Mora war. Er hatte es nicht nur geschafft, ein Ufo zu sehen und zu fotografieren, sondern sollte darüber hinaus noch Gelegenheit erhalten, die Spuren einer Landung dieses Schiffes zu finden und als Krönung dessen den schwindelerregenden Start desselben in die unendliche Weite des Himmels zu beobachten.

Wir alle, die wir ihren Spuren folgen, hätten uns schon mit der Hälfte zufriedengegeben . . .

Vielleicht aber sind solche Dinge vom Schicksal vorausbestimmt.

Oder doch nicht?

Der Junge trat mit aller Kraft fünfzehn bis zwanzig Minuten lang in die Pedale und drang dabei in die einsamen Gegenden der weiten Olivenhaine vor, die Sanlúcar la Mayor umgeben. Als ich dieser Gegend einen Besuch abstattete, verstand ich, welche Schwierigkeiten José Manuel Mora auf seinem Fahrrad gehabt haben mußte, als er gegen dieses vom Regen schlammige Terrain ankämpfte.

Dieser Weg führt von der Nähe des Bauernhofs auf einen breiteren Weg, der bis zum Nachbardorf Benacazón geht. Er war natürlich ein mehr als geeigneter Ort für die

Landung und Beobachtung eines Ufos. Die Einsamkeit dort brachte mich ganz aus dem Häuschen ...

Was ich in diesem Augenblick natürlich nicht wissen konnte, war, daß ein Bauer aus letztgenanntem Dorf Monate später einen tödlichen Schreck bekommen sollte, verursacht von zwei riesengroßen Wesen.

Während wir im Schatten der Oliven weiterwanderten, fuhr der junge Sevillaner fort:

»Der Regen hatte diesen Pfad in einen mehr oder weniger unbefahrbaren Zustand versetzt. Ich glaube, daß ich ungefähr drei Kilometer zurücklegte, bis ich am Fuß dieser Pinie anlangte ... .«

Dort, einige Meter entfernt, erhob sich tatsächlich die herrliche Pinie. Die Maße ihres Umfangs dienten mir später dazu, sie mit der Größe des Ufos auf einem der Fotos von Manuel Mora zu vergleichen.

»Als ich vom Rad abstieg und mich diesem Baum näherte«, erzählte der Junge, »bemerkte ich einen ziemlich unangenehmen Geruch. Ungefähr so wie nach faulen Eiern.«

»Warum wolltest du dorthin gehen?«

»Ich wollte sehen, ob ich die Maschine noch einmal vor die Linse bekam.«

Zweifelsohne sollte die Beharrlichkeit von José Manuel wieder belohnt werden.

»Ich bemerkte, daß der unangenehme Geruch in einer bestimmten Richtung stärker wurde. Und deshalb ging ich dorthin. Nach einer Weile entdeckte ich auf dem Boden einen großen Kreis. Die kleineren Orangenbäume und das Gras waren zermalmt ...

Ich maß den Kreis aus. Er hatte ungefähr 40 Meter Durchmesser. In seinem Zentrum waren drei Löcher zu erkennen, die ein gleichseitiges Dreieck bildeten. Jedes davon hatte zwanzig Zentimeter Durchmesser und war 30 bis 40 cm tief. Das Seltsame ist, daß die zerdrückten Gräser und Orangenbäumchen eine Art ›Spirale‹ zu formen schienen.«

»War die Fläche verbrannt?«

»Nein, nur völlig zerquetscht.«

José Manuel Mora begriff rasch, daß diese Spuren von einer Landung des Ufos stammen konnten, das er gerade fotografiert hatte. Er nahm seine Kamera zur Hand und machte noch einige Fotografien.

Der Junge war ganz in diese Tätigkeit versunken, als plötzlich in wenigen Metern Entfernung ein Schatten auftauchte.

»Es geschah innerhalb weniger Sekunden. In weniger als hundert Metern Entfernung hatte sich ein Objekt in die Höhe gehoben, das dieselbe Form wie das Ufo hatte, das ich Minuten vorher vom Bauernhof aus gesehen hatte.«

José Manuel Mora schaffte es – dank seiner Geistesgegenwart –, die Kamera hochzuheben und sein letztes und vielleicht schwierigstes Foto zu schießen. Das Ufo – mitten im Aufstieg – sollte für immer auf dem Film des Sevillaners festgehalten werden.

»Bevor ich reagieren konnte, hatte sich das Ufo aus dem Staub gemacht. Und ich konnte es nirgendwo mehr entdecken.«

Am nächsten Tag lief der Junge mit seiner wertvollen Fracht zum Haus des Fotografen von Sanlúcar la Mayor und beauftragte ihn mit der Entwicklung des Films.

»Da ich nicht sicher war, ob das Ufo auf den Fotos zu sehen war«, erklärte mir Manuel Mora, »bat ich den Fotografen, daß er mir die Abzüge machen sollte, auch falls er nichts erkennen konnte. Und daß er mir vor allem nicht die Negative beschädigen sollte.

Genauso wie ich es vermutet hatte, wurde ich einige

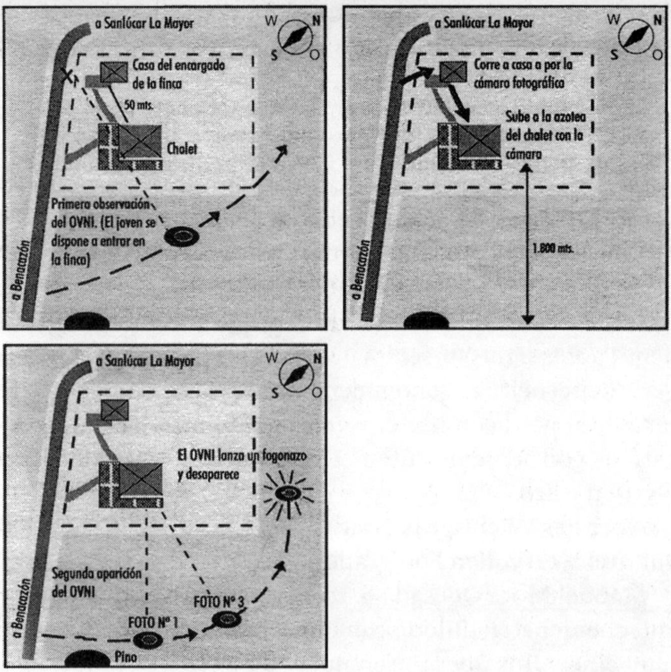

Tage später, als ich die Fotografien abholte, mit einer großen Enttäuschung konfrontiert. Die Abzüge waren völlig weiß. Nichts, überhaupt nichts war zu erkennen . . .!

Trotzdem bewahrte ich die Negative auf und erzählte das Vorgefallene Herrn Osuna. Dieser schaute sich die Negative an und schickte sie nach Madrid. Wie er mir später erzählte, schaffte man es dort mit einer genaueren Entwicklung, auf den Bildern das Schiff zum Vorschein zu bringen.«

Das Problem war in der Tat sehr einfach zu lösen. Jeder Liebhaber der Fotografie wird es bereits erraten haben. Der Dorffotograf führte den Entwicklungsprozeß nach einer sehr gängigen Methode durch, indem er eine sehr kurze Belichtungszeit von vielleicht ein paar Sekunden ansetzte, die aber natürlich in diesem Fall nicht ausreichte. Erst einmal in Händen von professionelleren Fotografen, waren die Ergebnisse ein Unterschied wie Tag und Nacht, nachdem das Material verschiedenen und immer längeren Belichtungszeiten ausgesetzt war. Das Ufo – beeindruckend und majestätisch – kam auf dem Papier zum Vorschein. Es kann sogar mit fast völliger Sicherheit angenommen werden, daß es bessere ›Früchte‹ getragen hätte, wenn die Entwicklung der Negative von einem guten Expertenteam durchgeführt worden wäre.

Aber das Wichtige ist, daß das Ufo dort war, abgebildet auf drei wertvollen Fotografien.

Manuel Mora Quesada hatte eines der deutlichsten und entscheidensten Bilddokumente erbracht, auf dem der Flug eines Ufos über unserem Land zu sehen ist.

Nie werde ich die Überraschung meines Freundes Fernando Múgica vergessen, als ich ihn bei meiner Rückkehr von diesen Nachforschungen im Süden bat, einige der Original-Negative zu entwickeln. Ich erzählte ihm nichts von dem, was darauf verborgen war, und ich erinnere mich daran, daß ich ihn, bevor er sich zu Hause in seinem Labor einschloß, bat, ihnen die längstmögliche Belichtungszeit zu geben. Nach einigen Minuten kam Fernando aus seinem Labor mit einem noch feuchten Abzug . . ., der völlig weiß war!

»Hier ist nichts zu erkennen«, bemerkte er.

Fernando hatte das Papier nur einigen Sekunden Belichtungszeit ausgesetzt. Trotzdem bestätigte er, daß »irgend etwas« auf diesen Abzügen drauf war. Er schloß sich wieder ein und konzentrierte seine Aufmerksamkeit auf eines der Negative.

Nachdem er es einer Belichtungszeit von einigen Minuten ausgesetzt hatte – ich werde das nie vergessen –, kam er mit einem andern Abzug aus dem Labor, den er noch feucht in den Händen hielt und kommentarlos an die Tür des Kühlschranks in der Küche klebte. Dabei war seine Frau Mari Carmen Serna anwesend.

Dort war das Ufo, schwebend über einer schwärzlichen Masse von Olivenhainen. Ich erinnere mich wortwörtlich an das, was er sagte:

»Da ist etwas dran«, meinte er, ohne seine Überraschung zu verbergen. »Ich weiß nicht, was es ist, aber irgend etwas ist da dran . . .«

Für mich war das mehr als genug.

Selbstverständlich wurden die Negative wie gesagt in Madrid wie in Bilbao genauestens analysiert. Hier die Resultate:

»Sowohl das Aussehen im ganzen wie auch das Format«, stand im Bericht der Experten aus Madrid geschrieben, »stammen eindeutig von einem Amateur. Nichts läßt vermuten, daß der Abzug von Anfang an einer Fotomontage unterzogen wurde. Derartige fotografische Verfahrensweisen erfordern, obwohl sie im Prinzip einfach sind, eine Exaktheit in der Ausführung, die im Fall von Negativen mit dem gemeinhin ›Miniatur‹ genannten Format extrem erschwert werden, wie es also in diesem Fall zutrifft.

Auf den ersten Blick deutet nichts bei dem Negativ darauf hin, daß es späteren Manipulationen ausgesetzt wurde: Von beinahe mittlerer Empfindlichkeit (21° DIN), von Standardmarke und -herstellung wurde es von einer Amateurkamera belichtet (Typ INSTAMATIC), deren eingebautes Objektiv keine Fotomontage durch Doppelbelichtung zuläßt und deren einzige Belichtungszeit ungefähr 1/75 beträgt. Sie erlaubt auch nicht, Bilder von zu schnellen Bewegungen festzuhalten, was zumindest teilweise das Verwackeln der Bilder erklären würde.

Die mittlere Körnung der Negative läßt einmal mehr den Gedanken an das Vorgehen eines absolut unbedarften Amateurs denken.

Auch läßt sich (bei mikroskopischer Untersuchung) keine Rasterung des Korns oder eine Unregelmäßigkeit des gleichen erkennen und ebenso wenig ein Changieren, das auf Veränderungen chemischer Art hinweisen würde.

Als Schlußfolgerung«, so die Untersuchung, »kann man sagen, daß die drauf enthaltenen Bilder echt sind, d. h., vom Objektiv in völlig natürlicher Art und Weise aufgenommen wurden und weder vorher noch nachher in ihrem Entwicklungsprozeß beeinflußt wurden.«

(Der Bericht wurde von J. L. Jiménez de Molina verfaßt, dem ehemaligen Fotografen der Madrider Klinik; von E. Llosa, einem Spezialisten beim Film und der wissenschaftlichen Fotografie, der mehrere bedeutende Preise auf spanischen und internationalen Festivals des wissenschaftlichen Kinos bekommen hat, und von Antonio José Alés, der eine überaus genaue Untersuchung des Films durchführte, einschließlich einer vollständigen granulometrischen Untersuchung.)

Die angesehenen Laboratorien für Fotografie und Kinematografie ›Elife, S.A.‹ in Bilbao ihrerseits führten – auf mein Bitten hin – zusätzlich eine Untersuchung der Negative durch. Hier das Zertifikat, das sich in meinem Besitz befindet, unterschrieben vom Leiter des Labors, Antonio Velasco Crespo: »Foto Cine ELIFE, S.A.

HIERMIT WIRD BESCHEINIGT:

Die Negative eines Schwarzweißfilmes Kodak 126/12, die uns von Herrn Benítez gegeben wurden, wurden nicht manipuliert. Zusammengefaßt aus folgenden Gründen:

Da der Film am Stück vorliegt. Auch wegen der verwackelten Abbildungen.

Die Qualität der Aufnahme ist nicht besonders gut aufgrund der Bedingungen, unter denen besagte Fotografien gemacht wurden, und auch wegen des Fotoapparates, da es sich um eine Kamera mit einer einzigen fixen Belichtungszeit handelt.«

Wie zu erwarten war – und angesichts der Aussagekraft dieser Bilder –, hat es keiner der ewigen Gegner des Ufo-Phänomens gewagt, eine Meinung zu äußern. Allerdings gehen sie der Tatsache, die sie vor Augen haben, aus dem Weg und kehren zu ihren verworrenen Theorien von den ›intergalaktischen Entfernungen‹, von den ›Plasmen‹ oder der ›Autosuggestion‹ zurück, um zu beweisen, daß Ufos nicht existieren . . .

Da wir schon von ›Autosuggestion‹ reden, so hätte ich gerne das Gesicht von einigen dieser verstockten ›Salon-Ufologen‹ oder Freizeit-Hypnotiseuren bei der Erzählung von Julia Núñez Matamoros gesehen (oder ihren Reaktionen zugehört), sie, für die viele dieser Ufo-Sichtungen lediglich fieberkranken Hirnen entspringen. Sie beschrieb ein kleines Schiff, das sie wenig mehr als 30 bis 40 Meter vor ihrer Haustür gesehen hatte.

Frau Núñez, die Gattin von Manuel Pérez Carrasco, lebt in dem erwähnten Landhaus in Alpiedras im Gebiet von Rosal de la Frontera (Huelva). Ein völlig isoliertes Haus in 388 m Höhe, zwei Kilometer von der Hauptstraße entfernt, die nach Portugal führt, und insgesamt 35 km von der hochgelegenen Ortschaft Aroche.

Es war ein wahres Wunder, daß unser Wagen diese zwölf höllischen Kilometer des Bergweges durchgehalten hat, der zum Bauernhof *Alpiedras* führt. Allein unser Enthusiasmus – denke ich – verhinderte, daß wir jedesmal umdrehten, wenn dieser Weg sich um die Erhebungen der Ausläufer des Umbrizo-Gebirges wickelte. Es war eines der großartigsten und schönsten Gebirge, die ich je gesehen habe. Und weder Julio Marvizón Preney, meteorologischer Assistent und Hauptmann der Luftwaffe, noch Rafael Domingo Días López, ein Unternehmer aus der Ortschaft Almonte, noch Manuel Osuna, noch ich gehören zu denen, die Sachen halb angefangen liegen lassen. Endlich, geleitet von Francisco, dem ältesten Sohn der Familie Pérez Núñez, sahen wir das Bauernhaus vor uns. Von dort aus konnte man auch nicht ein einziges Haus, auch nicht eine einzige schlechte Schenke, noch nicht einmal einen Teil der Hauptstraße sehen. Eigentlich war dies das Ende der Welt . . .

Beinahe hätten wir diesen Fall verloren. Da unsere Hauptzeugin, Frau Núñez Matamoros, im voraus über unsere Ankunft in Kenntnis gesetzt worden war, versuchte sie, einem Treffen auszuweichen. Alle aus unserer Gruppe waren verärgert, als Francisco, der Erstgeborene von Frau Julia, in die Postnebenstelle von Aroche ging und dort erfuhr, daß seine Familie an diesem Morgen nach Huelva abgereist war.

Hier war definitiv etwas faul. Dank des Postbeamten konnten wir in Erfahrung bringen, daß Julia Núñez sich in Aroche aufhielt. Die gute Frau hatte in einer mehr als verständlichen Reaktion versucht, möglichen ›Komplikationen‹ aus dem Weg zu gehen. Im übrigen eine Reaktion, die sehr sinnvoll zu sein scheint, wenn man die Auswirkungen dieser Beobachtung bedenkt.

Eben dort in Aroche konnten wir schließlich im Beisein ihrer Söhne das Interview führen.

Wie fast das ganze Jahr befand sich Julia Núñez Matamoros mit Francisco, ihrer einzigen ständigen Hilfe, am 30.

Juni 1975 im Haus. Bei der harten Arbeit im Heim und bei all den anderen zahlreichen Aufgaben auf dem Hof war sie auf ihre vier Söhne angewiesen. Der Hof, den ihr Mann bewirtschaftete, gehörte Manuel Losada Pérez de Guzmán.

Es war ein Uhr mittags, und die Sonne schien mit aller Stärke auf die Olivenbäume und Eichen.

»Ich war im Haus«, begann Frau Pérez Carrasco. »Schon seit einiger Zeit hörte ich José María schreien, meinen kleinen Sohn, der draußen spielte. Er rief irgend sowas von einem »ganz kleinen Flugzeug, das heruntergefallen war . . .

Aber ich maß dem keine besondere Bedeutung bei und machte mit dem Essen weiter.«

Trotzdem schrie das drei Jahre alte Kind weiter, und die Mutter kam schließlich heraus und wurde vom Anblick jenes leuchtenden Objektes erst überrascht und dann erschreckt. Dieses stieg langsam über den etwas mehr als 30 m Luftlinie entfernten Eichen herunter. Als erste Reaktion schickte die Mutter das Kind ins Haus und sagte auch ihrer elfjährigen Tochter Isabel und ihrer sechsjährigen Tochter María Antonia nachdrücklich, daß sie nicht herauskommen sollten. Dann ging sie durch die andere Tür hinaus und begab sich wieder vor das Haus, um sehr vorsichtig diese spindelförmige Maschine zu beobachten, die ein ausgesprochen starkes, weißes Licht abstrahlte.

»Es hatte so etwas wie Blätter eines ›Ventilators‹ an einem Ende. Und es drehte sich. Es war schwierig, es ununterbrochen anzuschauen, weil das Licht in den Augen schmerzte.«

»War es groß?«

»Von dort aus sah es aus wie ein 600. Es glänzte wie ein Spiegel. Das war es, was mich am meisten erschreckte . . . Außerdem hörte man überhaupt kein Geräusch.«

»Konnten Sie weitere Einzelheiten erkennen?«

»Nein. Das Licht war ungeheuerlich. Nur zwischen diesem ›Propeller‹ und dem Objekt schien es mir, als ob ich zwei Gestalten sehen konnte.«

Nach zwei Minuten begann das Ufo, sich langsam und immer absolut geräuschlos in Richtung eines nahe gelegenen Abhangs zu bewegen, wo es laut Aussage der Zeugen von neuem unbeweglich ungefähr drei Meter über dem Boden verharrte.

»Danach sahen wir es hochsteigen und aus unserem Blickfeld verschwinden. Aber es stieg so langsam in die Höhe, daß es aussah, als ob es sich gar nicht bewegte . . .«

»Haben Sie Hunde?«

»Ja, drei. Und Hühner, Kaninchen und Truthähne.«

»Bellten die Hunde bzw. waren die Tiere unruhig?«

»Nein«, sagte Julia Núñez verwundert. »Keines bewegte sich von dem Platz, an dem es gerade war. Ich glaube, mich zu erinnern, daß sie im Schatten eines der Bäume schliefen, der in der Nähe des Hauses steht. Jetzt, wo Sie es sagen, ist es wirklich eigenartig. Denn diese Tiere haben einen sechsten Sinn . . .«

Dieses Detail war wirklich erschreckend. Im Großteil der Fälle, die ich untersucht hatte, sind Hunde, Zugtiere etc. die ersten, die die Anwesenheit oder Nähe eines Ufos spüren und jedesmal in wütendes Kläffen ausbrechen und sogar eine deutliche Feindseligkeit an den Tag legen.

Als wir zum Haus kamen, konnten wir die drei Hunde sehen.

Seltsamerweise hatten diese Tiere die Nähe des Wagens schon lange bevor dieser am Haus ankam bemerkt. Ich weiß nicht, was passiert wäre, wenn wir uns bis zum Bauernhof *Alpiedra* ohne die Begleitung von Francisco vorgewagt hätten . . .

Es bestand kein Zweifel, daß hier ein ganz besonderer

Fall vorlag. Warum hatten die Tiere weder irgendeine Unruhe noch z. B. Aggression gezeigt, als sich das Ufo über den nahe gelegenen Eichen plazierte? Konnten die Außerirdischen etwa ihr Umfeld in einem derartigen Ausmaß beeinflussen? Oder sahen wir uns hier einem weiteren Fall von molekularen Schwingungen in einem unbekannten und nicht wahrnehmbaren Grad gegenüber, noch nicht einmal spürbar für so sensible Tiere wie diese halbwilden Hunde?

In Begleitung von Julio und Rafael untersuchte ich die Eichen, über denen das kleine Schiff in der Luft gestanden hatte, und auch das Gebiet in unmittelbarer Nähe. Aber wir konnten nicht die geringste Spur entdecken – genau wie es uns Julia Núñez vorausgesagt hatte.

»Mehrere Tage lang«, fügte sie hinzu, »taten meinem Sohn die Augen weh. Ihm liefen ununterbrochen die Tränen.«

»Und hatten Sie irgendwelche Beschwerden?«

»An jenem Tag hatte ich Kopfschmerzen, Übelkeit und Schwindel. Ich erinnere mich, daß die Kartoffeln anbrannten, die ich auf dem Feuer hatte . . .

Ich nahm auch ab. Inzwischen ist mein Appetit aber wieder normal.«

Das erinnerte mich sofort an den Fall von dem *Drahtigen* und von dem des Traktorfahrers aus Pedrosa del Rey bei Valladolid. Beide hatten über ähnliche Beschwerden geklagt.

Sobald das Oberhaupt der Familie, das sich während dieser Beobachtung nicht im Haus befand, am gleichen Abend des 30. Juni von dem Geschehenen erfahren hatte, erschien die Guardia Civil im Bauernhaus, untersuchte den Schauplatz des Geschehens und befragte die Zeugen. Am nächsten Tag kam sogar eine ganze Brigade nach Alpiedra . . .

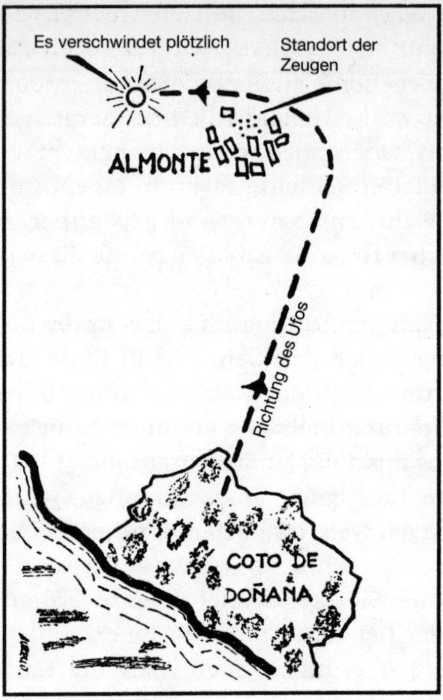

Auf der Zeichnung ist die ungefähre Richtung des Ufos dargestellt, das wir von der Ortschaft Almonte in Huelva aus beobachten konnten.

Dieser Fall, wie so viele andere, wurde im Hauptquartier der Guardia Civil zu den Akten gelegt.

Aber dieser stürmische und unerfreuliche 31. August 1975 hielt noch eine Überraschung für uns bereit. Im Grunde genommen war es genau das, was all jene, die wie ich den Spuren der Ufos folgen, am stärksten herbeisehnten …

Sobald die Untersuchung in Aroche abgeschlossen war,

kehrten wir nach Sevilla zurück. Nachdem wir Osuna bei sich zu Hause in Umbrete abgesetzt hatten, nahmen wir Kurs Richtung Almonte. Wir hatten nur die Absicht, etwas zu essen und das am Tag Erlebte zu besprechen.

Aber bevor wir eines der Restaurants am Ort besuchten, versammelten wir uns im Haus von Rafael Domingo Díaz.

Dorthin kamen so kurz nach 22.00 Uhr Julio Marvizón Preney und seine Frau; Julián López Lucas, ein Bewohner aus Bollullos del Condado und ich. Alle sowohl durch eine tiefe Freundschaft vereint als auch durch ein gemeinsames Interesse: die Erforschung der Ufos.

Ich war dankbar für das Bier, das ich nach dieser Reise fast bis zur portugiesischen Grenze bekam.

Ich erinnerte mich, daß Julio Marvizón begonnen hatte, die Funktionsweisen und Charakteristika von Satelliten zu erklären. Außer Julián López blieben wir alle im Wohnzimmer des Hauses mit einem kühlen Bier in den Händen.

Mein Freund Julián – ein Mann, der von der ›Ufo-Welle‹ wußte, die seit Monaten immer wieder über das Gebiet vom Condado hereinbrach – war lieber auf einen der Balkons des Hauses gegangen und beobachtete mit großer Aufmerksamkeit den einzigartig klaren Sternenhimmel.

Vertieft in die Erklärungen des Spezialisten der Meteorologie vergaßen wir schließlich tatsächlich die Abwesenheit Juliáns, der wie gesagt seit einigen Minuten auf dem Balkon stand.

Bald darauf – ungefähr um fünf vor elf Uhr – rief uns unser Freund Julián lauthals.

Es war gar nicht nötig, daß er allzu viele Erklärungen gab. Wir alle begriffen, daß er ›etwas‹ gesehen hatte, und wir beeilten uns, zum Balkon zu schauen.

Dort war es!

In einer schwer bestimmbaren Entfernung und auf mittlerer Höhe sahen wir ein Objekt, das ein rotes Licht abstrahlte und sich vom Südwesten in nordwestliche Richtung bewegte.

Einige Sekunden lang sprach keiner auch nur ein einziges Wort. Wir waren verblüfft. Ohne letztendlich wirklich glauben zu können, was da vor unseren Augen erschienen war.

Bald aber wies Rafael auf die Terrasse des Hauses. Ich glaube, daß ich jeweils fünf Stufen auf einmal nahm.

Erst einmal auf dem Balkon angelangt, war das Objekt viel leichter zu erkennen. Es bewegte sich langsam in der gleichen Richtung weiter. Aber seine Bewegungen waren nicht gleichmäßig. Alle zwei oder drei Sekunden hielt die Maschine inne, um kurz darauf wieder ein Stück weiter zu fliegen. Und so ging es Schritt für Schritt ...

Es herrschte völlige Stille.

Als wir sie bereits seit ein paar Minuten beobachtet hatten, befragte ich den Hauptmann der Luftwaffe. Dieser antwortete mir: »Das kann kein Flugzeug sein. Auch kein Hubschrauber. Es sieht aus, als ob es ›stoßweise‹ flöge.«

Das Schauspiel war schlichtweg hinreißend. Es war großartig, dieses Schiff mit seinem intensiven roten Licht zu sehen, wie es sich sehr langsam und in absoluter Stille fortbewegte.

Drei bis vier Minuten später – ich kann die exakt vergangene Zeit nicht genau sagen – begann das Ufo zu drehen und Kurs auf Almonte zu nehmen, wo wir uns befanden.

In diesem Augenblick endlich bekam ich es in den Sucher des 35-mm-Objektivs, das ich auf meiner Nikkomat hatte. Als mein Finger schon dabei war, auf den Auslöser zu drücken – als ob die Mannschaft dieses Schiffes mein Vorhaben erahnen würde –, verschwand das Ufo urplötzlich, ohne daß irgend jemand von uns erklären konnte, wie. Wütend legte ich den Fotoapparat ab. Wir alle versuchten noch eine ganze Weile, es am Himmel ausfindig zu machen. Aber keiner von uns sollte es wiedersehen. Der allgemeine Eindruck von uns sechs Zeugen, die wir das Objekt fast vier Minuten lang gesehen hatten, stimmte überein. Dies war nicht mehr und nicht weniger als eines der vielen Ufos, die man täglich – und meistens nachts – im weiten Gebiet des Condado sehen konnte.

Diesmal maß ich dem aber eine besondere Bedeutung bei, da ich mich in Begleitung eines Offiziers der Luftwaffe befand, der außerdem noch Spezialist auf dem Gebiet der Meteorologie war. Trotzdem hatte mir diese Nacht einen weiteren Rückschlag verpaßt. Ich hatte ein Ufo einfach ›entkommen‹ lassen. Ich war nicht schnell genug gewesen, um es zu fotografieren . . .

13. Kapitel

Oviedo: Ein weiteres Ufo vor unseren Augen. – ›Oxalc‹ sagt den baldigen Tod von General Franco voraus. – Ein offensichtlicher Fehlschlag am 28. Oktober auf dem Umbe. – ›Trägerschiffe‹ über dem Baskenland. – Von Santander aus wird ein riesiges Ufo gesichtet.

Es dauerte genau 26 Tage, bis ich von neuem ein Ufo zu sehen bekam. Ich weiß, daß das mehr als unglaublich klingt.

Aber wie auch bei den meisten Gelegenheiten zuvor, sollte ich diesmal nicht alleine sein – zu meinem Glück.

Aber betrachten wir erst mal, wie sich die Dinge entwickelten. An jenem 26. September 1975 fuhren meine Frau und ich nach Oviedo. Begleitet wurden wir von José María Garibi, dem Leiter des nördlichen Sektors für den Buchvertrieb des Verlages *Plaza & Janés* und von Blanca Rodríguez, seiner Frau.

Vor wenigen Wochen war mein erstes Buch, *Existió otra Humanidad,* gerade auf den Markt gekommen. Angesichts des außerordentlichen Erfolgs beim Publikum schlug mir der Verlag die Möglichkeit vor, das Werk über die geheimnisvollen beschrifteten Steine aus Ica (Peru) in verschiedenen spanischen Städten zu präsentieren.

An jenem Abend fuhr also unsere Gruppe nach einer Besprechung in einem Lokal im Zentrum von Oviedo in zwei Wagen zu einem beliebten Restaurant außerhalb der Stadt, um zu essen. Mit dabei waren das Ehepaar Garibi; Plácido Cortiñas, Vertriebsleiter für diesen Verlag in

Asturien; Ricardo Rellero, Leiter für Kreditgeschäfte, und seine Frau Chitina Echevarría Úbeda; deren Bruder José María, dessen Frau, Maria Ángeles de Echevarría, Raquel und ich.

In einem der Autos fuhren Plácido, der am Steuer saß, Blanca und José María Garibi, meine Frau und ich.

Das bereits erwähnte Restaurant La Masera de Argame befindet sich acht Kilometer von Oviedo entfernt, und man erreicht es über die Straße, die nach León führt.

Tatsache ist, daß sich die Gruppe auch diesmal wie so oft bei vorherigen Treffen ins Thema Ufos vertiefte. Während die einen Befürworter der Existenz dieser ›nichtidentifizierten Flugobjekte‹ waren, versuchten die anderen, wie es ebenfalls sehr oft der Fall war und ist, die Gründe darzulegen, die sie diesen Punkt bezweifeln oder ablehnen ließen.

Wir befanden uns mitten in dieser Diskussion, als einige meiner Mitfahrer nicht weit vom Restaurant entfernt ein seltsames Licht am wolkenlosen Sternenhimmel jener asturischen Nacht entdeckten.

Mit Ausnahme von mir sahen alle, die im Wagen von Plácido Cortiñas saßen, diese leuchtende Masse, die ihrer Beschreibung nach einen etwas kleineren Umfang als den eines Vollmondes hatte. Sie bewegte sich langsamer als ein Linienflugzeug . . .

Zuerst achtete ich vermutlich aufgrund des zwischen Freunden entbrannten Streitgesprächs nicht einmal auf den sternenbedeckten Himmel. Ich glaube mich zu erinnern, daß ich vorne neben Plácido saß.

Ich beschränkte mich darauf zu lächeln, denn ich war überzeugt, daß es sich um einen Scherz handelte.

Als ich aber feststellte, daß meine vier Begleiter weiterhin über die Gegenwart des Ufos redeten, und das in zunehmend alarmiertem Ton und sich auch immer mehr ereiferten, beugte ich mich zur Windschutzscheibe vor und versuchte, die Erscheinung zu sehen. In diesem Augenblick fuhr Plácido in eine Kurve, so daß sich das Sichtfeld veränderte. So sehr ich mich auch anstrengte, ich konnte dieses starke weiße Licht doch nicht erblicken.

Zu meiner großen Enttäuschung setzten Raquel, Blanca und ihr Mann und sogar der skeptische Plácido die erhitzte Diskussion trotzdem fort.

Es bestand kein Zweifel daran, daß sie irgend etwas gesehen hatten ... Wenige Minuten später bogen wir in eine Tankstelle ein, die genau acht Kilometer von der Stadt entfernt war und in deren Nähe sich das urtümliche Restaurant *La Masera de Agame* befand, wo wir anhalten wollten, um uns eine Pause zu verschaffen.

Plácido parkte den Wagen auf einem kleinen Vorplatz mit Blick auf einen nicht sehr hohen Berg. Wie groß sollte unsere Überraschung sein, als (kaum daß wir einen Fuß auf den Boden gesetzt hatten) mitten in der Dunkelheit ein äußerst starkes Licht von einem verblüffenden Weiß vor unseren Augen erschien.

Wir konnten nicht glauben, was wir gerade sahen.

Es war ein etwas länglicher Lichtkegel, was eventuell auf ein Objekt von eiförmiger Gestalt hindeutete, und es stand unbeweglich in der Luft.

Bei absoluter Stille veränderte das starke Licht zwar seine Intensität, behielt aber immer denselben weißen Farbton bei. Den Messungen nach zu urteilen, die wir einige Zeit nach dieser Beobachtung machten, hatte sich das Licht wahrscheinlich 200 bis 300 m von uns entfernt und fast auf Augenhöhe befunden. Das heißt, wenig mehr als fünf Grad über dem Horizont. In diesem Fall bildete der besagte Berg den Horizont.

Tatsächlich konnten wir aber nicht herausfinden, ob das Objekt auf dem Abhang aufgesetzt hatte oder ob es –

wie ich denke – unbeweglich in der Luft verharrte und dabei optisch den Eindruck erweckte, es befände sich direkt auf dem Berg.

Nach zwei bis drei Minuten, in denen wir alle die Veränderungen der Leuchtkraft und dieses extrem starke Licht kommentierten, verschwand das Objekt. Als ob es ›ausgeschaltet‹ worden wäre . . .

Wir hielten uns noch eine ganze Weile an der Tankstelle auf und suchten den Himmel und den Berg bis in den letzten Winkel genauestens ab. Aber das Objekt erschien nicht mehr.

Der erste Wagen, in dem der Rest der Gruppe reiste, war kurz vor uns angekommen. Aber keiner hatte etwas Ungewöhnliches beobachtet.

Als wir ihnen das Geschehene erzählten, konnten sie es uns verständlicherweise auch kaum glauben.

Am gleichen Abend, nachdem wir fertig gegessen hatten, fuhr die gesamte Gruppe über eine schmale Straße, die zu dem winzigen und wunderschönen Dörfchen Rellego führt, das sich an einen der Abhänge des Berges anschmiegt. Aber von dort aus konnten wir weder die Tankstelle noch das Restaurant sehen. Dieser Ort, der fast völlig von der Dunkelheit verschluckt wurde, befand sich auf der anderen Seite des Berges. Daher hätten wir ihn nur schwerlich vom erwähnten Vorplatz direkt an der Landstraße aus sehen können. Von woher war dann aber dieses äußerst starke Licht gekommen?

Nachdem ich meinen Verpflichtungen nachgekommen war, bat ich Plácido, sobald der Abend des nächsten Tages angebrochen war, mich noch einmal zur Tankstelle zu begleiten.

Diesmal kamen wir zusammen mit Blanca und Raquel auf dem Vorplatz an und stellten uns an die gleiche Stelle wie in der Nacht zuvor.

Meine Überraschung war riesengroß. Wir befanden uns vor einem kleinen Berg, auf den keine Straße und keinerlei Weg führte, der von einem Lastwagen, Personenwagen oder Traktor hätte befahren werden können.

Auch konnte ich nirgendwo ein Haus oder irgendeine elektrische Anlage entdecken. Kurz, es war ein Abhang mit einer schroffen Steigung, die hier und dort von dichter Vegetation durchsetzt war.

Kurz gesagt, konnte also keinerlei Fahrzeug irgendwie dorthin gelangen. Andererseits, was war das für ein Licht gewesen? Etwas Vergleichbares hatte ich bisher nur bei der Beobachtung in den *Arenales de Chilca* gesehen.

Das Seltsamste aber war die Art und Weise, wie dieses Ufo verschwunden war. Es hatte sich in Luft aufgelöst.

Es war etwas Ähnliches geschehen wie in Almonte. Etwas, das beim Verschwinden dieser Schiffe immer gleich abzulaufen scheint und was wir für eine mögliche ›Entmaterialisierung‹ halten.

Während wir nach Bilbao zurückfuhren, überfiel mich blitzartig eine heftige Vorahnung.

Dies war Ufo Nummer zwölf seit September 1974. Daher fragte ich mich:

»Ist es etwa normal, zwölf Ufos in einem Jahr zu sehen? Ist es wirklich möglich, daß zwischen diesen Wesen und mir eine Verbindung existiert?«

Aber ich verbannte diese Idee sofort wieder aus meinen Gedanken.

»Ich«, sagte ich zu mir selbst, »bin nur ein Journalist, der IHREN Spuren folgt. Wahrscheinlich sind das Glück und die Gesamtheit dieser Tausenden von Kilometern die Ursache für das alles . . .«

Im Grunde genommen war wahrscheinlich das einzige, was ich erreichen wollte, meinen Geist zu beruhigen. Ich muß sagen, daß mir das nur halbwegs gelang.

Ich war aber kurz davor, weitere unvergeßliche Erfahrungen zu machen.

Es war ungefähr im Juli, als eines der Mitglieder der bereits bekannten Gruppierung ›Kosmische Bruderschaft‹ aus Bilbao eine der heikelsten und erstaunlichsten Nachrichten bzw. Kommunikationen erhielt. Diese Person, die verständlicherweise anonym bleiben will, stellte an diesem Tag einen ›Kontakt‹ her. Unter anderem fragte sie ihren ›Führer‹ nach der Zukunft Spaniens. Als sie sich für den damaligen Prinzen interessierte, erhielt sie folgende Antwort:

»ER HAT EINE GUTE SEELE.«

Später fragte diese Person, die ich übrigens gut kenne, auch nach General Franco. Die Mitteilung des Außerirdischen jagte ihm einen Schrecken ein:

»ER WIRD IM MONAT OKTOBER ERNSTHAFT ERKRANKEN«, antwortete der ›Führer‹.

Fassungslos fragte das Mitglied der ›Kosmischen Bruderschaft‹ weiter:

»Wird er sterben?«

»JA.«

»Wann?«

»IM OKTOBER.«

»An welchem Tag?«

»AM 28.«

Diese Kommunikation fand ungefähr vier Monate vor dem Tod General Francos statt. Im Monat Juli konnte niemand – absolut niemand – wissen, daß der *Generalissimo* im Oktober 1975 so schwer erkranken würde.

Wie hätte man an ein derartiges Ende auch nur denken können? Noch im Juli 1975 stand Francisco Franco drei Kabinettsitzungen vor – jeweils am 4., 17. und 24. besagten Monats – und nahm außerdem am traditionellen Pokalfinale teil, das seinen Namen trug und in dem die

Fußballmannschaften *Real Madrid* und *Atlético Madrid* aufeinandertrafen.

Auf allen Titelseiten der spanischen Zeitungen konnte man General Franco sehen, wie er gerade dem Spieler Amancio die wertvolle Trophäe überreichte. Am 18. Juli überreichte der *Generalissimo* auch die Preise des ›Tags der Arbeit‹. Am 28. Juli schließlich fuhr der damalige spanische Staatschef nach Galizien zum Pazo de Meirás, um seinen Urlaub zu beginnen.

Wer hätte damals das Datum – mit einer derartigen Treffsicherheit – voraussagen können, an dem er tödlich erkranken würde?

Ich erinnere mich immer noch an den tiefen Schock, der uns alle, die wir von diesem ›Kontakt‹ wußten, übermannte, als wir im Oktober dieses Jahres erfuhren, daß Franco plötzlich schwer erkrankt war.

Aber unsere Angst wurde größer, je mehr Tage vergingen und je näher der 28. rückte.

Um 23.00 Uhr an ebendiesem Tag hatten die Mitglieder der Gruppe ›Kosmische Bruderschaft‹ eine neue Verabredung auf dem Gipfel des bereits bekannten Berges Umbe erhalten.

Ich denke, daß der durch den Erfolg der ersten Ufo-Erscheinung am 30. Juli desselben Jahres entstandene Enthusiasmus mehrere Mitglieder besagter Gruppe dazu trieb, weitere Freunde und auch Mitglieder der sogenannten ›RAMA‹-Gruppen am zweiten ›physischen Beweis‹ teilhaben zu lassen. Wie ich feststellen konnte, hatte sich zwei Tage vorher die Nachricht von der ›Beobachtung‹ am 28. Oktober auf dem Umbe wie ein Lauffeuer in der ganzen Stadt, in der Umgebung und sogar in so entfernten Städten wie Barcelona, Valencia und Las Palmas verbreitet.

Ich weiß nicht warum, aber ich ahnte Schlimmes. Es

war zu jenem Zeitpunkt nicht klug (und ist es heute noch nicht), daß eine große Menschenmasse an einer dieser gewaltigen ›Beobachtungen‹ teilnahm. Und zwar einfach aus dem Grund, daß das Erscheinen eines dieser Schiffe – ZWEIFELSOHNE – eine fürchterliche Panik auslösen konnte. In der Dunkelheit auf dem Berg hätte man dann mit nicht wiedergutzumachenden und auf keinen Fall wünschenswerten Konsequenzen rechnen müssen. Es war schlichtweg weder die richtige Vorgehensweise noch der geeignete Moment, um eines oder mehrere dieser Schiffe zu sehen. Das weiß ich aus Erfahrung ...

Aber die Nachricht hatte sich bereits verbreitet, und jeder Versuch, das zu verhindern, wäre zwecklos gewesen.

Ich erinnere mich daran, daß ich, eine Stunde bevor ich zum Umbe losfuhr, noch einmal in Madrid in der Zentrale der Nachrichtenagentur ›Europa Press‹ anrief und mich nach dem Gesundheitszustand von General Franco erkundigte. Der damalige Leiter der Nachtschicht Marcelino Martin – der erste Journalist, der die Nachricht vom Tod des *Caudillo** in Umlauf brachte – bestätigte mir, daß der Generalissimo einen weiteren, äußerst schweren Rückfall erlitten hatte.

»Es scheint wenig Hoffnung zu geben«, sagte er mir.

Dies verwirrte mich.

Von einer wahren Flut von Ängsten und Zweifeln geplagt, begab ich mich in Begleitung meiner Frau zum Umbe.

Was ich in dieser Nacht dort erlebte, ließ mir schließlich das Blut in den Adern gefrieren. Inmitten der Dun-

* Sowohl *Generalissimo* wie *Caudillo* sind Bezeichnungen für General Franco.

kelheit warteten mehr als 200 Menschen auf das Erscheinen der Ufos ...

In dieser vielköpfigen durch die Dunkelheit getarnten Menge warteten ebenfalls einige Polizisten auf was auch immer ...

Zum Glück für alle, so denke ich zumindest, erschienen die Ufos nicht. Wenn sich in dieser Nacht die Erscheinung vom 30. Juli wiederholt hätte, wäre mit absoluter Sicherheit mehr als nur einer in dem Durcheinander verletzt worden, das sicher auf diesem unebenen und gefährlichen Terrain entstanden wäre. Schließlich und endlich waren die meisten von denen, die sich damals auf dem Umbe eingefunden hatten, nichts als Neugierige, die selbstverständlich nicht in der Lage waren, auch nur annähernd zu verstehen, was hinter dem ganzen steckte ...

Einige Tage später bewiesen das nachhaltig zwei Lokaljournalisten durch ihre jeweiligen Kommentare in zwei der Zeitungen von Bilbao.

In beiden Artikeln wurde gleichermaßen darüber nachgedacht, daß es eben diesen Mangel an Information darüber gegeben habe, was jenes Phänomen bedeuten sollte. Das alles war noch dazu mit einer beträchtlichen Portion Spott versehen ...

Eine dieser Zeitungen, *El Correo Español – El Pueblo Vasco*, brachte es in einem Musterbeispiel an Ignoranz sogar fertig, die Sternenkonstellation des ›Draco‹ am Himmel in einer Richtung und zu einer Stunde zu beschreiben, in der sie zufälligerweise gerade dort und dann für die dort Versammelten nicht zu sehen war ...

Aber man konnte auch nichts anderes von denen erwarten, die diese Phänomene bösartig beurteilen.*

* Anm.: Glücklicherweise hat der Großteil der Zeitungen dieses Lan-

Eines aber blieb wahr. Dieser offensichtliche Fehlschlag war eine wertvolle Erfahrung für die Mitglieder der Gruppe ›Kosmische Bruderschaft‹. Sie hatten begriffen, daß es noch eine lange Wegstrecke zurückzulegen galt, bis die Gesamtheit der Menschen die Dinge verstehen und akzeptieren würde, die mit dem Ufo-Phänomen zu tun haben. Aber dafür war es zu früh und gleichzeitig zu spät . . .

Seitdem wurden die weiteren ›Beobachtungen‹ mit größerer Verschwiegenheit durchgeführt. Noch zwei- oder dreimal erschienen die Schiffe wieder.

General Franco starb Tage später. Zahlreichen Gerüchten zufolge wurde er aber seit der Nacht des 28. Oktober nur noch auf künstliche Weise am Leben erhalten. Wäre dies nicht der Fall gewesen, wäre der Staatschef allen Berichten zufolge an diesem Datum gestorben.

Für mich aber hatte sich ein wirklich erstaunlicher Vorfall ereignet. Vier Monate vor der Krankheit des Caudillo hatten mehrere Personen eine ›Mitteilung‹ erhalten, in der in aller Deutlichkeit der Monat Oktober als entscheidender Zeitpunkt genannt wurde. Die Krankheit brach tatsächlich aus.

In der Tat werde ich diesen Oktober 1975 nur schwerlich vergessen können. Ich bezeichnete ihn als den Monat der ›Mutterschiffe‹ bzw. ›Trägerschiffe‹. Niemals in der gesamten Geschichte der Ufologie von Vizcaya hatte es eine Folge von solch bemerkenswerten Ereignissen gegeben, in denen Ufos dieser Art eine Rolle spielten.

Es kommt nicht häufig vor, daß man diese riesigen Schiffe erblickt. Und noch viel weniger, daß sich solche Beobachtungen während mehrerer Tage und im selben

des in der Folgezeit die Wichtigkeit dieses Themas, das wir hier ansprechen, begriffen. Ihre Berichterstattung und Urteile über die Ufos erweisen sich als gemäßigter oder zumindest als besser recherchiert.

Gebiet wiederholen. Genau das geschah in diesem erstaunlichen Oktober.

Die erste Nachricht kam aus dem Dorf Castillo y Elejabeitia, das 22 km von Bilbao entfernt liegt.

An diesem Sonntagmorgen, dem 19. Oktober, glaubte Marina Sagastizábal, daß das Ende der Welt gekommen sei.

Ihrer Nachbarin Juliana Abrisqueta ging es jedoch nicht genauso. Sie war die erste gewesen, die ›Es‹ gesehen hatte . . .

Juliana, die seit 52 Jahren auf dem Hof *Gaztelu* lebt, der nahe am Friedhof des baskischen Dorfes liegt, hatte das Haus morgens um zwanzig vor acht verlassen, um die Kaninchen zu füttern, die in einem Schuppen in der Nähe des Hauses untergebracht waren.

In dem Augenblick, als sie die Treppe hinabging, die vom ersten Stock zum Vorderteil des Gehöfts führt, bemerkte sie ein Licht am Horizont. Es war ein Licht mit länglicher Form, das über den *Peñas de Dima* zu schweben schien, in zwei Kilometern von der Stelle, an der sich Juliana befand.

»Ich war ziemlich überrascht. Ich begann, lauthals meine Schwester Josefa und meine Nachbarin Marina zu rufen.«

Beide kamen auf der Stelle und betrachteten verblüfft das große und leuchtende Objekt.

»Es war länglich. So wie eine Flasche, der man den Hals abgeschnitten hat. Sein unterer Teil war etwas breiter.

Als ich es zum erstenmal sah«, erläuterte Juliana, »war es bewegungslos und stand senkrecht in der Luft.«

Das Ufo schien sich über den *Peñas de Dima* – auch *Illumbe* und *Urrecoacha* genannt – zu befinden, obwohl es ehrlich gesagt auch viele Kilometer weiter entfernt gewesen sein könnte, vielleicht sogar im Gebiet des Berges Amboto.

»Nach fünf Minuten verschwand es hinter den Felsen. Wir wissen nicht, ob es in die Höhe gestiegen ist oder sich entfernt hat.«

»Wie groß könnte diese ›Flasche‹ denn gewesen sein?«

»Hier vom Hof aus war sie so groß wie eine Butangasflasche.« Juliana Abrisqueta deutete daraufhin durch eines der Küchenfenster auf einen Gaskocher.

Diese Apparatur war dem Standard gemäß zwischen 50 und 80 cm hoch und ungefähr 30 bis 35 cm im Durchmesser.

»Ich hatte große Angst«, unterbrach Marina von neuem. »Ich glaubte, daß das Ende der Welt gekommen sei.«

»Wo kam das Licht heraus?«

»Von überall. Es war wie eine gelblich-weiße Lichtsäule. Von der Farbe wie das Licht, das Glühbirnen ausstrahlen.«

Ich fragte die Zeuginnen, ob es sich um Reflexe der Sonne handeln könnte, und die Frauen antworteten mir:

»Vielleicht. Aber eigentlich war es zuviel Licht, um nur ein Sonnenreflex zu sein.«

»Und Sie sagten, daß es sich bewegt hat?«

»Einige Sekunden nachdem wir es entdeckt hatten, sahen wir, wie es sich langsam Richtung Boden bewegte. Zumindest sah das für uns so aus.«

Obwohl es wenig Zeit zu sein scheint, sind fünf Minuten in solchen Fällen mehr als genug, um eine Unmenge von Einzelheiten wahrzunehmen. Daher antworteten mir die Zeuginnen fast beleidigt, als ich nachhakte, ob es sich um ein Flugzeug hätte handeln können:

»Mein Gott! Das war weder ein Flugzeug, noch eine Wolke, noch irgend etwas, was wir kannten. Wir sagen Ihnen doch gerade, daß es etwas Schreckliches war!«

Das Wetter an diesem Sonntag war hervorragend. Am Himmel waren keine Wolken, und lediglich einige sehr niedrig liegende Nebelbänke bedeckten einige der Gebiete um Dima, Ochandiano etc.

»Wie hoch hat die riesige ›Lichtsäule‹ von hier aus gesehen über den Felsen gestanden?«

»Mehr als zwei bis drei Meter.«

Übereinstimmend mit den Hinweisen dieser drei Nachbarinnen aus Castillo y Elejabeitia mußte das fantastische Ufo, das wie gesagt in beträchtlicher Höhe und Entfernung schwebte, unglaubliche Dimensionen haben.

Dieser Typ von Ufos – normalerweise als ›Mutterschiffe‹ bzw. ›Trägerschiffe‹ bezeichnet – wurde mehrfach gesehen, und fast immer in enormer Höhe. Ihre Ausmaße variierten beträchtlich, von hundert oder hundertfünfzig Metern bis hin zu achthundert oder tausend. Von diesen aus starten laut Feststellungen, die in der ganzen Welt gesammelt wurden, die kleineren Schiffe, die die Aufgabe der Erforschung oder Landung haben.

Das Ufo, das vom Gehöft in besagtem Dorf aus gesehen wurde, hatte unzweifelhaft eine erstaunliche Länge. Ein späterer Bericht sollte mir das vollkommen bestätigen.

An diesem Montag, dem 20. Oktober, ›durchkämmten‹ mein Journalistenkollege Manu Cecilio und ich ein ausgedehntes Gebiet auf der Suche nach weiteren möglichen Zeugen. Aber unser Vorhaben schien nicht von Erfolg gekrönt zu werden. Niemand hatte etwas gesehen.

Der tiefliegende Nebel an jenem Sonntagmorgen hatte einen großen Teil der Dörfer und Gehöfte in der Nähe der Felsen von Dima bedeckt. Wir dachten, daß das riesige Schiff vielleicht durch diesen Umstand vor den Augen der Bewohner verborgen wurde. Es sei denn, natürlich, daß sich das Ufo nicht genau senkrecht über diesem Gebiet befunden hätte . . .

Im Laufe dieses ermüdenden Tages, den wir in Wäldern und auf den steilen Straßen des Baskenlandes verbracht hatten, schalteten wir während einer Pause eine populäre Morgensendung des *Radio Nacional* ein. Wie groß war meine Überraschung, als ich einen jener ›Salon-Ufologen‹ hörte, der sich wieder einmal über meine Beobachtung am 7. September 1974 in Peru äußerte. Diese Situation amüsierte mich sehr.

Während ich mich bei diesen Felsen auf den Spuren der Ufos abmühte, dozierte und dogmatisierte dieser ›Ufologe‹, der sich alles aus Büchern und nur aus Büchern angeeignet hatte, über etwas, was er noch nicht einmal gesehen hatte. Natürlich erklärte er schließlich das Erscheinen dieser Ufos, indem er mit tiefer Stimme versicherte, »daß J. J. Benítez auf niederträchtige Art und Weise hypnotisiert worden war . . .«

Wieder einmal fragte ich nach dem Grund für diesen Übereifer meiner ›Freunde‹, der ›Freizeit-Ufologen‹, mich wieder und wieder zu ›hypnotisieren‹ . . .

Todmüde kehrten Manu Cecilio und ich nach Bilbao zurück. Die Suche war zwecklos gewesen.

Aber wie bereits vorher gesagt ließ mir ein Einwohner von Santander, Juan José Roldán, wenige Tage später, als dieser Bericht in meiner Zeitung abgedruckt worden war, eine ausgesprochen wichtige Nachricht zukommen.

Er selbst hatte um 7.45 Uhr an ebendiesem Sonntag, dem 19. Oktober, von seinem Haus aus ein nichtidentifiziertes Flugobjekt gesehen und fotografiert, das unbeweglich am Himmel stand, in derselben Lokalität wie das in Castillo y Elejabeitia gesehene . . .

». . . Ich glaube«, schrieb mir der Zeuge in einem seiner Briefe, »daß es sich eventuell um dasselbe Ufo handeln könnte. Wenn ich eine Linie auf der Karte zeichne, die von meinem Beobachtungspunkt zum Objekt verläuft, bildet diese Linie einen Winkel von 112°, die ich von Norden nach Osten gerechnet habe. Wie auch immer, nach meinen Berechnungen verläuft diese Linie genau durch das Dorf Castillo y Elejabeitia oder sehr nah daran vorbei.«

Tage später fuhr ich nach Santander und interviewte Juan José Gómez Roldán.

Der 34jährige Zeuge, ein Apotheker, saß an diesem Sonntagmorgen auf dem Balkon seiner Wohnung im 7. Stock des Hauses Nr. 15 in der Straße María Luisa Pelayo, mitten in Santander.

»Ich schaue mir gerne den Tagesanbruch an«, erklärte er mir. »Deswegen war ich auf den Balkon gegangen.«

Ungefähr um 7.45 Uhr bemerkte Juan José Gómez Roldán einen orangefarbenen Fleck in östlicher Richtung.

»Selbstverständlich handelte es sich nicht um einen Stern. Astronomie ist mein Hobby, und ich habe einen Bootsführerschein. Ich kann die Sterne sehr wohl voneinander unterscheiden . . .

Dieser Fleck war zehnmal größer als die Venus. Was aber konnte das sein? Ein Meteorit? Nein. Das schloß ich sofort aus. Dieses Objekt bewegte sich nicht.«

Der Zeuge, den ich während unseres Gesprächs genauestens beobachtete, schien ein sehr ausgeglichener Mensch zu sein. In der Lage, in extremen Situationen selbst bei stärkster Belastung einen kühlen Kopf zu bewahren.

Denn Juan José Gómez Roldán nahm das Objekt während der fünf bis zehn Minuten langen Beobachtung wiederholte Male ins Visier seines Fernglases (20 × 50). Mit seinem Canon-Fotoapparat machte er zehn Aufnahmen und achtete sogar darauf, den orangefarbenen Fleck ins Zentrum des Visiers zu rücken. Schließlich zeichnete er einige schnelle Skizzen des Ufos.

Der Leiter des Radioteleskops in Arecibo (Puerto Rico), Harold Craft, erläutert mir die Einzelheiten der Botschaft, die von diesem Radioteleskop aus zum Sternenhaufen M-13 geschickt wurde. Man vermutet, daß es dort mehr als eine Million Sonnen und daher LEBEN gibt.
(Foto: Fernando Múgica)

»Welche Form hatte es?«

»Dieser Fleck war oval. Wie ein Paar geschlossener Lippen. In der Mitte hatte es einen dunklen Streifen.

Als es stillstand, schien es eine Art ›Schweif‹ zu haben. Als es sich danach in Bewegung setzte, verschwand dieser ›Schweif‹ bzw. diese Spur, und die Enden des Objekts wurden gleichmäßiger.

Es hatte eine wunderschöne orange Farbe. Wie glühendes Eisen.«

»Wie lange verharrte es unbeweglich?«

»So etwa in der Größenordnung zwischen fünf und zehn Minuten. Danach bewegte es sich in Richtung Sonne, und ich verlor es aus den Augen.«

»Langsam?«

»Nein, sehr schnell.«

»Haben Sie die ungefähre Höhe über dem Horizont gemessen?«

»Ja, fünf bis zehn Grad. Es stand schräg und bildete einen Winkel von 45° zum Horizont.«

»Wie groß war es?«

»Als ich es durchs Fernglas betrachtete, schien mir, als ob es nicht größer als zwei Zentimeter sei. Danach entfernte es sich, und ich sah es nicht mehr.«

Wie verständlich ist, konzentrierte sich meine gesamte Aufmerksamkeit von diesem Moment an auf die zehn Fotografien, die der Zeuge vom Ufo gemacht hatte. Alle wurden mit einem Schwarzweißfilm geschossen, mit einer ausreichend kurzen Belichtungszeit (1/250tel Sekunde), so daß man meinen sollte, daß das Objekt mit Genauigkeit eingefangen werden konnte.

Obwohl auf den Negativen tatsächlich in der vom Zeugen aufgezeigten Richtung ein Punkt erscheint, ist die Abbildung dennoch insgesamt so klein, daß es keine Möglichkeit gegeben hätte, eine zufriedenstellende Vergrößerung zu machen. Das von der Kamera eingefangene Bild hatte logischerweise nicht die gleiche Größe wie das Objekt, das Juan José Gómez durch sein Fernglas sah. Wahrscheinlich hätte man mit einem besonders großen Teleobjektiv ein ganz anderes Resultat erhalten können. Bedeutend wichtiger als dies war jedoch die Angabe, die der Zeuge in einem seiner Briefe gemacht hatte:

»Die Richtung, in der sich das Objekt befand, fällt genau mit der von Castillo y Elejabeitia zusammen.«

Außerdem hatte die Beobachtung zur gleichen Stunde und am gleichen Tag stattgefunden wie die der drei Bewohnerinnen des Hofes *Gaztelu*.

Als ich eine gerade Linie auf der Karte zeichnete, bemerkte ich, daß die ungefähre Distanz von diesem Dorf in der Vizcaya bis Santander fast 100 km betrug.

Wie groß mußte also dieses Schiff sein, um gleichzeitig von Juan José Gómez Roldán und den drei Bewohnerinnen des Bauernhofs *Gaztelu* gesehen zu werden?

Der Gedanke war nicht abwegig, ganz im Gegenteil, daß das über dem Gebiet der *Peñas de Dima* beobachtete ›Mutterschiff‹, das für die Zeuginnen aus Castillo y Elejabeitia wie eine 58 cm lange ›Flasche‹ aussah, dasselbe war wie das, was Juan José Gómez Roldán von Santander aus logischerweise mit einem allerdings kleineren Umfang gesehen hatte.

Aber als ob die Mannschaft dieses phantasmagorischen und stillen ›Zeppelins‹ hartnäckig auf ihre Existenz hinweisen wollte, wurde das ›Mutterschiff‹ in den folgenden Tagen über dem gleichen Gebiet wieder gesehen.

Bei späteren Untersuchungen konnte ich mich mit mehreren Bewohnern des Dorfes Villaro unterhalten, das kaum zwei Kilometer von Castillo y Elejabeitia entfernt ist. Auch dort konnte einer der Einwohner, Ignacio Gómez Narbaiza, um zwanzig vor acht am Montag morgen ein Schiff von ähnlichen Ausmaßen und Merkmalen sehen wie das von den drei Frauen beschriebene. Er fuhr gerade zur Arbeit nach Bilbao und wurde von seiner 20jährigen Tochter Consuelo begleitet. Ignacio Gómez war derartig überrascht, daß er einen anderen Wagen anhielt, der von Juan María Sánchez gefahren wurde, um ihm das fantastische Schauspiel zu zeigen, das sich über den *Peñas* abspielte.

Der gerade Angekommene stieg aus dem Wagen und berichtete dem Bewohner von Villaro, daß er »das riesige Ufo seit dem Dorf Yurre beobachtete«. (Diese Ortschaft befindet sich ungefähr sechs Kilometer von Villaro entfernt und liegt auch an der Landstraße von Bilbao nach Vitoria.)

Das riesige Objekt sollte in diesen Tagen auch gegen 7.45 Uhr von Ignacio Goicuría Eguiluz, dem Friseur in Villaro, und Francisco Pedrosa, dem dortigen Bäcker, gesehen werden. Beide erblickten es zur gleichen Zeit vom Platz der *Virgen Blanca* aus – sehr niedrig über den Felsen von Urrecoacha.

»Es war wie ein ungeheurer ›Fisch‹. An einem Ende stieß er Rauch aus«, erkläuterten die Zeugen näher.

Aus diesem Ort konnte auch Ángeles Onaindía die außergewöhnliche Maschine betrachten. Und das ebenfalls gegen zwanzig vor acht morgens an allen Tagen dieser Woche vom 19. bis 26. Oktober 1975.

»Es hatte keine Flügel, und von uns aus gesehen war es nicht kleiner als zwei Meter.«

Ángeles Onaindía hatte das riesige ›Trägerschiff‹ über den *Peñas de Dima* bemerkt. Der Größe nach zu urteilen, die das Objekt vom Standort Villaro zu haben schien, mußte das Schiff eine Länge von mehr als 500 Metern erreichen.

Aber wieder einmal war ich mit meiner Schätzung hinter der Realität zurückgeblieben. Obwohl diese Größe an sich so gut wie unerreichbar für eine Flugmaschine zu sein scheint, schien 500 Meter Länge eine allzu vorsichtige Größenschätzung zu sein. Einige Tage später sollte ich durch meinen guten Freund José Luis Barturen, ein Mitglied von ›RAMA‹, Nachricht von der Beobachtung eines ›Zwilling-Ufos‹ erhalten, das dem durch die Bewohner von Villaro, Castillo y Elejabeitia etc. gesehenen ähnelte.

Bei diesem außerordentlichen Ereignis war die Familie Ocina-Sáenz Hauptdarsteller.

Gegen 18.30 Uhr an diesem Sonntag, dem 19. Oktober 1975, kamen Andrés Ocina Fuentes, seine Frau María Concepción Sáenz und ihre fünf Söhne von vier, sechs, acht, elf und zwölf Jahren nach Bilbao zurück.

Zu dieser Stunde wie gesagt fuhr der Wagen gerade vom Hafen von Altube weg, was bei Álava liegt und sich im gleichen Gebiet befindet, über dem sich das ›Mutterschiff‹ zu bewegen schien. Genau in diesem Moment lenkte die Frau von Andrés Ocina die Aufmerksamkeit der restlichen Familienmitglieder auf ein eindrucksvolles langes Objekt, das links von der Straße aufgetaucht war und den Eindruck machte, in einem Zustand völligen Stillstands zu verharren.

Andrés Ocina und seine Kinder blickten in die von María Concepción genannte Richtung, und nach Aussage des Familienvaters sahen sie ein rätselhaftes Objekt in Form eines Zahnstochers von grauer Farbe. Es erstaunte sie aufgrund seiner riesigen Dimensionen: zwischen tausend und dreitausend Meter! Der Himmel war absolut klar, nicht eine einzige Wolke war zu sehen. Das Objekt zeichnete sich in nordwestlicher Richtung deutlich vor dem Blau des Himmels ab.

Die Familie sah das unglaublich große Ufo ungefähr

zwei Minuten lang, konnte das Auto aber nicht anhalten, weil sie durch einen Sektor des Hafens fuhren, wo es keine Möglichkeit gab, den Wagen zu parken. Trotzdem drosselte der Fahrer in dem Moment, wo er die Gegenwart des fantastischen Objekts bemerkte, die Geschwindigkeit auf 20 km/h.

Das Ufo schien wie gesagt ungefähr 30° über dem Horizont zu stehen und war über 30 km von der Stelle entfernt, von wo aus es vom Ehepaar und seinen Kindern beobachtet wurde.

Das Ufo blieb solange sichtbar, bis es von der Umgebung verdeckt wurde, als der Wagen in eine Reihe von Kurven fuhr. Das aber war mehr als genug Zeit gewesen, damit Andrés Ocina Fuentes, der in der *Banco de Bilbao* in der Hauptstadt der Vizcaya arbeitet, und der Rest der Familie merkten, daß ›Das‹ etwas völlig Unbekanntes war. Abnormal. Schlichtweg gigantisch.

Auch konnten sie weder Flügel noch Fenster erkennen. Es war ein glattes Objekt . . .

Seitdem steigt Andrés Ocina, der der Angelegenheit der Ufos skeptisch gegenüberstand, nie ohne sein Fernglas und einen Fotoapparat in seinen Wagen . . .

Zu welcher Schlußfolgerung mußte ich gelangen, nachdem ich eine derartige Menge an Informationen untersucht hatte?

Zu einer einzigen: Dieses Ufo, dessen Dimensionen wir uns nur schwerlich vorstellen können, war eines der sogenannten ›Mutterschiffe‹ bzw. ›Trägerschiffe‹.

Es besteht sogar die Möglichkeit, daß es sich um zwei oder drei ›Mutterschiffe‹ gehandelt hat. Trotzdem neige ich mehr zu der Vermutung, daß wir vor uns dasselbe Ufo haben. Nach den in der ganzen Welt gemachten Beobachtungen in bezug auf diese Art von Schiffen zu urteilen, wäre es seltsam, wenn mehrere dieser ›Trägerschiffe‹

gleichzeitig in einem so kleinen Gebiet in Erscheinung treten würden.

Was aber war der Auftrag dieses ›Mutterschiffs‹ über dem Himmel des Baskenlandes?

Bei fast all diesen Reisen in das Gebiet, in dem diese Beobachtungen des ›Mutterschiffs‹ stattgefunden hatten, blieben meine Blicke immer – ich weiß auch nicht genau, warum – an der enormen steinernen Masse des Berges Gorbea haften, der fast 1500 m hoch ist und fast genau auf der Grenze zwischen den Provinzen Álava und Vizcaya liegt.

Dieser herrliche Berg zog mich an. Vielleicht ahnte ich, daß dieser so gut wie unbewohnte hohe Berg täglicher Zeuge eines ständigen Vorbeiflugs, sogar der Landung dieser außerirdischen Schiffe und der vorsichtigen und unsicheren Schritte ihrer Piloten sein mußte.

Wochen nach diesen Beobachtungen des ›Mutterschiffs‹ schlugen merkwürdigerweise einige Mitglieder der Gruppe ›RAMA‹ aus Bilbao ihre Zelte nämlich genau dort auf dem Gorbea auf und bereiteten sich auf ein mehrere Tage dauerndes Erlebnis vor, bei dem eines der Hauptziele der Versuch sein sollte, den PHYSISCHEN Kontakt zu den außerirdischen ›Führern‹ herzustellen.

14. Kapitel

Die ›Führer‹ landen auf dem Berg Gorbea. – Neue ›Abenteuer‹ in Kastilien. Die Gesichte vom Passionisten-Pater aus Peñafiel oder vom Mond, der Autos ›verfolgt‹. – Der ›Scherz‹ eines Arztes und eines Praktikanten aus Frómista (Palencia).

»›Es war kurz nach sieben Uhr am Abend. Ich sah die Zelte und auch die Mitglieder von RAMA, wie sie einen Kreis auf dieser kleinen terrassenartigen Ebene bildeten. Das fand auf dem Berg namens Gorbea, direkt neben einigen weißen Steinen statt.

Fast gleichzeitig überkam mich ein Gefühl von Frieden. Ich spürte einen warmen Luftstrom, und als ich wieder aufschaute, stand dieses große Schiff aus weißem Licht wenige Meter von der Gruppe entfernt auf der Erde.

Die Mitglieder von RAMA aber verharrten weiterhin in Schweigen und versunken in ihre Meditationen. Sie schienen die Landung des herrlichen Schiffes nicht bemerkt zu haben.

Da sah ich zwei ›Führer‹ vor dem Schiff. Einer davon war ›Antar Sherar‹, der ›Kommandant‹ der Raumflotte.

Den anderen allerdings erkannte ich nicht. Er war etwas kleiner als ›Antar Sherar‹ und genauso angezogen wie er. Ihre Kleidung war von leuchtendem Weiß. Sie hatte keine Nähte.

Sie trugen stark glänzende Armreifen und außerdem Stiefel, die bis zu den Knien reichten und ebenfalls schimmerten. In Brusthöhe konnte man einen waagerechten Streifen und ein ›V‹ erkennen ...

Ihr Haar war lang und genauso weiß wie die Kleidung. Ihre Körpergröße versetzte mich in Erstaunen. Alle waren größer als zwei Meter. ›Antar Sherar‹ erreichte wahrscheinlich sogar zweieinhalb Meter.

Ihre Augen waren wie Schlitze und ihre Haut weiß wie die nordischer Völker. Aber sie jagten mir keine Angst ein ...

Danach betrachtete ich die Gruppe und stellte fest, daß sie immer noch in ihre Gedanken und Meditationen versunken war. Niemand hatte sich bewegt. Niemand schien wahrzunehmen, was gerade geschah. Aber SIE waren dort ...

Plötzlich sah ich etwas Seltsames um die Gruppe herum. Etwas wie einen Energiezirkel. Ganz in der Nähe der Mitglieder von RAMA – gerade gegenüber dieser zwei ›Führer‹ – sah ich vier weitere Außerirdische, die genauso groß waren wie derjenige, der den ›Kommandanten‹ der Raumflotte begleitete. Auch waren sie genauso angezogen, und sie strahlten dieses wunderbare weiße Licht ab, als ob sie glänzten ...

Eine halbe Stunde lang sprachen der ›Kommandant‹, der zweite ›Führer‹ und die anderen Wesen zu den Mitgliedern von RAMA. Niemand aber schien zu bemerken, was vorging ...

Sie hatten sie noch nicht einmal gesehen.

Ungefähr um halb acht kehrten die ›Führer in ihr Schiff zurück und verschwanden.

Keines der Mitglieder von RAMA aber hatte die Anwesenheit der Wesen aus dem All wahrgenommen ...«

Diesen Bericht gab mir ein Miglied der RAMA. Eine Frau, die ich liebe und verehre und deren Namen ich nicht enthüllen darf.

Diese herausragende Persönlichkeit, deren Geist sich in viel höheren Ebenen bewegt als der meine, ›projizierte‹ sich an jenem Abend mental von Bilbao aus auf besagten Berg Gorbea und wohnte so der Szene bei, von der sie gerade erzählt hatte.

Ich vermute, daß die ›mentale Projektion‹ für viele etwas sehr schwer Verständliches sein wird. Trotzdem kann ich versichern, daß es sich um eine Tatsache handelt, die wissenschaftlich bewiesen ist.

Kurz gesagt, da es bereits eine Unmenge von Abhandlungen über dieses Thema gibt, wird die ›Projektion des Geistes‹ an jeglichen Ort des Planeten beziehungsweise in die unterschiedlichen Bereiche der Materie – anorganisch, pflanzlich oder tierisch – durch ganz bestimmte, simple und hinreichend bekannte Techniken erreicht. Das ganze Geheimnis besteht darin, die Gehirnströme zu verlangsamen, bis ihre Frequenzen auf unter vierzehn Hertz gesunken sind. Ab dieser Stufe erreicht der menschliche Geist – mächtiger, als wir es uns jemals vorstellen könnten – einen ›Kanal‹ bzw. eine ›Ebene‹ (um es irgendwie zu benennen), den wir ›ALPHA‹ nennen und der im allgemeinen bis zu einer Frequenz der Gehirnströme von sieben Hertz geht. Auf dieser Ebene kann der menschliche Geist unbegrenzt durch Raum und Zeit ›reisen‹ bzw. ›fliegen‹ und reale Tatsachen und Szenen ERLEBEN, die sich in der dinglichen Welt abspielen. Das Wunderbarste aber ist, daß die Person, die eine solche ›mentale Projektion‹ durchführt, währenddessen bei BEWUSSTSEIN bleibt.

Sie ERLEBT, was sie während dieses Erlebnisses sieht, hört und fühlt, und ERINNERT sich nachher daran, obwohl nur ihr Geist das Haus oder den Ort, wo sie sich befand, verlassen hat.

Wie gesagt, schon seit einiger Zeit haben die Wissenschaftler mit Hilfe der Elektroenzephalographie (EEG) unterschiedliche Arten von Wellen gemessen, die vom menschlichen Gehirn während dieser Zustände produziert werden. In dem Zustand, der zwischen den erwähnten Frequenzen von vierzehn bis sieben Hertz pro Sekunde liegt, spricht man von sogenannten ›ALPHA‹-Wellen. Viele von uns wußten lediglich, daß diese ›ALPHA‹-Ebene (bzw. -Stufe oder -Kanal) nur in bestimmten Phasen des Schlafes erreicht werden kann. Es waren und sind, konkret gesagt, die Traum-Phasen – die erstaunlichste und rätselhafteste ›Flucht‹ des Geistes in die absurdesten und verblüffendsten ›Welten‹. Aber wir können uns eigentlich kaum vorstellen, daß dieser phantastische ›Flug‹ des Geistes auch in bewußtem Zustand stattfinden kann.

Diesen Vorgang haben wir – in einfachen und wenigen Worten – ›mentale Projektionen‹ genannt.

»Aber warum hat die Gruppe RAMA die Anwesenheit jener Wesen nicht bemerkt?«, fragte ich.

»Du weißt, daß die ›Führer‹ – genauso wie viele der anderen Wesen, die uns besuchen – auf anderen molekularen und atomaren Niveaus schwingen können, die sie für unsere körperlichen Sinne nicht wahrnehmbar machen. Aber wohl für den Geist.

Du weißt auch, daß unser Geist in Gebiete vordringen kann, von denen unser Körper noch nicht einmal träumen kann . . .

Deshalb wußten einige der Mitglieder nicht, daß das Schiff in ihrer Nähe gelandet war und daß seine Besatzungsmitglieder – auf einer anderen Ebene molekularer Schwingung als der unseren – eine halbe Stunde bei ihnen blieben.«

»Aber warum sprachen sie zu ihnen, wenn sie von ihnen weder gesehen noch gehört werden konnten?«

»Du weißt selbst, warum. Du weißt, daß der Geist nicht nur durch die körperlichen Sinneswahrnehmungen ›lernt‹ und ›begreift‹, sondern vor allem über Kanäle oder Ebenen, die nicht materiell sind und auch nichts im geringsten mit Materie zu tun haben. Auch durch diese Wesen, die wir ›Führer‹ nennen und deren Natur und mentale und geistige Kraft wir gerade kennenzulernen beginnen. Sie waren sich nicht bewußt, was an jenem Abend auf dem Berg Gorbea vorging. Aber ihr Geist empfing die Lehren vollständig. Sie merkten sie sich und bewahrten sie im Gedächtnis.«

Monate später sollte sich eine ähnliche Erfahrung wiederholen. Bei dieser Gelegenheit mit zwei Zeugen, die sich – gleichzeitig – mental in ein anderes Gebiet der Bizcaya ›projizierten‹. Sie wurden Zeugen einer nicht weniger faszinierenden Szene.

Während all das stattfand, hatte eine Idee zunehmend von meinem Herz und meinem Verstand Besitz ergriffen. Etwas stand fest: Es gab und gibt Wesen, die in friedlicher und freundschaftlicher Mission auf die Erde kamen und kommen. Andere dagegen schienen keine allzu übertrieben freundschaftlichen Gefühle an den Tag zu legen.

Wie sonst sollte man – wieder einmal – den Fall der Bewohner von Piñel de Abajo bei Valladolid erklären? Wie den gehörigen Schreck verstehen, der einem Priester aus Peñafiel eingejagt wurde?

Ich muß vorwegnehmen, daß ich keine Antwort darauf weiß. Ich werde mich einfach darauf beschränken, die Tatsachen zu präsentieren.

Aber die Wahrheit ist schlicht und einfach, daß der 26jährige Manuel Resina Lubiano an diesem frühen Sonntag morgen im Oktober 1975, dem Feiertag des Nachbardorfes Valbuena, ausgesprochene Probleme hatte.

Genau wie sein Vater ist Manuel ein rechtschaffener

Mensch. Seit jeher Bauer und eng mit Piñel de Abajo verwurzelt, wo er sein Land und sein Haus hat.

Es genügt ein einziger Blick und ein einziger Händedruck, um zu wissen, daß Manuel Resina nicht lügt.

Es genügt, ihm zuzuhören, um zu spüren, daß der Landwirt aus Piñel de Abajo an jenem frühen Morgen bittere Minuten durchlebt und erlitten hatte.

». . . In Valbuena war Dorffest. Gegen halb fünf oder Viertel vor fünf morgens stieg ich in den Simca und begann mit der Rückfahrt nach Hause, nach Piñel. Meine Freundin wohnt nämlich dort.

Als ich aus dem Dorf herausfuhr, bemerkte ich, daß ungefähr zwei Kilometer links von mir ein rotes und rundes Ding aufgetaucht war, größer als ein Vollmond. Ich schenkte ihm nicht allzuviel Aufmerksamkeit und fuhr weiter, weil ich die elf Kilometer bis zum nächsten Dorf Pesquera de Duero möglichst schnell zurücklegen wollte. Von dort aus sind es nur noch vier Kilometer bis Piñel.

Aber ich weiß nicht, ob Sie mir das glauben werden . . .

In einer Sekunde, wie ein Blitz aus heiterem Himmel, von jetzt auf gleich kam das rote, runde ›Ding‹ auf mich zu und war über meinem Auto.

Ich hatte noch nicht einmal genug Zeit, Luft zu holen. Das Objekt war plötzlich rechts von mir. Dann links. Vor mir und hinter mir. Über dem Dach . . .

Ich wußte nicht, was ich tun sollte. Ich gab Gas. Aber ›Es‹ beschleunigte ebenfalls. Sobald es sich wieder ein wenig genähert hatte, sah ich es rechts und links von mir. Das Licht tat in den Augen weh. Es blendete mich.

Dieser Wahnsinn ging weiter, bis ich bei San Bernardo zur Kreuzung mit der Straße nach Pesquera kam. Die Scheibe hatte mich überholt und flog plötzlich mir nichts, dir nichts mit Höchstgeschwindigkeit auf mich zu. Einen Moment lang glaubte ich, daß wir aufeinanderprallen würden. Ich bremste abrupt und schloß dabei die Augen.

Aber eine Sekunde vor dem Zusammenstoß flog dieses ›Ding‹ in die Höhe und über mich hinweg, wobei es einen so starken Feuerstrahl ausstieß, daß Straße und Feld wie bei Tageslicht zu sehen waren.

Zu Tode erschreckt, erkannte ich schließlich die Lichter von Pesquera. In diesem Augenblick zog sich das Objekt nach rechts zurück und näherte sich dem Dorf. Ich verlor es aus den Augen. Ich bekam den Eindruck, daß es nicht über Pesquera hinwegfliegen wollte . . .

Nach einigen Minuten und weil ich mich mutiger fühlte, nahm ich die Fahrt wieder auf.

Einen halben Kilometer hinter Pesquera aber sah ich es wieder. Es stand still. Ich fuhr langsam weiter darauf zu und versuchte, einen Ausweg aus dieser Situation zu finden. Aber ich hatte nicht allzuviel Zeit zum Nachdenken. Da sah ich plötzlich, wie mir ein Auto entgegenkam. Mir fiel ein Stein vom Herzen. Ich gab ihm Lichtsignale und erreichte, daß es anhielt.

Was für eine Überraschung! Es war mein Freund José Mari Sanz Luis, der gerade nach Valladolid fuhr, wo er lebt und arbeitet. Ein weiterer Freund aus Valbuena begleitete ihn.

Alle drei beobachteten wir ein paar Minuten lang die eigenartige rote Scheibe. Solange sie weit entfernt war, schmerzte ihr Licht nicht in den Augen.

Plötzlich begann sich das Ufo (denn ich glaube, daß es sich um ein solches handelte) sehr langsam zu nähern. Als wir es bemerkten, stiegen wir äußerst nervös in unsere Wagen und fuhren mit Vollgas in verschiedene Richtungen los.

Ich konnte es die ganze Zeit über sehen. Es flog rechts

von mir, ungefähr sechzig bis achzig Meter über dem Boden. Aber es kam nicht mehr näher.

Als ich nach Piñel hereinfuhr, wiederholte es das Manöver, das es schon bei Pesquera durchgeführt hatte: Es flog um das Dorf herum!

Nur noch wenige Meter von meinem Haus entfernt, als ich eine Straße kreuzte, sah ich es wieder über dem Feld.

Ich hielt es nicht mehr aus und rief meinen Vater. Er kam im Pyjama heraus. Er schaute zu der Stelle, wo ich es gerade gesehen hatte, aber es war nicht mehr dort. Als ich ins Haus zurückkehrte, bemerkte ich es ein paar Kilometer entfernt wieder in östlicher Richtung. Es stand unbeweglich in geringer Höhe über den Feldern.«

Nachdem ich der Erzählung des jungen Bauern zugehört hatte, befragte ich auch seinen Vater, den 54jährigen Manuel Resina.

».. . Sehen Sie«, sagte er zu mir, »ich kann Ihnen nicht genau sagen, was das war, was ich gesehen habe, aber es war so etwas wie ein roter Kreis. Ich konnte es einige Sekunden lang erkennen, wie es nicht weit entfernt vom Dorf über den Feldern verharrte. Mein Sohn hatte mich geweckt, und ich war herausgelaufen, um nachzusehen, was los war.

Ich hätte fast die Nachbarn gerufen, aber ich traute mich nicht, weil es ja mitten in der Nacht war . . .

Schließlich gingen wir ins Haus und bekamen nichts mehr von diesem ›Ding‹ mit.«

Monate später – am frühen Morgen des 7. Januar 1976 – sahen dieselben Bewohner von Piñel und Valladolid wieder ein Schiff, das die gleichen Merkmale und die gleiche Farbe hatte wie das, das Manuel Resina während drei langer Kilometer ›begleitete‹. Das passierte ebenfalls über demselben Gebiet.

Könnte es sich um dasselbe Ufo gehandelt haben?

Nachdem ich die Untersuchung in Piñel del Abajo abgeschlossen hatte, fuhr ich in jener kalten und sternenübersäten Winternacht langsam nach Peñafiel. Ich war äußerst zufrieden und vergnügt. Ich hielt meinen alten und unentbehrlichen Wagen am Rand der menschenleeren Straße an, die Pesquera mit der prächtigen Stadt Peñafiel verbindet.

Es war genau die richtige Zeit, um eine Zigarette zu rauchen und mich von diesem von Sternen, Sonnen und Galaxien fast weißen Firmament berauschen zu lassen.

Ich schwöre, daß ich sie – wieder einmal – in der Nähe, in unmittelbarer Nähe ›spürte‹. Für mich war es das höchste der Gefühle.

Allein der Gedanke an den nächsten Tag, der wahrscheinlich hart und hektisch werden würde, riß mich aus diesem unvergleichlichen Gefühl heraus.

In meinem Notizbuch war tatsächlich bereits eine neue Spur vermerkt: ein Priester in Peñafiel. Aber das war auch schon alles, was ich wußte.

Wieder einmal gewann bei mir die Neugier die Oberhand. Noch vor dem Abendessen hatte mich diese rätselhafte Kraft, von der ich mich immer mitreißen ließ, halb Peñafiel durchsuchen und auf den Kopf stellen lassen, bis ich den betreffenden Priester aufgespürt hatte.

Aber wie es das Schicksal wollte, sollte dieser Priester die härteste ›Nuß‹ sein, die ich auf allen Reisen, die ich bis jetzt auf den Spuren der Ufos gemacht hatte, zu knakken hatte.

Bei Einbruch der Dunkelheit befand ich mich vor den Türen des Konvents der Passionisten-Patres. Noch immer kannte ich den Namen des betreffenden Paters nicht und hatte so meine Schwierigkeiten, zu erreichen, daß er herauskam.

Das tat er aber schließlich doch. Als ich ihm meine

Hand zum Zeichen der Freundschaft entgegenstreckte, behielt der Priester die seinen in den Taschen und beäugte mich mißtrauisch.

»Das fängt ja gut an«, sagte ich mir und versuchte, alle mir zur Verfügung stehenden Register zu ziehen, um den Zeugen für mich zu gewinnen. Ich sah nur einen Weg: ihm die Wahrheit zu sagen. Ihm zu erklären, daß ich ein Journalist auf der Spurensuche nach Ufos war und daß es mein Wunsch war, daß er mir das mitteilte, was ihm Wochen zuvor passiert war . . .

Aber offensichtlich war die Wahrheit nicht genug. Der Pater, hinter seinem schwarzen Brillengestell, kam meinen Erklärungen zuvor und platzte in scharfem Ton heraus:

»Das war doch alles nur ein Scherz.«

Das war wie eine kalte Dusche.

»Wie erklären Sie mir dann die Aussage von Piñel und der Bewohner von Peñafiel . . .?«

»Also, wenn alle Ufos so sind wie das, was ich gesehen habe . . .«

Dies war der erste Fehler, den mein lieber Freund, der Priester, beging.

»Ach, also haben Sie doch etwas gesehen . . .«

Der Priester merkte, daß er in die Falle gegangen war, und lief nervös in Richtung Tür, wobei er sich verabschiedete.

Aber er wußte nicht, mit wem er es zu tun hatte. »Entschuldigung. Ich habe wirklich keine Zeit«, versuchte er mich zu unterbrechen, während er mir die Tür wies.

Mit Nachdruck startete ich einen letzten Versuch. Zunehmend entnervt antwortete der Priester:

»Ich habe den Mond gesehen.«

Zweiter Fehler.

»Aber, mein lieber Herr«, bemerkte ich mit dem ironischsten Lächeln, dessen ich fähig war, »der Mond hat Sie in den Straßengraben gedrängt?«

»Das war doch ein Scherz . . .!«

»Ihre Nachbarn, denen Sie das Geschehene erzählten«, entgegnete ich, »haben mir versichert, daß Ihr Auto sogar von der Straße abgekommen sei . . .«

»Das war ein Scherz . . .! Ich habe Ihnen nichts weiter zu sagen.« Der Priester beobachtete mich schweigend. Ich lächelte und machte ihm den Vorschlag, seinen Namen nicht zu veröffentlichen, falls er das nicht wollte. Ich wollte lediglich, daß er mir das Erlebte erzählte. Dieser Mann aber schien seine »Lektion« gut gelernt zu haben. Zum dritten oder vierten Mal wiederholte er:

»Es war ein Witz. Außerdem ist es schon vor Monaten geschehen . . .«

Dritter Fehler.

»Könnten Sie mir dann bitte sagen, was ›geschehen‹ ist . . .?«

Das ständige Insistieren hatte Früchte getragen. Das war mir inzwischen klar. Dieser Mann hatte irgend etwas gesehen oder erlebt. Wie so viele andere aber wollte er es lieber verheimlichen. Er fügte hinzu:

»Solche Sachen sind doch gar nicht ernst zu nehmen . . .«

»Es soll nicht ernst zu nehmen sein, daß außerirdische Schiffe über unsere Felder und Städte fliegen?

Ich kann Ihnen beispielsweise versichern, daß auch ich sie mehrfach gesehen habe . . .«

»Sie . . .? Was Sie nicht sagen!«

Der Pater machte eine ungläubige Geste.

Wie man unschwer verstehen wird, fiel unser Abschied nicht sehr freundlich aus. Mit ausgesprochen schlechter Laune fuhr ich zum Gasthaus und versuchte vergeblich, etwas Schlaf zu bekommen.

»Soll den Priester doch der Teufel holen!« schoß es mir wiederholte Male durch den Kopf. »Läuft dieser Mensch denn hier rum und verschwendet seine Zeit und die seiner Nachbarn mit derartigen Scherzen?«

Und ich schwor mir, die Wahrheit herauszubekommen.

Mit dem ersten Licht des nächsten Morgens begab ich mich zu der Stelle, wo sich nach Aussage der Bewohner von Peñafiel die Ereignisse abgespielt hatten.

Bei Schnee und Nebel kam ich in der Ortschaft Valdearcos an, zehn Kilometer von Peñafiel entfernt.

Logischerweise rief meine Anwesenheit Neugier hervor. Nicht alle Tage kamen Journalisten in die abgelegenen Dörfer Kastiliens und fragten alles und jeden nach ›nichtidentifizierten Flugobjekten‹ . . .

Diese guten Leute – schlicht und gastfreundlich – bestätigten mich sofort völlig in dem, was ich gesehen und gehört hatte. So konnte ich die Geschichte Stück für Stück zusammensetzen. In diesem Fall fuhr unser Priester – dessen Namen zu nennen ich nicht autorisiert bin – in der Nacht des 14. November 1975 durch Valdearcos in Richtung des Nachbarortes Corrales, um Bernardo Cobo die Letzte Ölung zu geben. Dieser sollte wenige Stunden später sterben.

Bei Tagesanbruch am Samstag, dem 15., stieg der Pater in seinen Seat 127 und begann mit der einsamen Rückfahrt nach Peñafiel. Es war eine ungemütliche Nacht. Kalt. Verständlicherweise war der Priester müde und wollte sich schlafen legen.

Er durchquerte den Ort Bocos de Duero, der knapp sechs Kilometer von seinem Konvent entfernt liegt. Kaum hatte er sich sechshundert bis achthundert Meter von dem Ort entfernt, bemerkte er links von sich etwas Großes und Rotes.

Obwohl der Pater auch Hauptmann bei der Armee war und – seinen eigenen Worten nach – mehr als zehn Revolutionen in Südamerika miterlebt hatte, jagte ihm dieses Objekt Angst ein. Was in diesen Sekunden und Minuten geschehen ist, hat niemand dem Pater jemals entreißen können. Aber es muß doch ziemlich schwerwiegend gewesen sein, damit dieser so unverwüstliche Mann bremste und versuchte umzudrehen, um in das Dorf zu flüchten, aus dem er gerade gekommen war.

Es war ungefähr halb vier morgens. Wahrscheinlich war es die Nervosität in Verbindung mit der Enge der Straße, die den Wagen bei einem der Fahrmanöver zu tief in den Straßengraben rollen ließ, wobei das Auspuffrohr fast vollständig in der Erde versenkt wurde.

Der 127 steckte schließlich fest, und es gab für den Priester keine Möglichkeit mehr, ihn von neuem zu starten.

Das runde und intensiv rote Objekt jedoch muß wohl weiter dort geblieben sein, denn der Pater entschloß sich, die Lichter auszuschalten. Er versuchte noch einmal, den Wagen zu starten, aber ohne Erfolg.

Wie ich später feststellen konnte, versuchte der Priester, zwischen zwei Bewässerungsgräben umzudrehen, die wenig mehr als dreihundert Meter von Bocos entfernt zu beiden Seiten der Straße verliefen.

Nachdem der Wagen des Paters einige Minuten lang quer über der Fahrbahn lag, entdeckte ihn Domingo Díez, ein Bewohner von Valdearcos, als er gerade zu seiner Arbeit in der Zuckerfabrik von Peñafiel fuhr. Aber Domingo fürchtete, daß es sich um die Guardia Civil handeln könnte. Wie mir seine Frau gestand, waren die Lichter an seinem Fahrrad nicht in Ordnung, weshalb er sich beeilte, von diesem Ort wegzukommen.

Zusammen mit dem Schock, den der Priester höchstwahrscheinlich erlitten haben mußte, war der Umstand, daß die Fahrradbeleuchtung des Bewohners von Valdearcos nicht in Ordnung war, daran schuld, daß der Pater den Fahrradfahrer nicht um Hilfe bitten konnte.

Immer noch unter dem Einfluß des starken Schocks stehend, beschloß unser Protagonist nach einiger Zeit, den 127 zu verlassen und zu Fuß nach Bocos zu laufen. Er legte genau einen Kilometer und vierhundert Meter inmitten der Dunkelheit und der penetranten Kälte zurück.

Laut Julio Álvarez Álvarez – unter den friedliebenden Bewohnern von Bocos de Duero als ›Julín‹ bekannt – hämmerte der Pater in seiner Verwirrung und Nervosität an die Türen mehrerer Häuser, bis er am Haus seines Freundes anlangte.

»Offensichtlich erkannte der Priester mein Haus nicht«, erläuterte dieser mir, während seine Frau und sein Sohn ihrer Arbeit auf der Zuckerrübenpflanzung *El Disco* nachgingen, die nahe am Dorf liegt. »Als er schließlich bei mir ankam, bat er mich äußerst aufgeregt durch das Fenster, ihm zu öffnen.

Das tat ich dann auch, obwohl ich wegen der ungewöhnlichen Uhrzeit – fast vier Uhr morgens – und wegen der Aufregung des Paters verwundert war.«

»Also hatte er Angst . . .?«

»Wie noch nie zuvor. Er wiederholte ununterbrochen: ›In meinem ganzen Leben ist mir so etwas noch nicht passiert . . .‹«

»Hat er Ihnen erzählt, was passiert ist?«

»Ja, daß ein rotes Licht auf dem Weg aufgetaucht sei und daß er umdrehen wollte, um nach Bocos zurückzufahren.«

Während ich mit diesem schlichten, 48jährigen Landwirt sprach, rief ich mir die Worte und das Benehmen des Priesters aus Peñafiel ins Gedächtnis. Mein Verdacht hatte sich bestätigt. »Als er sich etwas beruhigt hatte«, fuhr der Bewohner von Bocos fort, »bat mich der Priester, ihm dabei zu helfen, den Wagen aus dem Graben zu ziehen. Und das taten wir dann gemeinsam mit meinem Sohn José Manuel. Wir brauchten fast zwei Stunden. Schließlich und endlich war das Fahrzeug aber wieder bereit, um die Fahrt fortzusetzen. Danach fuhr er nach Peñafiel.

Bevor er startete, erinnerte ich mich an seine Bemerkung:

›Die Leute werden es mir nicht glauben . . .‹«

Die Sache lag klar auf der Hand, aber etwas verstand ich immer noch nicht. Warum zwang sich dieser Priester dazu, die Wahrheit zu verbergen?

Während der folgenden Tage setzte ich meine Untersuchungen im weiten Gebiet von Valladolid fort. Die ›Welle‹ schien kein Ende zu nehmen. Viele weitere Fälle sollten meine Archive füllen. Vielleicht entscheide ich mich später dazu, sie zu veröffentlichen.

Während dieser ganzen Zeit, während ich die entferntesten und verborgensten Dörfer und Wege durchforstete, SPÜRTE ich wieder die eigenartige Anwesenheit von etwas, das meine Schritte zu verfolgen und zu bewachen schien – wie ich es schon so viele andere Male erlebt hatte. Meine Fotoapparate hielten sich bereit, die Fehlschläge von Almonte und Oviedo wiedergutzumachen, die mein Selbstbewußtsein empfindlich getroffen hatten. Aber obwohl ich mich bei all diesen Reisen sicher und beschützt gefühlt hatte, konnte ich in keinem Augenblick auch nur eines von diesen Schiffen erblicken. Trotzdem wußte ich, daß sie in der Nähe waren . . .

Am Ende dieser langen Untersuchung und bevor ich nach Valladolid zurückkehrte, konnte ich der Versuchung nicht widerstehen und begab mich noch einmal zum Konvent der Passionisten-Patres.

Und obwohl der Prior genau wie auch beim letzten Mal sofort Richtung Ausgang ging, als er mich sah, und mich aufforderte, das Gebäude zu verlassen, war ich es diesmal, der das Wort und die Initiative ergriff.

»Jetzt werden Sie mir mal eine Minute zuhören«, sagte ich zu ihm, »und wenn Sie wollen, werden Sie mir am Ende eine einzige Frage beantworten . . .«

Meine Selbstsicherheit muß den Priester verunsichert haben. Mit einer überraschten und erstaunten Geste hörte er sich an, was ich herausgefunden hatte. Nachdem ich meine knappe Darstellung beendet hatte und er sich bereits auf den Stufen zum Konvent befand, murmelte der Mann – störrisch wie ein Esel: »Ich sage dir noch einmal, daß es ein Witz war. Es war der Mond . . .

Und ich werde dir noch etwas sagen. Wenn du das hier veröffentlichst, werde ich dich vor Gericht bringen.«

Da riß mir schließlich der Geduldsfaden.

»Zum Teufel noch mal, Pater! Dann werden Sie aber auch alle diejenigen vor Gericht bringen müssen, die Ihnen um vier Uhr morgens geholfen haben . . .

Aber erlauben Sie mir eine Frage. Warum haben einige Priester eine solche Angst davor, die Wahrheit zu akzeptieren?«

»Wir kümmern uns nicht um solche Dummheiten . . .«

»Also sind diese Raumschiffe Ihrer Meinung nach eine Dummheit . . .«

»Nein, natürlich nicht. Ich weiß, daß Gott auch auf anderen Planeten Leben erschaffen hat.

Aber ich sage dir, daß das alles ein Scherz war . . .«

»Lassen wir doch mal die Dummheiten, Pater. Setzen Sie Ihr Auto tatsächlich wegen des Mondes um vier Uhr morgens in den Straßengraben? Müde und nur von dem Wunsch beseelt, zum Konvent zu kommen, um sich auszuruhen? Sind Sie tatsächlich der Mensch, dem es Spaß macht, die Bewohner eines Dorfes um diese Uhrzeit zu wecken, weil man Ihnen einen Streich spielen will?«

Darauf wußte der Priester, der im Grunde genommen doch ein großartiger Mensch war, natürlich keine Antwort.

»Mir können Sie nichts vormachen, Pater. Sagen Sie mir die Wahrheit . . .«

»Ich sah lediglich ein rotes und rundes Ding, ähnlich wie der Mond. Es war in der Nähe der Felsen. Ich war ziemlich verwundert . . . Aber ich sage dir, daß es der Mond war.«

»Fangen wir doch nicht wieder von vorne an. Sie scheinen doch ein mutiger Mann zu sein . . .«

»Ich habe keine Angst. Ich habe zehn Jahre in Südamerika gelebt. Ich habe Revolutionen und Katastrophen mit durchgemacht und bin außerdem noch Hauptmann . . .«

»Was ist aber dann passiert? Hat Ihnen etwa der Vollmond Angst eingejagt? Warum haben Sie versucht, zu wenden und nach Bocos de Duero zurückzukehren?«

Der Priester befand sich schon wieder in einer Sackgasse. Schließlich gab er zu:

»Ich sah etwas Seltsames. Das Ding war völlig ruhig. Danach verschwand es hinter den Felsen . . .«

»Was für ein äußerst seltsamer Mond, nicht wahr?«

»Ich kann dir nur sagen, daß ›Es‹ dort war, in der Stille der Nacht; und dann hört man all diese Dinge über Ufos im Fernsehen . . .

Kurz, ich dachte daran umzukehren.«

»Also geben Sie zu, daß es sich um etwas Seltsames handelte . . .«

»Ja.«

»Warum haben Sie denn den Wagen im Straßengraben zurückgelassen und sind nach Bocos zurückgerannt?«

Diese neue ›Falle‹ hatte Erfolg. Der Pater beeilte sich richtigzustellen:

»Nein, ich rannte nicht. Ich ging nach Bocos.«

»Ich habe den Eindruck, daß Sie Angst davor haben, lächerlich zu erscheinen . . .«

»Das ist schließlich verständlich.«

»Aber Sie sind doch eine gebildete Person. Außerdem wissen Sie, daß ein ähnliches Ufo mehrfach von anderen Personen in diesem Gebiet gesehen worden ist. In einem der jüngsten Fälle beispielsweise war ein Hirte aus Bocos Hauptzeuge . . .«

»Ich schenke einem Hirten doch keinen Glauben«, beeilte sich der Priester zu antworten.

»Ich dagegen sehr wohl. Sogar mehr als einem Priester wie Ihnen. Sie haben Angst vor der Wahrheit.«

»Ich sage Ihnen, daß es der Mond war.«

»Aber natürlich . . .«

Unsere Unterhaltung dauerte noch einige Minuten. Aber trotz alledem verabschiedeten dieser Priester und ich uns freundschaftlich. Sogar der Dümmste hätte merken können, daß dieser Mann ein Ufo in unmittelbarer Nähe gesehen und erlebt hatte.

Obwohl ich mich bei meiner Rückkehr nach Bilbao immer wieder den aberwitzigsten Attacken seitens einiger fortschrittsfeindlicher Bereiche der Kirche stellen mußte, sobald diese die grundlegende Wahrheit anerkennen sollten, daß es die Ufos und ihre Besatzungsmitglieder gibt, reagieren nicht alle Priester so wie der Zeuge aus Peñafiel. Ich habe Briefe und Zeugenaussagen von Geistlichen in meinem Besitz, die unsere Arbeit begrüßen.

Auch sie sehen die Notwendigkeit einer Sensibilisierung der öffentlichen Meinung, um die Menschheit auf den historischen und entscheidenden Moment vorzubereiten: auf den Augenblick, den SIE in ihrer intelligenten Vorausicht seit Jahrhunderten planen.

Bevor ich aber endgültig zu dem erstaunlichen Kapitel der Erfahrungen einer der Gruppen auf den Kanarischen Inseln übergehe, das ich absichtlich für das Ende dieser Reihe von Reisen auf den Spuren der Ufos aufgehoben habe, möchte ich einen letzten Fall nicht unerwähnt lassen, der in der Provinz Palencia stattgefunden hat und der der Phänomenologie und der Erforschung dieser nichtidentifizierten Flugobjekte neue Einzelheiten hinzufügt.

Das, was dem Arzt des Dorfes Frómista und dem dortigen Praktikanten widerfahren ist, verdient sehr wohl das Prädikat ›äußerst erstaunlich‹.

Der Arzt des besagten Dorfes, das an der Straße von Valladolid nach Santander und ungefähr 31 Kilometer von Palencia entfernt liegt, war also an jenem Tag im November 1974 der einzige niedergelassene Arzt innerhalb eines Dreiecks, das aus den Dörfern Frómista, Marcilla und Requena de Campos gebildet wird. Die beiden ersten dieser Dörfer – mit 1300 beziehungsweise 150 Einwohnern – liegen an der Hauptstraße von Palencia nach Santander. Beide sind zwölf Kilometer voneinander entfernt. Zuammen mit Requena – mit seinen 140 Einwohnern – bilden sie das ›Aktionsfeld‹ unserer Protagonisten. Drei- oder viermal pro Woche, je nachdem, wie oft es nötig war, legte der damals 28jährige Arzt die Strecken zwischen den Ortschaften zurück, um Patienten zu behandeln.

Aber während mehrerer aufeinanderfolgender Abende in einer dieser Wochen konnten unsere Protagonisten ein Objekt mit seltsamen Merkmalen beobachten, das ungefähr zwanzig Meter von der Straße zwischen Requena und Frómista entfernt war.

»Es hatte eine ovale Form. Fünf- oder sechsmal sahen

Beeindruckendes Bilddokument, das von einer ganz einfachen Kamera (Kodak Instamatic) über den Oliven- und Orangenhainen im Gebiet von Sanlúcar la Mayor bei Sevilla gemacht wurde. Auf dem ersten Foto überfliegt das Schiff – in Form eines umgedrehten ›Suppentellers‹ – die Gegend. Rechts – durch die verständliche Nervosität des Fotografen ebenfalls verwackelt – eine Pinie, die über die Olivenbäume hinausragt. Auf dem zweiten Foto eine Vergrößerung des Ufos von der ersten Abbildung. Am oberen Teil des Schiffes ist eine Art von kleiner ›Kuppel‹ zu erkennen, die für viele dieser Maschinen typisch ist.

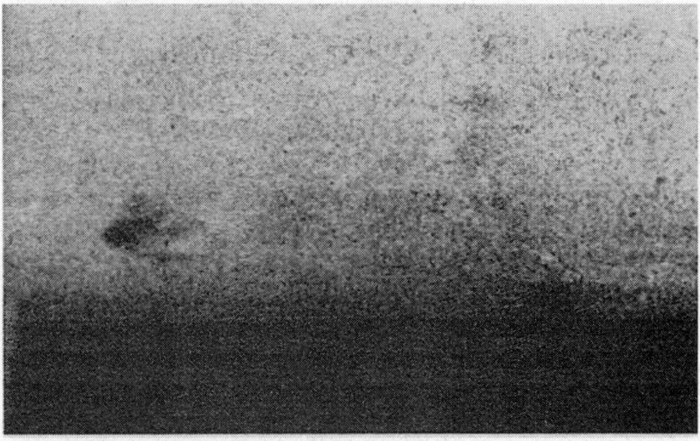

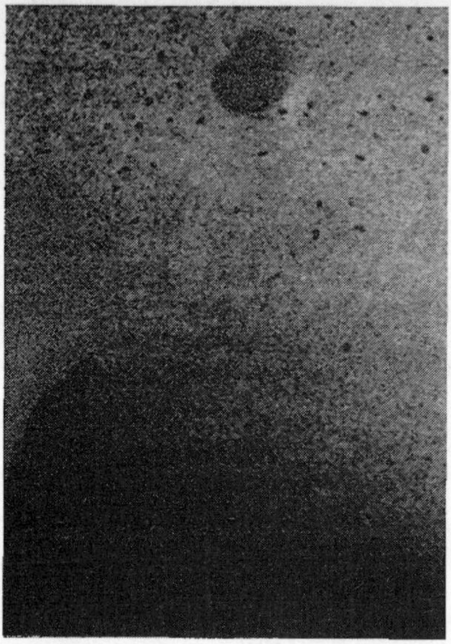

Auf dem dritten verändert das Ufo seine Stellung in eine Vertikale. Auch dieses Foto ist verwackelt.

Auf dem vierten – dem letzten, das der Junge gemacht hat – fliegt das Ufo, auch in vertikaler Position, rasend schnell Richtung Himmel. Alle Analysen, die von Experten über die Negative erstellt wurden, bekräftigten deren Authentizität.

wir es einen Meter über dem Boden, als ob es schweben würde.

Jedesmal zwischen neun und elf Uhr sahen wir es, zwei Kilometer von unserem Heimatort Frómista entfernt.«

Das Gebiet, auf das sich die Zeugen bezogen, ist Ackerland.

». . . Es zog unsere Aufmerksamkeit durch seine ovale bzw. elliptische Form auf sich und weil es in der Dunkelheit durch seine kleinen verschiedenfarbigen Lichter hervorstach: weiße, gelbe und orangefarbene.

Es war wirklich sehr klein. Zumindest schien uns das so. Es maß vielleicht einen halben Meter in der Breite und dreißig Zentimeter in der Höhe. Es sah eindeutig metallisch aus, und die Lichter kreisten um es herum. Wir bemerkten auch eine vibrierende bzw. schwingende Bewegung in horizontaler Richtung.« Arzt und Praktikant beschlossen angesichts der Eigenartigkeit und ständigen Wiederholung des Vorgangs am fünften oder sechsten Tag, den R-8 anzuhalten. Also parkten sie den Wagen an der Straße und blieben trotz der Zweifel und Befürchtungen des Praktikanten zwanzig bis dreißig Schritte vor dem rätselhaft leuchtenden Objekt stehen . . . »Ich drosselte die Geschwindigkeit, bis das Auto auf der Höhe des Ufos zu stehen kam. Ich ließ den Motor laufen, öffnete die Tür und wollte aussteigen, um mir ›Es‹ in aller Ausführlichkeit anzuschauen.«

Aber der Doktor kam nicht dazu, seinen Vorsatz in die Tat umzusetzen. Bevor er aus dem R-8 aussteigen konnte, wurden der Wagen und sie selbst von einer Art Strahl grünen Lichts angeleuchtet. Instinktiv trat der Mediziner das Gaspedal bis zum Anschlag durch und entfernte sich mit Höchstgeschwindigkeit von diesem Ort.

Sie hatten den Schreck noch nicht ganz überwunden, als sie plötzlich bestürzt eine Art grüner Farbe entdeckten, die ihre Kleidung, ihre Haut, das Auto bedeckte und sich nicht entfernen ließ. Auch Teile der Innenseite der linken Tür waren grün. Also derjenigen, die der Fahrer gerade geöffnet hatte ...

Genauso beunruhigt wie bestürzt beschlossen die Insassen, den Wagen kurz vor der Ortschaft Frómista anzuhalten, in der verständlichen Absicht, dieses erstaunliche ›Phosphoreszieren‹ bzw. grüne ›Leuchten‹ zu beseitigen. Nach einigen Minuten, die ihnen ewig schienen, und nach ständigem Abklopfen von Kleidung und Körper verschwand die Einfärbung.

Dieser Vorfall wurde selbstverständlich mit absolutem Stillschweigen behandelt. Nicht einmal die Guardia Civil, die ich bei meinem Besuch in Frómista fragte, wußte von dieser Sache.

Sowohl der Arzt als auch der Praktikant hatten darauf achtgegeben, es nicht weiter zu verbreiten. Offensichtlich wurde das Ufo in dieser Gegend nicht wiedergesehen.

Trotzdem erzählte der Arzt das Geschehene schließlich einer Gruppe von Freunden, unter denen sich einige befanden, die inzwischen die Gruppe ›Aldebarán‹ in Palencia bilden und sich ebenfalls mit dem Thema der Ufos beschäftigen und Nachforschungen darüber anstellen. Einer dieser begeisterten Anhänger der Ufologie, Mariano Fernández Gil, und einige der Mitglieder der inzwischen bekannten Gruppierung ›Charles Fort‹ aus Valladolid konnten diesen Bericht aus dem Mund des Arztes zweimal selbst hören.

Trotzdem stritten Wochen später sowohl der Arzt als auch der Praktikant die Ereignisse ab, wahrscheinlich getrieben von einer absurden Angst vor der Lächerlichkeit. Dabei behaupteten auch sie, daß »alles nur ein Scherz gewesen ist« ...

Eine mir wiederum hinlänglich bekannte Ausrede. Wenn man aber nun in Betracht zieht, daß beide Zeugen besagtes Ufo gesehen haben könnten und dabei – warum nicht? – von diesem grünen Leuchten überflutet wurden, so hätte ich hier einige Schlußfolgerungen, die man daraus ziehen kann:

Erstens: Wenn man die Charakteristika und kleinen Ausmaße des Ufos bedenkt, so könnte es sich eventuell um eine der nichtbemannten Sonden gehandelt haben, die schon öfter von weiteren Zeugen in den unterschiedlichsten Teilen der Welt gesehen wurden. Diese Sonden könnten von anderen mehr oder weniger weit entfernten Schiffen ferngesteuert werden, genauso wie diejenigen, die der Mensch zu benutzen begonnen hat, um den Sternenraum zu erforschen.

Zweitens: Dieser Art Strahl grüner Farbe wurde ebenfalls bei anderen Gelegenheiten beobachtet.

Ich neige zu der Meinung, daß sein Zweck eindeutig der der ›Abschreckung‹ von Neugierigen und ungelegen kommenden Zeugen ist.

Den Zeugen zufolge konnte man keine elektromagnetischen Veränderungen am Wagen beobachten. Sie erlitten auch weder Verletzungen noch klagten sie über Erbrechen oder Übelkeit, nicht in dem Augenblick selbst und auch nicht in den Tagen nach dieser letzten und spektakulärsten Beobachtung des kleinen Ufos.

Aber ohne es zu wollen, befand ich mich schon wieder in dieser altbekannten ausweglosen Situation.

Genauso wie mir Pater Antonio Felices erläutert hatte, stellte sich die Frage, wer die einen waren und wer die anderen. Warum jagten einige Außerirdische mit ihren ›Passagen‹ wehrlosen Bewohnern von Peñafiel, Piñel de Abajo oder Frómista Angst ein, während andere den Frieden und die Liebe verkündeten?

Sehr bald schon sollte ich nicht mehr an dieses Dilemma denken. Denn ich stand vor einer der aufregendsten Erfahrungen, die ich jemals gemacht habe.

15. Kapitel

Teneriffa: Ungewöhnliche Odyssee. – Eine weitere Gruppe nimmt ›Kontakt‹ mit den Wesen aus dem All auf. – 15. Mai: Fünf Schiffe über Santa Cruz. – Die ›Wissenschaftler‹ vom Saturn. – ›Opat-35‹, der Computer vom Uranus. – 9. Juni: Betreten eines Ufos. – Die Wesen mit dem weißen Helm. – Rätselhafte Fotografien. – Erinnerung durch Hypnose.

All das war fast magisch. Als ob es millimetergenau berechnet worden wäre. Wenn meine Reise zu den Kanarischen Inseln zehn Stunden vorher stattgefunden hätte, wäre es nicht möglich gewesen, die Information weiterzugeben, die ich jetzt präsentieren werde.

Wenn meine Abfahrt aus Bilbao anstatt an jenem Montag, dem 12. Januar, am folgenden Tag stattgefunden hätte, hätte mich wahrscheinlich der ›informative Katzenjammer‹, der auf die Entführung von José Luis Arrasate durch die ETA in der Nacht des 13. Januar 1976 folgte, mit in seinen Sog gezogen und ein Verlassen der Vizcaya für lange Zeit so gut wie unmöglich gemacht.

Meine Arbeit als Reporter hätte mich mit fast völliger Sicherheit dazu geführt, auch einen Teil dieser journalistischen Front zu bilden.

Das hätte die Berichterstattung über die äußerst wichtigen Ereignisse, die gerade auf den Kanarischen Inseln vor sich gingen, beträchtlich beeinträchtigt oder zurückgeworfen.

Deshalb konnte ich zumindest ein Lächeln nicht unterdrücken, als ich die Nachricht von der Entführung las. Da saß ich bereits an Bord des Flugzeuges, das den Luftraum in Richtung Teneriffa durchquerte.

»Das alles wirkt wirklich wie genauestens geplant«, dachte ich. Am Sonntagabend, dem 11. Januar, dem Vorabend dieser neuen Reise auf den Spuren der Wesen aus dem All, wohnte ich mit einigen Mitgliedern von RAMA einer weiteren Beobachtung bei. Aber nach mehreren Stunden des Wartens entschlossen sich José Luis Barturen und ich noch vor den anderen, nach Bilbao zurückzukehren. In dieser Nacht erschienen die Schiffe ohnehin nicht. Zumindest dachten wir das . . .

Als ich aber zu den Kanarischen Inseln flog, überraschte mich eine weitere Nachricht, die mir das Blut in den Adern gefrieren ließ. In dieser Zeit hatten zwei Ufos eineinhalb Stunden lang – eineinhalb Stunden! – unbeweglich in der Nähe des Berges Umbe in der Luft gestanden, wo wir uns in jener Nacht zusammengefunden hatten. Das konnte ich mir von den Zeugen der Beobachtung selbst bestätigen lassen.

Aber gehen wir Schritt für Schritt vor.

Auf der Insel Teneriffa empfing mich ein strahlend blauer Himmel. Ich hatte von den Erlebnissen dieser Gruppe bereits durch einen Freund, den Arzt César Rodríguez Mafiotte, erfahren. Er ist Spezialist für Rehabilitation und Traumatologie und außerdem Angehöriger des Roten Kreuzes von Teneriffa.

Unter Beifügung weiterer Einzelheiten erklärten mir später zwei andere Angehörige dieser Gruppe aus Teneriffa, Francisco Padrón und Emilio Bourgón, die interessanten Untersuchungen näher, die sie seit Anfang 1975 durchführten.

Inzwischen war meine Neugier beträchtlich geschürt worden. Ich fand mich natürlich bereits wenige Stunden nach meiner Ankunft auf der Insel mit einem großen Teil des Teams vereint. Dann begann eine sehr aufregende Untersuchung. Eine Untersuchung, die mehrere Tage dauerte und in deren Verlauf ich mehr als genug Zeit hatte, die unterschiedlichen Mitglieder der Gruppe kennenzulernen und zu beobachten.

Ich erinnere daran, daß nicht wenige Menschen an der Echtheit der ›Kontakte‹ der Mitglieder des Peruanischen Institutes für Interplanetarische Beziehungen (IPRI) zweifelten.

»Es sind keine Wissenschaftler«, meinten die einen. »Sie leiden unter Halluzinationen . . .«, riefen die anderen, die es beunruhigte, daß solche Erfahrungen Wirklichkeit sein konnten.

Aber gut. Nun befand ich mich einem weiteren Team gegenüber, das – ohne die geringste Verbindung mit dem IPRI zu haben – seit mehr als einem Jahr sehr ähnliche Erfahrungen machte wie die Peruaner und wie andere spanische Gruppen, die ich schon vorher erwähnt habe.

Wie war das möglich? Wie konnten sie es geschafft haben, Kontakt aufzunehmen, wie sie es mir mit einer ausführlichen fotografischen Dokumentation beweisen sollten, und sogar die Schiffe dieser Wesen aus dem All zu sehen? Wie soll man sich diese vorher verabredeten Treffen für die Beobachtung letztendlich erklären?

Als ich die Mitglieder dieser Gruppe – eines nach dem anderen – auf Teneriffa kennenlernte, wurde meine Überraschung immer größer. Denn unter ihnen waren Ärzte, professionelle Fotografen, zwei Direktoren wichtiger Touristikunternehmen, Computertechniker und Elektrotechniker, Industrielle, der Vorsitzende der Astronomischen Vereinigung der Kanarischen Inseln und Vermessungsingenieur etc., etc.

Zusammengefaßt setzte sich diese Gruppe aus Profis von hohem technischem Know-how zusammen. Alle ihre

Nachforschungen – das muß ich bestätigen – wurden immer von diesem Streben nach Objektivität und der Suche nach der Wahrheit geleitet.

Alles begann wie bei so vielen anderen Gelegenheiten auch: durch das Studium der Ufos. Schon seit Jahren verspürten einige dieser Mitglieder eine außergewöhnliche Neugier und ein wachsendes Interesse, sich dem Studium dieser Objekte zu widmen, genauso wie dem der parapsychologischen Phänomene. Ohne daß sie sich genau erklären könnten, wie, fanden sie sich eines Tages als Gruppe zusammen und ›im selben Boot‹, vereint durch ein gemeinsames Ziel:

Ein System, eine Vorgehensweise zu finden, die es ihnen ermöglichen würde, sich auf eine Wellenlänge mit den Wesen zu bringen, die in solchen großartigen Maschinen reisen, und mit ihnen zu kommunizieren. Ganz schlicht und doch so schwer. Sie bedienten sich einer traditionellen Methode. Im Grunde genommen genau dasselbe System, das das IPRI und die anderen Gruppen auf der ganzen Welt benutzen, wenn es sich auch in seiner Form unterscheidet.

Wie ich in meinem Buch *Ufos: SOS an die Menschheit** bereits erklärt habe, beruhen die ›Kommunikationen‹ des Peruanischen Institutes für Interplanetarische Beziehungen mit den Außerirdischen auf einer Art uns unbekannter KRAFT bzw. ENERGIE, die vom Geist derer, die den Kontakt durchführen, empfangen bzw. aufgefangen wird. Etwas, was wir mit dem Phänomen der Telepathie assoziiert haben, obwohl wir uns dessen nicht absolut sicher sein können. Man kann allerdings sagen, daß diese Kraft als ›Brücke‹ bzw. ›Verknüpfung‹ zwischen beiden Teilen

* Titel des Originals: *OVNIS: SOS a la humanidad*. Barcelona, 1975. Deutscher Titel *Ufos: SOS an die Menschheit*. Ullstein 1997.

zu dienen scheint. Dadurch kommt das zustande, was wir ›Kommunikationen‹ genannt haben. Dieses Phänomen ist jedoch – und es ist wichtig, nochmals darauf hinzuweisen – noch nicht ausreichend erforscht.

Wie ich es in dem erwähnten Buch beschrieben habe, versichern die Mitglieder des IPRI, eine Reihe von Nachrichten mittels des ebenfalls altbekannten Systems des ›psychographischen‹ bzw. ›unbewußten Schreibens‹ erhalten zu haben. Diese Kommunikationen bzw. Nachrichten wurden bei verschiedenen Gelegenheiten durch das Erscheinen der Schiffe und sogar der Piloten selbst beglaubigt. Wie ich an anderer Stelle bereits berichtete, war ich selbst Zeuge einer dieser Beobachtungen bzw. physischen Beweise, wie sie das IPRI nennt.

Die Gruppe aus Teneriffa bediente sich des sehr alten Systems des ›Gläserrückens‹. Sie waren überwältigt vom Erfolg solcher Experimente.

Als mehrere der Mitglieder dieser gerade erst entstandenen Gruppe ihre Finger an ein auf dem Kopf stehendes Glas legten und Fragen stellten, bewegte sich dieses Glas und berührte dabei die Buchstaben des Alphabets, die vorher auf einem Tisch verteilt oder auf ein einfaches Holzbrett geklebt worden waren. Was die Gruppe aber am meisten erstaunte, war, daß die Abfolge der Buchstaben Wörter bildete. Und die Wörter bildeten Sätze . . .

Wörter und Phrasen, die exakt auf ihre Fragen antworteten. Es ist nicht schwer, sich den Schrecken des Teams vorzustellen. Allen war bekannt, daß das Gläser- bzw. Tassenrücken lange Zeit im Zusammenhang mit dem Spiritismus, Okkultismus und weiß Gott was für vielen unbeweisbaren und betrügerischen Riten noch stand . . .

Daher dominierten logischerweise bei den meisten sofort Ungläubigkeit und Mißtrauen.

»Wir haben nach einer objektiven und ernst zu neh-

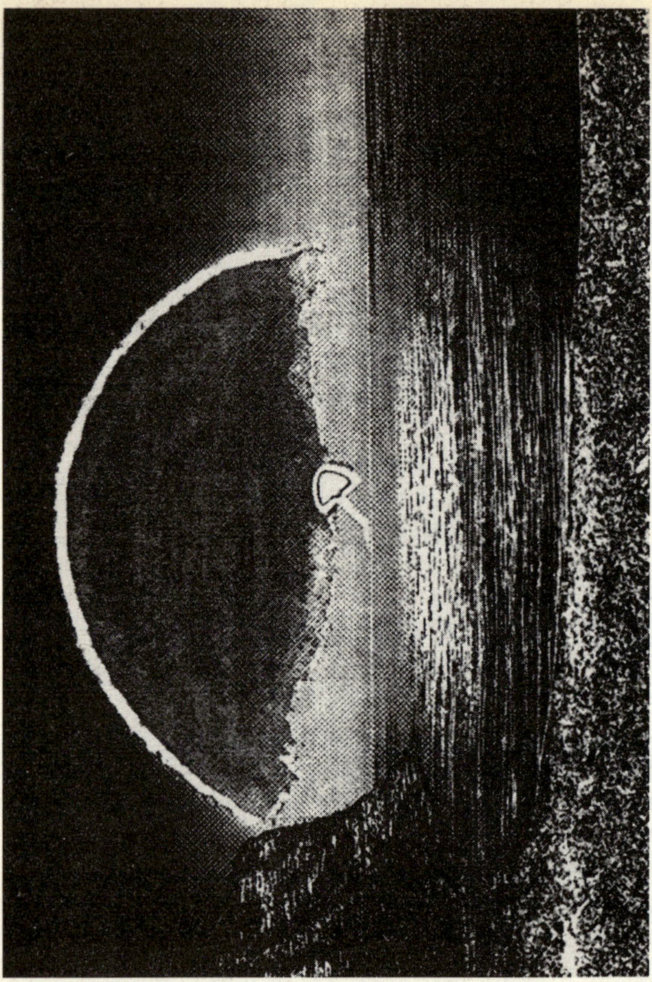

Aurelio Garrote hat – in Übereinstimmung mit den Erläuterungen der anwesenden Zeugen und der vorliegenden Fotografien – auf diese Art diese riesige ›Lichtblase‹ rekonstruiert, die sich über dem Atlantik erhob. Es stellt den Augenblick dar, in dem das stark leuchtende Schiff aus dem Meer aufsteigt.

menden Methode gesucht«, berichteten sie mir, »um Verbindung mit der Mannschaft der Ufos aufzunehmen. Das war und ist unser Ziel. Aber ›Das‹ mit dem Glas – so wie wir es im ersten Moment erlebten – schien keine allzu zuverlässige und wissenschaftliche Methode zu sein . . .

Tatsächlich stießen wir auf Probleme. Verständlicherweise mißtraute die Gruppe diesen Dingen. Es entstanden sonderbare Situationen. Etwas wie ›Interferenzen‹ bei den Antworten auf unsere Frage. Es gab Augenblicke, in denen wir fast aufgeben wollten.

Aber ›Etwas‹ – damals wußten wir nicht genau, was – hielt uns zusammen, und wir setzten die anfänglichen Versuche fort. Praktisch seit Februar oder März 1975, als wir mit den vermeintlichen und zweifelhaften Kontakten begannen, bis Mai dieses Jahres erhielten wir keine positiven Resultate.«

»Und was nennt ihr ›positive Resultate‹?«

»Wir wollten beweisen, bestätigen, daß diese ›Kommunikationen‹ mit Wesen bzw. unbekannten Entitäten nicht das Ergebnis unseres Unterbewußtseins, einer kollektiven Halluzination oder einer seltsamen und uns unbekannten Kraft waren oder gar unserer eigenen Phantasie entsprangen. Daher taten wir das einzige, was man tun konnte: Wir verlangten Beweise.«

Bereits im Mai 1975 hatte die Gruppe fast ihre endgültige Zusammensetzung. Sie wurde unter anderem gebildet von dem Arzt César Rodríguez Mafiotte, dem Tourismusexperten José Manuel Santos Brito, dem Astronomen und Ingenieur Sergio Gutiérrez Morales, dem Leiter von Touristikunternehmen José Manuel Sabina Castellano, dem Direktor eines der wichtigsten Reisebüros der Welt Jesús Artal, den Profifotografen José Luis Gonzáles Pérez und Michael Horst Ostrowski, dem Leiter der Abteilung für Buchungen bei der Iberia Jaime Caballero, dem Elektronikfachmann und Vorsitzenden des Verbandes der Funkamateure in Puerto de la Cruz José Julio Rodríguez García, dem Computerspezialisten Lorenzo Rodríguez, dem Radiosprecher und Journalisten Francisco Padrón Hernández, dem bedeutenden Industriellen Teneriffas Emilio Bourgón Funes und schließlich noch einer langen Liste von anderen, die im Laufe der Zeit weiter anwuchs.

Als ich meinen Wunsch äußerte, ihre Namen zu veröffentlichen, erwartete mich eine weitere Überraschung. »Wir haben nichts dagegen einzuwenden.« Ganz im Gegenteil. Alle waren ganz beseelt vom Wunsch nach Entgegenkommen und Zusammenarbeit.

»Warum sollten wir denn etwas dagegen haben?« fragten sie mich. »Es handelt sich hier um Versuche, die wir nach bestem Wissen und Gewissen durchgeführt haben und von denen wir vor allem glauben, daß sie von entscheidender Wichtigkeit für all diejenigen sind, die nach der Wahrheit suchen.«

Alles wurde mit maximaler wissenschaftlicher und technischer Genauigkeit durchgeführt.

Und wie es in Peru, in der Vizcaya, in Zaragoza, in Valladolid oder Katalonien und all den Gebieten der Fall war, wo ähnliche Gruppen solche Versuche durchführten, stand die in Teneriffa unter dem Druck, einen Beweis zu erbringen, einen physischen Beweis, der die vielen Rätsel auflösen würde, um die sich die Gedanken der Gruppe drehten.

Es kam der 15. Mai in diesem so wichtigen Jahr 1975. Ein unauslöschliches Datum für die Gruppe. »In den ersten Wochen«, erklärten sie mir weiter, »waren die Kontakte so gut wie unverständlich.«

»Warum?«

»Wir stellten Fragen, und das Glas antwortete mit Buchstaben und Ziffern. Aber nur Buchstaben und Ziffern . . .

Wir konnten das nicht verstehen. Bis uns eines der

Mitglieder versicherte, daß diese ›Sprache‹ dem ›alphanumerischen‹ System sehr ähnlich sei, das von Computern oder Elektronengehirnen benutzt wird.

Danach vermuteten wir, daß uns die Wesen Antworten in einem Code zu übermitteln versuchten, den sie für gängig hielten. Gleichzeitig ›kreuzten‹ sich (worauf wir schon hingewiesen haben) die Antworten von Entitäten bzw. Wesen, die keinerlei Verbindung zu den Außerirdischen zu haben schienen. Wir haben sie ›die Ursprünglichen‹ genannt.«

»Wer sind sie?«

»Wir glauben, daß es die Äußerungen von lebenden Wesen sein könnten (selbstverständlich aus unserer Welt), die sich auf einem absolut niedrigen psychischen Niveau und zusätzlich in einem unbewußten Zustand von mentaler Projektion befinden, als Ergebnis von Drogen, Trunkenheit etc.«

»Waren es immer lebende Wesen?«

»Immer. Nur ein einziges Mal hatten wir einen ›Kontakt‹, der uns sehr überraschte.

Es handelte sich um jemanden, der offensichtlich einen Unfall erlitten hatte.

›Wo ist das geschehen?‹ fragten wir.

›In Paris.‹

›Und was ist passiert?‹ (Wir dachten, daß es sich um einen Autounfall handelte . . .)

›Das weiß ich nicht‹, antwortete das Wesen. ›Ich hatte einen Unfall mit dem Schiff, das ich lenkte . . .‹

›Aber woher kommst du?‹

›Das weiß ich nicht. Ich erinnere mich an nichts.‹

›Was machst du in Paris?‹ hakten wir nach.

›Das weiß ich auch nicht . . .‹

›Wie kommt es dann, daß du zu uns Kontakt aufgenommen hast?‹

›Ich habe keine Ahnung. Ich weiß nur, daß mich irgendeine Energie eingefangen hat . . .‹

›Wo hast du dich verletzt?‹

›Das kann ich nicht sehen . . .‹

›Schau auf deinen Körper‹, sagten wir ihm ziemlich verwirrt.

Die Antwort war unglaublich:

›So eine Überraschung!‹ sagte es. ›Ich habe keinen Körper!‹

›Aber wann ist dieser Unfall gewesen?‹

›Ich bin erstaunt. Jetzt sehe ich viele Häuser . . . Aber als ich meinen Unfall hatte, gab es hier nur einige wenige Häuser.‹

Wir schauten uns entsetzt an. Dieses Wesen – möglicherweise ein Außerirdischer – war über Paris abgestürzt, als die große französische Hauptstadt noch ein kleines Dorf war. Das heißt vor mehr als 1500 Jahren . . .

Wir erklärten ihm dann, daß er tot sei und daß wir etwas für ihn tun würden, wenn er das wollte.

Er antwortete:

›Betet zum ›Absoluten‹. Und macht es jetzt.‹

Das taten wir auch. Er dankte uns und verschwand.

Wir hatten weiterhin ›Kontakte‹. Sie wurden jedesmal deutlicher verständlich. Bis wir eines Tages mit einigen Wesen voll und ganz in Kontakt traten, die sich als Bewohner des Saturn ausgaben.«

Es kostete mich Überwindung, das zu akzeptieren. Ich gebe es unumwunden zu. Aber mit der Zeit habe ich etwas gelernt: nichts endgültig und kategorisch zurückzuweisen oder zu bestätigen, bis ich ihm nicht mit einer Untersuchung auf den Grund gegangen bin und die Beweise und Ergebnisse ausführlichst analysiert habe.

»Auch wir waren überrascht und mehr als skeptisch«, fuhren die Mitglieder fort. »Und unterzogen die vermeintlichen Außerirdischen den unterschiedlichsten Proben und ›Fallen‹. Wir befragten sie über alles: die Entfernungen zwischen Satelliten und den Planeten, Rotationsgeschwindigkeiten und benötigte Zeit für die Umlaufbahnen, Entfernung zwischen Sonne und Erde, Massen etc., etc. Also all diese Fragen, die jedem so durch den Kopf schießen.«

»Aber wußte irgend jemand aus Ihrer Gruppe die Antworten?«

»In den meisten Fällen kannten wir die Antworten selbst nicht. Als wir die Antworten bekamen, schrieben wir sie auf und schlugen später in den Büchern nach, um sie zu überprüfen.

Sie waren von einer erstaunlichen Präzision . . .«

»Unter Ihnen ist ein Astronom . . .«

»Schon, aber bei den ersten Kontakten war er glücklicherweise nicht anwesend. Keiner von uns anderen hat erwähnenswerte Kenntnisse in Astronomie. Erst recht nicht, um solche Zahlen von Distanz, Masse etc. mit einer solchen Genauigkeit zu liefern.

›Also seid Ihr‹, fuhren wir mit unserer Befragung fort, ›Besatzungsmitglieder all dieser Ufos, die wir über unseren Städten und Feldern und Ozeanen sehen?‹

›JA, ABER ES GIBT AUCH WESEN VOM URANUS, VOM PLUTO, VOM MARS, VON DER VENUS UND VON ANDEREN PLANETEN FERN DIESES SONNENSYSTEMS.‹

›Können wir einen Beweis haben?‹ fügten wir hinzu. ›Können wir euch sehen?‹

›JA‹, antworteten sie. ›IN DIESER NACHT, UM HALB EINS.‹

Es war ungefähr 21.00 Uhr. Wir fragten dann, wer kommen dürfe, und sie wählten einige Namen aus. Auch den Ort nannten sie: *Los Campitos,* einen Berg in der Nähe der Stadt Santa Cruz de Tenerife.

Aufgeregt wie kleine Kinder gingen wir dorthin: Emilio Bourgón Funes, Francisco Padrón Hernández, José Manuel Santos Brito, José Manuel Sabina Castellano, seine Frau Fina Santos Carrillo, Jesús Artal mit Frau und Kind und María Teresa und Emilio Bourgón, die Kinder des Industriellen.

Insgesamt also zehn Personen.

Wir stellten unser ›Feldfunkgerät‹ auf einen unserer Wagen und warteten.«

»Das ›Feldfunkgerät‹?«

Die Gruppe lächelte.

»Ja, so nennen wir unser Brett mit dem Alphabet . . .«

Die angekündigte Stunde rückte näher – halb ein Uhr nachts –, aber am Himmel erschien nichts.

Die Mitglieder der Gruppe fingen an sich Sorgen zu machen.

»Wir stellten einen weiteren Kontakt her, und sie antworteten uns, daß wir uns nicht beunruhigen sollten, daß sie gerade über Peru wären und noch drei Minuten bis hierhin bräuchten.

Wir blickten auf die Uhr und bemerkten, daß es schon halb eins war . . .

›Wie viele Schiffe kommen?‹

›FÜNF.‹

›Mit welchem Durchmesser?‹

›DREISSIG METER.‹

›Wie groß ist die Mannschaft?‹

›SECHS PILOTEN PRO SCHIFF.‹

›Aus welcher Richtung werdet Ihr kommen?‹

Sie nannten uns drei Stellen. Eine war hinter uns. Die andere in Richtung Las Palmas und die dritte im Süden dieser Stadt.«

»Südlich von Las Palmas«, unterbrach ein anderes Mitglied der Gruppe, »sollten drei Schiffe erscheinen. Ein viertes direkt über uns und das fünfte in Richtung der Sendestation von *Radio Nacional*.

So hat es sich dann auch tatsächlich abgespielt.

Genau um halb eins erschien zu unserem Erstaunen und zu unserer Freude eine Formation von drei Schiffen aus der vorher genannten Richtung.

Wir konnten es nicht glauben ...

Die Ufos flogen in beträchtlicher Höhe über den Hochhäusern. In diesem Augenblick war auch das vierte Schiff am Horizont von Las Palmas zu sehen ...

Das fünfte aber sahen wir nicht. Als wir später in die Stadt zurückgekehrt waren, erfuhren wir, daß die Frau von Paco Padrón von ihrer Wohnung aus ein Ufo gesehen hatte. Dieses Ufo stand unbeweglich genau über *Los Campitos*. Wir hatten es aber nicht sehen können.«

»Wie ist das möglich?«

»Wahrscheinlich, weil Wolken es vor unseren Blicken verbargen. Die Frau von Paco hingegen konnte es oberhalb der Wolken sehen.«

»Gut. Wie sahen diese Ufos aus?«

»Wir sahen nur Lichtpunkte. Stark glänzend. Mit dem Fernglas konnten wir sie besser sehen. Sie befanden sich in sehr großer Höhe.

Plötzlich aber sagten sie uns in einer neuerlichen Kommunikation, wir sollten ›zur Bucht‹ blicken. Hier in Santa Cruz de Tenerife sagt niemand ›Bucht‹. Wir sprechen immer vom Hafen oder vom Pier.

Wir richteten unsere Blicke dorthin und sahen, daß sich die Schiffe – die fünf, die uns angekündigt worden waren – in einer Reihe angeordnet hatten. Nach einigen Minuten begannen sie, sich in alle Richtungen zu bewegen. Nach oben, nach unten, sich kreuzend ...

Das war vielleicht ein Schauspiel!«

»Wie lange dauerte es?«

»Zwei Stunden!«

Meine Aufnahmefähigkeit für diese phantastischen Dinge erreichte ihr Limit. Aber ich hörte dem Bericht trotzdem weiter zu.

»Gegen halb drei gingen wir. Dort waren immer noch drei der fünf Schiffe ...«

»Hattet ihr Fotoapparate dabei?«

»Ja, aber wir kamen nicht dazu, auch nur ein einziges Foto zu machen. Wir glaubten, daß der Film diese Lichtpunkte nicht wiedergeben würde. Das war ein Fehler. Später erfuhren wir, daß man diese Lichtpunkte durch maximale Vergrößerung hätte sichtbar machen können. Seitdem fuhren wir zu den vorher verabredeten Sichtungen mit diversen Kameras aller Art und einer Unmenge von wissenschaftlichen Meßinstrumenten.«

»Welche Farbe hatten die Ufos?«

»Sie sahen orange aus. Nur das Schiff, das die Frau von Padrón Hernández über unseren Köpfen gesehen hatte, war weiß. Einige leuchteten stärker als die anderen.«

Ich stellte die für mich jedesmal äußerst wichtige Frage:

»Wie reagierte die Gruppe, als sie die vier Ufos zum ersten Mal sah?«

Alle antworteten wie aus einem Mund:

»Wir waren tief ergriffen. Verspürten Freude. Wir alle schrien, besonders die Jungen. Es war eine absolute Bestätigung für uns.«

Seit dieser Nacht verstärkte die Gruppe ihre anfänglichen Kontakte. Tatsächlich hatten Erfahrungen dieser Art für sie gerade erst begonnen. Nachdem sie durch diese mehr als zweistündige Sichtung bestärkt worden waren, liefen die Kommunikationen in einem immer schnelleren Tempo ab.

»Zuerst«, fuhren sie fort, »glitt das Glas sehr langsam

über den Tisch. Es fiel ihm schwer, die Wörter zu bilden. Nach und nach kamen die Botschaften fließender. Die Geschwindigkeit des Glases erreichte ungeahnte Höhen.

Bei einer bestimmten Gelegenheit – um die Stärke dieser Energie zu testen – nahmen wir einen kleinen Porzellanaschenbecher und stellten ihn auf eine Schreibmaschine, einen Glasbaustein, der schon einiges wog, einen steinernen Blumentopf, Kisten und Bücher. Das ganze wog schließlich so um die zwölf Kilo.

Wir berührten das ganze mit den Fingern, aber es bewegte sich nicht. Dann kam es uns in den Sinn, ein Glas daneben zu stellen. Wir legten die Hände darauf, und es begann, sich diesem großen unförmigen Klotz zu nähern. Sobald ihn das Glas berührte, riß es ihn absolut problemlos mit.

Zu diesem Zeitpunkt hatten wir unsere Kontakte mit den Wesen vom Saturn weiter ausgebaut. Aber es war auch ein seltsames Wesen aufgetaucht, ein kaltes und berechnendes, das keinerlei Gefühle zu haben schien . . .

Das war ›Opat-35‹. Und wir hatten uns mit unseren Vermutungen nicht getäuscht. Denn jenes ›Wesen‹ war, wie es uns selbst mitteilte, ein Computer! Eine Art Zentralrechner, der unsere Fragen auch beantworten konnte, in Abstimmung mit seiner Programmierung. Dieser Computer stammt vom Uranus.«

Ich gebe es zu: Es gab Momente, in denen mir all das, genauso wie in den Erzählungen des IPRI, absurd und verworren erschien. Sinnlos, wenn auch faszinierend.

». . . Wir waren darauf aufmerksam geworden, daß diese ›Maschine‹ alle fünf Minuten innehielt. Exakt wie ein Uhrwerk. Nach weiteren fünf Minuten Schweigens dann antwortete sie wieder. Sie sagte beispielsweise:

›DREI MINUTEN KONTAKT.‹

Sie begann, unsere Fragen zu beantworten, und genau

drei Minuten später wurde die Kommunikation unterbrochen. Nach fünf Minuten ›kam‹ sie wieder.

Aber die Zeit verging. Die Wesen – hauptsächlich die vom Saturn – fuhren fort, uns den unterschiedlichsten und absurdesten Tests zu unterziehen. Wir begriffen sofort, daß sie unsere Gefühle, unsere Reaktionen und unsere Art zu denken kennenlernen und messen wollten . . .

Bis uns schließlich eines Tages, am Ende dieses Monats Mai, die Außerirdischen vom Saturn eine weitere Verabredung, eine Sichtung vorschlugen.

Diesmal im Süden der Insel, am Strand namens *La Tejita,* am Fuß des Berges *Roja.*

Sie teilten uns mit, daß sie herunterkommen würden; daß sie landen und Kontakt zu uns aufnehmen würden. Und mehr noch. Sie versicherten uns sogar, daß wir in eine ihrer Maschinen einsteigen könnten und daß sie uns mit auf die ›Reise‹ nehmen würden!

Wie du verstehen wirst, war unsere Vorfreude unbeschreiblich.

Diese neue ›Verabredung‹ war für neun Uhr getroffen worden.

In der Nacht davor allerdings – bei einem der gewöhnlichen Kontakte – bemerkten wir die Gegenwart einer äußerst starken Energie. Es war ›Opat-35‹. Er teilte uns mit, daß wir nicht an den Strand gehen sollten, daß es uns nicht einfallen sollte, uns zu dem Treffen mit den Wesen vom Saturn zu begeben.

›Aber warum?‹ fragten wir erschrocken.

›ES SIND WISSENSCHAFTLER‹, antwortete der Computer, ›DIE NICHT ZUR ›VEREINIGUNG DER GALAKTISCHEN WELTEN‹ GEHÖREN UND DIE NUR VERSUCHE AN EUREN GEHIRNEN DURCHFÜHREN WOLLEN.‹

Wir waren wie versteinert.

Wir fragten ›Opat-35‹ weiter, und er erklärte uns, daß

dieses Wissenschaftlerteam vom Saturn mit seiner Arbeit eine Lösung für ein schwerwiegendes Problem suchte, das bei den Bewohnern ihres Planeten aufgetaucht war. Offensichtlich gibt es dort eine Krankheit, die die Gehirnzellen zerstört und die sie durch Experimente an Erdbewohnern erforschen und lösen wollten.

Selbstverständlich schenkten wir ihm keinen Glauben. Unserer Meinung nach wollte er uns nur Angst einjagen, und wir hielten es im Grunde genommen für einen weiteren Test. Warum sollten wir außerdem – so besprachen wir es untereinander – die Verabredung am Strand *La Tejita* absagen, wenn die am 15. Mai doch positiv verlaufen war?

Deswegen beschlossen wir, zu der einmal getroffenen Verabredung mit den Wesen vom Saturn zu gehen.«

»Sehr verständlich. Haben sie euch ihr Aussehen beschrieben?«

»Ja. Sie sind sehr groß, größer als 2,30 Meter. Mit dunklen Uniformen, blondem – fast weißem – Haar und dreieckigen Pupillen. Sie haben keine Zunge.

Offensichtlich erzeugen sie Laute, indem sie die Stimmbänder mit Luftströmen zum Vibrieren bringen.«

»Was passierte nun mit der Verabredung?«

»Die Kontakte mit ›Opat-35‹ wiederholten immer wieder, daß wir nicht gehen sollten.

Aber wir waren sehr neugierig geworden und beschlossen zu gehen.

Als wir das dem Computer vom Uranus mitteilten, gab er uns eine knappe und nachdrückliche Antwort:

›SIE WERDEN NICHTS SEHEN. ES WIRD SICH EIN SCHUTZGÜRTEL BILDEN, UM DAS KOMMEN DER SCHIFFE VOM SATURN ZU VERHINDERN. EINE UNSERER AUFGABEN IST ES, DIE ERDE VOR JEGLICHER AGGRESSION ZU SCHÜTZEN. SOWOHL VOR DER GROSSEN BESTIE (er bezog sich da-

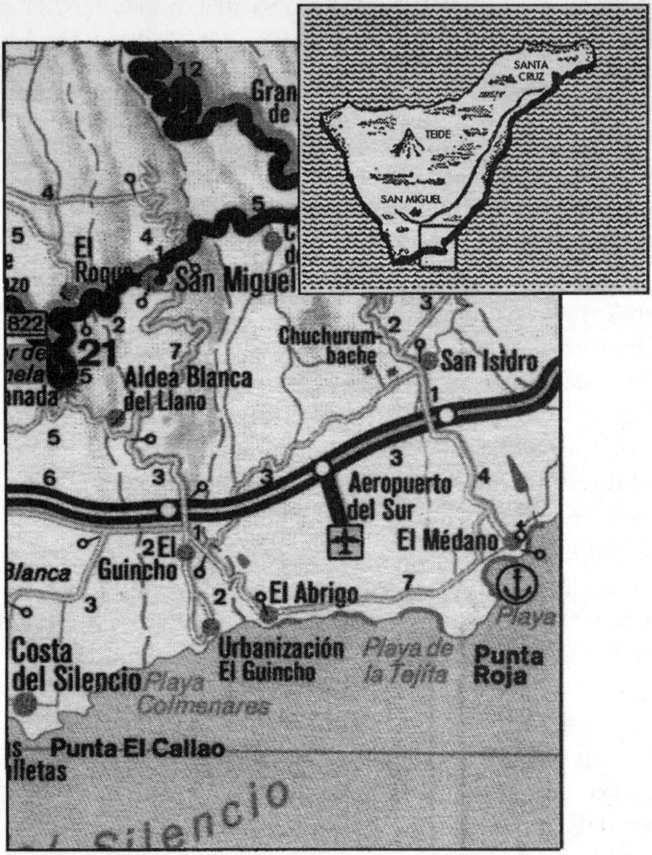

Lageplan des Südens der Insel Teneriffa. So kann die Lage der Kontrollstation auf dem Strand La Tejita nachvollzogen werden und auch der Ort, an dem sich José Luis González befand, der den Start des Ufos aus dem Meer fotografierte.

bei auf die Wesen vom Mars) WIE VOR DIESEN GRUPPEN VOM SATURN.‹

Aber wir gingen doch zum Strand ...«

»Wer war diesmal dabei?«

»Emilio Bourgón Funes, Francisco Padrón und José Manuel Santos Brito. Um die Wahrheit zu sagen, gingen wir mit großer Angst dorthin.

Sobald wir uns also am Strand befanden, stellten wir einen weiteren Kontakt her, und man teilte uns mit, daß es ihnen gelungen sei, die vom Saturn zu neutralisieren und daß sie den Schutzgürtel nicht durchbrechen würden. Wir aber blieben dort. Wir wollten sie sehen.

Die vom Uranus jedoch wiederholten mit unendlicher Geduld, daß wir aufgeben und nach Hause gehen sollten.«

»Woraus bestand dieser ›Schutzgürtel‹?«

»Offensichtlich handelte es sich um eine Art Energiekreis. Tatsächlich konnten wir Kontakt zu denen vom Saturn aufnehmen, und sie bestätigten uns, daß sie in der Tat nicht kommen könnten, weil eine große ›Energieglocke‹ das ganze Gebiet bedecken würde.

›DIESE ›ENERGIEGLOCKE‹ STAMMT VON DEN BEWOHNERN DES URANUS‹, fügten sie hinzu.

Wir waren empört und fragten sie, warum sie einen solchen ›Trick‹ anwendeten, um an unseren Gehirnen zu experimentieren. Die Antwort war kalt und überraschend:

›SIE HABEN EINGEWILLIGT. DER BEWEIS DAFÜR IST, DASS SIE ZUM STRAND GEKOMMEN SIND.‹

In diesem Augenblick brachen wir natürlich den Kontakt mit Saturn ab, und selbstverständlich sahen wir in dieser Nacht überhaupt nichts.

In den folgenden Tagen setzten wir die Versuche fort. Inzwischen aber endgültig nur noch mit den Wesen, die vom Planeten Uranus zu kommen behaupteten.

Mit diesen verliefen die Kontakte ganz anders. Sie antworteten auf fast alle Fragen. Und das in einem warmen, ausgesprochen freundschaftlichen Ton. Voll tiefer Liebe.«

»Antworteten sie auch auf Fragen technischer Art?«

»Ja. Sie erzählten uns von ihren Schiffen, ihren Antriebssystemen, ihrer Welt, ihrer Zivilisation . . .«

Dieser erste Tag auf Teneriffa war reich an Informationen gewesen. Es ist nicht leicht, in so wenigen Stunden eine solche Fülle von Erlebnissen aufzunehmen. Daher zog ich es vor, die Unterhaltung hier zu unterbrechen.

Wieder einmal wurde ich mit dem altbekannten Gespenst des Zweifels konfrontiert. Obwohl ich soviel erleben und erfahren durfte, rebellierte von Zeit zu Zeit mein Pragmatismus . . .

Aber diese Menschen, die ich in Santa Cruz de Tenerife getroffen hatte, waren völlig normal. Das konnte ich im Verlauf der folgenden Tage meines Aufenthaltes auf der Insel feststellen. Es waren geradlinige Menschen, die sich genauso wie ich um das Erbringen von Beweisen sorgten. Danach suchten wir mit demselben Eifer.

Jeder einzelne dieser Gruppe kam weiterhin völlig normal seinen beruflichen Verpflichtungen nach, obwohl so viel passierte. Trotzdem war es unbestreitbar, daß sich etwas in ihrem Leben verändert hatte. Etwas, was alle erahnten und um das sich über Nacht plötzlich ihre Gedanken drehten. Etwas, was auf einen so gut wie unbekannten, aber vielversprechenden Horizont verwies. Einen anderen Horizont, einen humaneren, reineren und erfreulicheren.

Diesen Umschwung – davon kann ich Zeugnis ablegen – hat es immer bei denen gegeben, die diese ›Welt‹ kennengelernt haben und die in sie eingedrungen sind.

Am nächsten Tag hielten die Mitglieder der Gruppe eine weitere sensationelle Nachricht für mich bereit. Im wesentlichen suchte ich physische, greifbare Beweise, und ich sollte sie bekommen. Aber betrachten wir das, was am 9. Juni 1975 geschah.

Dieses Datum wird im Gedächtnis von drei dieser Menschen, die sich in Santa Cruz de Tenerife der Untersuchung der Ufos widmen, für immer fest verankert bleiben. Die Analyse dieser Ereignisse ist verständlicherweise noch nicht abgeschlossen, doch selbst das, was man zum jetzigen Zeitpunkt erahnt, verursacht schon Gänsehaut.

An diesem 9. Juni stellten Francisco Padrón Hernández, José Manuel Santos Brito und Emilio Bourgón Funes einen weiteren ›Kontakt‹ zu den Außerirdischen her. Es war neun Uhr abends . . .

»Plötzlich war die Übertragung von ›Opat-35‹, des Computers vom Uranus, mit Redundanzen und Wiederholungen durchsetzt. Es klang wie eine Aufzeichnung.

›DRINGENDER HINWEIS‹, wiederholte er unaufhörlich. ›KOMMEN SIE SOFORT ZUM LA TEJITA. UHRZEIT: HALB ZWÖLF NACHT. SIE WERDEN PERSÖNLICHEN KONTAKT MIT EINEM GELANDETEN SCHIFF HABEN . . . DRINGENDER HINWEIS . . .‹

Wir hielten das zuerst für einen Scherz. Aber der Computer wiederholte sich ständig:

›DRINGENDER HINWEIS . . . KOMMEN SIE BITTE ZUM STRAND LA TEJITA.‹«

»Und ihr seid natürlich gegangen.«

»Ja. Wir fuhren eilig los. Wir hatten gerade noch genug Zeit. Es sind etwas mehr als sechzig Kilometer von Santa Cruz bis *La Tejita*.

Alle drei stiegen wir in den Wagen von Paco Padrón und fuhren mit Höchstgeschwindigkeit in Richtung Strand. Obwohl wir unsere Zweifel hatten, kam es nicht in Frage, in Santa Cruz zu bleiben und vielleicht eine weitere Gelegenheit zu verpassen, ›Etwas‹ zu sehen . . .

Um 23.35 Uhr lag *La Tejita* vor uns. Wir kamen also mit fünf Minuten Verspätung.

Während wir näher kamen, erkannten wir von der Straße aus ein paar Lichter über der kleinen Bucht, die sich am Berg *Roja* erstreckt. Aber wir beachteten sie nicht weiter. Wir dachten, daß es sich um irgendein Schiff handelte.«

»Kanntet ihr euch vor Ort schon aus?«

»Ja, ziemlich gut. Es hatte ja zahlreiche Verabredungen für *La Tejita* gegeben, die jedoch fast immer fehlgeschlagen waren.«

»Bleiben wir beim 9. Juni. Was für Lichter waren das, die ihr von der Straße aus gesehen habt?«

»Zuerst sahen wir zwei. Sie waren gelblich-weiß. Es gab auch ein rotes und ein grünes. Wie gesagt sahen die Lichter auf den ersten Blick wie die eines Schiffes aus. Tatsächlich erweckten sie den Eindruck, daß ›Es‹ auf dem Wasser schwimme.

Wir hielten schließlich am Strand an und stellten ohne aus dem Auto auszusteigen einen neuen Kontakt her.

›Was soll jetzt geschehen?‹ fragten wir.

›JA, WIR SIND SCHON DA‹, antworteten sie.

›Aber, was soll das heißen, ihr seid schon da? Soll das heißen, ihr fliegt gerade zu uns?‹

›NEIN, WIR SIND HIER.‹

Wir fingen an, uns überall umzuschauen. Aber es war nichts zu erkennen. Wir kontaktierten sie noch einmal:

›Nennt uns die Richtung‹, verlangten wir. Und sie gaben uns genau die Richtung an, in der sich diese dunkle, undefinierbare Masse und die Lichter befanden.

›Also gut, da wir euch nicht sehen, gebt uns ein Lichtsignal‹, wiederholten wir.

Genau in dem Augenblick, in dem wir das Wort ›Lichtsignal‹ aussprachen, ging ein Scheinwerfer bzw. ein riesiges Licht bei jenem ›Schiff‹ an und beleuchtete Meer und Strand taghell.

Wir waren verblüfft!«

»Wie weit wird dieses Schiff wohl entfernt gewesen sein?«

»Vielleicht sechshundert Meter. Uns genau gegenüber.«

»Wie sah dieser Scheinwerfer aus?«

»Er sah aus wie der eines Leuchtturms. Und er stand fest an einem Ort. Dann fragten wir noch einmal:

›Aber . . ., dieser Scheinwerfer, seid ihr das etwa?‹

›JA‹, kam die Antwort.

In einem neuen Versuch, die Angelegenheit zu verstehen, dachten wir, daß das ein Zufall gewesen sein mußte. Wir dachten, daß vielleicht ein Mannschaftsmitglied des Schiffes den Scheinwerfer im gleichen Augenblick entzündet hatte, als wir darum baten . . .

›Wenn ihr das wirklich seid, dann schaltet das Licht bitte aus . . .‹, schlugen wir vor.

Augenblicklich schaltete es sich aus. Wir schauten uns schweigend und noch erstaunter an. Die Zweifel wuchsen von Sekunde zu Sekunde.

Wir nahmen das Fernglas zur Hand und beobachteten die Lichter genauestens. Teufel noch mal! Dieses ›Schiff‹ war wirklich sehr eigenartig . . .!

Wir suchten alles ganz langsam ab und entdeckten ein paar rechteckige Lichter von einem einzigartigen, leuchtenden Violett. Das erinnerte uns bis zu einem gewissen Grad an die Landebahn eines Flughafens. Es waren insgesamt acht. Und sie gehorchten einer ›Kadenz‹, einem Rhythmus. Es sah aus, als ob sie ausgeschaltet würden. Sie verschwanden aber nicht völlig. Und wie gesagt taten sie das nach einem bestimmten Muster, nach einem Takt . . .

Es war ein überwältigendes Schauspiel!«

»Welche Form hatte dieses Schiff?«

»Wir konnten nur eine dunkle Masse sehen. Mit den Ferngläsern konnten wir noch zwei weitere Lichter von gelblich-weißer Farbe erkennen, die den Eindruck machten, auf einer Art Ständer oder etwas Ähnlichem zu stehen.

Plötzlich sahen wir, wie sich weitere Lichter entzündeten. Da wir immer noch dachten, daß es sich um ein Schiff handelte, glaubten wir, daß die Lichter zur Brücke gehören könnten. Es waren zwei ›Fensterreihen‹ . . .«

»Wie groß waren sie?«

»Durch die Ferngläser schätzten wir, daß sie ungefähr zwei Meter hoch gewesen sein könnten. Der Abstand zwischen den jeweiligen Fenstern betrug ebenfalls ungefähr zwei Meter. Zusammengenommen bedeutet das, daß die vermeintliche Brücke ungefähr zehn Meter hoch war.

Insgesamt war das ›Schiff‹ ungefähr fünfmal so lang wie hoch. Ich zeichne häufig«, erläuterte Emilio Bourgón Funes, »und glaube, daß diese Maße ziemlich genau sind.«

»Konnte man Besatzungsmitglieder erkennen?«

»Nein.«

»Was geschah dann?«

»Wir stellten den Kontakt wieder her und baten sie, falls es sich wirklich um SIE handeln sollte, noch einen Scheinwerfer zu entzünden und ihn auf unseren Wagen zu richten. Genau das geschah.

Das Beenden des Kontaktes und Aufleuchten des Scheinwerfers geschahen in derselben Sekunde. Das Licht – von strahlend hellem Weiß wie dem eines Lichtbogens – richtete sich auf uns und beleuchtete den Strand. Von diesem Augenblick an geschahen äußerst seltsame Dinge . . .

Wir kontaktierten sie noch einmal, und sie sagten uns, daß wir ›aus dem Wagen aussteigen und zum Strand laufen sollten‹.

Wir weisen noch einmal darauf hin, daß wir uns von diesem Moment an nur noch dunkel erinnern können.«

Die Gruppe erklärte mir dann, daß José Manuel Santos und Emilio Bourgón aus dem Auto aussteigen wollten, sich aber plötzlich – ohne zu wissen, wie – fast schon am Rand des Wassers befanden.

». . . Wir erinnern uns, daß wir Paco jammern hörten, weil er sich beim Aussteigen aus dem Auto den Kopf gestoßen hatte. Ihm waren seine Hausschlüssel und der Fotoapparat heruntergefallen, und er beschwerte sich über den Schmerz und den ärgerlichen Zwischenfall«, berichteten sie.

»Diesmal hatte Francisco Padrón eine Kamera dabei, eine Canon mit Infrarotfilm. Emilio Bourgón hatte eine Miranda mit 135-mm-Teleobjektiv und gewöhnlichen Dias und José Manuel Santos Brito einen Apparat Sankyo 666 mit Makro und einem Farbfilm.«

»Habt ihr ein Foto von dem vermeintlichen ›Schiff‹ gemacht?«

»Nein, keins. Als wir uns dem Wasser näherten, blieb José Manuel mit dem Apparat in den Händen stehen, völlig versunken in dieses ›Festival‹ der Lichter. Er hätte das großartige Zoom benutzen können, das er dabeihatte. Ich meinerseits«, sagte Emilio, »konzentrierte mich ganz auf mein Fernglas, und lediglich Paco Padrón schoß zwei Fotos, wie wir später erfuhren.

Wir blieben einige Minuten dort. Aber wir waren wie betäubt und zeigten keine Reaktion . . .

Andererseits warteten wir aber auch auf etwas . . .«

»Etwas anderes?«

»Tja, das weiß ich nicht. Vielleicht darauf, daß sie sich

uns näherten. Oder daß sie in einem ›Boot‹ zu uns kämen . . .

Wir dachten wieder, daß sie uns auf den Arm genommen hätten. Deshalb wollten wir zum Auto zurückkehren und einen weiteren und letzten Kontakt herstellen. Als wir aber ins Auto einstiegen, deutete José Manuel auf das Meer und rief erstaunt: ›Aber wo sind sie hin? Sie sind verschwunden!‹

Tatsächlich. Alle drei standen wir mit offenem Mund da. Das ›Schiff‹ hatte sich in Luft aufgelöst. Widerstrebend beschlossen wir, nach Santa Cruz zurückzufahren, was wir dann auch unmittelbar darauf taten. Es kommt uns immer noch seltsam vor, daß wir auf dem Rückweg nicht über das sprachen, was wir in dieser Nacht gesehen hatten. Das war nicht normal. Sonst verstrickten wir uns in lange Diskussionen und Analysen.

Diesmal aber nicht. Wir redeten nur das Allernotwendigste und über oberflächliche und sinnlose Dinge.

Als wir in Santa Cruz ankamen, schauten wir auf die Uhr. Da war noch etwas Seltsames: Es war 3.45 Uhr.«

»Wie lange braucht man vom Strand *La Tejita* bis zur Stadt?«

»Bei einer Geschwindigkeit von 90 bis 100 Stundenkilometern auf der Autobahn maximal eine Dreiviertelstunde.«

Jeder ging also zu sich nach Hause, und es wurde nicht weiter über den Vorfall gesprochen. Am nächsten Morgen aber kam jedem von uns beim Aufstehen derselbe Gedanke:

›Was war nun eigentlich in der vorigen Nacht passiert?‹

Sicher war, daß wir um 23.35 Uhr am Strand angekommen waren. Also mit genau fünf Minuten Verspätung. Wenn die Zeit bis zum Aufflammen des ersten

Lichtsignals maximal zehn bis fünfzehn Minuten betrug und es dann noch einmal zwei bis drei Minuten lang sichtbar blieb, es dann eine Unterbrechung bis zum zweiten Lichtsignal von noch einmal zwei bis drei Minuten gab und schließlich maximal zehn bis fünfzehn Minuten, die wir direkt am Wasser standen, hinzugerechnet werden, so ergibt das insgesamt – wobei die Zeit großzügig aufgrundet ist – zwischen vierzig und fünfzig Minuten.

Was aber war dann passiert? Wo waren die fehlenden eineinhalb Stunden geblieben, an die sich keiner erinnern konnte?

Wir setzten uns zusammen und überlegten. Aber so sehr sich unsere Gedanken auch um diese Frage drehten, so oft wir auch nachrechneten, es fehlte immer noch Zeit. Sehr viel Zeit . . .

Plötzlich kam uns etwas in den Sinn, was uns die Haare zu Berge stehen ließ . . .

›War es möglich, daß wir in unbewußtem Zustand ins Innere des Schiffes gebracht worden waren?‹

Eilig stellte die Gruppe einen weiteren ›Kontakt‹ her. ›Opat-35‹ bestätigte uns diesen schaurigen Verdacht. Wir fragten ihn sofort, was in der Nacht passiert war.

›IHR WART BEI UNS.‹

›Was soll das heißen, daß wir bei euch waren?‹

Wie du sicher verstehst, nahm unsere Verwirrung und Unruhe immer mehr zu.

›JA. IN UNSEREM SCHIFF‹, antwortete der Computer.

Wir glaubten ihm nicht. Aber ›Opat-35‹ bestand darauf:

›HABT IHR NICHT GEMERKT, DASS EUCH ZEIT FEHLT . . .?‹

Wir waren dennoch mißtrauisch. Wir wollten ihm eine Falle stellen.

›Also gut. Wenn es euer Schiff war, kannst du es uns beschreiben?‹

Zu unserem Erstaunen begann er, detailliert die Anzahl der Lichter und den Takt, in dem sie aufleuchteten, zu nennen, ihre Farbe und ihre Distanz zum Auto (480 m), die Länge des Schiffes (50 m) und die Höhe, in der es über dem Meer schwebte: fünf Meter.«

»Es schwebte über dem Wasser?«

»Ja. Wir bemerkten gleich im ersten Augenblick eine Art von Auf-und-ab-Bewegung. Das verwunderte uns, weil das Meer ganz still und ruhig war.

Offensichtlich schwankte es auf dieser Höhe – fünf Meter über der Meeresoberfläche – leicht, wie uns der Computer erklärte.

Aber ›Opat-35‹ nannte uns weitere und überwältigende Einzelheiten. Nach Auskunft des großen Zentralcomputers vom Uranus hatten sie zwei Lichtstrahlen in Richtung des Strandes geschickt. Den zweiten tatsächlich direkt auf den Wagen.

Von diesem Augenblick an waren wir acht Minuten lang betäubt.«

Meine Gesprächspartner machten eine Pause. Irgend etwas in meinem Inneren sagte mir, daß jetzt ein schlichtweg sensationeller Bericht kommen würde.

»Der Computer«, fuhren sie fort, »nannte uns sogar die genaue Dauer unseres Aufenthaltes im Schiff: Fünfunddreißig Minuten!

›Durch ›Projektion‹?‹, fragten wir.

›NEIN. KÖRPERLICH.‹

›Zu welchem Zweck?‹

›FÜR DIE DURCHFÜHRUNG BESTIMMTER VERSUCHE UND FÜR DIE STIMULATION GEWISSER GEHIRNBEREICHE, DIE ALLMÄHLICH ERWACHEN WERDEN.‹

Es ging noch weiter. Wir erfuhren auch, daß wir einer

posthypnotischen Suggestion unterzogen worden waren, damit wir uns nicht mehr an das Geschehene erinnern würden.

›Warum? Warum sollten wir das vergessen?‹

›WENN IHR BEI VOLLEM BEWUSSTSEIN GEWESEN WÄRT‹, antwortete ›Opat-35‹, ›HÄTTET IHR EINEN SCHOCK BEKOMMEN. EURE EXISTENZ WÄRE EUCH WEGEN DIESES ERLEBNISSES VÖLLIG UNBEDEUTEND VORGEKOMMEN. SO HINGEGEN, WENN IHR ES ALLMÄHLICH ENTDECKT, SIND DIE EFFEKTE AUF EUCH VÖLLIG ANDERS.‹

›Wie können wir unsere Erinnerung vollständig wiedererlangen?‹

›DURCH HYPNOSE.‹«

Es ist überflüssig zu erwähnen, daß sich die ganze Gruppe von diesem Augenblick an – also seitdem die drei Anwesenden bei der Verabredung am 9. Juni 1975 erfahren hatten, daß sie die aufregendsten und unglaublichsten 35 Minuten ihres Lebens erlebt hatten – freiwillig einem langen und eingehenden Prozeß zahlreicher Hypnosesitzungen unterwarf. Logischerweise wuchs ihre Neugier von Minute zu Minute.

»Nach genau diesem Tag, an dem wir den Kontakt zu ›Opat-35‹ hergestellt hatten«, fügte die Gruppe hinzu, bemerkten wir, daß einer der Zeugen, die in dieser Nacht am Strand *La Tejita* waren, ein seltsames Mal auf einer Schläfe hatte. Auf die Frage hin, ob das in irgendeiner Beziehung zu dem Besuch auf dem Schiff stünde, antwortete der Computer, daß dem so sei, daß dieses kleine braune Mal das Ergebnis eines der Experimente an Pacos Körper sei.«

Die Gruppe begann mit den Hypnoseversuchen.

»Das erwies sich anfänglich als ziemlich problematisch, weil wir keine guten Spezialisten für Hypnose fanden.

Wir mußten auf den finnischen Arzt Pentty Raaste warten, um erfolgreiche Hypnosesitzungen durchführen zu können.

Der erste, der sich in Hypnose versetzen ließ, war José Manuel Santos. Er mußte nach Frankreich zurückkehren, und daher beschlossen wir, daß er als erster mit der Versuchsreihe beginnen sollte.

Er fiel sehr schnell in den Zustand der Hypnose. Hier sein Bericht:

›Als sich der zweite Scheinwerfer entzündete und einen Lichtstrahl auf das Auto warf, schien mir, als ob sich das Dach des Wagens auflösen würde. Ein großes blaues Energiefeld in Form eines Rhombus hüllte uns völlig ein.‹

Er sah sich dann aus dem Auto herausgesogen werden und äußerst schnell in Richtung Schiff ›fliegen‹. Er nahm wahr, wie er näher kam . . .

Aber er konnte nicht weitermachen. Eine tiefe Angst hatte ihn überfallen. Deshalb mußte er aus dem Zustand der Hypnose herausgeholt werden, wodurch die Geschichte seiner Ankunft auf dem Schiff unterbrochen wurde.«

Das ›Abenteuer‹ sollte aber durch die Enthüllungen der beiden übrigen Zeugen vollständig ans Licht geholt werden. Der 43jährige Francisco Padrón Hernándes unterzog sich insgesamt sechs Hypnosesitzungen. Emilio Bourgón Funes machte auch drei bis vier Sitzungen mit. Selbstverständlich wurden diese jeweiligen Sitzungen getrennt voneinander durchgeführt. Die Ergebnisse der drei Mitglieder der Gruppe wurden danach miteinander verglichen. Die endgültigen Schlußfolgerungen waren schlichtweg bedrückend.

In beiden Fällen beispielsweise betrug die Zeit vom jeweiligen Eintreten Pacos und Emilios ins Schiff bis sie wieder hinauskamen – die Uhr in der Hand – genau 35 Minuten. Genau die Zeit, die der Computer genannt hatte.

Aber gehen wir zum ersten Bericht von Francisco Padrón Hernández über.

»Mittels Hypnose versetzten sie mich zum 9. Juni zurück. Ich sehe mich im Inneren des Autos sitzen und bemerke einen hereinkommenden Feuerstrahl, den ich nie aus meinem Gedächtnis streichen können werde. Von da ab sehe ich, wie ich herausgeschleudert werde und auch durch eine Art leuchtenden Gang ›fliege‹.

An die Form dieses ›Lichttunnels‹ erinnere ich mich nicht genau, aber er war voller kleiner Quadrate – von ein paar Zentimetern Seitenlänge –, die ein sehr sanftes rosa und bläuliches Licht abstrahlen. Sie gehen ständig an und aus . . .«

Ich unterbrach Paco Padrón mehrmals. Es gab so viele Fragen, die ich ihm stellen wollte . . .

»Wo fing der Tunnel an?«

»Ich vermute, am Wagen selbst. Zumindest sah ich mich inmitten des leuchtenden ›Gangs‹, als der zweite Scheinwerfer anging. Ich glitt mit großer Geschwindigkeit durch ihn hindurch. Plötzlich bog der ›Tunnel‹ in einer Krümmung ab. Es war keine scharfe Kurve. Ganz sanft. Und ich ›flog‹ weiter inmitten dieses Lichterfeuers.

Plötzlich sah ich ein Wesen inmitten des ›Tunnels‹. Es war genauso wie unsere Astronauten angezogen und von normaler Statur.

Seine Uniform war weiß, und es hatte einen Helm auf. Aber ich konnte sein Gesicht nicht sehen. Das Glas war undurchsichtig, ungefähr wie bei den Visieren der Motorradfahrer. Auf einer der Seiten dieses großen Helmes sah ich ein Zeichen . . .«

Daraufhin nahm Francisco mein Notizbuch und zeichnete mit großer Geschicklichkeit die Figur eines Wesens und eine Art von langem schwarzem Strich, den er direkt neben dem Glas auf der linken Seite des Helmes bemerkt hatte.

Dieser ›Astronaut‹ trug – nach der Zeichnung von Paco Padrón zu urteilen – an seinen Händen eine Art von Fausthandschuhen.

»Welche Haltung nahm er ein?«

»Er schien mich zu begrüßen. Er machte eine Geste mit der Hand . . .

Ich weiß nicht, welches die Aufgabe dieses Wesens gewesen sein könnte, aber ich erinnere mich an eins: In dem Moment, in dem ich es gesehen hatte, schien es auf einem runden Platz zu stehen. Es war allein. Alles um uns herum war blau. Ich sah keine direkten Lichtquellen. Aber ich bemerkte drei Bullaugen. Ich weiß, daß ich auf eine Tür zugehen soll. Der Boden war sehr nachgiebig. Locker. Er erinnerte mich an einen Teppich . . .«

»Konntest du ihn anfassen?«

»Nein, ich bemerkte es lediglich. Ich sah, daß er ebenfalls blau war, aber von einer dunkleren Farbe als der Rest des Raumes.

Ich konnte auch nicht herausfinden, woher das Licht kam.

Ich kam an der Tür an, und sie öffnete sich. Aber ich sehe niemanden, der sie öffnet. Danach befinde ich mich bereits auf einer glatten Oberfläche liegend, die ich für eine Krankenbahre oder eine Art Operationstisch halte.«

»Wie hast du darauf gelegen?«

»Mit dem Gesicht nach oben. Hinter meinem Kopf bemerke ich zwei andere Wesen, sehr ähnlich gekleidet wie das, das mich in der ›Krümmung‹ des leuchtenden Ganges ›empfangen‹ hatte. Aber es gab auch einige Unterschiede. Diese beiden Wesen waren schwarz gekleidet, mit einem weißen Helm und dem gleichen schwarzen Strich auf einer Seite des Raumanzuges.

Die beiden schienen über meinen Schädel gebeugt zu sein. Sie hatten mir einen Helm mit dreiundzwanzig Kabeln aufgesetzt.

Ich versuchte, ihre Gesichter zu erkennen, aber auch an diesen Helmen waren undurchsichtige Glasscheiben angebracht.«

»Woher weißt du, daß es genau dreiundzwanzig Kabel waren?«

»Ich habe sie nicht gezählt. Frag mich nicht, woher ich es weiß, aber es waren dreiundzwanzig Kabel.«

Francisco Padrón war sich seiner Sache absolut sicher.

»Bedeckte dieser Helm deinen ganzen Kopf?«

»Nein, nur die Schädeldecke. Ich versuche noch einmal, nach hinten zu schauen, aber ich kann sie nicht sehen. Plötzlich drehen sich beide zu einem ›Aktenschrank‹ oder so etwas ähnlichem um. Beim Umdrehen bemerke ich zwei Rohre, die ebenfalls schwarz sind, aus dem Helm kommen und an irgendeiner Stelle des Rückens enden. Aber ich kann nicht sagen, wo sie genau enden, denn ich verwechsle die Farbe der Rohre mit der der Uniformen.«

»Könnten es Anzüge zum Schutz vor Druck sein?«

»Wir glauben nicht. Sowohl Emilio als auch ich hatten den Eindruck, daß diese Anzüge dazu dienten, jegliche Art von Ansteckung oder Kontakt zu vermeiden.

Aber weiter. Danach erinnere ich mich daran, daß sie mir halfen, mich von jenem ›Operationstisch‹ zu erheben . . .«

»Wie war er: hoch, niedrig . . .«

»Na, wenn ich davon ausgehe, daß diese Wesen eine normale Größe gehabt haben, glaube ich, daß die Fläche, auf die sie mich legten, mehr oder weniger einen Meter über dem Boden gewesen sein wird.«

»Warst du gefesselt?«

»Ich glaube nicht. Ich spürte zumindest keine Fesseln. Ich erinnere mich, daß sie mich aufrichteten und mir das Hemd gaben. Ich konnte sogar das Schild genau erkennen . . . Ach so, davor zogen sie mir ziemlich heftig am Brusthaar. Ich wurde wegen dieses plötzlichen und schmerzhaften Zerrens an meiner Brustbehaarung äußerst wütend . . .«

»Sprachen sie?«

»Nein, niemand redete. Zumindest hörte ich keinen Ton.«

»Was passierte, als die zwei schwarz uniformierten Wesen zu den beiden Aktenschränken gingen?«

»Danach kam anscheinend das weiße Wesen, das ich in der ›Biegung‹ des leuchtenden ›Tunnels« gesehen hatte. Es half mir, mich aufzurichten, und zog heftig an meinem Brusthaar.

Dann gaben sie mir das Hemd, und eine andere Hand – ich könnte nicht sagen, welche – hängte mir die Kamera in der Fototasche über die Schulter. Ich konnte den Namen Canon auf der Hülle genau erkennen.«

»Moment mal. Warum oder weswegen zieht dich das weiß uniformierte Wesen an den Brusthaaren?«

»Das weiß ich nicht. Aber den Kontakten nach zu urteilen, die wir später herstellten, erweckte es ihr Interesse, daß ich dort sehr stark behaart bin . . .«

»Konntest du deine Umgebung wahrnehmen?«

»Nicht genau, denn alles war im Halbdunkel. Es gab nur an der Stelle Licht, an der ich war.

Danach sah ich mich – in reichlich verworrenen Bildern – wieder in dem leuchtenden Gang. Aber am Ende des ›Tunnels‹ war es blau.

Ich fragte mich:

›Warum ist der Himmel blau, wenn es doch Nacht ist . . .?‹

Inmitten dieses blauen Grundes bemerkte ich eine große Figur mit einer Art weißer Tunika. Aber ich konnte ihre Gesichtszüge nicht erkennen. Sie verstrahlte ein blendendes Licht!

Bevor ich diesen herrlichen ›Gang‹ verließ, erschien an der blauen Öffnung, als ob es sich um ein Foto handelte, ein silbernes Schiff, Aber ich wiederhole, daß es mir wie ein unbewegliches Bild erschien. Ohne daß ich bewußt bemerkt hätte, wie, sah ich mich danach bereits am Strand neben Emilio und José Manuel und schoß die Fotos vom Ufo, das über dem Meer hin- und herschwankte.«

»Wer war dieses Wesen mit der Tunika?«

»In diesem Moment konnte ich das nicht erraten. In einer späteren Kommunikation vesicherten sie uns, daß es sich um einen ›Führer‹ handelte.

Offensichtlich gehörte er nicht zur Mannschaft des Ufos.«

Hier beendete Francisco Padrón Hernández seinen Bericht.

Ich fragte die Gruppe:

»Tja, ich möchte noch einen weiteren Punkt ansprechen: In welchem Augenblick kamt ihr wieder zu Bewußtsein?«

»Einer Sache sind wir uns absolut sicher: Vom Rand des Wassers gingen wir im Vollbesitz unserer geistigen Kräfte zu unserem Auto.

Daher machte Paco vom Sandstrand aus die beiden Ufo-Fotos nach unserem Eintreten in das Schiff.«

Das Kapitel mit den Fotografien sollte sich auch als rätselhaft und überraschend herausstellen. Vorher aber wenden wir uns dem nicht weniger erstaunlichen Eintreten und Aufenthalt von Emilio Bourgón Funes in dieselbe Maschine zu.

»Von dem Moment an, an dem der Lichtstrahl den

Strand erleuchtete, sah ich mich wie ›schwebend‹, schwerelos in einer völlig dunklen Welt. Es war ein seltsames, aber nicht unangenehmes Gefühl.

Plötzlich lichtete sich der Horizont wie bei einer sanft strahlenden Morgenröte. Ich befand mich direkt vor einem Schiff von metallisch-grauer Farbe. Riesengroß. Es war eiförmig und hatte ähnliche Merkmale wie das, das Paco vor dem blauen Hintergrund gesehen hatte. Auch ich sah drei Bullaugen . . .

Ich kam näher an es heran und hielt mich an einer sich drehenden Fläche fest. Ich schwebte weiter und fühlte, wie ich durch die Kuppel eindrang. In diesem Augenblick hatte ich das Gefühl, das deutliche Gefühl, Teil des Metalls zu sein. Ich drang ins Innere vor.

Bei den ersten Hypnosesitzungen – die nicht allzu gut durchgeführt wurden – gab es immer einen eigenartigen ›Sprung‹ beim Ablauf der Ereignisse. Ich werde das erläutern. Kaum hatte ich das Metall bzw. den Rumpf des Ufos durchdrungen, als ich mich auch schon auf einem Stuhl mit einer extrem hohen Rückenlehne befand. Ich verstand das nicht. ›Wie konnte es im Zentrum des Schiffes einen derartig seltsamen Stuhl geben?‹ wiederholte ich mir. Später, bei umfangreicheren Hypnosesitzungen, verstand ich es.

Aber machen wir bei jenem ›Stuhl‹ weiter.

Rechts von mir war eines dieser Wesen mit weißer Uniform und diesem Zeichen links am Helm. Es stützte sich ein wenig träge auf die Rückenlehne.

Links von mir sah ich ein weiteres Wesen mit schwarzer Uniform und weißem Helm, das sich ebenfalls ein wenig auf den Stuhl stützte. Vor mir befanden sich zwei weitere Besatzungsmitglieder mit derselben Uniform wie der des Wesens links vor mir.

Alle trugen ein vergoldetes Rangabzeichen mit einem

Dreieck, dessen Spitze nach unten zeigte, und einer Art Pfeil – da bin ich mir nicht ganz sicher –, der die Grundlinie des Dreiecks durchstieß, die in diesem Fall den oberen Teil bildete. Es sah aus wie ein Davidstern, war aber keiner.«

»Trugen alle einen Helm?«

»Ja, alle außer einem.«

Die Überraschung verschlug mir die Sprache. Ich rückte das Mikrophon noch näher an Emilio Bourgón heran.

». . . Dieses Wesen war tatsächlich das einzige, das seinen Kopf zeigte. Es hatte lange, extrem hellblonde Haare. Seine Gesichtszüge waren markant und eckig, aber mit einem Ausdruck unendlicher Güte. Seine Augen waren blau, und es hatte eine ähnliche Uniform wie die anderen Wesen, wenn auch von grauer Farbe. Das Rangabzeichen auf der Brust sah auch genauso aus, war aber rot.

Ich spürte, daß es eine Kommunikation zwischen uns gab. Aber keiner von uns redete! Es war eindeutig eine Übertragung auf telepathischem Weg.

Diese ›Konversation‹ erweckt in mir ein so wunderbares Gefühl, daß ich in Tränen ausbreche. Alle, die der Hypnosesitzung beiwohnten, fragen mich äußerst besorgt, was passiert, warum ich weine . . .

Aber die Wahrheit ist, daß mich diese Fragen empören. ›Wie kann es möglich sein‹, dachte ich, ›daß sie nicht bemerken, daß ich wegen dieses wunderbaren Gefühles weine?‹

Dann legte mir das Wesen, das keinen Helm trug, seine Hand auf meinen Kopf bzw. auf eine meiner Schultern – ich erinnere mich nicht genau – und übermittelte mir etwas.«

Schweigend wartete ich gebannt darauf, daß mir Emilio diese ›Nachricht‹ mitteilt.

»Er sagte mir, daß wir uns bald wiedersehen würden.«

In diesem Moment überkam mich ein Gefühl der Vorahnung. Ich teilte sie Bourgón Funes mit:

»Wie groß war das Wesen mit den hellen Haaren?«

»Größer als die anderen Besatzungsmitglieder. Wenn diese ungefähr zwischen 1,75 bis 1,80 Meter groß waren, so erreichte das mit der grauen Uniform bis zu 2,20 bzw. 2,30 Meter. Seine Proportionen waren vollkommen.

Alle standen. Der einzige, der saß, war ich. Das ist mir im Gedächtnis hängengeblieben . . . Danach sah ich mich wieder das Schiff durchqueren und begann, mich zu entfernen. Es hatte einen metallischen Glanz. Ganz hinten sah ich auch das Ufo, das Paco, José Manuel und ich vom Strand aus betrachtet hatten. Welches wir anfangs mit einem Schiff verwechselt hatten.

Danach war ich bereits wieder bei meinen Freunden am *La Tejita* am Rand des Wassers.«

»Also wurdet ihr nicht in das Schiff gebracht, das über dem Ozean ›schwebte‹?«

»Offensichtlich nicht. Vielleicht diente dieses Ufo lediglich als ›Brücke‹ bzw. ›Verbindungsstück‹ mit dem Schiff, in das wir dann wirklich kamen.

Aber laß mich erst zu Ende erzählen. Denn wie ich bereits am Anfang sagte, schien bei den ersten Hypnosesitzungen ›Etwas‹ zu fehlen. Erst mit Professor Raaste – während einer äußerst genauen und ganz langsamen Hypnose – konnten wir die fünfunddreißig Minuten innerhalb der Maschine wieder rekonstruieren.

Ich sehe mich gerade ins Schiff hineinkommen, und sie bringen mich mit großer Vorsicht und Fürsorge zu einer Art anatomischem Stuhl, ähnlich denen, die es in unseren Krankenhäusern gibt und die vor allem bei der Blutabnahme verwendet werden. Sie entkleiden meinen Oberkörper bis zur Hüfte, bringen mich in Rückenlage und befestigen einige metallische Scheiben am Solarplexus, am Herzen, an der Stirn, am Nacken und an den Schläfen.«

»Was für Scheiben waren das?«

»Sie waren mit keiner Maschine verbunden. Sie waren kalt und aus Metall. Ich fühlte sie mehrere Minuten lang auf meinem Körper. Wie lange, weiß ich nicht genau ... Ein Besatzungsmitglied mit weißer Uniform befestigte sie an mir, und zwei andere – mit schwarzer Uniform – laufen zu einer Reihe von Apparaten und Maschinen, die im Hintergrund des Zimmers stehen. Danach entfernen sie sie wieder und bewegen einen Hebel, woraufhin sich ein Teil des Sessels in die Höhe hebt. Dann sitze ich wieder, und es wiederholt sich die Szene, die ich bereits in den vorherigen Sitzungen durchlebt hatte. Die ›Konversation‹ zwischen mir und dem großen Wesen ohne Helm beginnt.

Genau der Teil mit den Scheiben war der, der fehlte.«

»Wie sah der Raum aus, wo sie dich diesen Experimenten unterzogen?«

»Die Wand mir direkt gegenüber schien gekrümmt zu sein. Ich könnte dir nicht sagen, ob der Ort, an dem ich mich in diesem Augenblick befand, rund oder quadratisch war. Aber es gab Maschinen ...«

Es war schlichtweg atemberaubend. Diese Hypnosesitzungen – die bereits überall in der Welt bei Fällen, die dem in Teneriffa ähnlich sind, angewendet werden – brachten Dinge zutage, die mich von Kopf bis Fuß erschaudern ließen: Denn diese drei Männer hatten sich länger als eine halbe Stunde im Inneren eines Raumfahrzeuges von außerirdischer Herkunft aufgehalten. Nur ein Aspekt schien mir ungewöhnlich zu sein.

»Die Wesen, die zur ›Konföderation der galaktischen Welten‹ zu gehören behaupteten«, bemerkte ich, »haben

Dutzende von Malen versichert, daß sie niemals wissenschaftliche Experimente an menschlichen Wesen durchführen. Wie erklärt es sich dann, daß sie sowohl Francisco Padrón als auch Emilio Bourgón diesen Helm aufgesetzt und die Metallscheiben angebracht haben?«

»Bei späteren Kontakten mit ihnen«, antworteten sie mir, »erfuhren wir, daß diese Versuche lediglich ein Ziel hatten: den Zustand von Paco Padróns Gehirnzellen zu überprüfen und einige Teile und Gliedmaßen zu stimulieren, um die notwendige Ausbildung und Vorbereitung für zukünftige Aufgaben schneller zu erreichen.«

Nur wenig später, nachdem ich diesen eindrucksvollen Bericht aus dem Mund der Protagonisten gehört hatte, zeigte mir die Gruppe – mit der Aufrichtigkeit, die sie charakterisierte – die Fotografien, die Francisco Padrón Hernández in der Nacht des 9. Juni 1975 vom Meeresufer aus von dem Schiff gemacht hatte, das unbeweglich in niedriger Höhe in der Luft gestanden hatte.

Auch wenn ich kein Experte in Fotografie bin, bemerkte ich nach einer gründlichen Analyse des betreffenden Films, daß ein Teil desselben (der der ersten fünf Dias) keine Unterteilungen zwischen den einzelnen Aufnahmen aufwies. Andererseits waren auf diesem Teil des Films – der beim Zurückgeben durch das Haus Kodak nicht wie die restlichen Dias auf der Rolle in eine Pappe bzw. einen Rahmen gespannt war, sondern ein einziger Streifen war – Farben zu sehen, die auf den ersten Blick einen wirren und unsinnigen Eindruck aufkommen ließen: Dieser Streifen des Films wirkte wie ein ›Negativ‹, während die restlichen Dias normal waren.

Wie konnte man dieses Phänomen erklären?

Obwohl man wie gesagt keinerlei Unterteilung zwischen den fünf Aufnahmen erkannte, konnte man an den Stellen, die der zweiten und dritten entsprachen, zwei

Silhouetten vor einem rätselhaften Hintergrund ausmachen, der aus einigen ziemlich rätselhaften Rechtecken bestand. Diese Silhouetten sahen aus wie die zweier Wesen mit langen Haaren ...

Selbstverständlich führte ich lange Gespräche mit den Mitgliedern der Gruppe bezüglich dieser Fotografien.

Hier zusammengefaßt ihre Version:

»Ich machte die zwei Fotos vom Strand aus«, meinte Paco Padrón. »Da bin ich mir ganz sicher. Dabei peilte ich die Lichter an, die uns gegenüber über dem Meer standen.«

»Was für einen Film hattest du eingespannt?«

»Wie ich bereits gesagt habe, einen Infrarotfilm.«

»Welchen Weg nahm die Filmrolle nach diesen Fotografien?«

»Als wir *La Tejita* in der Nacht des 9. Juni verließen, waren fünf Fotos geschossen worden. Das Seltsame aber ist, daß ich davon nur zwei gemacht habe ...

Am nächsten Tag fuhren wir noch einmal an den Strand und machten weitere Fotografien. Den Rest des Films verwendete ich zu Hause für meine Familie.«

»Eins ist auch interessant«, unterbrach ein anderes Mitglied der Gruppe. »Als wir in der Umgebung von *La Tejita* danach fragten, ob Schiffe in diese Bucht hineinfuhren, bestätigte man uns dies.

›Kommen aber auch große Schiffe hierher?‹ hakten wir nach.

›Bis zu zehn Meter große‹, meinten die Leute aus der Gegend.

Daher war klar, daß kein Schiff von fünfzig Metern an diese Stelle gekommen war. Warum auch? Es gibt dort weder Anlegestellen noch einen Hafen ...«

»Und als der Film voll war?«

»Wir brachten ihn zum Entwickeln. Aber wir glaubten

nicht, daß all das zu erkennen sein könnte, was hier erschien. Lichter vielleicht, dachten wir. Mehr aber wohl nicht . . .«

»Was fiel euch am stärksten auf, als man euch den entwickelten Film zurückgab?«

»Daß es einen Teil gab – der, der den ersten fünf Fotografien entspricht –, bei dem die gewöhnlichen Abgrenzungen fehlen. Zu allem Überfluß war er auch noch ein ›Negativ‹. Wir dachten an eine mögliche Überlagerung der einzelnen Aufnahmen, aber das konnte nicht sein, da die Kamera, mit der sie aufgenommen worden waren, keine Doppelbelichtung erlaubt. Wir gaben dieses Stück Film einigen Profifotografen und fragten nach deren Meinung. Alle stimmten darin überein, daß ›Das‹ unerklärbar war.

Es konnte sich auch nicht um ein bzw. mehrere verwackelte Bilder handeln, da man – nach Meinung der Experten – keine Unschärfe an den Kanten entdecken konnte. Die Quadrate bzw. Rechtecke auf den beiden Fotografien erscheinen absolut scharf.«

»Auf diesem Teil des Filmes kann man zwei Silhouetten erkennen . . .«

»Ja, zweifellos.«

»Wenn also Paco Padrón nur zwei Fotos am Strand gemacht hatte, wer ist dann der Urheber der drei folgenden?«

»Das wissen wir nicht. Bei einem weiteren Kontakt versicherten sie uns, daß sie im Inneren des Schiffes entstanden sind.«

»Hat Francisco Padrón sie gemacht?«

»Nein. Sie sagten uns nur, daß ›sie im Inneren der Maschine geschossen wurden‹. Alle außer den zweien, die Paco am Strand gemacht hatte und auf denen selbstverständlich das Meer nicht zu erkennen ist.«

Als ich den Filmstreifen näher betrachtete, der den beiden Aufnahmen entsprach, die von Padrón Hernández gemacht worden waren, konnte ich lediglich eine Ansammlung von Streifen und leuchtenden Punkten erkennen. Insgesamt machten diese Fotografien also einen äußerst seltsamen Eindruck. Wenn diese drei Aufnahmen im Inneren des Schiffes entstanden waren, zu wem gehörten dann die Silhouetten mit den langen Haaren?

Trotz allem besaßen die Mitglieder der Gruppe aus Santa Cruz de Tenerife genügend Ehrlichkeit und Objektivität, um in keinem Moment mit absoluter Sicherheit zu behaupten, daß diese Silhouetten die der Besatzungsmitglieder des Ufos seien.

Sie wußten – denn das zeigte sich bei den Hypnosesitzungen –, daß sie fünfunddreißig Minuten im Inneren des Schiffes verbracht hatten. Für den Film jedoch hatten sie keine endgültige Erklärung finden können.

Monate später sollte ich in der Vizcaya noch einmal zwei weitere Infrarotfilme in Händen halten, auf denen mehrere dieser Schiffe abgebildet und die unter wirklich interessanten Bedingungen entstanden waren. Meine Aufmerksamkeit galt aber bereits der dritten und ebenso aufregenden Erfahrung, die diese Gruppe aus Santa Cruz de Tenerife gemacht hatte. Eine Beobachtung, der sie den Namen ›Operation 23‹ gaben.

16. Kapitel

›Operation 23‹. – Eine neue Verabredung ist im Süden von Teneriffa vorgesehen. – Technische Vorbereitungen. – Bereitschaft, sich wieder in ein Schiff hineinzubegeben. – Ein Ufo kommt aus dem Ozean. – Der glückliche Fotograf, der den Befehlen nicht ›gehorchte‹. – Angriffe von Seiten einiger Bereiche der Kirche. – Eine revolutionäre ›Formel‹.

Im Gegensatz zu den Skeptikern denke ich, daß die sogenannte ›Operation 23‹ einen der deutlichsten und nachdrücklichsten Beweise für den KONTAKT von Wesen unserer Welt mit Außerirdischen darstellt.

Mir zumindest scheint sie einen der greifbarsten und unwiderlegbarsten Nachweise erbracht zu haben.

Nach der phantastischen Odyssee am 9. Juni begannen die Mitglieder der Gruppe ungeduldig zu werden. Sie wollten einen eindeutigen physischen Kontakt. Sie sehnten sich nach einer beweisbaren Annäherung. Nichts weniger als einen richtigen Händedruck mit den ›Führern‹ und Außerirdischen, mit denen sie seit Monaten kommunizierten.

Dieser Augenblick aber kam nicht.

»Bei jedem Kontakt verschoben sie diesen Zeitpunkt wieder.

›SPÄTER‹, wiederholten sie jedesmal, wenn wir fragten.

Wir hatten selbstverständlich weitere ›Reinfälle‹. Wir waren mehrmals nach *La Tejita* und *Los Campitos* gefahren, hatten aber nichts gesehen.

Dieses ›SPÄTER‹ begann, uns nervös zu machen. Bis eines Tages die Nachricht kam: Die nächste Begegnung würde am 31. Oktober stattfinden.«

»Wann hatte dieser ›Kontakt‹ stattgefunden?«

»Ende August. Aber bei einem weiteren Kontakt wenige Tage später teilten sie uns mit, daß das Datum vorgezogen worden sei: auf den 23. Oktober. Diese Verschiebung des Termins wurde nicht nur der Gruppe in Puerto de la Cruz übermittelt, sondern auch der in Las Palmas.

Da wir schon seit geraumer Zeit einige wissenschaftliche Experimente durchführen und ebenfalls die Schiffe fotografieren und filmen wollten, fragten wir, ob wir eine bestimmte elektronische Ausrüstung und Meßgeräte benutzen könnten.

Sie sagten, daß sie nichts dagegen hätten.

Wir erkundigten uns nach der Anzahl der Schiffe, die kommen sollten, und nach der Art des Kontaktes. Bei jeder der ›Kommunikationen‹ nannten sie das Datum und wiederholten, daß wir ein Schiff sehen würden. Wir sollten sogar seinen Besatzungsmitgliedern direkt gegenüberstehen.«

Die Gruppe in Puerto de la Cruz war eher auf die technischen Daten bedacht und interessierte sich ihrerseits für Phänomene meßbarer Art. Zu diesem Zweck trafen sie schließlich eine Auswahl unter ihren Geräten.

Von Anfang an wurde bei den Kontakten unterstrichen, daß es grundlegend notwendig sei, daß nur Emilio Bourgón und Francisco Padrón am Strand *La Tejita* – das war nämlich der Ort der neuen Verabredung – sein durften. Der Rest der Gruppe sollte sich in einer Entfernung von mindestens 13 Kilometern aufhalten.

»Zu dieser Zeit«, fuhr die Gruppe aus Santa Cruz de Tenerife mit ihren Erklärungen fort, »sorgte gerade die Angelegenheit mit der Sahara für Wirbel. Um keine Probleme zu bekommen, beantragten wir bei der Zivilverwaltung eine Erlaubnis, um bestimmte Studien im Bereich der Radioastronomie durchführen zu dürfen. Sie wurde uns gewährt.

So konnten wir uns ohne jeglichen Zwischenfall durch Polizei oder Militär dort versammeln. Unter Brücksichtigung der damaligen Zeiten erweckte eine Gruppe von Personen an einem einsamen Ort in der Tat Mißtrauen. Das hätte uns vielerlei Probleme bringen können.

Wir alle lebten nur noch für diesen Tag. Die Gruppe aus Puerto de la Cruz hatte mit allen ihr zur Verfügung stehenden Kräften gearbeitet, um die zahlreichen Maschinen fertigzustellen, die während des Kontaktes benutzt werden sollten. Tatsächlich arbeiteten alle von großer Hoffnung angespornt. Die aus Puerto bauten den größten Teil der Maschinen.«

»Welche Ausrüstung habt ihr vorbereitet?«

»José Julio Rodríguez García, ein hervorragender Elektronikexperte und der Beauftragte vom Verband der Funkamateure in Puerto de la Cruz, entwarf Maschinen, die mehr als eine halbe Million Peseten wert waren. Unter anderem stellte das Team aus Puerto – mit José Julio, Micky Horst Ostrowsky, Lorenzo Rodríguez und dessen Frau Erika – folgendes bereit: einen Detektor für elektromagnetische Wellen, einen weiteren für magnetische Entladungen, für Infrarotstrahlen und einen für ultraviolettes Licht. Ebenfalls zwei versiegelte Kapseln, in denen sich zwei unbelichtete Filmrollen befanden: ein Infrarotfilm und ein ultravioletter.«

»Wozu dienten diese Filmrollen?«

»Herauszufinden, ob sie trotz der Versiegelung durch irgendeine Art von unbekannter Energie beeinträchtigt würden. Das heißt durch eine Strahlung, die selbstverständlich künstlich hervorgerufen wurde, um die Filme zu belichten.

Zusätzlich wurde ein Meßgerät für Alpha-, Beta-, Gamma-, Delta- und Theta-Wellen bereitgestellt. Wie du weißt, sind all diese Hinweise auf bestimmte Gehirnaktivitäten bzw. -zustände. Außerdem verfügten wir über einen Radiosender mit einer Leistung von einem Watt mit einem spezifischen Signal, der in der Lage war, von jeglichem Standort aus zu senden.«

Alle diese Daten würden von einem elektronischen Gedächtnis im Binärcode gespeichert werden, der später an einen Computer in Puerto de la Cruz angeschlossen werden sollte. Dieser war auch in der Lage, die späteren Analysen des Experimentes durchzuführen.

Dieses Ensemble von Sensoren und elekronischen Geräten sollte von den zwei Mitgliedern des Teams benutzt werden, die die Aufgabe bekommen hatten, sich am Strand einzufinden. Alle Daten und Signale ihrerseits würden von einer anderen Sendestation aus weitergeschickt und in der ›Kontrollstation‹ aufgefangen werden, die in 13 Kilometern Luftlinie vom Strand aus stehen sollte und bei der sich das Gros der Gruppe befinden würde.

»Ich verstehe den Sinn dieser ›Trennung‹ nicht . . .«

»Offensichtlich sollten – wie sie uns erklärten – die beiden, die sich zum Strand *La Tejita* begeben würden, von einem weiteren Energiegürtel umgeben werden. Deshalb war es nötig, eine Mindestentfernung zwischen Strand und der sogenannten ›Kontrollstation‹ einzuhalten.«

Während meines Aufenthaltes auf Teneriffa hatte ich ebenfalls Gelegenheit, mit dem Team aus Puerto de la Cruz zu sprechen.

Sowohl José Julio als auch Micky gaben mir liebenswürdigerweise jede Art von Informationen über die technischen Vorbereitungen und über die Ergebnisse – die phantastischen Ergebnisse – der ›Operation 23‹.

»Die Erfahrung, die Emilio und Paco am 9. Juni machten«, erklärte mir José Julio Rodríguez García, »hatte einen starken Eindruck bei uns hinterlassen. Für mich gab es bei diesem Betreten des außerirdischen Schiffes etwas, was wirklich von außerordentlichem Interesse war. Sie waren mit Geräten drin gewesen. (Genauer gesagt: Paco Padrón hatte eine Canon dabei.)

Nachdem ich die eigenartigen Fotos gesehen hatte, zog ich zwei Schlußfolgerungen. Die erste: daß sie tatsächlich mit Geräten ins Ufo hineingelangen konnten. Und die zweite: daß der Film belichtet worden war.

Also gut, als dieses neue Treffen auf den 23. Oktober festgelegt worden war, und da wir immer noch einen gewissen Zeitraum zur Verfügung hatten, hielten wir dies für eine einmalige Gelegenheit, in dieser Sache weiterzuforschen. Bei den Kontakten war sogar angekündigt worden, daß wir ihre Schiffe physisch und bei Bewußtsein betreten könnten. Wie du verstehen wirst, war dies eine Gelegenheit, die wir nicht verpassen durften.

Es gab nur ein einziges Problem: Nur Paco und Emilio durften am Strand sein. Wie sollten wir dann aber ihre Reaktionen in dem Augenblick nachvollziehen, in dem sie ins Ufo gelangten? Wir dachten sofort an die ›Kontrollstation‹.

Hinsichtlich des Eintritts in die Schiffe entwarfen wir eine Ausrüstung, die sich folgendermaßen aufteilte:

In erster Linie brauchten wir einen Sender (so klein wie möglich), der von jedem der beiden getragen werden konnte, die auf dem Strand waren. Wir konstruierten ein echtes Miniaturgerät, das dennoch eine Stärke von 100 mW (Milliwatt) hatte und auf VHF mit einer Frequenzmodulation sendete.

Dank der Technik konnte der Rest der Gruppe den Schritten von Paco und Emilio in jeder Sekunde folgen. Die Antenne, die um den Körper gewickelt war, war in der Halterung so befestigt, daß sie horizontal polarisiert war. Sie war an ein paar Langzeitbatterien gekoppelt, die sich in einem Spezialgehäuse befanden, was das System für fast vier Stunden von äußeren Energiequellen unabhängig machte. An die Sendevorrichtung wurde ein Außenmikrofon mit einem automatischen Lautstärkeregler angeschlossen, um alles auffangen zu können, was in einem Radius von hundert Metern gesprochen wurde.

Neben dem bereits erwähnten Detektor für die Signale des Gehirns war folgendes das wichtigste für uns: ein Meßgerät für den Herzrhythmus.

Da wir an Telepathie bzw. an ein möglicherweise unbewußtes Eintreten ins Schiff dachten, hatten wir nur einen Bezugspunkt: besagten Herzrhythmus. Jeglicher Wechsel bei diesem sollte automatisch von unserer ›Kontrollstation‹ aufgezeichnet werden.

Dieses Ensemble von Geräten war so konstruiert, daß Paco Padrón sie bequem in Höhe des Brustkorbes tragen konnte.

Das Außenmikrofon seinerseits war ebenfalls mit einer weiteren Apparatur abgestimmt, die sich im Inneren des Wagens am Strand befand. Letztgenannter Empfänger – von beträchtlichem Ausmaß und hoher Leistungsstärke – stand mit der zentralen Station in Verbindung und verfügte über ein Tonband, auf dem alle Informationen, Gespräche etc. aufgezeichnet werden sollten.

Die Richtlinien, die für dieses Gerät gesetzt wurden, waren sehr streng. Es mußte ausgeschaltet bleiben. Es sollte nur in dem Augenblick aktiviert werden, in dem wir etwas Ungewöhnliches bemerken würden. Selbstverständlich war das Sicherheitssystem des Empfängers hervorragend . . .

Emilio seinerseits sollte ein elektronisches Analysegerät mit eingebautem Speicher tragen, um all die Daten aufzuzeichnen, die wir nicht von der ›Basisstation‹ aus kontrollieren konnten. Die anderen dagegen würden per Funk von unserer Kontrollstation aufgefangen werden. Ein Leuchtsignal in verschlüsselter Form würde uns ein Zeichen geben.

Eine Richtantenne Hi-Gain mit acht Elementen sollte es uns außerdem möglich machen, Paco und Emilio zu jedem Zeitpunkt mit großer Genauigkeit zu lokalisieren.

Sowohl die Temperatur als auch die Alpha- und Delta-Signale würden zweifach empfangen werden. Direkt in der ›Kontrollstation‹ und aufgezeichnet im Speicher, den Emilio Bourgón trägt.

Dieses Licht konnte quasi ›gehört‹ werden und so mit größerer Präzision identifiziert werden. Die dafür vorgesehenen Sensoren wurden auf das sichtbare Licht (0,55 Nanometer), auf Infrarotstrahlen (0,85 Nanometer) und auf das ultraviolette Licht (0,1 Nanometer) eingestellt.

Darüber hinaus würden die Daten über Magnetfelder, Strahlung, über Vorgänge bei der Funkkommunikation etc. vom Speicher aufgenommen werden, um sie später in unserem Computer zu analysieren.

Ein digitaler Zähler sollte die Impulse der Sensoren beim Eintritt registrieren und dadurch die Funktionstüchtigkeit derselben signalisieren.

Was die fotografische Ausrüstung betrifft, so glauben wir, daß alles bis ins kleinste Detail geplant war. Als Profifotograf leitete Micky Horst diesen Bereich.

Es wurden zahlreiche und äußerst starke Teleobjektive aufgestellt. Eine Neuigkeit stellte dabei die Fernsteuerung einer der Kameras dar, die wir an einem strategischen und von der Gruppe entfernten Ort unterbrachten.

Ergänzend mußten wir ein perfektes Kommunikationssystem aufbauen, und dafür hatten wir unsere eigene Ausrüstung für Funkamateure in VHF (144 bis 146 Mhz) vorgesehen, mit einer Leistung von 20 Watt und Empfängern von einer derartigen Genauigkeit und Trennschärfe, daß bei einer Einteilung in Frequenzen von 25 kHz – und wenn ein Wagen dirket neben dem anderen steht – auch nicht die geringste Störung auftrat.«*

Diese Geräte sollten gemeinsam mit den Richtantennen mit ihren acht Elementen bei der ›Kontrollstation‹ aufgestellt werden und einen Empfang ermöglichen, wenn die Signale von Paco Padróns Ausrüstung – die lediglich eine Leistung von 100 Milliwatt hatte – 9 + 15 dB beim Smeter (Meßgerät des Empfängers) stark waren.

Diese aufgefangenen Signale wurden mittels zweier Tonbandgeräte aufgezeichnet, einem National-Panasonic mit Speicher RF-5310B und einem TOSHIBA PT-490 HiFi-Gerät.

Für das Ende des Experiments war geplant, daß alle Informationen in einem IBM-Computer (System 3, Modell 10) eingespeist würden. Dieser war mit einem extrem schnellen Diskettenlaufwerk versehen und einer Fähigkeit, 50 Millionen Daten online zu verarbeiten. Besagtes ›Elektronengehirn‹ hat eine Schreibgeschwindigkeit von 1100 Zeilen pro Minute und arbeitet mit den Programmiersprachen FORTRAN, COBOL, BASIC, ASSEMBLER und RPG-2.

Es handelte sich also, dank der hervorragenden Programmierung durch Erika und Lorenzo, um einen unserer

* Sowohl José Julio Rodríguez García als auch Micky Horst und Lorenzo Rodríguez sind Funkamateure.

effizientesten ›Mitarbeiter‹ bei diesem außergewöhnlichen Abenteuer.

Dann kam der große Tag.

Einige Stunden bevor sie zum Strand *La Tejita* losfuhren, probierten die drei Spezialisten aus Puerto de la Cruz – die das Hilfsteam in der Kontrollstation bilden sollten – noch einmal die Stromkreise und die komplexen Maschinen aus.

Eine funktionierte nicht. Sie überprüften sie noch einmal, aber sie war völlig in Ordnung. Was konnte passiert sein?

»Wir stellten einen ›Kontakt‹ her«, erkärten sie mir weiter, »und SIE teilten uns mit, daß auch SIE unsere elektronischen Geräte ausprobierten . . .«

Am Abend fuhren alle endlich in Richtung *La Tejita* im Süden der Insel los. Natürlich wurden alle verständlicherweise von Zweifeln geplagt. Von Nervosität, von Ungewißheit. Den ganzen Tag lang war Francisco Padrón unruhig gewesen. Mehr als einmal behauptete er zu fühlen, daß sie sich gerade annäherten. Die Verabredung war für Mitternacht getroffen worden, aber er drängte die Gruppe zur Eile, um so bald wie möglich am Strand anzukommen, als ob er eine Vorahnung hätte.

Die Wagen verließen gegen sieben Uhr abends im Konvoi die Autobahn nach Süden. Einer der Wagen fuhr zum Strand, während die anderen ein geeignetes Gelände für die Errichtung des Lagers bzw. der ›Kontrollstation‹ in einer Distanz von mindestens 13 Kilometern suchten.

»Wir verfügten über mehrere tragbare Sender mit einer großen Leistung, die im Augenblick des Kontaktes zwischen uns einen guten Dienst leisten.

Wir probierten die Apparate noch einmal aus und sahen, daß sie korrekt funktionierten.

Uns fehlte nur ein Radar, den die Gruppe aus Puerto nicht rechtzeitig fertigstellen konnte. Mit einem solchen Gerät hätten wir die Positionen der Schiffe innherhalb eines extrem großen Radius exakt orten können.«

Gegen halb neun abends kam das Team aus Puerto de la Cruz an und fuhr zu der Stelle, die für die ›Kontrollstation‹ ausgesucht worden war. Von dort aus – in ungefähr tausend Metern Höhe – konnte man Strand und Meer sehr gut überblicken.

»Aber wie konnten euch die von der ›Kontrollstation‹ auf diese Distanz orten?«

»Wir suchten unseren Platz mit Hilfe eines Blitzlichtes. Sie hatten außerdem eine vollständige Ausrüstung von Kameras, Ferngläsern und Teleobjektiven.

Wir probierten die Apparate noch einmal aus und stellten wieder fest, daß sie korrekt funktionierten. Dann stellten wir einen neuen Kontakt her. Wie groß war unsere Überraschung, als wir bemerkten, daß sie die Stunde der Verabredung vorverlegt hatten.«

»Um wieviel Uhr fand der Kontakt statt?«

»Gegen neun Uhr abends.«

»Wie sah der Himmel aus?«

»Er war ganz klar. Es war eine wolkenlose Nacht. Ruhig. Sehr angenehm und voller Sterne.

Tatsächlich irrten wir uns einige Male. Besonders wenn sich Sterne nah über dem Horizont befanden. In diesen Momenten ändern sich das Flimmern und die Farbe als Konsequenz der Lichtbrechung in der Atmosphäre. Das verwirrt viele Menschen. Es gibt ein Sternbild am Himmel, den Orion, bei dem die Sterne Farben annehmen, die teilweise sogar ineinander übergehen.

Also, gegen neun Uhr abends machten wir die Apparate startbereit. Das Mikrophon, das den Herzrhythmus von Paco messen sollte, war derartig sensibel, daß wir es vom Brustkorb entfernen und über dem Herd befestigen mußten.

Wir stellten wieder eine Kommunikation her. Sie sagten uns, daß wir das rote Licht beobachten sollten.

Wir suchten gerade danach, als Paco plötzlich auf ein rotes Licht zeigte, das an einem der Geräte angegangen war, das er auf der Brust trug. Er hatte die Apparatur nicht eingeschaltet. Wir probierten sogar aus, ob er aus Versehen mit seinem Arm drangekommen war. Aber das konnte man ausschließen . . .

Wir riefen dann die ›Kontrollstation‹, und José Julio antwortete uns, daß sie die Aktivität des Gerätes bereits bemerkt hätten.

›Es ist zum Verrücktwerden!‹ antworteten sie uns. ›Diese ›Leute‹ manipulieren schon eine ganze Weile lang unsere Steuerungen und Systeme. Sie funktionieren von alleine! Wir wissen nicht mehr, was wir tun sollen‹ . . .«

»Konnten die Geräte von Paco und Emilio von der ›Kontrollstation‹ aus eingeschaltet werden?«

»Nein, das konnten nur wir selbst«, erläuterten mir beide.

»Tatsächlich aktivierten sich die Systeme schließlich alle von allein. Einige Minuten später schalteten sie sich wieder aus und kehrten in ihren Normalzustand zurück, ohne daß einer von uns sie auch nur angerührt hätte.

›Sie sind schon hier‹, meinten wir.

Wenige Sekunden später hörten wir ein quietschendes Geräusch vom hinteren Teil des Autos her.

›Es wird irgend ein Rohr sein‹, sagten wir uns, um uns zu beruhigen. Es war ein metallischer Klang. Die Nacht war stockdunkel, und wir waren allein auf dem Sandstrand. Um die Wahrheit zu sagen, fanden wir unsere Lage schon ziemlich unangenehm . . .

›Diesen ›Leuten‹‹, sagten wir uns, ›ist es zuzutrauen,

daß sie plötzlich völlig unerwartet neben uns auftauchen ...‹

Wir schauten uns überall um, aber da war niemand. Um zwanzig nach neun bemerkten wir plötzlich ein starkes Leuchten über dem Meer. Es war ein gigantischer Lichtschein. Der Ozean war wie bei Tag zu sehen. Der gesamte Horizont wurde beleuchtet. Es war, als ob eine zentrale, stark leuchtende Lichtquelle ein weißes Licht kilometerweit abstrahlen würde ...

Beunruhigt riefen wir die ›Kontrollstation‹ und fragten sie, ob sie dasselbe wie wir sahen.

›Ja, wir haben es gesehen‹, antworteteten sie.

Selbstverständlich wurden alle unsere Gespräche durch das Tonband aufgenommen.

Nach mehr oder weniger einer Minute kam ›Etwas‹ aus dem Meer. Ein äußerst hell strahlendes Objekt mit einer Art Schwanz bzw. Schweif ...«

»Einen Moment bitte: Wie lang dauerte dieses Glänzen denn an?«

»In dem Augenblick, in dem wir das weiße Objekt erscheinen sahen, hatten wir es schon ungefähr eine Minute lang beobachtet.«

Ich versuchte, mir diese erstaunliche Szene vorzustellen. Dann fragte ich nach mehr und mehr Einzelheiten.

»... Das Leuchten kam zuerst von irgendeinem Punkt im Meer. Von dort aus fächerte es sich auf, bis schließlich alles beleuchtet wurde. Auch der Strand, auf dem wir uns befanden, und auch der Wagen ...«

»Wie weit wird diese zentrale Lichtquelle entfernt gewesen sein?«

»Mindestens zwanzig Kilometer. Es war unglaublich plötzlich gekommen. Es war, als ob auf einmal etwas im Ozean explodiert wäre.«

Die Zeugen dieses Phänomens und des darauffolgenden

Herausschießens des weißen, leuchtenden Objekts aus dem Meer zeichneten mir mehrere Skizzen von Form und Ausmaßen der beiden. Ich war perplex wegen der Ausmaße dieser großen ›Lichtblase‹ . . .

»Dieses Leuchten wurde sogar von der Stadt Puerto de la Cruz aus gesehen, hinter der Bergkette. Dabei ist Puerto ungefähr vierzig Kilometer Luftlinie entfernt, und die Spitze des *Teide* steht dazwischen . . .«

»Welche Höhe erreichte die ›Blase?«

»Wir schätzen, ungefähr zehn Kilometer.«

»Aus welcher Richtung kam das Objekt?«

»Es flog plötzlich in einer diagonalen Bahn aufwärts und zog eine Art ›Schweif‹ hinter sich her. Nur wenige Sekunden später sahen wir es nicht mehr. Von diesem Moment an begann das Leuchten schwächer zu werden, aber nur ganz allmählich.«

»Wie lange dauerte das ganze insgesamt?«

»Von dem Zeitpunkt an, an dem der Glanz entstand, bis zu dem, an dem er mit dem plötzlichen und blitzschnellen Hervorschießen des Objekts allmählich schwächer wurde, etwas mehr als eine Minute.«

»Wie groß könnte das Ufo gewesen sein?«

»Es ist schwer, das genau zu sagen. Es war schließlich sehr weit entfernt. Von dort aus, wo wir es sahen, hätte es ein 25-Peseten-Stück ›verdecken‹ können. Außerdem war sein Strahlen derartig stark, daß es sehr schwer war, es zu betrachten. Völlig seltsam war, daß sich alles in absoluter Stille abspielte.«

Als ich nach der Reaktion der Gruppe auf dieses Ereignis fragte, verschlugen mir die Antworten, die wie aus einem Munde kamen, die Sprache:

»Wir waren verärgert.«

»Aber, wie soll ich das . . .?«

»Ja, wir ärgerten uns gehörig. Das ist doch verständlich. Schau mal. Bei jeder Kommunikation hatten sie uns wieder versichert, daß sie kommen würden, landen und uns sogar erlauben würden, in eins ihrer Schiffe einzutreten.

Das war aber nicht geschehen. Außerdem . . . störte es uns, daß die Sichtung früher stattfinden sollte als angekündigt.«

Darauf wußte ich keine Antwort.

»Aber Teufel noch mal!« entfuhr es mir. »Es war doch immerhin tatsächlich etwas passiert . . .!«

»Sie hatten uns aber gesagt, daß sie nur hundert Meter von uns entfernt sein würden. Sie hatten uns mitgeteilt, daß eines der beiden Schiffe bei diesem Treffen ganz in unserer Nähe landen würde. Nun stell dir unsere Enttäuschung vor!

Ach, und außerdem haben wir noch etwas vergessen . . .

Ungefähr um acht Uhr abends sahen wir vom Strand aus drei orange-rötliche Lichter, die hinter dem Berg *Roja* aufgetaucht waren und die wir zu diesem Zeitpunkt mit einem Schiff verwechselt hatten. Sie bildeten ein Dreieck. Wir hielten sie für die Lichter an Bug, Heck und am Mast. Ganz langsam – als ob es von einer Strömung abgetrieben würde – fuhr es Richtung Südost. Genau in Richtung der Stelle, wo später dieses weiße und leuchtende Schiff hervorgekommen war. Wie gesagt hatten wir ihm aber keine weitere Aufmerksamkeit geschenkt. Nur eine Tatsache hatte uns stutzig gemacht, deren ganze Tragweite wir in diesen Momenten nicht erfaßten, da wir so wahnsinnig gespannt auf die ›Landung‹ waren, die sich hundert Meter von unserem Wagen entfernt ereignen sollte. Denn dieses ›Schiff‹ änderte seine Richtung. Trotzdem sahen wir weiterhin das Dreieck, das aus den drei Lichtern geformt wurde. Wie mochte das nur vor sich gehen . . .?

Danach wurde uns klar, daß diese Lichter nicht die von Bug und Heck eines Schiffes sein konnten. Obwohl das Objekt seine Richtung geändert hatte, mußte das vermeintliche ›Schiff‹ eine runde Form haben, um das Dreieck weiterhin sehen zu können . . .

Die Zeit verstrich also, und nachdem wir das Herausschießen jenes Objekts aus dem Meer beobachtet hatten, stellten wir ein wenig ungeduldig und nervös einen neuen Kontakt her.

Sie antworteten uns:

›JA. DAS SIND WIR GEWESEN.‹

Während dieser Kommunikation teilten sie uns auch mit, daß sie mit zwei Schiffen gekommen waren und daß eines davon in unserer Nähe gelandet war, während das andere in der Luft blieb.

›Aber seid ihr nun gelandet oder nicht?‹ fragten wir noch einmal.

›WIR SIND SCHON HIER.‹

›Wo?‹

›HUNDERT METER VON EUCH ENTFERNT.‹

Wir hielten das schließlich für einen Scherz. Dort auf dem Strand sahen wir natürlich absolut überhaupt nichts.

Damals wußten wir noch nicht, daß SIE tatsächlich dort sein konnten, direkt neben uns, obwohl wir sie nicht mit unseren physischen Augen sehen konnten. Es mußte noch einige Zeit verstreichen, bis wir lernen sollten, mit den Augen unseres Geistes zu ›sehen‹ und dadurch auch auf derselben Frequenz wie SIE zu sein.

Inzwischen wissen wir, daß sich viele der Wesen aus dem All tatsächlich auf anderen molekularen Schwingungsebenen befinden und daher von menschlichen Augen nicht wahrgenommen werden können.

Das würde uns jetzt aber sehr weit abbringen . . .

Es war nach Mitternacht, und wir beschlossen, die Geräte und Instrumente einzusammeln und nach Hause zurückzukehren, da wir sehr müde waren. Wir sagten denen von der ›Station‹ Bescheid und trafen uns an der Straße. Dort bemerkte Micky:

›Habt ihr diese Millionen von kleinen, metallisch wirkenden Teilchen bemerkt, die in der Luft schwebten? Wir haben sie von der ›Kontrollstation‹ aus jedesmal gesehen, wenn wir den Blitz entzündeten . . .‹

Aber keiner fand eine zufriedenstellende Erklärung für diesen ›Regen‹ von feinsten, silbrigen Partikeln. Wir blitzten noch einmal, und das Phänomen wiederholte sich. Was konnte das sein?«

Aber es war nicht die letzte Enttäuschung in dieser Nacht für Paco und Emilio. Denn als sie die von der ›Kontrollstation‹ fragten, ob sie das starke Leuchten und das Schiff, das aus dem Ozean gekommen war, fotografiert hatten, verneinte das Team. Alles war so plötzlich und übereilt geschehen, daß sie das Erscheinen des Objekts und der riesigen ›Lichtblase‹ überrascht hatte und sie nicht mehr zu ihren Maschinen, Kameras etc. greifen konnten. Das Gefühl der Ernüchterung aber sollte nur kurz anhalten. Ein anderes Mitglied der Gruppe – der Profifotograf José Gonzáles Pérez – hatte den phantastischen Augenblick, in dem das leuchtende Schiff aus dem Meer gekommen war, dennoch festgehalten.

Wie er mir selbst erzählte, war José Luis nicht auf der Liste derjenigen, die bei der Beobachtung am 23. Oktober am Strand *La Tejita* dabeisein durften. Trotzdem waren seine Neugier und sein Interesse an diesem Fall so groß, daß er in alleiniger Begleitung seiner Frau Anna Luisa Padilla und ohne irgend jemandem etwas davon zu erzählen, nicht zögerte, sich ›heimlich‹ dort einzufinden. Ungefähr um sieben Uhr abends postierte er sich in weniger als zwei

Kilometern Entfernung von der Stelle, an der sich Emilio und Paco befanden.

»Aber du kanntest das Datum der Verabredung?«

»Nun, ich hatte auch einen Kontakt gehabt, und mir war ein Datum genannt worden, das dem 23. Oktober sehr nah kam. Ich weiß nicht genau, warum, aber ich rief am Abend des 23. in Pacos Büro an. Man sagte mir, daß er weggegangen sei und bis zum nächsten Tag nicht wiederkommen würde. Daher konnte ich mir vorstellen, daß das Treffen an diesem Abend stattfand.

Dann fuhr ich eiligst dorthin . . .

Wir blieben ungefähr zwei Kilometer vom Strand entfernt.

Gegen halb neun stellte ich dort mit Hilfe meiner Frau die Fotoapparate auf. Ich wußte die exakte Position von Paco und Emilio, weil ich die Blitze gesehen hatte, die sie für die ›Kontrollstation‹ abfeuerten, damit diese einen Orientierungspunkt hatte, um den exakten Standort zu ermitteln.«

»Welche Kameras hattest du dabei?«

»Ich setzte die Olimpus OM1 mit einem verdreifachten 1000-mm-Teleobjektiv auf ein Stativ. Es war ein 6400-ASA-Film von Recording eingelegt.

Meine Frau hatte zusätzlich eine Pentax mit einem 1000-mm-Teleobjektiv mit einem TRI-X-Film von 400 ASA.

Wir hatten noch mehr Farbfilm von Ektachrome (High Speed) und Ferngläser mit Nachtsicht dabei.

Letztendlich haben meine Frau und ich insgesamt eine Dreiviertelstunde gewartet. Gegen halb neun sah ich ein Schiff am Horizont. Ich betrachtete es durchs Fernglas und konnte sogar die Fenster erkennen.

Die Zeit verstrich, und nach einer Dreiviertelstunde – also gegen Viertel nach neun – hob ich wieder das Fernglas an die Augen und richtete es auf das Schiff. Etwas aber machte mich stutzig. Denn es war noch eins in seiner unmittelbaren Nähe, das sich allerdings bewegte. Das erste Schiff blieb hingegen unbeweglich.

›Teufel noch mal!‹ dachte ich. ›Warum ist man nur so verdammt von dem Gedanken an diese Ufos besessen! Hier ist gar nichts zu erkennen . . .‹

Dann sah ich plötzlich zu beiden Seiten der Bucht ein Aufleuchten. Es waren ein grünes Licht, ein blaues und noch eins.

In diesem Augenblick war das Schiff bereits verschwunden. Wir sahen ein mehr oder weniger intensives Licht im Meer. Inzwischen war ich sehr neugierig geworden . . .

Ich schaute nochmals durchs Fernglas. Als ich feststelle, daß sich das Licht vergrößerte, richtete ich das Teleobjektiv auf diese Stelle. Das war schwierig für mich, denn der Winkel, mit dem es das Sichtfeld mit seinen 3000 mm erfaßte, betrug 0,75 Grad. Trotz aller Schwierigkeiten konnte ich es anpeilen. Ich stellte die Belichtungszeit etc. ein und schaute wieder durchs Fernglas. Plötzlich sahen wir, wie sich ein Scheinwerfer entzündete. Er war ungeheuer groß!

Meine Frau hatte eine Tasche auf das Verdeck des Autos gelegt und darauf ihr Teleobjektiv.«

»Wo befand sich die riesige Lichtquelle?«

»Ich glaube, auf dem Meer. Was ich dir nicht sagen kann, ist, ob es auf oder kurz über dem Wasser stand.

Ich hatte so etwas in meinem ganzen Leben noch nicht gesehen. Dieses Licht, zehnmal stärker als das eines Scheinwerfers, erleuchtete alles: das Meer, den Strand, den Berg . . . Dann machte es eine plötzliche Wendung.

Ich erinnere mich, daß ich es gerade durchs Fernglas

beobachtete mit dem Kabel des Fernauslösers in der anderen Hand, als ich meiner Frau zurief:

›Drück ab . . .! Drück ab!‹

Aber sie drückte nicht ab . . .

Ich reagierte und drückte ab. Ich brachte die Kamera in Position und drückte noch einmal ab. Dann beugte ich mich vor, um zu sehen, ob das Teleobjektiv noch richtig ausgerichtet war, doch tatsächlich hatte es sich bewegt. Ich lockerte die Schraube des Stativs, drehte die Kamera ein wenig zur Seite und prüfte sofort nach, ob sie sich jetzt wieder in der richtigen Position befand. Das war sie dann in der Tat. Noch einmal drückte ich auf den Auslöser und ›fing‹ es im Augenblick seiner stärksten Leuchtkraft ein.

Danach begann das Licht schwächer zu werden, und als ich wieder durch den Sucher der Kamera blickte, bemerkte ich, daß es aus dem Sichtfeld herausflog. Ich richtete sie von neuem aus und begann, es zu suchen. Aber ich konnte es nicht mehr in den Sucher bekommen. Als ich den Blick hob, war es nicht mehr da.«

»Wie lange dauerte das?«

»Mehr oder weniger vierzig Sekunden. Das war alles.«

José Juis und seine Frau warteten noch eineinhalb Stunden. Aber sie sahen nichts mehr. Dann beschlossen sie, mit der kleinen, aber wertvollen Ausbeute nach Santa Cruz de Tenerife zurückzukehren.

Zu dieser Zeit, wie gesagt, konnten die Mitglieder der Gruppe, die sich am Strand befanden, nicht ahnen, daß noch jemand von der Gruppe – quasi als ›Streikbrecher‹ – den Start des vermeintlichen leuchtenden Ufos genau eingefangen hatte.

Diese Fotos, die hier, in diesem Buch, abgedruckt sind, stellen, zumindest in meinen Augen, einen wichtigen Beweis für die Existenz der Kontakte zwischen Irdischen und Außerirdischen dar. Diese Tage auf den Kanarischen Inseln waren unvergeßlich. Ich könnte nur schwerlich meine ausführlichen Gespräche und meine Erlebnisse mit den Mitgliedern der Gruppe in dem knapp bemessenen Raum eines Buches zusammenfassen.

Nur noch eine Frage blieb ungeklärt. Nachdem die Echtheit dieser ›Kontakte‹ nun bestätigt worden war, fragte ich mich, welchem Zweck sie dienten. Warum zeigten sich diese Wesen vom Uranus oder woher sie auch waren dieser Gruppe auf den Kanarischen Inseln?

Die Gruppe antwortete mir in knappen Worten und gab dabei den Inhalt einiger der Kommunikationen mit den Wesen aus dem All wieder.

»Sie versuchen gerade, der Welt, unserer Zivilisation, ihre Existenz ins Bewußtsein zu rufen. Sie sind über unserem Planeten. Das sollten wir erkennen . . .

Es gibt andere Menschen und Gruppen in der ganzen Welt, die das gleiche machen wie wir. Das weißt du sehr wohl . . .

Eines nicht allzu fernen Tages wird die Erde und unsere Zivilisation mit ihr eine große Katastrophe erleben. Nach dem, was man uns wiederholt mitgeteilt hat – damals, schon früher und auch jetzt wieder –, werden SIE eine Rettungsaktion durchführen.«

»Wie weit sind diese Wesen in ihrer Entwicklung vorangeschritten?«

»Ihrer Mitteilung nach sind uns die Bewohner des Saturn in ihrer technischen Entwicklung ungefähr 300 Jahre voraus. Das gilt nur für ihre technische Entwicklung. Denn wie es scheint, sind sie uns in ihrer mentalen und geistigen Entwicklung noch wesentlich weiter voraus.

Diese Wesen verfügen beispielsweise, wie auch zahlreiche andere Bewohner des Universums, über einige ›Eigenschaften‹, die unser Verstand so gut wie gar nicht verstehen und nachvollziehen kann.

Logischerweise haben sie Körper und physische Gestalt. Sie können aber auf anderen Ebenen und Dimensionen ›wirken‹ bzw. sich ›entwickeln‹, was ihnen zum größten Teil angeboren ist. Um ein einfaches Beispiel zu nennen:

Es ist ihnen möglich, sich zu materialisieren und zu dematerialisieren, Zeit und Raum zu beherrschen, über eine Stadt zu fliegen, ohne dabei vom Radar oder vom menschlichen Auge wahrgenommen zu werden, und schließlich auf anderen atomaren und molekularen Ebenen zu schwingen als wir . . .

Deshalb können wir sie nur sehen, wenn wir es schaffen, uns eben diesen Schwingungsebenen anzunähern bzw. anzugleichen.

Da ist ein ganzes UNIVERSUM, das wir noch nicht einmal bemerkt haben. Im Vergleich zu den außerirdischen Zivilisationen sind uns enge Grenzen gesetzt. Wir müßten unsere mentalen Muster grundlegend verändern, wollen wir den Versuch wagen, sie zu verstehen.

Vor allem müssen wir lernen zu LIEBEN. Wir sind ja so verstockt und blind. Wenn sie uns sagen, daß viele dieser Wesen die LIEBE als höchstes Ziel haben, lachen und spotten wir.

Und wir schreiben dann diese Kontakte und Botschaften womöglich Fieberphantasien, Autosuggestionen zu oder lassen uns weiß Gott was für andere Ausreden einfallen, die uns unsichere und ignorante Wesen ›beschwichtigen‹ sollen.«

Diese Worte der Gruppe aus Teneriffa erinnerten mich in der Tat an die ewigen dogmatischen Behauptungen vieler ›Salon-Ufologen‹ und einiger Bereiche der Kirche, die nicht weniger unflexibel sind. Vor allem für letztere scheint das Thema Ufo und AUSSERIRDISCHE ziemlich beunruhigend zu sein.

Ich erinnere mich immer noch an die Worte eines dieser kuriosen Repräsentanten eines klerikalen ›Scherbengerichts‹, der im Verlauf einer ›auserlesenen‹ Konferenz in Bilbao mit augenscheinlichem Erstaunen fragte:

»Was ist es, was all diejenigen suchen, die sich so lebhaft für Ufos und diese vermeintlichen außerirdischen Wesen interessieren? Wo doch die Erde so herrlich ist und das, was auf ihr lebt! Warum dieses Bemühen, zu suchen und zu phantasieren?«

Wieder einmal war deutlich geworden, daß noch ein weiter Weg zurückgelegt werden mußte und muß. Denn es ist diesen Kreisen nicht leicht verständlich zu machen, daß die Zeiten sich verändert haben. Und daß die Menschheit zu ahnen beginnt, daß es tatsächlich ein ganzes Universum gibt, über das sie uns nichts lehren konnten ...

Es wäre zwecklos, diesen im Trott der Gewohnheit festgefahrenen Menschen erklären zu wollen, daß sie noch viel mehr sind als Körper und Seele. Daß wir viel mehr sind als einfach nur Geburt und Tod. Daß wir viel mehr sind als Armut oder Reichtum. Daß wir viel mehr sind als Wissenschaft oder Macht. Viel mehr als das, was wir bis jetzt gewußt oder geahnt haben.

Deshalb muß man sich in den meisten Fällen von den Lastern des Stolzes und des Hochmuts befreien und in Bescheidenheit anerkennen, daß wir uns nach Tausenden von Jahren immer noch lediglich am Anfang befinden.

Eben eine solche bescheidene Haltung war es, die zwei Wissenschaftler erahnen ließ, daß jene ›Formel‹, die ihnen von der uns bereits bekannten Gruppe aus Teneriffa zugänglich gemacht worden war, wirklich revolutionär sein könnte. Es handelte sich um den Astronomen und Ingenieur Sergio Gutiérrez Morales aus Santa Cruz de Tenerife und einen Physiker vom Institut für Astrophysik an der Universität La Laguna, dessen Namen zu nennen ich nicht autorisiert bin.

Diese Formel wurde einem Mitglied der Gruppe aus Las Palmas im September 1975 während einer ›Kommunikation‹ von einem Wesen aus dem All mitgeteilt. Wenige Tage später fuhr diese Person mit ihrer ›Nachricht‹ nach Santa Cruz de Tenerife und setzte die dortige Gruppe davon in Kenntnis.

Aber niemand aus der Gruppe konnte die Formel verstehen. Daher zogen sie Sergio zu Rate, einen Wissenschaftler von großer Kompetenz.

Bevor ich aber mit meinem Bericht fortfahre, möchte ich den vollständigen Text dieser Kommunikation wiedergeben, in dem die besagte rätselhafte Formel enthalten ist:

»Wir«, teilte das Wesen mit, das die Nachricht weitergab, »reisen in Schiffen, deren Antriebskraft eine der drei ist, die ihr kennt, obwohl ihr sie für utopisch haltet: Antrieb durch Antigravitation. Wir erzeugen Geschwindigkeit, ohne dabei Masse freizusetzen. Wir beherrschen die Formel, mit der wir Geschwindigkeiten in der Größenordnung von 75 bis 80 % der Lichtgeschwindigkeit erreichen (ungefähr 240 000 Kilometer pro Sekunde).«

Die Formel lautet: $$\frac{\text{Rf m2} + \text{m2}\left[\frac{1}{(1 - \text{B2})\ ^1\!/_2}\right]}{\text{m2}}$$.«

Danach ging das Wesen aus dem All, das vom Stern ›Delphin‹ zu stammen scheint, dazu über, Informationen über die revolutionäre Formel zu geben:

»Die vollständige Gleichung der kinetischen Energie

erlaubt uns, zu wissen, welche Anfangsgeschwindigkeit wir dem Schiff geben müssen, und die Geschwindigkeit des Schiffes in jeglichem Moment zu berechnen:

$$\frac{1}{2}\,(V^2 - V_0{}^2) = gxr\left[\frac{r}{x} - 1 + \frac{m'}{m}\left(\frac{r}{d-x} - \frac{r}{d-r}\right)\right]$$

g = Fallbeschleunigung
V = Geschwindigkeit in einem bestimmten Augenblick
V_0 = Anfangsgeschwindigkeit
r = Radius des Herkunftsplaneten
x = Variable Entfernung des Schiffs zum Mittelpunkt des Herkunftsplaneten
m′ = Masse des Zielplaneten
m = Masse des Herkunftsplaneten
d = Entfernung zwischen den Mittelpunkten beider Planeten.

Er fügte hinzu:

URANUS: Satelliten: Ariel, Umbriel, Titania, Oberon
Bewegung der Rotation rückläufig
Entfernung: 2 480 000 000 Kilometer
Durchmesser: 48 000 Kilometer
Fallbeschleunigung: 1,05 Meter/Sekunde*
Temperatur: –250° C«

Als ich mich mit Sergio Gutiérrez unterhielt, einem aufrichtigen und geradlinigen Menschen, gestand mir die-

* Anm. der Übersetzerin: »Fallbeschleunigung« habe ich aus dem spanischen »gravedad« (Schwere, Gewicht) übersetzt, weil ich das für die beste Möglichkeit hielt. Wenn er Gravitation meint, ist die Einheit m/s falsch. Bei Fallbeschleunigung müßte die Einheit allerdings m/s^2 lauten. Das »g« ist jedoch die gängige Abkürzung in der Physik für Fallbeschleunigung.

ser, daß er diese Sache für eine Angelegenheit von Verrückten hielt, als er zum ersten Mal die seltsame Formel von der Gruppe erhielt, mit der er in sehr enger Verbindung steht.

»Wir verbrachten viele Stunden der Arbeit bei ihrer Lösung, aber es war so gut wie unmöglich. Um die Sache in den Griff zu bekommen, mußten wir nach mehreren Wochen unnützer Versuche die Sache noch einmal überdenken, indem wir unser Wissen über Astrophysik und Mathematik erst einmal beiseite ließen. So kamen wir dann zu einer Schlußfolgerung . . .«

»Worin bestand sie?« fragte ich gespannt.

»Nach langem Überprüfen – und obwohl ein Bestandteil der Formel fehlt – gaben wir die Resultate in einen Computer ein. Jenes Resultat stellte in unseren Augen die Erklärung für die ›Substitution der Magnetfelder durch die Zeit‹.

Und ohne daß sie gleichzeitig nebeneinander bestehen könnten, was das Seltsame ist.«

»Wohin kann uns das führen?«

»Einfach ausgedrückt, zu den Prozessen der Materialisierung und Dcmaterialisierung, die wir schon beobachtet haben. Zu einem neuen Konzept von Intelligenz . . .«

Ich betrachtete die Formel noch einmal und gab tatsächlich sofort auf. Es ist allerdings auch wahr, daß ich mich niemals als guter Schüler in Mathematik hervorgetan habe . . .

». . . Zuerst konnte ich, wie gesagt, die Formel nicht verstehen«, sagte der Präsident der Astronomischen Gesellschaft der Kanarischen Inseln. »Darin waren Variablen und Ideen enthalten, die man bis jetzt noch niemals miteinander in Verbindung gebracht hatte. Ich bat einen befreundeten Physiker um Hilfe. Wir studierten und untersuchten die Frage noch einmal, kamen aber wieder an einem toten Punkt an. Wir hatten keine Ahnung, wie wir weitermachen sollten . . .

Wir gaben die Problemstellung in einen Computer ein, und wenn wir für eine der Variablen einen fixen Wert eingaben, konnte er uns ein Ergebnis von hundert möglichen Kombinationen für alle anderen Variablen geben. Und dann mit jeder einzelnen von diesen . . .

Dieser Computer befindet sich im Astrophysischen Institut der Universität La Laguna selbst.

Wenn es denn korrekt ist, erhält man ein Ergebnis, das auf einer Diagonalen in einer ganzen Reihe von gleichen Größen resultiert. Das aber geschah nicht bei der Formel. Das geschah nur (und nicht mit den gleichen Zahlen, sondern nur sehr ähnlichen), als wir die Begriffe ›Zeit‹ und ›Magnetfelder‹ miteinander in ›Verbindung‹ brachten, bzw. ›gleichsetzten‹. Aber ich wiederhole, nicht gleichzeitig nebeneinander, sondern nur einander substituierend.«

Obwohl Sergio schon darauf hingewiesen hatte, fragte ich ihn noch einmal, wie sie zu dieser Schlußfolgerung gelangen konnten. Der Astronom und Ingenieur antwortete mir: »Wir begannen bei der klassischen Physik. Aber das führte zu keinem Ergebnis. Dann gingen wir zur euklidischen Mathematik über und hatten ebenfalls keinen Erfolg.

›Also gut‹, sagten wir uns. ›Tun wir einfach mal so, als ob wir überhaupt nichts davon verstünden . . .‹

Und dadurch kamen wir zu dieser Schlußfolgerung. Aber wir bestehen darauf: Wir glauben, daß ›mathematisch‹ etwas fehlt. Die ›Diagonale‹, wie gesagt, ergab keine gleichen Größen, nur ähnliche.«

Diese unter Astrophysikern wenig verbreitete bescheidene Haltung war schlichtweg bewundernswert.

Inzwischen befindet sich die Formel im Max-Planck-Institut in Deutschland.

»Dort«, fügte Sergio hinzu, »stehen mehr Möglichkeiten und bessere Computer zur Verfügung, und vielleicht kann man dort zu einem vollständigeren Ergebnis kommen.«

»Welche Anwendungen bzw. Folgeerscheinungen könnte die Entschlüsselung dieser Formel haben?«

»Wenn sich unsere Theorie tasächlich bestätigen könnte, die Substitution von magnetischen Feldern durch Zeit, würden die Möglichkeiten unvorstellbar und gewaltig sein . . .

Ich werde dir einen Vergleich nennen. Es wäre, als ob jeder die Möglichkeit zur Hand hätte, eine Atombombe zu bauen.«

Ich war perplex.

»Wenn die Formel entziffert wird, habe ich also die Möglichkeit, eine Waffe wie die Atombombe zu bauen?«

»Es geht nicht um Waffen, sondern um Ideen. Das ist schwer zu erkären . . .«

Der Astronom dachte einige Sekunden nach und meinte dann:

»Es ist, als ob du durch starke Konzentration deines Geistes in der Lage wärst, alles zu zerstören, was du wolltest . . .«

»Man benötigt dazu also keine physischen Gegenstände oder Materialien?«

»Nein. Du ganz allein könntest das machen, vorausgesetzt, du wirst Teil des Universums. Deswegen sage ich, daß es hier um Ideen geht.«

»Aber dann könnte wirklich jeder Wissenschaftler und jede Macht der Erde dies zu seinem Vorteil benutzen . . .«

»Nein. Und das ist das große Wunder, das in dieser

Entdeckung enthalten ist. Nur die, die einen bestimmten psychischen Evolutionsgrad erreicht haben, können sie verstehen und benutzen. Alle anderen brauchten sich noch nicht einmal damit aufzuhalten, eine derartig verblüffende und alles Bisherige offensichtlich außer Kraft setzende Formel zu studieren.

Beachte außerdem, daß man sie noch nicht einmal vollständig durchschaut hat. Ein oder mehrere Bestandteile fehlen . . .«

»Ich spiele jetzt mal den *Advocatus diaboli.* Könnte es irgendeinen Wissenschaftler geben, der – ohne dieses mentale und psychische Niveau erlangt zu haben – die Formel entziffern und anwenden könnte?«

»Das weiß ich nicht. Aber dabei müssen wir etwas berücksichtigen. Momentan gibt die Physik – aus mathematischer Sicht – bereits nicht mehr mehr her. Wenn wir nicht neue, vielleicht sogar mystische Ideen benutzen, können wir die Bedeutung dieser Formel nicht vollständig in ihrem ganzen Gehalt und ihrer Philosophie begreifen.«

»Kennt man diese Idee oder Variable, die in der Formel fehlt?«

»Ja«, antworteten mir die Mitglieder der Gruppe aus Santa Cruz, die bei diesem Gespräch mit Sergio dabei waren. »Nur acht Menschen kennen sie. Aber es wurde ein absolutes Verbot verhängt, sie weiterzuverbreiten.«

Ich habe viel Zeit gebraucht, um die ganze Tragweite von Sergios Worten zu verstehen.

Ohne daß ich es bemerkt hatte, hatte sich mir auf dieser Reise zu den Kanarischen Inseln eine neue Welt eröffnet.

Inzwischen setzen diese Gruppen von Teneriffa und Las Palmas ihre Experimente und Untersuchungen mit gestärkten Kräften fort. Und jeder, der eine Bestätigung dafür möchte, was hier erzählt wird, sollte sich einfach an den Sitz der ›Atlantischen Gesellschaft für Parapsychologische Forschung‹ (SAIP) wenden, der diese Gruppen angehören.*

Seit diesem Augenblick wußte auch ich, daß wir davor standen, neue und erstaunliche Ereignisse zu erleben.

Es ging jedoch weiter auf den Spuren der Ufos: Mein nächstes Ziel stand bereits fest.

* Die SAIP (dt. Atlantische Gesellschaft für Parapsychologische Forschung) hatte 1977 ihren Hauptsitz in Santa Cruz de Tenerife, Postfach 10034.

17. Kapitel

Gewagte ›Landung‹ auf der Plaza de Los Caídos in Benacazón. – Die Herausforderung. – Die geheimnisvolle Dunkelheit im Coto de Doñana. – ›Ich bin noch nicht bereit.‹

Diego Ramos Fernández holte eine Flasche Weißwein und eingelegte Oliven hervor.

Obwohl ich mich in Andalusien befand, war ich dankbar für das kleine Öfchen, das sich nach altem Brauch unter der langen Tischdecke befand und unsere Beine wärmte. Immerhin befanden wir uns noch mitten im Januar . . .

Dieser Januar 1976 zeichnete sich durch eine unerwartete und starke Ufo-Welle über unserem Land und – konkret – über einem großen Anteil Andalusiens aus.

Der 28jährige Diego Ramos, von Beruf Chauffeur und Bewohner des sevillanischen Dorfes Benacazón, hatte uns freundlicherweise zu einem weiteren Schluck Weißwein, der aus dieser Gegend stammte, eingeladen. Ohne Zögern trank ich ihn in einem Zug.

Es war seltsam. Von neuem befand ich mich vor einem Mann, der in weniger als acht Metern Entfernung einem kleinen Schiff außerirdischer Herkunft gegenübergestanden hatte.

Wenn mich mein Gedächtnis nicht täuscht, war Diego einer der wenigen Menschen, die absichtlich voller Neugier auf ein Ufo zugingen und bis auf eine minimale Entfernung von acht bis zehn Metern an das Schiff herankamen.

Wie an allen Tagen jener Woche, die fast schon vorüber war, ging Diego Ramon Fernández ungefähr um halb sechs morgens aus dem Haus. Aus dem Haus, in dem ich mich gerade am Feuer des Kohleöfchens aufwärmte, in Begleitung von Manuel Amores Mora, einem sachkundigen Diplom-Chemiker, der mir geholfen hatte, den Zeugen dieser waghalsigen Landung aufzuspüren.

Diego fährt einen der Autobusse der Firma ›Martínez‹, der die Strecke Benacazón – Umbrete – Espartinas – Castillejas – Coca de la Piñera – Sevilla und zurück befährt.

An der Tür seines Hauses holte Diego eine Zigarette hervor und zündete sie an, während er seinen Blick automatisch zum kleinen Plaza de Los Caídos mitten in Benacazón hob, der ungefähr 150 bis 200 Meter von ihm entfernt war.

»Also die vom Kiosk hat heute aber früh offen«, dachte Diego, als er einen Schimmer an der Stelle des Platzes bemerkte, wo sich jener Kiosk befand.

»Ich war verwundert, wissen Sie«, bemerkte der Bewohner von Benacazón.

»Während ich dorthin ging, beobachtete ich es genauer und sah einen Scheinwerfer von weißem Licht, der doppelt so groß wie der Scheinwerfer eines Wagens war. Rundherum waren kleine farbige Lichter. Rote und weiße, wie die Positionslichter eines Flugzeugs . . .

›Das ist ja gar nicht der Kiosk‹, sagte ich mir, als ich ein bißchen näher kam.

›Meine Herren! Es wird ein Lastwagen sein! Der hat aber starke Lichter.‹«

Mit nicht allzu großer Eile ging Diego auf dem linken Bürgersteig seiner Straße weiter, die auf den Platz *Los Caídos* mündet.

Seine Gedanken drehten sich weiter:

›Es ist aber auch seltsam, daß dieser Lastwagen nicht das geringste Geräusch macht . . .‹

Um halb sechs morgens an diesem 10. Januar schlief das ganze Dorf selbstverständlich noch. Keine Menschenseele war auf der Straße.

»Tatsächlich begann dieses Licht mich zu beunruhigen. Aber es war kein Lastwagen. Auch kein PKW . . .

Es war mitten auf der Straße und befand sich etwa einen Meter über dem Boden.«

Diego kam bei einer Baumgruppe an, die ungefähr acht Meter von dem leuchtenden Objekt entfernt war.

»Es hatte die Form der Fahrerkabine eines Lastwagens und war so hoch wie diese Tür hier.«

Der Chauffeur deutete auf eine der Türen in seinem Haus.

»Wie hoch wird ›Es‹ also gewesen sein? Ungefähr 1,90 bis 2 Meter, nicht mehr. In der Breite maß es drei Viertel davon.

Aber ich konnte keinen Schritt weitergehen. Es blendete mich. Kennen Sie die Lichter, die man bei uns bei den ›psychotechnischen‹ Examina anwendet . . .?«

Ich nickte.

»Nun gut, das Licht war doppelt so stark wie das Licht eines Lastwagens.«

»Es bewegte sich tatsächlich nicht?«

»Nein. Es stand still und war völlig ruhig. Ich glaube, wenn ich es nicht angeblickt hätte, wäre ich bis an dieses Ding herangekommen.«

»Können Sie sich daran erinnern, bis wohin das Licht von diesem Objekt abstrahlte?«

»Sehr weit. Ich glaube, bis zu meinem Haus. Es beleuchtete alles . . .«

Da er nicht weitergehen konnte, weil er durch den starken Scheinwerfer geblendet wurde, beschloß Diego, zur

Garage zu rennen, in der der Autobus stand. Zwei Minuten später – »sogar ohne den Motor des Pegaso vorglühen zu lassen« – war er wieder auf dem Platz, bereit, dieses Ding mit den Scheinwerfern seines Busses anzustrahlen und so diese mehr als geheimnisvolle Angelegenheit ans Licht zu bringen . . .

Aber was für eine Überraschung: Als er auf dem Platz der *Los Caídos* angekommen war, war das Ufo weg.

»Ich konnte es mir nicht erklären. Ich brauchte nicht mal zwei Minuten dorthin . . .!«

»Wohin könnte es verschwunden sein?«

»Ich schaltete die Lichter des Busses aus und wartete bis fünf vor sechs.

Aber ich sah und hörte nichts.

Daher beschloß ich, eine Runde zu drehen, und fuhr auf die nahe gelegene Straße nach Sanlúcar la Mayor und schaute, ob ich es irgendwo entdecken konnte. Aber das war auch zwecklos. Gegen sechs Uhr morgens fuhr ich dann nach Sevilla, um mit der Arbeit zu beginnen.

Am nächsten Morgen stand ich um die gleiche Uhrzeit auf und ging mit der Vorstellung auf die Straße, es noch einmal zu sehen. Das war aber nicht der Fall.

Als ich später den Ort näher untersuchte, wo das kleine Schiff fast auf der Erde gestanden hatte, fühlte ich einen kalten Schauer über meinen Rücken laufen.

›Diesmal‹, dachte ich, ›waren sie noch wagemutiger. Sie sind ja mitten in einem Dorf gelandet! . . .‹«

Plötzlich erinnerte ich mich an die Hunde. Normalerweise nehmen die Tiere in der Nähe die Gegenwart eines Schiffes oder der außerirdischen Besatzungsmitglieder bei einer dieser Annäherungen als erste wahr und verändern ihr Verhalten spürbar.

»Ja«, antwortete mir der Chauffeur, als ich ihn speziell darüber befragte, »in dieser Nacht hatte ich gemerkt, daß drei Hunde in der Nähe meines Hauses bellten. Aber ich maß dem keine Bedeutung bei . . .«

Mit Hilfe dieses Zeugen erfuhr ich außerdem, daß andere Bewohner von Benacazón dasselbe Ufo am Morgen des vorherigen Tages gesehen hatten.

Diesmal in der Straße, in der Diego wohnt, und zwanzig bis dreißig Meter von seinem Zuhause entfernt.

Die wichtigste Zeugin war die 53jährige Frau Nieves Franco Díaz, deren Haus genau dort steht, wo sich am Morgen des 9. Januar auch das erwähnte Ufo befand.

»In dieser Nacht war ich im Haus meiner Eltern«, erläuterte uns die gute Frau. »Morgens um Viertel vor sechs war meine Mutter gestorben.

Ich rannte nach Hause, um meinem Mann Bescheid zu geben, und wenige Meter von unserem Haus entfernt sah ich ein starkes Licht. Ich bekam Angst und sagte Herrn Matías Bescheid, meinem Nachbarn. Wir beide blieben dort und beobachteten dieses seltsame Ding . . .«

»Wo befand es sich genau?«

»Vor meiner Haustür«, antwortete die Frau. »Deshalb wagte ich nicht, dort hineinzugehen.«

Die Beschreibung des Objekts von Frau Nieves Franco stimmte völlig mit der ihres Nachbarn, dem Busfahrer, überein.

»Schließlich entfernte sich das Licht ganz langsam«, fuhr die Frau fort, »und stieg zum Himmel auf. Dabei folgte es der gleichen Richtung wie die Straße von Aznalcázar. Trotz meiner Angst konnte ich mein Haus betreten und meinem Mann den Tod meiner Mutter mitteilen.«

An den zwei aufeinanderfolgenden Morgen des 9. und 10. Januar hatte ein Ufo von kleinen Ausmaßen alle Rekorde an Kühnheit geschlagen, indem es mitten im Dorf Benacazón (Sevilla) ›gelandet‹ war.

Während ich am Sonntag abend, dem 18. Januar, aus

diesem Dorf wegfuhr, mußte ich an viele andere Fälle denken, die in derselben Gegend in den letzten Monaten vorgekommen waren. Aznalcollar, Sanlúcar la Mayor, Almonte, Bollullos del Condado, Rociana, Benacazón . . .

Was konnte es in dieser Gegend geben, damit die Beobachtungen derartig häufig vorkamen?

Was konnten die Außerirdischen suchen?

Ohne genau zu wissen, warum, hielt ich das Auto an. Es war fast zehn Uhr abends. Am nächsten Tag mußte ich dringend nach Madrid zurückkehren. Da hatte ich plötzlich eine Idee:

›Warum beschließe ich nicht einfach, die Nacht mit einer Inspektion dieses ganzen Gebietes zu verbringen? Warum fahre ich nicht langsam seine Kreisstraßen ab? Vielleicht habe ich ja Glück, und ich kann sie noch einmal sehen . . .‹

Ich stieg aus dem Wagen aus und beobachtete den Sternenhimmel. Er war klar. Die Sterne drängten sich eng aneinander, wie es am Himmel von Andalusien normalerweise immer der Fall ist. Ich hatte mich entschlossen.

Ganz langsam und ohne Eile begann ich einen Weg ohne Ziel. Ich war glücklich. Ich kannte dieses Gefühl bereits. Auch auf anderen Straßen, in anderen Augenblikken, während ich dem Weg und den Spuren dieser außerirdischen Schiffe gefolgt war, hatte ich dieses Gefühl von völliger Ruhe hautnah gespürt. Als ob ich beschützt werden würde . . .

Es war, als ob ›jemand‹ meine Schritte von oben verfolgen würde.

Als ob fremde Augen jede einzelne meiner Bewegungen beobachten würden . . .

Dieser Gedanke verstörte mich nicht etwa, noch war er mir unangenehm, vielmehr weckte er Frieden und Vertrauen in mir. Ich ließ Aznalcázar und Pilas hinter mir.

Meine Augen hingen aufmerksam am Himmel und beobachteten die Felder. Meist sahen sie nur ein Schwarz, das hier und dort von den erlöschenden Lichtern der Bauernhäuser oder Gaststätten unterbrochen wurde.

Ich erinnere mich noch daran, daß ich bei Hinojos nach Villamanrique de la Condessa umkehren mußte, weil die Straße gesperrt war.

Ich weiß nicht mehr genau, wo ich anhielt, um eine kurze Pause zu machen. Nach einem spärlichen Brötchen und ein paar großzügig eingeschenkten Tassen schwarzen Kaffees fuhr ich erneut auf den Straßen von Huelva umher. Ich hatte meine Kamera dabei, die für den sofortigen Gebrauch bereit lag: ein Fernglas von 10 × 50 und meinen ebenfalls unzertrennlichen Begleiter, einen Flachmann mit gutem Cognac. Die Nacht wurde kalt . . .

Während ich langsam Richtung El Rocio fuhr, schoß mir plötzlich ein weiterer ›Gedanke‹ durch den Kopf:

›Warum sollte ich nicht den Großteil der Nacht, bis zum Tagesanbruch, in dem einsamen Sumpfgebiet des *Coto de Doñana* verbringen?‹

Aus Erfahrung und von früheren Untersuchungen wußte ich, daß dieser Ort eine ›Zufluchtsstätte‹ für viele dieser Schiffe war. Zumindest hatten Dutzende von Zeugen sie das Sumpfgebiet überfliegen sehen bzw. in das Gebiet hineinfliegen und wieder herauskommen sehen.

Dorthin richtete ich also meine Schritte, wenn auch mit gemäßigter Geschwindigkeit.

Wenige Kilometer vom weißen Dorf El Rocio entfernt parkte ich das Auto an der Straße und stieg mit dem Fernglas um den Hals aus.

Während ich mir eine neue Zigarette anzündete und aufmerksam das Firmament beobachtete, fragte ich mich ungewollt:

›Aber wirst du die physische Gegenwart dieser außeridischen Wesen überhaupt ertragen können?‹

Dieser Gedanke beunruhigte mich. Von einer Unmenge an Beschreibungen von Zeugen oder den Erzählungen der Mitglieder des IPRI wußte ich, daß einige dieser Rassen oder Zivilisationen, die uns besuchen, gigantische Wesen von mehr als 2,50 Metern Größe sind. Ich wußte, daß ihre Haare normalerweise hell und lang waren, sie beinahe chinesische Gesichtszüge hatten, die wie aus Stein oder Holz gebildet zu sein scheinen. Ich wußte, daß ihre Uniformen ein metallisches Aussehen hatten, daß sie glänzende Stiefel bis zu den Knien und Handschuhe trugen . . .

Ich hatte auch von weiteren Besatzungsmitgliedern von anderer physischer Gestalt gehört.

In vielen Fällen waren Wesen gesehen worden, die kaum eine Größe von 1,20 Metern erreichten. Ihre Köpfe waren groß und im Vergleich zum Rest ihres Körpers überproportioniert. Ihre ebenfalls riesigen Augen hatten keine Lider, und sie trugen normalerweise sehr eng anliegende Uniformen von dunkler Farbe.

›Wäre ich‹, wiederholte ich mir, ›fähig, die Nähe eines dieser Wesen auszuhalten? Könnte ich es wirklich an einem einsamen Ort, allein in der Dunkelheit der Nacht ertragen?‹ Diese Idee wandelte sich bald in eine Art von Herausforderung. Ich stieg wieder ins Auto, bereit, es herauszufinden.

Dafür benötigte ich selbstverständlich einen einsamen Ort, einen mir unbekannten. Völlig isoliert von jeglicher Zivilisation. Wieder dachte ich an das *Coto de Doñana*, das große spanische Naturschutzgebiet.

Ich gab Gas. Gegen halb eins sah ich bereits eines der Hinweisschilder zum ›Palacio de Doñana‹. Aber ich brauchte einen absolut einsamen Ort.

Ich fuhr die Straße weiter entlang, die am *Torre de la Higuera* endet, am Rand des Atlantischen Ozeans. Bald konnte ich links die nebligen Sumpfgebiete und Moore des *Coto* erkennen.

Ich mußte einen Weg finden, auf dem ich hineinfahren konnte. Aber bevor ich den letzten Teil dieser ›Aktion‹ in die Tat umsetzte, hielt ich den Wagen an und dachte nach:

›Warum mache ich das alles? Was für ein Interesse habe ich daran, sie zu sehen . . .?‹

Die Antwort kam prompt und deutlich.

›Ich muß sie eben darum sehen, weil ich glaube, daß es sie gibt. Und weil ich ihre Welten, ihre Lebensformen und ihre Schiffe kennenlernen will . . .‹

Ohne weiter zu zögern – mutig und zu allem bereit – begann ich die Suche nach irgendeinem Weg, der mir erlauben würde, in die Weiten dieser wilden und pechschwarzen Zone einzudringen.

Nach wenigen Kilometern kam eine Abzweigung. Nachdem ich mich versichert hatte, daß kein anderer Wagen mein Manöver bemerkte, bog ich nach links ab und fuhr schnell in diesen unebenen Feldweg hinein, der wahrscheinlich von Traktorspuren schrecklich zerfurcht war.

Als ich bemerkte, daß mich eine der Wegbiegungen bereits vor den möglichen Blicken der wenigen Fahrzeuge verbarg, die auf der Straße fuhren, hielt ich an und nahm eine Taschenlampe, um den Feldweg und die Umgebung näher zu untersuchen.

Der nicht allzu breite Weg war wenigstens trocken, und das machte mir Mut, bei dieser außergewöhnlichen Herausforderung weiterzumachen, der ich mich – so dachte ich jedenfalls – aus eigenem Antrieb gestellt hatte . . .

Ich fuhr wieder weiter, diesmal sehr langsam, um dabei

von Zeit zu Zeit mit den Lichtern aufzublenden und so viele Ufos wie möglich ›auf mich aufmerksam zu machen‹, falls sie sich gerade in diesem Gebiet befinden sollten.

Einige Male während dieses langsamen und mühevollen Vorwärtskommens mit dem Wagen auf diesem Feldweg fragte ich mich, was zum Teufel ich eigentlich tat.

›Wie kommt es, lieber J. J.‹, sagte meine innere Stimme, ›daß du dich gerade inmitten dieser von Gott und dem Teufel verlassenen Sümpfe aufhältst und Außerirdischen ›Lichtsignale‹ gibst . . .?

Es kann doch nicht etwa sein, lieber Freund, daß du verrückt bist?‹ fragte ich mich wiederholt.

Aber ich sage es noch mal, daß ich von ›Etwas‹, einer ›Kraft‹, die ich nie erklären konnte, dazu angetrieben wurde, nicht aufzugeben.

Nach einer halben Stunde kam ich offensichtlich am Ende dieses Weges an. Ich befand mich an einer kleinen Lichtung, auf der man ein Areal mit umgegrabener Erde erkennen konnte.

Meine seltsame ›Reise‹ endete daher dort.

Ich blieb noch einige Minuten lang im Inneren des Wagens und versuchte, mir die Landschaft drumherum einzuprägen. Zu beiden Seiten des Weges erstreckte sich einige Meter weit ein dichtes und dorniges Buschwerk. Ganz hinten, als Abschluß der Lichtung, eine ›Mauer‹ aus kleinen Bäumen, die ich nicht genauer erkennen konnte. Ich war am idealen Ort für eine Sichtung . . .

Niemand würde mich sehen können. Ich hatte die Straße schon einige Kilometer hinter mir gelassen.

Ich stieg aus dem Wagen aus, und eine feuchte Brise ließ mich von Kopf bis Fuß erschaudern. Aber da war schließlich noch mein Flachmann, was ich herzlich begrüßte.

›Gut‹, dachte ich. ›Der Ort könnte gar nicht geeigneter sein. Ich werde warten . . .‹

Meine Uhr zeigte ein Uhr morgens an, und ich wußte tatsächlich nicht, was ich zu erwarten hatte.

Ich drehte mich langsam auf den Fersen um und versuchte, mich mit jener dichten Dunkelheit vertraut zu machen. Die Lichter des Wagens halfen mir zwar, aber nicht allzuviel. Ich beschloß, sie endgültig auszuschalten.

Von diesem Augenblick an wurde die Einsamkeit in dieser Landschaft noch überwältigender. Alle meine Sinne schienen geschärft zu sein. Ich bemerkte, daß sich mein Herzschlag beschleunigte, und erlebte – ich bekenne es ganz offen – einige der fürchterlichsten Schrecksekunden in meinem Leben. Ich konnte noch nicht einmal den Ruf der Eule hören, nicht einmal das Plätschern irgendeines Tieres in den nahe gelegenen Tümpeln. Es war eine absolut lähmende Stille.

Ich zündete noch eine Zigarette an und sagte mir:

›Du bist noch nicht einmal zehn Minuten hier und fängst schon an, dir Sorgen zu machen. Das kann ja heiter werden . . .!‹

Durch meinen aus den untersten Schichten hervorgeholten Pragmatismus beruhigt, machte ich es mir wieder im Wagen bequem und konzentrierte meine Aufmerksamkeit auf die Sterne. Aber diese äußerliche Ruhe hielt nur wenige Minuten an. Denn eine Obsession schien eine Schallplatte in meinem Kopf ablaufen zu lassen:

›Glaubst du wirklich, daß du die physische Gegenwart dieser Wesen aus dem All ertragen könntest?‹

Ein kalter Schauer lief mir über den Rücken, und ich glaube nicht, daß es eine Folge der Kälte im Wagen war. Nervös wandte ich mich wieder den schwarzen Umrissen des kleinen Waldes zu meiner Rechten zu und richtete meine Augen auf die Dunkelheit. In dieser Haltung verharrte ich einige Sekunden. Ich versuchte, etwas oder jemanden im Dickicht zu sehen, zu entdecken. Ich wußte nicht, warum, aber ich spürte, daß mich dort, an jenem Ort, einige seltsame Augen beobachteten.

Wieder und wieder erschauderte ich. Ich spürte, wie sich mir die Haare im Nacken sträubten. An meinen Armen bemerkte ich ein seltsames Kribbeln.

›Du läßt dich von der Dunkelheit und Stille einschüchtern‹, wiederholte ich ständig wie eine Maschine.

Ich suchte ganz langsam die gesamte Breite dieser ›Mauer‹ aus Pflanzen ab und hielt dabei den Atem an. Hinter jedem Baumstamm, hinter jedem Busch schien ich einen Schatten zu entdecken, der sich aber schnell wieder verflüchtigte . . .

Irgend etwas schnürte mir die Luft ab.

Warum hörte man nicht die gewöhnlichen Geräusche eines Sumpfes, die doch eigentlich zu erwarten waren? Warum konnte ich nicht einmal das Vorbeifliegen eines einzigen verdammten Vogels sehen?

Ich wußte, daß eine längere und ungewöhnliche Stille an Orten, wo es so dermaßen viele Tiere gab, ein Symptom für die Anwesenheit oder die Nähe eines oder mehrerer dieser außerdirdischen Schiffe zu sein pflegte.

Dann war da auch noch dieses Gefühl. Ich fühlte mich überwacht, ›ausspioniert‹, fast kontrolliert von irgend etwas mir Überlegenem.

Plötzlich drehte ich mich zur anderen Seite um. Und das blitzschnell. Ich hatte in meinem Rücken die ›Gegenwart‹ von irgend jemandem gespürt . . .

Während mein Herz wie wild schlug und meinen Brustkorb zu sprengen drohte, suchte ich mit meinen Blicken die andere Seite dieses Ortes ab. Aber auch dort war nichts.

Ich holte tief Luft. Kalter Schweiß lief mir über den Nacken.

Ich dachte:

›Wenn ihr wirklich hier seid, dann tretet in Erscheinung . . .‹

Ich war mir nicht ganz sicher, was genau ich mir wünschen sollte, aber diese Situation war unerträglich.

Ich verharrte noch einige Minuten außerhalb des Wagens. Ich ballte die Fäuste in meinen Taschen und wartete. Nach einiger Zeit, die mir unendlich vorkam, sah ich über den Baumkronen etwas, was ich mir immer noch nicht ganz erklären kann. In aufeinanderfolgenden Wellen sah ich einige kleine Energiewolken. Sie schienen vom Wind getrieben zu werden . . .

Dieses Phänomen wiederholte sich zwei oder drei Mal.

Das war mehr als genug. Panik – nicht einfach nur Angst – überwältigte mich, und ich stürzte ins Innere des Autos. Ich floh von diesem Ort wie eine vom Teufel gejagte Seele . . .

Das waren dreißig Minuten, die ich niemals vergessen werde.

Als ich auf die Hauptstraße kam, hielt ich nicht an. Ich fuhr bis zum ersten Dorf, und dort, zwischen Lichtern und weißen Häusern, versuchte ich, über die Erfahrung nachzudenken, die ich gerade gemacht hatte.

Ein einziger Gedanke kam mir in den Sinn:

›Du bist noch nicht dazu bereit, sie zu sehen.‹

So war es, und als solches muß ich es auch zugeben. Während ich über das gerade Erlebte nachdachte, überraschte mich dann dort der neue Tag.

18. Kapitel

»Es sind Ufos.« – Die Schiffe, die mit ›Verspätung‹ erschienen. – 22. Januar 1976: ›Kontakt‹ mit dem Mars. – Zwei seltsame Telefongespräche. – Umbe: Eine Beobachtung verläuft positiv. – 30. Januar: Drei Ufos erscheinen nach vorheriger ›Verabredung‹. – Sie werden mit Infrarotfilm fotografiert. – Unsichtbar.

Es war meine Frau Raquel, die mir die Nachricht per Telefon übermittelte:

›Am 13. Januar 1976 wurden zwei Ufos über dem Gebiet des Berges Umbe gesichtet.‹

Bei meiner Rückkehr nach Bilbao interviewte ich die Zeugen sofort. Zwei Tage zuvor, am Sonntag, dem 11. Januar, waren insgesamt acht bis zehn Mitglieder von RAMA zum Umbe, in der Nähe der Hauptstadt der Vizcaya gefahren. Eine weitere Sichtung war angekündigt worden.

In dieser Nacht, als bereits der frühe Morgen des Montages, des 12. Januar, angebrochen war, mußten José Luis Barturen und ich aus beruflichen Gründen den Umbe viel früher als der Rest der Gruppe verlassen.

Wie ich Tage später erfuhr, hatte niemand der dort Anwesenden etwas gesehen. Die ›Verabredung‹ war – einmal mehr – fehlgeschlagen.

Aber Stunden später, gegen Viertel vor acht am Abend des genannten 13. Januar 1976, konnten Zeugen vom Wohngebiet *Negurigane*, das wenige Kilometer von Bilbao entfernt liegt, zwei Ufos beobachten, die vor den Augen der erstaunten Bewohner mehr als eine Stunde lang in der Luft verharrten.

Unter den Zeugen befand sich ein nordamerikanischer Nuklearingenieur.

Die beiden Ufos befanden sich zufälligerweise über dem Umbe.

Zu dieser Zeit, um 19.45 Uhr, stand eines der Kinder der Familie des L. I. A., einem Unternehmer aus Bilbao, der in der Nummer 20 jenes *Negurigane*-Wohngebietes wohnt, am Fenster seines Schlafzimmers, das nach Nordosten ausgerichtet ist, und schaute hinaus.

Der 14jährige Koldo erzählte mir das Geschehene folgendermaßen:

»Als ich den Himmel betrachtete, sah ich etwas, das viel Licht abstrahlte. Es flog in Richtung Portugalete oder Baracaldo, und ich konnte es etwa zwanzig Sekunden lang sehen. Es flog schneller als ein Flugzeug. Und es hatte vier rote Lichter.«

Der Junge rief eilig seine Familie herbei. Als er aber ans Fenster zurückkam, war das Objekt verschwunden.

Minuten später kam die Großmutter Koldos zu ihm ans Fenster. Sie war sehr erstaunt, als sie am Horizont zwei ziemlich ungewöhnliche ›Sterne‹ bemerkte. Sie rief ihren Enkel, und beide konnten feststellen, daß die ›Sterne‹ tatsächlich sehr wenig mit Sternen zu tun hatten . . .

Sofort war die ganze Familie am Fenster versammelt. In diesem Augenblick waren außer Koldo und seiner Großmutter folgende Personen im Haus: die Ehefrau des Unternehmers M. J. B. dessen 12jährige Tochter und die Schwestern Yolanda und Mari Mar Mesa, Freunde der Familie und Bewohner eines Gehöfts in der Nähe sowie ein Mathematiklehrer, der erst wenige Minuten vorher dazugekommen war.

Kurz nach der Entdeckung der Ufos sagte die Familie

auch einem benachbarten Ehepaar Bescheid, Lerry und Dona Lucas. Der Ehemann war Nuklearingenieur und arbeitete damals bei der Konstruktion des Atomkraftwerkes in Lemoniz an der Küste der Vizcaya mit.

»Am Anfang waren sie unbeweglich«, erklärten mir die Zeugen. »Wahrscheinlich direkt über dem Berg Umbe oder in seiner Nähe.«

Nach einigen Minuten bewegte sich das linke der Ufos horizontal, drehte im rechten Winkel ab und hob sich langsam in die Höhe. Kurz darauf stand es wieder unbeweglich. Auch das zweite flog nach oben, bis es wieder ruhig stand.

Die Familie hatte in diesem Augenblick ein Teleskop Modell ›Coated‹, ein japanisches Fabrikat, mit bis zu 45facher Vergrößerung zur Verfügung. Das heißt ein Gerät von beträchtlicher Stärke und exzellenter Qualität. Mehr als genug also, um die beiden Schiffe nach Belieben zu beobachten.

Natürlich konnte jeder einzelne der erstaunten Zeugen das Ufo durch dieses Teleskop betrachten.

Nach der Beschreibung der Zeugen waren die Schiffe eindeutig scheibenförmig, mit einer Art von ›Ausbuchtung‹ auf dem oberen Teil.

»Es hatte«, bemerkte die Mutter mit einer sehr plastischen Beschreibung, »das Aussehen des berühmten ›Helmes‹ von Don Quijote.«

(Besagter ›Helm‹ des Ritters aus de La Mancha bestand aus nichts anderem als einer Schüssel, wie sie die Barbiere zum Anfeuchten der Bärte benutzen. Dieses Untensil hat eine Form, die der vieler Ufos ähnelt, die an Dutzenden Punkten der Welt gesichtet wurden.)

Als der nordamerikanische Ingenieur die zwei Objekte betrachtete, erklärte er ungerührt auf englisch:

»Es sind Ufos.«

Gegen 20.45 Uhr wurden die zwei Ufos ›kleiner‹ und verschwanden.

Einige Tage später sah eine dieser Zeuginnen vom 13. Januar – Mari Mar Mesa – noch einmal an der gleichen Stelle eins dieser Schiffe.

Sie dachte:

»Müssen wir auch das dem Zufall zuschreiben, daß wenige Stunden nach unserem Aufenthalt auf dem Berg Umbe diese zwei Schiffe über dieser Gegend auftauchen?«

Warum aber waren sie andererseits nicht in dem Augenblick dort, an dem die Gruppe auf sie wartete?

Der Januar 1976 sollte aber überreich an geglückten ›Sichtungen‹ seitens der Gruppe der ›Kosmischen Bruderschaft‹ werden.

Seit dem 28. Oktober 1975 hatte sich das Vertrauen innerhalb dieser Gruppe aus Bilbao noch verstärkt. Sie waren also weit davon entfernt, sich wegen des einzelnen offensichtlichen Fehlschlages bei dieser Verabredung zu spalten. Und obwohl es unglaublich scheint, schlossen sich der Gruppe viele von denen an, die beim erwähnten ›physischen Beweis‹ auf dem Umbe anwesend waren und versuchten, vollständiger zu begreifen, was dort wirklich geschehen war.

Seitdem sind verständlicherweise bei allen Gruppen in Spanien und im Rest der Welt solche vereinbarten ›Verabredungen‹ häufiger geworden. Bislang schlugen jedoch so gut wie alle fehl.

Aber weit entfernt davon, klein beizugeben, setzten die Mitglieder der Gruppe ihre Kontakte fort.

Am 22. dieses Monats gab es eine neue und riesige Überraschung.

Einige Tage zuvor, am Sonntag, dem 18. Oktober, wollten einige Personen zum ersten Mal das System des ›Kontakts‹ mittels Glas und Buchstaben ausprobieren und versammelten sich im Haus von Pedro Álvaro Asúa, einem 29jährigen Unternehmer aus Bilbao. Mit anwesend waren seine Frau Ana M. Ortiz; José Antonio Moro Gregorio, der Geschäftspartner des Unternehmers; Gonzalo González, ein Diplom-Ingenieur, und seine Freundin, die Lehrerin Julia Laconcha. Wie sie mir später in einer langen Unterhaltung mitteilten, wollten sie sehen »was passiert«.

»Es ›funktionierte‹. Jetzt glaube ich, daß es ›funktionierte‹!« riefen sie in ehrlichem Enthusiasmus. »Zuerst glitt es nur langsam, aber nach und nach wurde es zunehmend schneller und . . .«

Ana unterbrach und versicherte:

»Ich kann dir sagen, daß ich tief bewegt war. Als das Glas hin und her zu gleiten begann, war ich tief bewegt . . .«

»In Wirklichkeit hatten wir kein großes Vertrauen in das, was wir taten«, fügte Pedro hinzu. »Es war das erste Mal . . .«

»Aber es ›funktionierte‹ . . .«

»Wie du siehst.«

»Und mit wem hattet ihr ›Kontakt‹?«

»Das wirst du uns nicht glauben . . .«

Ich versicherte ihm, daß ich mich schon seit geraumer Zeit über nichts mehr wunderte. Die Gruppe fuhr fort:

»Mit jemandem, der behauptete, vom Mars zu sein. Wir fragten ihn dann, ob wir einen visuellen Kontakt mit ihnen haben könnten. Er antwortete uns, daß das möglich sei.

›Wann? An welchem Tag in dieser Woche?‹

›DONNERSTAG.‹

›Welche Stunde?‹

›UM ZWÖLF.‹

›Tagsüber oder nachts?‹

›NACHTS.‹

›Wo?‹

Er antwortete:

›HUMUBE.‹

Wir glaubten, daß er UMBE sagen wollte. Dabei blieb es. Tatsächlich hatten wir gewisse Befürchtungen. Man hatte uns mehrfach gesagt, daß die vom Mars ›negativ‹ seien.

Wir teilten dies dem Rest der Gruppe mit, und sie sagten uns, wir sollten aufpassen. So kam es, daß wir es im Verlauf der nächsten Tage vergaßen. Wir hatten es sowieso nicht allzu wichtig genommen ...

Am Donnerstag, dem 22. kam Marce García Martos, die du bereits kennst, in den Laden. Wir tranken ein Glas Wein und luden sie ein, zum Essen bei uns zu bleiben. Das tat sie auch.«

»Wir gingen ins Haus«, fuhr Pedro Álvaro fort, »und setzten uns an den Tisch. Anwesend waren Ana, Marce, Alberto Rodríguez Díez, der Junge, der bei uns arbeitet, und ich. Wir hatten gerade fertig gegessen und waren gerade dabei, auf dem Sofa ein Glas Wein zu trinken, als das Telefon klingelte. Ich erhob mich, nahm den Hörer in die Hand und ...

›Hallo?‹ fragte ich.

Da hörte ich ein äußerst merkwürdiges Geräusch. Wie ein Summen. Eine fast metallische Stimme, als ob sie von weiß Gott was für einem Ort herkäme, sagte mir ganz langsam:

›DENK DRAN, BRUDER, DASS WIR HEUTE EINE VERABREDUNG HABEN.‹

›Aber ..., hallo ...! Sind Sie noch dort ...? Hallo!‹ antwortete ich zu Tode erschrocken.

Auch Marce war erschreckt und fragte immer wieder:

›Was ist los . . .? Ist es meine Frau . . .? Ist es für mich?‹

Dann wiederholte die Stimme noch dreimal:

›DENK DRAN, BRUDER, DASS WIR HEUTE EINE VERABREDUNG HABEN.‹

›He . . . hallo . . .! Hören Sie!‹

Endlich stellten sich meine Reaktionen wieder ein, und ich rief Marce und meine Frau herbei. Aber man konnte die Stimme nicht mehr hören. Nur dieses seltsame Geräusch, das wie Verkehrslärm klang, nur ohne Hupen . . .

›Hallo . . .! Hören Sie‹, wiederholte ich noch einige Male. Aber er hatte aufgehängt.

Zuerst glaubten wir, daß es sich um irgendeinen Spaßvogel handelte. Als wir später noch einmal darüber nachdachten, begriffen wir, daß das nicht sein konnte.«

»Warum nicht?«

»Weil wir damals gerade mal zwanzig Tage in dieser Wohnung wohnten. Das Telefon war noch auf den Namen des vorherigen Bewohners angemeldet. Nicht einmal ich selbst kannte die Nummer«, betonte Pedro.

»Wer kannte sie?«

»Ana und Marce, die ja gerade bei uns waren, Moro und mein Bruder. Mein Geschäftspartner Moro aber aß um diese Zeit, um halb vier mittags, gerade mit einem Angestellten. Und mein Bruder befand sich in Torrelavega. Außerdem ist Moro das gleiche passiert . . .

Auf jeden Fall – und obwohl man mich auf die Möglichkeit hingewiesen hatte, daß es sich doch um einen Art Scherz handeln könnte – bin ich mir sicher, daß diese Stimme keine gewöhnliche war, daß es sich nicht um die eines menschlichen Wesen handelte . . .

›Also gut‹, sagte mir Marce. ›Warum bittest du ihn nicht, dir einen Beweis zu geben?‹

Wir gingen auf die Terrasse hinaus. Dann forderte ich einen Beweis. Tatsächlich konnte ich über dem Berg Archanda ein ovales Objekt sehen, dessen Farbe gerade von Orange zu Lila und schließlich ins Rote überging.

›Dort, dort!‹ schrie ich. Aber weder Ana noch Marce konnten etwas erkennen. Nur der Junge, Alberto, sah es gleichzeitig mit mir. Es stieg hoch und verschwand in einer bestimmten Höhe. Kurz danach tauchte es wieder weiter unten auf. Es stieg von neuem in die Höhe und verschwand wieder. All das dauerte mehr als zehn Minuten . . .

Nur der Junge und ich konnten es sehen.

Schließlich gingen wir ins Geschäft hinunter. Ich mißtraute der ganzen Sache aber trotz allem und rief daher Gonzalo und Julia an. Sie versicherten mir aber, daß sie mich nicht angerufen hätten . . .

Ich wurde immer gespannter und rief deshalb schließlich meinen Geschäftspartner, José Antonio Moro, an. Aber er schwor mir mehrfach, nicht der Urheber dieses Anrufs zu sein.

Um die Sache ganz aufzuklären, rief ich dann auch noch bei meinem Bruder Valen in Torrelavega an. Aber er hatte keine Ahnung, wovon ich sprach . . .

Wer also konnte mich angerufen haben, wenn niemand derjenigen, die meine Nummer kannten, es getan hatte?«

»Was geschah dann?«

»Nichts. Aber ich beschloß, an diesem Abend zum Umbe hinaufzufahren. Marce aber stellte noch einmal einen ›Kontakt‹ her, und sie wiederholten, daß das ›negativ‹ sei, daß ich nicht auf den Umbe fahren solle. Ich allerdings hatte mir wirklich gewünscht, daß sie mich in meiner Absicht bestätigen würden . . .«

Aber, nein. Jedesmal kam dieses ›ACHTUNG‹ . . .

Wir begannen uns daraufhin ernsthaft Sorgen zu machen und baten andere Freunde, ebenfalls einen ›Kontakt‹ herzustellen. Sie kommunizierten mit einem gewissen ›ÑRI‹ vom Saturn. Sie fragten ihn, wer zu der Verabredung kommen würde, und er antwortete ihnen: ›RADMI FI.‹ Und es wurde hinzugefügt: ›MALIGNUS.‹«

Es war seltsam. Denn zu diesem Zeitpunkt wußte niemand von denen, die diesen Kontakt mit dem Glas hergestellt hatten, von der Geschichte, die man mir auf Teneriffa über Saturn erzählt hatte ...

Trotzdem hielt der Nachmittag weitere Überraschungen für die verblüffte Gruppe bereit.

»Ja«, fuhr Pedro fort, »kurz darauf rief José Antonio Moro von unserem Geschäft in Baracaldo aus an ...

›Ja, was gibt's ...‹, antwortete ich ihm.

›Laß doch die blöden Scherze, Mann ...!‹

›Welche blöden Scherze?‹ meinte ich, ohne zu wissen, worüber er sprach.

›Hör auf, dich über mich lustig zu machen! Denn wenn du mir das vorher schon erzählt hast ...‹

Ich verstand weiterhin kein Wort.

›Was ich dir vorher erzählt habe, war wahr‹, betonte ich.

›Nein, nein. Das meine ich ja gar nicht. Du weißt schon, wovon ich spreche ...!‹

›Ich weiß überhaupt nicht, wovon du sprichst!‹ wiederholte ich.

›Aber warst du das denn gar nicht, der mich gerade im Geschäft angerufen hat?‹

›Ich ...? Natürlich nicht!‹

José Antonio erzählte mir schließlich, daß ihn gerade eine äußerst seltsame Stimme – ähnlich der, die ich gehört hatte – an die ›Verabredung‹ an diesem Abend erinnert hatte ...

Genauso wie mein Geschäftspartner war ich erstaunt. Noch dazu war dieses Telefon gerade erst vor kaum zehn Tagen angeschlossen worden.

Es stand nicht einmal im Telefonbuch!

Man hatte ihm denselben Satz wiederholt wie mir, aber nur ein einziges Mal.

Wenige Minuten später kam Moro nervös und blaß zu uns.

Da beschlossen wir endgültig, an diesem Abend auf den Umbe hinaufzufahren, egal was passieren würde . . .«

»Was passierte schließlich?«

»Wir fuhren hinauf, klar.«

Tatsächlich. Zwischen zwanzig vor zwölf und Viertel vor zwölf dieses ereignisreichen Abends fuhren Ana, Pedro Alvaro Asúa, José Antonio Moro Gregorio, José Francisco Miranda Melena, José Antonio Fernández Lobato und José Ramón Vázquez Vázquez, alles Bewohner der Hauptstadt der Vizcaya, zum Umbe.

»Wir kamen gegen Viertel nach zwölf dort an . . .«

»Aber war die ›Verabredung‹ nicht um zwölf Uhr?«

»Ja, und sobald wir die ›Ebene‹ erreicht hatten, die Du kennst und auf der wir schon so oft waren, schauten wir alle fünf Minuten auf die Uhr. Aber sie kamen nicht. Wenn wir ehrlich sind, müssen wir zugeben, daß wir anfingen, uns zu freuen, daß sie nicht aufgetaucht waren. Wir hegten schon gewisse Befürchtungen.

Gegen zehn vor eins beschlossen wir schließlich, wieder abzufahren . . .«

»Wie war der Himmel?«

»Bewölkt. Völlig bedeckt. Man konnte nicht einen einzigen Stern erkennen. Überhaupt nichts.«

»Plötzlich aber«, fuhr Pedro fort, »bat ich sie zu schweigen. Ich drehte mich in Richtung Bilbao, Richtung Westen, in Richtung des Gebietes von Valmaseda.«

»Konntest du irgendwas sehen?«

»Nein«, antwortete Pedro. »Eigentlich war es lediglich eine Wolke mit seltsamer Gestalt. Ich betrachtete sie ungefähr fünf Minuten lang.

Auf einmal schrien wir alle wie aus einem Mund: ›Schaut!‹

Mein Gott! Der Himmel, der bis dahin natürlich den grauen Farbton der Wolken hatte, färbte sich rot . . .

›Etwas‹ war hinter den Wolken. Man konnte genau die Form und die Farben erkennen. Ein leuchtendes Rot und an den Seiten organgefarben. Es war riesig! Mehr als 200 Meter groß.

Es war zwischen Bilbao und dem Umbe, vielleicht aber näher am Berg als an der Stadt.

Wir waren sprachlos.

Es begann, in die Höhe zu steigen und seine Farbe zu verändern, die von dem leuchtenden Rot in ein Violett überging. Danach verschwand es.

Einige Minuten, bevor ›Es‹ in Erscheinung getreten war, war uns der Lärm aufgefallen, den die Hunde und Pferde in der Gegend veranstalteten.

Wie wir erst später erfuhren, verrichtete der Hund seine Notdurft im Inneren des Fahrzeugs. Das war ungewöhnlich für dieses Tier, das Rosa María Morales Mayoral und Luis Gabriel Dueñas Hernández im Wagen mitgenommen hatten. Die beiden waren zum Umbe gefahren, um uns davor zu warnen, daß dieser ›Kontakt‹ bösartig war. Das geschah um Viertel vor eins. Das heißt, wenige Minuten, bevor wir den ungeheuren ›Feuerball‹ zwischen den Wolken gesehen hatten.«

Bis hierher waren das Tatsachen, die von jedem jederzeit nachgeprüft werden können. Dafür genügt es, sich mit den Zeugen zu unterhalten, so wie ich es gemacht habe.

Acht Tage später, in der Nacht des 30. Januar, fand sich

eine andere Gruppe von etwas mehr als zwanzig Personen auch auf dem Umbe ein. Sie ›erhielt‹ einen weiteren Beweis dafür, daß es den KONTAKT mit den Wesen aus dem All wirklich gibt.

Aber betrachten wir, was in dieser Nacht vom 30. zum 31. Januar 1976 geschah.

Einen Monat vor diesem Datum erhielt Marce García Marcos von seinen ›Führern‹ – von ›Oxalc‹ – eine weitere Verabredung für einen ›physischen Beweis‹. Aber er sollte mir das noch selbst erzählen . . .

». . . Diese Verabredung wurde mir mehrfach bestätigt. Wir sollten in der Nacht des Freitags, dem 30., zum Umbe kommen.

Gegen sieben Uhr abends an jenem Tag stellte ich einen neuen Kontakt her, und auch dieser bestätigte es mir. Wir fuhren insgesamt mit 25 bis 28 Personen dorthin. Einige davon waren bereits bei anderen Beobachtungen dabeigewesen. Unter anderem erinnere ich mich an Julia Laconcha, den Wirtschaftsstudenten Juan Benito, die Pharmaziestudentin Rosa María Morales, den Pharmaziestudenten Luis G. Dueñas, den Diplom-Ingenieur Gonzalo González, an Pedro Asúa und seine Frau Ana María Ortiz, an Jesús Berzosa und José Grande, beide Doktoren der Chemie, und an den Bauingenieur und Ex-Militärpiloten Ignacio Elustondo.

In jener Nacht bedeckte eine riesige Nebelbank das gesamte östliche Gebiet, über dem die meisten vorherigen Beobachtungen stattgefunden hatten.

Trotzdem war der Himmel klar und wolkenlos.

Ungefähr um 0.25 Uhr erschien ein roter Punkt im Nebel . . .«

Bei diesem Interview, im Verlauf dessen ich noch einige Einzelheiten von früheren Unterhaltungen mit den Zeugen klärte, waren folgende Personen anwesend: Marce,

Pedro Asúa, seine Frau Ana, Gonzalo González, Julia Laconcha, José Luis Barturen, Rosa María Morales und Luis Dueñas.

»Dieses rötliche Objekt«, sagte Gonzalo, während er eine Skizze auf dem Papier anfertigte, »tauchte in der Gegend des Berges Sollube auf.

Pedro schrie und zeigte in diese Richtung, und in einem instinktiven, fast mechanischen Moment griff ich zum Fernglas.

Dort waren drei Punkte! Ein größerer und in seiner Nähe zwei wesentlich kleinere . . .«

»Konntest du sie durchs Fernglas beobachten?«

»Ja, natürlich. Der Rest der Gruppe konnte sie aber auch mit bloßem Auge erkennen.«

»Hatten die kleineren Punke die gleiche Farbe wie das große Objekt?«

»Sie leuchteten schwächer«, antworteten die Zeugen. »Wir hatten den Eindruck, daß sie weiter entfernt waren als das große . . .«

»Welche Größe hatte das große Objekt schätzungsweise?«

»Von dort aus, wo wir standen, hatte es die Größe eines Weckers. Es bewegte sich mehrmals. Es schien sich zu entfernen und wieder näher zu kommen . . .«

»Wie weit war es entfernt?«

»Also, als Bezugspunkt diente uns das Licht, das auf dem Berggipfel des Sollube steht. Das große rote Objekt war etwas links von jenem Licht und stand selbstverständlich etwas höher am Himmel.«

»Wie lange blieb es dort vor euren Augen?«

»Ungefähr zwei Minuten oder etwas länger. Wir konnten es mit dem Fernglas, aber auch ohne sehen. Am Ende waren wir alle mehr als zufrieden.«

Gonzalo war einer derjenigen, die zum ersten Mal ein

Raumschiff sahen. Als typischer Ingenieur nahm er die Angelegenheit mit Ruhe und Skepsis.

»Das war so«, bestätigte er mir. »Ich nahm das Fernglas und glaubte anfänglich, daß es sich um ein x-beliebiges Licht handeln könnte. Aber nein. Ich sah ein gelblich-weißes Licht. Danach änderte es seine Farbe in Orange und schließlich in Rot wie das einer Ampel. Es war so groß, daß ich stutzig wurde. Und als es in jenes leuchtende Rot überging, war ich wie erstarrt . . .

Auf einmal konnte der größte Teil der Gruppe die zwei schwächer leuchtenden Lichter nicht mehr sehen. Nur das große war noch dort.«

Wie ich aus meinen Unterhaltungen mit den Zeugen schließen konnte, war die Reaktion der Gruppe auf die Beobachtungen im allgemeinen sehr gelassen.

»Aber was glaubt ihr, wäre passiert, wenn eines der drei Schiffe auf euch zugekommen wäre?«

Ich fragte diesmal die Frauen, deren Sinn fürs Praktische wohlbekannt ist . . .

»Wir glauben, daß wir diese ›Annäherung‹ wahrscheinlich ziemlich gut verkraftet hätten. Wir alle wünschten es uns sogar. Als jener rote Punkt erschien, gab es sogar einen Augenblick, in dem wir schwiegen und im Geiste baten, es möge näher kommen . . .«

»Was hat euch die Anwesenheit der Schiffe genau zu der Stunde, an dem Ort und an dem Tag, den ihr vorher vereinbart hattet, bedeutet?«

»Ganz abgesehen von einer neuerlichen Bestätigung dieser KOMMUNIKATION mit der Besatzung der Schiffe, war es für uns ein großer Akt der Liebe von ihrer Seite aus . . .«

»Habt ihr dort auf dem Berg Umbe selbst einen Kontakt hergestellt?«

»Ja, bevor wir sie gesehen haben.«

»Was haben sie gesagt?«

»Das gleiche wie jedesmal. Daß wir vertrauen sollten . . .«

Diese ›Sichtung‹ war an sich schon erstaunlich. Aber das sollte noch nicht das Ende sein.

Einer der Zeugen, Ignacio Elustondo, der einzige, der mit einem Fotoapparat auf den Umbe gekommen war, sollte Protagonist bei einem Vorfall sein, der schon bei anderen ähnlichen Gelegenheiten und Umständen vorgekommen war. Iñaki, ein junger Mann, der unglaublich gradlinig und ausgeglichen ist, sah das rote Objekt ebenfalls. Er zeigte eine äußerst interessante Reaktion, die wir als ›Selbstverteidigung‹ einstufen können, angesichts der Möglichkeit, von irgendeiner psychischen oder paranormalen Situation ›erschlagen‹ zu werden. Eine solche Situation hätte die Gruppe in einem solchen Augenblick gerade erzeugen können.

Er selbst erklärte mir das folgendermaßen:

»Ich habe schon seit jeher versucht, die Dinge rational zu betrachten. Vergiß nicht, daß ich Militärpilot war und mehr als dreihundert Flugstunden hinter mir habe.

Als die Gruppe das rote Objekt bemerkte, zog ich mich unbewußt zurück. Ich tat einige Schritte nach hinten und blieb vier bis fünf Meter hinter den anderen stehen. Ich wollte jede Art von psychischer ›Beeinflussung‹ vermeiden . . .

Aber ›Es‹ blieb dort.«

»Was hältst du davon?«

»Ich habe Flugzeuge vom Typ E-3-B (Buquer), E-16, T-6G und den doppelstrahligen Düsenjäger T-33 geflogen. Ich weiß also, was ein Flugzeug ist, wie du verstehen wirst. Ich weiß, wie ihre Positionslichter aussehen und so weiter.

Also, als es zuerst vor unseren Augen auftauchte, hatte

es die Größe eines Stecknadelkopfes. In diesem Augenblick drehte ich mich um und lief einige Schritte zurück. Als ich es wieder erblickte, hatte es seine Größe verändert. Jetzt war es ein Fleck von eineinhalb Zentimetern Länge. Nach einigen Sekunden hatte es sich bis auf drei bis vier Zentimeter vergrößert . . .«

»Hast du Fotos gemacht?«

»In jenem Augenblick nicht. Ich war so verblüfft, daß ich nicht reagierte. Außerdem wartete ich wahrscheinlich darauf, daß es noch ein bißchen näher käme.«

»Welches Objektiv hattest du auf deiner Kamera?«

»Ein 50-mm-Objektiv. Ich hatte einen Infrarotfilm in die Olimpus OM-1 eingelegt.

Ich betrachtete ›Es‹ weiter, und es gab etwas dabei, was mich stutzig machte. Das Objekt flog nach hinten und kam wieder zu derselben Position zurück, die Lichter blieben aber immer gleich. Sowohl wenn es sich entfernte, als auch wenn es näher kam. Das kann bei einem Flugzeug nicht der Fall sein. Wie du weißt, verändern sich für den Beobachter die Lichter eines Flugzeugs, wenn es seine Position verändert . . .

Außerdem waren diese Lichter oder was es auch immer war auf der gleichen Ebene.«

»Was für Lichter hast du gesehen?«

»Rechts des Objektes ein leuchtend rotes. In der Mitte ein weißes und links eins von einer undefinierbaren Farbe.«

»Was hast du daraus gefolgert?«

»Daß es sich um etwas dem Menschen Unbekanntes handelte.«

Als das Objekt verschwunden war, fragten die Mitglieder der Gruppe Ignacio, ob er irgendein Foto gemacht hätte. Aber der ehemalige Pilot verneinte.

»Und das habe ich danach ziemlich bedauert . . .«

Trotzdem verschoß Iñaki auf Bitten einiger der Zeugen den Film beim Abfotografieren des gesamten Firmaments. (Bei ähnlichen Erfahrungen hatte man feststellen können, daß sich in der Mehrzahl der Fälle Ufos annähern und daß sie sogar in der Nähe dieser Gruppe ›landen‹, obwohl sie für das menschliche Auge nicht sichtbar waren. Auf einigen speziellen Filmen jedoch, wie zum Beispiel dem Infrarotfilm, können sie sichtbar gemacht werden, wenn darauf die Wellen dieser eventuell anwesenden Körper aufgefangen werden. D. h., falls sich diese Abstrahlungen von Energie oder Licht in dem Teil des Spektrums befinden, der dem des Infrarotlichts entspricht. In diesen Fällen, wie gesagt, konnte man feststellen, daß das ›Bild‹ des Schiffes oder der von ihm abgegebenen Energie auf Filmen dieser Art abgebildet ist.)

»Ich folgte dem Rat der Gruppe und verschoß insgesamt 20 Dias.«

»Welche Richtung hast du anvisiert?«

»Den Himmel.«

Nachdem dieser Vorgang abgeschlossen war, kehrte die Gruppe nach Bilbao zurück. Einige Tage später holte Ignacio Elustondo den Film ab, der vom Haus Kodak bereits entwickelt worden war.

Ich erinnere mich daran, daß er mich anrief und wir uns bei ihm zu Hause verabredeten.

Als Mensch von sehr gelassenem Temperament hielt Iñaki sich nicht lange mit Kommentaren auf. Er zeigte mir die Fotografien . . .

Die ersten drei Dias zeigten seine Frau und seinen Sohn. Ignacio hatte sie zu Hause aufgenommen, um etwas auszuprobieren. Die Farben auf diesen Fotos waren genauso, wie es normalerweise bei einem solchen Infrarotfilm der Fall sein sollte. Der Rest des Films war vollständig in der Nacht vom 30. zum 31. Januar 1976 auf dem Umbe verschossen worden, in tiefster nächtlicher Dunkelheit.

Als ich mir die Dias Nr. 4, 5 und 6 betrachtete, verstand ich die Unruhe meines Freundes.

Auf diesen drei Fotografien – insbesondere auf der fünften und sechsten, die in diesem Buch abgebildet sind – konnte man jeweils leuchtende Gebilde erkennen, die offenbar in einer gewissen Höhe fotografiert wurden.

Meine erste Frage an Iñaki war die, ob in jener Nacht der Mond am Himmel gestanden hätte. Er versicherte mir, daß dieser Satellit der Erde überhaupt nicht am Firmament erschienen sei, zumindest nicht während des langen Zeitraums, den die Gruppe auf dem Umbe verbracht hatte.

»Die Wolkendecke war an einigen Stellen aufgerissen«, führte der Fotograf aus. »Allerdings gab es mehr Wolken als Stellen, durch die man die Sterne sehen konnte.«

»Aber als du den Himmel abfotografiertest, hast du da irgendeinen leuchtenden Scheinwerfer, irgendeinen Düsenjäger gesehen?«

»Nein. Das habe ich dir doch bereits gesagt. Es herrschte absolute Dunkelheit. Als ich die Fotos machte, konnte ich nicht das Geringste durch den Sucher der Kamera erkennen. Um ehrlich zu sein, hatte ich keine Hoffnung, irgend etwas auf dem Film einfangen zu können . . .«

Als nächsten Schritt zog ich einen Kalender zu Rate. Man mußte alle Enden zusammenfügen. Alles so weit wie möglich aufklären.

War der Mond in der Nacht vom 30. auf den 31. Januar sichtbar gewesen?

Die Antwort lautete: Nein, der Mond war nicht sichtbar. Am 30. Januar war Neumond.

Aber trotz allem wollte ich diese erste Feststellung noch weiter untermauern. Ich rief selbst bei der Wetterwarte des Flughafens Sondica in Bilbao an. Ich rief ebenfalls meine guten Freunde in der Sternwarte beim Ebro in Tortosa an.

Die Antworten lauteten von beiden Zentren gleich:

»Um diese Zeit der Nacht des 30. Januar 1976 war der Mond nicht sichtbar.«

Wenn also der natürliche Satellit der Erde ausgeschlossen werden konnte, was für Gebilde aus weißem Licht – mit ihren kaum wahrnehmbaren Umhüllungen von bläulich-grüner Farbe – waren dann auf den drei Infrarotdias zu erkennen?

Aber es waren noch mehr Überraschungen auf dem Film enthalten, den der ehemalige Pilot der spanischen Luftwaffe benutzt hat.

Kodak, das mit der Entwicklung des Films beauftragt wurde, hatte dem Fotografen die sechs Dias und den Rest des Films in einem einzigen Stück zurückgegeben.

Dem Augenschein nach war dieser Streifen Film unbelichtet. Deshalb gab ihn das Haus Kodak mit gutem Grund genauso wie er entwickelt worden war seinem Eigentümer zurück.

In der Mitte des Films aber, der eine klassische schwarze Farbe aufwies, was logisch bei Negativen ist, die aus Mangel an Helligkeit nicht belichtet wurden, gab es eine völlig transparente Stelle.

Nach der Numerierung, die auf dem Negativstreifen steht, geht dieser Teil des Films von Bild Nr. 15 bis zu den Bildern Nr. 17A und 18.

»Als ich den Film in dem Laden abholte, in den ich ihn zur Entwicklung gebracht hatte«, erläuterte Ignacio, »wies man mich auf die Möglichkeit hin, daß dieser Teil des Films aufgrund eines versehentlichen Öffnens der Kamera belichtet worden sein könnte. Ich bin mir aber absolut sicher, daß ich sie nicht geöffnet habe . . .«

Mit der Genehmigung des Besitzers unterzog ich dieses Negativ in den folgenden Tagen der Beurteilung von insgesamt fünf Profifotografen, unter denen sich sogar einer der Abteilungsleiter und Experten des Hauses Kodak in Madrid befand.

Nach gründlichen Untersuchungen dieses Films kamen sie eigenartigerweise zu den gleichen Schlußfolgerungen. Hier die wichtigsten Punkte:

1. Ein Öffnen der Kamera kann ausgeschlossen werden, da der Transportstreifen des Negativs nicht belichtet wurde.

2. ›Etwas‹ hat den Film belichtet (auf der Länge, die ungefähr drei Dias entspricht), jedoch per Lichteintritt durch das Objektiv.

3. Dieses Licht hat den Infrarotfilm in allen seinen drei Bereichen belichtet: Rot, Grün und Infrarot. Daher weist besagtes Teilstück ein ›durchsichtiges‹ Aussehen auf.

4. Aus einem rein technischen Blickwinkel gesehen, läßt die vom Urheber der Fotografien eingestellte Belichtungszeit von einer Sekunde pro Aufnahme generell gesprochen eine Belichtung wie der auf diesem Film unverständlich erscheinen.

»SCHLUSSFOLGERUNG: ›Etwas‹ hat die Negative belichtet – und zwar extrem.«

Selbstverständlich wußte keines der zu Rate gezogenen Labors und keiner der Profifotografen im Augenblick ihrer Untersuchungen, daß die Fotografien an einen Himmel verschossen worden waren, an dem sich für das menschliche Auge kein noch so schwaches Licht erkennen ließ . . .

Aber zumindest was mich anbetraf, war das das Unwichtigste. Was zählte, war, daß die Fachleute sich über die Echtheit der Belichtungen geäußert hatten. Und daß sie sie einmütig bestätigt hatten. Ich selbst – aufgrund eines rein persönlichen Eindrucks, wenn er sich auch auf ähnliche Erfahrungen stützt – glaube, daß diese Bilder einem dieser Schiffe entsprechen, die über eine Fähigkeit verfügen, auf einer dem Menschen unbekannten molekularen Ebene zu schwingen. Diese Möglichkeit des ›Vibrierens‹ (um ihm einen Namen zu geben) auf einer ungewöhnlichen ›Frequenz‹ läßt sie für das menschliche Auge unsichtbar erscheinen. Nicht aber, wie in diesem Fall, für eine bestimmte Art von Filmen. Dafür ist der Infrarotfilm des ehemaligen Piloten aus Bilbao ein Beweis.

Der beste Kommentar, den man diesbezüglich abgeben kann, ist wahrscheinlich schlichtweg der, zu empfehlen, diese Bilder genau zu betrachten . . .

Bei späteren Gelegenheiten hatte ich die große Möglichkeit, den Vorüberflug eines dieser Schiffe über uns zu ›spüren‹ . . .

Während dieses Momentes, inmitten der frostigen Umgebung der Felder und Berge der Bizcaya, hatte ein warmer, fast schwüler ›Windhauch‹ die Gruppen eingehüllt, die auf das Erscheinen der Außerirdischen warteten. Und Hunde, Pferde und andere Tiere auf den umliegenden Gehöften zeigten sich außergewöhnlich aufgeregt . . .

Niemand konnte sich erklären, was es war, aber etwas bemächtigte sich unser, und wir ›spürten‹ die Nähe ihrer Maschinen und sogar ihrer Besatzungsmitglieder. Genau in jenem Momente als ich versuchte, auf diese Energien zu reagieren, und den gesamten Himmel sowie die gesamte Umgebung abfotografierte. Teilweise kann ich Bilder präsentieren, die denen von Ignacio Elustondo sehr ähnlich sind und unter ähnlichen Umständen aufgenommen wurden . . .

Damit möchte ich sagen, daß jeder, der es mit dieser Art von Filmen versucht, die Gegenwart von Ufos ›festhalten‹ könnte. Nicht mehr und nicht weniger.

Aber da gab es etwas, was ich immer noch nicht verstand. Während viele Mitglieder der ›Kosmischen Bruderschaft‹ bei drei ›Sichtungen‹, die tatsächlich stattgefunden hatten, dabeisein konnten, nämlich am 30. Juli 1975 und am 22. und 30. Januar 1976, beschränkte sich die Erfahrung der Mitglieder von RAMA lediglich auf fehlgeschlagene ›Verabredungen‹.

Warum?

19. Kapitel

»Wir müssen die Schiffe inzwischen nicht mehr unbedingt sehen.« – Vier UFOs ›landen‹ in Orduña. – Neue ›Kontakte‹. – ›Flotte‹ von vierzig Schiffen über Álava. – Allmähliche Annäherung.

In einer Hinsicht hatten fast alle ›Kontakte‹ übereingestimmt: »Ein Großteil derjenigen, die Teil der sogenannten ›Mission RAMA‹ bilden, wird Mut und Zuflucht und Kraft für all diejenigen sein, die in den bitteren und kritischen Momenten zukünftiger Zeiten auf der Erde leben werden . . .«

Deshalb – so wiederholen es die ›Führer‹ unaufhörlich – ist es wichtig, von ihnen Glauben und eine gründlichere Vorbereitung zu fordern. Eine glaubwürdigere. Damit sie von nichts und niemandem gespalten werden können. »Sie müssen diejenigen sein, die am meisten lieben. Die, die nichts haben und dennoch am meisten geben.«

Ich erinnere mich daran, daß die Mitglieder von RAMA in Gesprächen mit mir immer das gleiche wiederholten:

»Wir müssen die Schiffe inzwischen nicht mehr unbedingt sehen. Ihre Maschinen und Apparate sind zwar hier, aber das hat für uns keine Bedeutung mehr. Was uns wesentlich stärker beschäftigt und interessiert, ist ihre ›Botschaft‹ . . .«

Schon hundertmal habe ich gedacht, daß sie recht haben. Trotzdem bin ich zumindest einer derjenigen, die ihre Schiffe unbedingt sehen müssen. Und je öfter, desto besser.

»Bei eben diesen vermeintlich fehlgeschlagenen ›Verabredungen‹«, erzählten mir die RAMA-Mitglieder häufig, »geben uns die ›Führer‹ die ›Information‹, die unser Geist im entscheidenden Moment benötigt oder benötigen wird. Sie kommen aus ihren Schiffen und prägen uns das in unsere Gedanken ein, von dem sie in diesem Augenblick glauben, daß wir es wissen müssen. Sie sind dort, an unserer Seite, obwohl wir sie nicht mit unseren physischen Augen sehen können . . .«

Das war auch auf dem Berg Gorbea der Fall, bei dem eines der Mitglieder der RAMA-Gruppe aus Bilbao das Geschehnis visualisiert hat.

Wochen später, am 7. Februar 1976 wiederholten eben diese Person und ein weiteres Mitglied von RAMA gemeinsam dieses faszinierende Experiment.

Dieser 7. Februar, ein Samstag, sollte ein bedeutender Tag für all diejenigen werden, die auf die eine oder andere Art eine Verbindung zu den Wesen aus dem All haben. Der Großteil dieser Gruppe erfuhr logischerweise durch verschiedene Kanäle, daß dieser Tag etwas Besonderes sein sollte. Aber es wurden nicht allzu viele Erklärungen dafür abgegeben. Viele glaubten, daß ein weiterer wichtiger physischer ›Kontakt‹ stattfinden würde. Doch in den meisten Fällen warteten wir vergeblich auf Bergen, Stränden oder Feldern auf die Annäherung bzw. Landung ihrer Schiffe.

Nur wenige begriffen die wirkliche Bedeutung dieser neuen ›Verabredung‹. Darunter waren wie gesagt die erwähnten Mitglieder von RAMA.

Hier der Bericht darüber, was sie gegen 2 Uhr in der Frühe am 7. Februar gesehen haben:

»Ein Teil der RAMA-Gruppe aus Bilbao war in die Gegend von Orduña gefahren, zur Statue der *Virgen de la Antigua.* Wie alle warteten auch sie auf etwas Besonderes . . .

Wir aus Bilbao beschlossen, uns von unserem Haus aus mental nach Orduña zu ›projizieren‹. Das taten wir gegen zwei Uhr morgens.

Zuerst sahen wir das aufgeschlagene Zelt. Am Himmel, in niedriger Höhe, war ein Stern wie die Venus . . .

›Schaut nur, was für ein seltsamer Stern!‹ bemerkte meine Begleiterin. Er war tatsächlich eigenartig.

Wir gingen in das Zelt hinein. Dort saßen die acht bis zehn Personen, die nach Orduña gefahren waren. Sie sahen aus, als ob sie meditieren würden. Einer von ihnen, Mario, befand sich sogar im Zustand der Levitation . . .«

»Schwebte sein Körper wirklich?« fragte ich befremdet.

»Nein, er schwebte nicht physisch, sondern astral. Wir bemerkten außerdem, daß das Zelt von einem weißen Energiegürtel umschlossen war. Genauso war es auch auf dem Berg Gorbea gewesen.

Meine Begleiterin fragte mich:

›Wer ist der ›Führer‹, der gerade vor dir steht?‹

In diesem Augenblick stand ich mit dem Rücken zum Eingang des Zeltes. Ich antwortete ihr, daß es ›Oxalc‹ sei . . .«

»Wie sah er aus?«

»Er war weiß und ungefähr zwei Meter groß. Er hatte scharf geschnittene Gesichtszüge. Sein Spitzbart war etwas kleiner als der von ›Antar Sheran‹, dem ›Kommandanten‹ bzw. ›Leiter‹ der Flotte. Er hatte einen enganliegenden Anzug und Handschuhe an.

Wir erinnerten uns dann an den ›Stern‹, den wir bei unserer Ankunft gesehen hatten, und als wir ihn von neuem anblickten, bemerkten wir, daß er niedriger stand. Es war ein Schiff.

Aus ihm heraus kam ein leuchtender Strahl, der auf das Zelt fiel. Von ihm spalteten sich zwei Strahlen von derselben Farbe ab, die auf jedes der beiden Mitglieder der Gruppe fielen.

Hinter dem Zelt sahen wir ein stark leuchtendes großes Schiff, das gelandet war.

Davor befanden sich ›Antar‹ und ›Xicselec‹, ein weiterer Führer. Wir sahen auch noch eine dritte Gestalt. Der ›Kommandant‹ blieb vor den anderen beiden.«

»Wie waren sie angezogen?«

»Auch in einem leuchtenden Weiß. Neben der Statue der Madonna konnten wir weiterhin drei Schiffe erkennen, die ebenfalls auf der Erde aufsaßen, kleiner als das erste.

›Antar‹ ging auch in das Zelt hinein und begann, zu den dort Versammelten zu ›reden‹. Aber keiner von ihnen bemerkte, was wirklich vor sich ging . . .

Die ›Führer‹ sprachen mit großer Wärme zu ihnen. Als ob es sehr geliebte Wesen seien . . .

Nach 25 bis 30 Minuten verschwand die starke Lichtquelle, und wir blieben im Dunkeln zurück.

Da beschlossen wir, nach Hause zurückzukehren. Wir beendeten die ›Projektion‹.«

»Welche Art von ›Information‹ könnten die ›Führer‹ der Gruppe mitgeteilt haben?«

»Das wissen wir nicht. Aber ihr Geist hat sie aufbewahrt. Und im richtigen Moment werden sie sich daran ›erinnern‹ bzw. sie nutzen.«

Ich muß zugeben, daß mir solche Phänomene bis vor sehr kurzer Zeit absolut unverständlich waren. Unakzeptabel.

Erst jetzt, nachdem ich sie in eigenen Versuchen ausprobiert habe, beginne ich, sie zu verstehen.

Angesichts der Anhäufung von Beweisen, von denen ich nach und nach erfuhr, stellte ich selbstverständlich Monate vorher eigene ›Kontakte‹ her. Damit fahre ich auch weiterhin fort, immer auf ein neues Ereignis und auf eine tiefere Gründlichkeit bei diesen aufregenden Experimenten hoffend.

Im Verlauf dieser ›Kontakte‹ wurde ich auf zwei Tatsachen aufmerksam, die durch die ›Kommunikationen‹ anderer Personen bestätigt wurden.

Eine davon war die Andeutung unmittelbar bevorstehender und äußerst schwieriger Probleme, sowohl in unserem Land als auch in der ganzen Welt.

Die zweite wies darauf hin, daß die Zahl der Schiffe dieser Wesen aus dem All, die über unserer Welt anwesend sind, innerhalb von kürzester Zeit stark anwachsen werde.

»Die Ufos und ihre Piloten«, hieß es in diesen ›Kontakten‹, »werden mit außerordentlicher Häufigkeit gesichtet werden. Ziel ist die schnellere Sensibilisierung der Erdbwohner.«

Beide Behauptungen scheinen sich so allmählich zu erfüllen.

Am Sonntag, dem 28. März 1976 ereignete sich über dem Gebiet von Álva ein Fall, der diese systematische und zunehmend kühne Annäherung der außerirdischen Raumschiffe an Menschen unserer Zivilisation vollkommen bestätigt.

Der Vorfall am Hafen Opacua im Gebirge Encía, an der Straße, die die Ortschaft Salvatierra (Álava) von der Bergkette Urbasa trennt, stellt in meinen Augen weltweit eine der spektakulärsten Ufo-Sichtungen dar.

Ein Priester erzählte mir das Geschehene. Er war genauer gesagt einer von vier Zeugen an jenem denkwürdigen Nachmittag.

Der 39jährige Ignacio Mendieta Gurruchaga ist der ›Seelsorger‹ – so möchte er gerne genannt werden – der Pfarrei Santa Ana im Viertel Areta von Llodio.

Pater Mendieta ist ein Priester, der gerne ›mit der Zeit geht‹.

So kommt es, daß er eingesteht, daß es die Wesen aus dem All wirklich gibt. Um so mehr seit jenem Nachmittag des letzten Sonntags im März.

Aber betrachten wir jetzt die Geschehnisse, wie sie mir der Pater offenherzig im Gemeindebüro von Santa Ana erzählte:

»Wir waren aus der Gegend von Maestu zurückgekommen und hielten am Hafen Opacua in einer Höhe von etwa 1000 m an.«

Der Priester wurde von drei Bewohnern aus Bilbao begleitet. Einer von diesen war Ingenieur.

»Wir sind begeisterte Hobby-Filmer«, fuhr Pater Mendieta fort, »und wir hielten in der Nähe einiger Baumstämme, die kurios angeordnet waren, um sie zu filmen.

Ungefähr um 20.10 Uhr, so in etwa, richtete ich gerade meine Chiton-Kamera auf den Himmel, weil ich die Lichtstärke messen wollte, als wir plötzlich etwas ziemlich Seltsames beobachteten . . .«

Wie der Priester weiter ausführte, war die Sonne in diesem Augenblick bereits am Horizont verschwunden, es war aber immer noch reichlich Licht am Himmel, so daß man noch eine sehr gute Sicht hatte. (Genau am Tag zuvor hatte die Zeitumstellung stattgefunden, indem die Uhr um eine Stunde vorgestellt wurde.)

Der Himmel war herrlich, klar, wolkenlos.

»Was haben Sie beobachtet?«

»Zu diesem Zeitpunkt, wie gesagt, hatte ich bereits zwei ganze Super-8-Rollen verfilmt und versuchte, das Licht zu messen. Deshalb richtete ich die Kamera auf den blauen Himmel. Zur gleichen Zeit, als ich feststellte, daß die Lichtstärke ausreichend war, entdeckte ich direkt über uns eine lange Reihe von etwas, was ich zuerst für ›Sterne‹ hielt.

Aber das war schon seltsam. Äußerst seltsam . . .«

»Warum?«

»Mensch, Juanjo! Um diese Zeit standen noch keine Sterne am Himmel. Außerdem, wann hätte man schon einmal 30 bis 40 ›Sterne‹ gesehen, die die Form einer ›Schlange‹ bildeten?«

Wir waren überrascht.

»Konnten alle sie sehen?«

»Ja, alle vier. Zehn Minuen lang . . .«

Als Pater Mendieta behauptete, daß es insgesamt eine Anzahl von vierzig Ufos gewesen sei, suchte ich automatisch in meiner Erinnerung nach ähnlichen Vorfällen, konnte aber in der ganzen Geschichte der spanischen Ufologie keinen finden.

». . . Sie befanden sich in sehr großer Höhe. Wie hoch genau, könnte ich nicht sagen, aber es war unglaublich.«

»Sie haben gesagt, daß sie eine ›Schlange‹ formten?«

»Ja, es war wie eine Zickzacklinie mit einer augenscheinlichen Länge – zumindest von dort aus, wo wir uns befanden – von circa 20 bis 30 Metern.

Wir konnten sie sehr gut beobachten, weil sie wie gesagt direkt über unseren Köpfen waren.«

»Wie sahen diese ›Sterne‹ aus?«

»Die dreißig oder vierzig Punkte waren völlig rund und weiß wie Schnee. Seltsam war, daß sie sich in keinem Augenblick kreuzten. Jeder Punkt wahrte in jedem Augenblick den gleichen Abstand zu dem an seiner Seite.

Die Objekte, die an bestimmten Positionen am unteren Teil dieser ›Schlange‹ flogen, leuchteten stärker und zeichneten sich deutlicher vom Hintergrund ab. Als ob sie die Sonnenstrahlen stärker reflektieren würden.«

»Wie viele ›Figuren‹ bildeten sie?«

»Das wechselte ständig. Deutlich konnten wir so um ein halbes Dutzend von ›Figuren‹ bzw. verschiedenen Positionen dieser hinreißenden Kette erkennen . . .«

Die vier völlig verblüfften Zeugen konnten aber auch – fast gleichzeitig mit den Ufos – die Ankunft von sechs bis sieben Düsenjägern beobachten.

»Das wunderte uns«, fuhr Ignacio Mendieta fort. »So viele Flugzeuge auf einmal sieht man gewöhnlich nicht . . .«

»Welche Manöver flogen die Düsenjäger?«

»Auch das war mehr als seltsam. Es sah aus, als ob sie die Ufos umzingeln wollten. Aber die Flugzeuge flogen viel niedriger. Wir schätzen, daß sie auf einer Höhe von 10000 bis 15000 Meter flogen. Trotzdem waren die Objekte noch höher. Vielleicht mehr als das Doppelte dieser Höhe.«

(Der Richtung und Merkmale dieser Düsenjäger nach zu schließen, schienen sie vom Luftstützpunkt von Zaragoza zu stammen. Trotzdem konnte dieser Punkt nicht von offizieller Seite bestätigt werden.)

»Veränderten die Ufos ihre Farbe oder ihre Größe?«

»Nein. Sie blieben die ganze Zeit über schneeweiß. Und sie bewegten sich langsam. Fast behutsam. Die dreißig bis vierzig Objekte folgten immer dem ersten auf der linken Seite.«

»Haben Sie das ›Ufo-Geschwader‹ gefilmt?«

»Nein. Es war jammerschade. Wir hatten zwar noch zwei Filmrollen im Wagen, aber er stand ungefähr 200 Meter entfernt. Und niemand wollte sich vom Fleck rühren. Niemand wollte etwas von dem Schauspiel verpassen. Zum Auto zu laufen, um den Film in die Kamera einzulegen, hätte bedeuten können, die ›Sichtung‹ zu ›verpassen‹ . . .

Wir filmten also überhaupt nichts.

Ach so, ich habe noch etwas vergessen.

Nachdem sie die dritte ›Figur‹ gebildet hatten, verschwanden sie. Das konnte ich mir nicht erklären, weil es keine Wolke am Himmel gab. Einige Sekunden später erschienen sie wieder am gleichen Ort und in gleicher Höhe.

Mehr oder weniger zehn Minuten später verschwanden sie endgültig. Wir sahen sie dann nicht wieder.«

»Zu welchem Schluß gelangten Sie?«

»Daß es sich nur um ›nichtidentifizierte Flugobjekte‹ handeln konnte, also Ufos. Da bin ich mir ganz sicher.

Im Bemühen, die Angelegenheit rational zu betrachten«, schloß der Priester, »versuchten meine Freunde und ich uns das, was wir gerade gesehen hatten, zu erklären. Aber wenn wir ehrlich sein wollen, kann man mit ruhigem Gewissen jedenfalls nicht behaupten, daß es ›Tauben‹, ›Sterne‹ oder sonst irgend etwas Bekanntes gewesen sein konnte . . .«

Ignacio Mendieta und die anderen Zeugen hatten vollkommen recht. Es kommt nicht allzu häufig vor, daß Tauben in dieser Höhe fliegen . . .

Auch nicht, daß sie von einem ganzen Düsenjäger-Geschwader verfolgt und umzingelt werden . . .

Es war definitiv ein Beweis für die Anwesenheit von anderen Völkern, anderen Zivilisationen, anderen Intelligenzen, die von außen kommen, über dem blauen Planeten dieses Sonnensystems.

Die ›Kontakte‹ begannen schließlich, Wirklichkeit zu werden . . .

Aber Dutzende von weiteren ›Sichtungen‹ und ›Landungen‹ von Ufos über Dörfern, Meeren und Metropolen unserer Welt waren bereits in meinem Journalisten-Notizbuch vermerkt.

Kaum habe ich diese Notizen eingetragen, folge ich

auch schon wieder von neuem IHREN Spuren, mit dem altbekannten Gedanken, der meine Seele erfüllte:

»SIE ZU FINDEN!«

Und nach diesen 100 000 Kilometern auf ›IHREN‹ Spuren . . .

ICH WEISS, daß die sogenannten Ufos außerirdische Raumschiffe sind.

ICH WEISS, daß ihr Entwicklungsstadium und ihre Evolution für unsere noch in den Kinderschuhen stekkende Zivilisation unvorstellbar sind.

ICH VERMUTE, daß ein öffentliches und massenhaftes Auftreten dieser außerirdischen Rassen zumindest vorläufig eine äußerst schwere Störung des Gleichgewichts unseres Evolutionsrhythmus bedeuten würde.

ICH HABE Beweise im Übermaß dafür, daß zahlreiche Gruppen und private Forscher Experimente auf den Weg zu bringen beginnen, die einen mentalen und physischen ›Kontakt‹ zu einigen dieser Völker aus dem Weltraum herstellen sollen.

ICH WEISS mit absoluter Sicherheit, daß diese Wesen friedlich sind.

ICH WEISS schließlich, daß ich IHNEN eines Tages gegenüberstehen werde.

Bitte beachten Sie
die folgenden Seiten